About the author

Abdallah Nacereddine first taught Arabic in the United States before moving to Switzerland, where he lead Arabic language courses at the League of Arab States, and in conjunction with the Arabo-Swiss Chamber of Commerce. He directed his own Institute for Arabic Language Teaching in Geneva, Lausanne, Bern, and Zurich, and taught Arabic at the United Nations in Geneva for over twenty-two years. His teaching materials are the result of this experience and have been thoroughly tested in class. The bilingual translations (English and French) reflect this international context.

T0381498

By the Same Author

Etre Soi-même. Genève: Poésie Vivante, 1967.

Rule of Life. Geneva: Poésie Vivante, 1969.

Lightning. New York: Vantage Press 1970.

Reflections/Réflexions. Bloomington, IN: AuthorHouse, 2004. (Various texts in English, french, and Arabic)

A Speech to the Arab Nation. The East/theWest/the Arabs: Yesterday, Today and Tomorrow, and Related Writings. Bloomington, IN: Author-House, 2007. (Text only in Arabic)

To Be Oneself: The Tragicomedy of an Unfinished Life History. Bloomington, IN: AuthorHouse, 2008.

Language teaching materials

Arabic Language Course, Part One/Cours de langue arabe, 1ère partie. 2nd ed. Genève: Poésie Vivante, 1979.

Arabic Language Course, Part Two/Cours de langue arabe, 2ème partie. Geneva: The Author, 1979.

Arabic Grammar/Grammaire arabe. Genève: The Author, 1979.

Arabic Elementary Course, Volume One/Cours élémentaire de langue arabe, volume 1. Genève: The Author/Poésie Vivante, 1982.

Arabic Elementary Course, Volume II (Annexes)/Cours élémentaire de langue arabe, volume II (annexes). Genève: The Author/Poésie Vivante, 1983.

Handwriting Exercise Book/Cahier d'écriture. Genève: The Author, 1984.

Dialogues Textbook I: Words of Everyday Use/Manuel de dialogues I: vocabulaire courant. Genève: Institut d'enseignement de la langue arabe/Poésie Vivante, 1984.

Dialogues Textbook II: United Nations, Questions and Answers/Manuel de dialogues II: Les Nations Unies, questions et réponses. Genève: Institut d'enseignement de la langue arabe/Poésie Vivante, 1984.

Dialogues Textbook III: Words of Everyday Use/Manuel de dialogues III: vocabulaire courant. Genève: The Author/Poésie Vivante, 1985. (Suite au Manuel I)

Nacereddine's Multilingual Dictionary: 2500 Arabic words of current usage with translation in 7 languages - English, Français, Español, Deutsch, Russkij, Chinese, Japanese. Geneva: The Author, 1991.
Alphabet illustré. Genève: The Author, 1996.
Arabic Pictorial/L'Illustré arabe. Geneva: The Author, 1996.
Chinese Pictorial/L'Illustré chinois. Geneva: The Author, 1997.
Russian Pictorial/L'Illustré russe. Geneva: The Author, 1997.
Interactive Arabic/Arabe interactif. Geneva: The Author, 2004. CD-ROM
Nouvelle approche de l'enseignement de la grammaire arabe. Bloomington, IN: AuthorHouse, 2009.
A New Approach to Teaching Arabic Grammar. Bloomington, IN: Author-House, 2009.

Publications used in the United Nations, Geneva, Arabic Language Courses - not UN official publications

Grammatical Applications: Idioms and Locutions of Everyday Use/ Applications grammaticales: idiomes et locutions d'usage courant. Geneva: 1980.
Arabic Language Course: Practical Exercises/Cours de langue arabe: exercices pratiques. Geneva: 1981.
Livre de conversation, première partie. Genève: 1981.
A Dictionary of International Relations (news-economics-politics)/ Dictionnaire des relations internationales (actualités-économie-politique). Geneva: 1986.
A Basic Dictionary: Everyday Vocabulary/Dictionnaire de base: vocabulaire courant. Geneva: 1987. 2 v.
A New Approach to Arabic Grammar. Geneva: 1988.
Nouvelle approche de la grammaire arabe. Genève: 1988.
Handwriting and Pronunciation Handbook/Manuel d'écriture et de prononciation. Genève: 1991.

For further information, please visit
www.a-nacereddine.com

Abdallah Nacereddine

Fundamental Arabic Textbook

Manuel d'Arabe fondamental

Revised Edition

First published in two volumes by Editions Poésie Vivante, Geneva, 1982-83, under the title *Arabic Elementary Course/Cours élémentaire de langue arabe/* دروس اللغة العربية – الصف الابتدائي .

ACKNOWLEDGEMENTS

I would like to thank my numerous students of different ages, professions and nationalities whose interest, enthusiasm, and useful criticism over the years helped me in writing this textbook.

Special thanks are due to Toukif Nacereddine for the calligraphy, to the late Pierre Marie for the French translations and the publication of the original edition, and to my wife Felicity for the English translations and assistance in producing this present edition.

REMERCIEMENTS

Je voudrais remercier mes nombreux étudiants de différents âges, professions et nationalités dont l'intérêt, l'enthousiame et les critiques utiles à travers les années m'ont aidé à rédiger ce manuel.

Des remerciements particuliers vont à Toufik Nacereddine pour les calligraphies, à feu Pierre Marie pour les traductions françaises et la publication de l'édition originale, ainsi qu'à mon épouse Felicity pour les traductions anglaises, la révision générale, et son assistance dans la production de l'édition actuelle.

Part Two

Deuxième Partie

القسم الثاني

Fundamental Arabic Textbook
Part Two: Contents

Manuel d'Arabe fondamental
Deuxième Partie : Contenu

L'ALPHABET ARABE
Calligraphie (suivre l'ordre des numéros et des flèches)
THE ARABIC ALPHABET
Calligraphy (follow the numerical order and the arrows)

THE ALPHABET الحروف الهجائية L'ALPHABET

(The consonants) (الحروف الصامتة) (les consonnes)

1	2	3	4	5	6	7
ء	Hamza (glottal stop / coup de glotte)	'a	ae	at	assez	أَبْ
ا	'Alif as a seat for hamza comme support pour hamza (i)	'u	u	or	homme	أُمّ
		'i	i	it	ici	إِذَا
ب	Bā'	b	b	book	bout	بَدَأَ
ت	Tā'	t	t	time	tout	تَرَكَ
ث	Tā'	t	th	thank	-	ثَمَانِيَة
ج	Ğim	ğ	j	June	jaune	جَدِيدٌ
ح	Ḥā'	ḥ	has no equivalent n'a pas d'équivalent			حَدِيقَة
خ	Hā'	h	j Spanish jota / jota espagnol ojo ch German / allemand auch			خَبَرٌ
د	Dāl	d	d	deed	doux	دَرْسٌ
ذ	Dāl	d	th	that	-	ذَهَبَ
ر	Rā'	r	r	root (with rolled r)	rire (en roulant le r)	رَجُلٌ
ز	Zāy	z	z	zoo	zéro	زَمِيلٌ
س	Sin	s	s	seat	sous	سَأَلَ
ش	Šin	š	sh/ch	sheet	chat	شَرِبَ
ص	Ṣād	ṣ	s	salt	seau	صَدِيق

(i) Otherwise, Alif is used as a long vowel.
Autrement, Alif est utilisé comme une longue voyelle.

ض	Ḍād	ḍ	d	dome	dome	ضَحِكَ
ط	Ṭā'	ṭ	t	talk	tôt	طَالِبٌ
ظ	Ẓā'	ẓ	z	those		ظَنَّ
ع	ᶜain	ᶜ	has no equivalent / n'a pas d'équivalent			عَرَفَ
غ	Ḡain	ḡ	r	French / français (grasséyé)	rire	غَسَلَ
ف	Fā'	f	f	foot	fille	فَهِمَ
ق	Qāf	q	has no equivalent / n'a pas d'équivalent			قَرَأَ
ك	Kāf	k	k	cat	coup	كَلِمَةٌ
ل	Lām	l	l	life	lit	لِسَانٌ
م	Mīm	m	m	man	mère	مَدِينَةٌ
ن	Nūn	n	n	noon	nous	نِسِيَ
هـ	Hā'	h	h	hat		هَدِيَّةٌ
و	Wāw	w	w	what	oiseau	وَجَدَ
ى	Yā'	y	y	yes	yack	يَدٌ

1) Symbol / Symbole
2) Name of letter / Nom de la lettre
3) Transliteration / Transiltération
4) Equivalent / Equivalent
5) Example in English or other language / Exemple en français ou autre langue
6) Example in French or other language / Exemple en français ou autre langue
7) Example in Arabic / Exemple en arabe

4

THE SHORT VOWELS

Fatha ُـَ is a sign written above the consonant, having the value of "a", example بَ (ba).

Kasra ـِ is a sign written below the consonant, having the value of "i", example بِ (bi)

Damma ـُ is a sign written above the consonant, having the value of "u", example بُ (bu)

Sukun ـْ is a sign written above the consonant indicating the absence of a vowel, example دُمْ (dum)

Shadda ـّ is a sign written above the consonant for the duplication of the consonant, example دَلَّ (dalla)

Tanwin ـً an; ـٍ in; ـٌ un, for the duplication of the final vowel symbol in the word, example وَرْدَةً (wardatan), وَادٍ (wādin), أَبٌ (abun).

THE LONG VOWELS OR THE LENGTHENING LETTERS

ا for the lengthening of the consonant having as a short vowel ـَ (fatha), example دَا (dā).

و for the lengthening of the consonant having as a short vowel ـُ (damma), example دُو (dū).

ى for the lengthening of the consonant having as a short vowel ـِ (kasra), example دِي (dī).

Madda ٓ for the lengthening of an alif, example آدَمُ (ādamu)

THE SIGN WASLA

Wasla ٱ is a sign written above the alif to indicate that the alif has no phonetic value, example كَتَبَ ٱلْوَلَدُ (katabalwaladu)

THE SIGN HAMZA

The sign **Hamza** ء written separately after a long vowel ا (alif), و (waw), or ى (ya), or written at the bottom or on the top of the alif, waw or ya as a seat for the hamza, denotes the glottal stop: a, u, i, for example: تَسَاءَلَ (tasā'ala), سَأَلَ (sā'ala), سُؤَالٌ (su'ālun), سُئِلَ (su'ila), تَفَاؤُلٌ (tafā'ulun).

LES VOYELLES BREVES

Fatha ـَ est un signe suscrit ayant la valeur de "a", exemple بَ (ba).

Kasra ـِ est un signe souscrit ayant la valeur de "i", exemple بِ (bi).

Damma ـُ est un signe suscrit ayant la valeur de "ou", exemple بُ (bou).

Sukun ـْ est un signe suscrit indiquant l'absence de voyelle, exemple دُمْ (doum)

Shadda ـّ est un signe suscrit pour le renforcement de la consonne, exemple دَلَّ (dalla).

Tanwin ـً an; ـٍ in; ـٌ un, pour la duplication du symbole de la dernière voyelle dans le mot, exemple وَرْدَةً (wardatan), وَادٍ (wādin), أَبٌ (aboun).

LES VOYELLES LONGUES ou
LES LETTRES DE PROLONGATION

ا pour la prolongation de la consonne ayant comme voyelle ـَ (fatha), exemple دَا (dā).

و pour la prolongation de la consonne ayant comme voyelle ـُ (damma), exemple دُو (doū).

ى pour la prolongation de la consonne ayant comme voyelle ـِ (kasra), exemple دِي (dī).

Madda ٓ pour la prolongation d'un alif, exemple آدَمُ (ādamou)

LE SIGNE WASLA

Wasla ٱ est un signe suscrit à un alif pour rappeler que l'alif n'a pas de valeur phonétique, exemple كَتَبَ ٱلْوَلَدُ (katabalawaladu).

LE SIGNE HAMZA

Le signe **Hamza** ء écrit isolément après une voyelle longue ا (alif), و (waw), ou ى (ya), ou souscrit, ou suscrit à un alif, waw ou ya comme support du hamza, dénote le coup de glotte: a, ou, i, par ex.: تَسَاءَلَ (tasā'ala), سَأَلَ (sā'ala), سُؤَالٌ (su'ālun), سُئِلَ (su'ila), تَفَاؤُلٌ (tafā'ulun).

Shapes of the letters in the different positions in the word
Les formes des lettres dans les différentes positions dans le mot

(d)	(c)	(b)	(a)	(*)	
ا	ا	ا	ا	alif[1]	(a,i,u)
ب	ب	ب	ب	bā'	b
ت ة	ة	ت	ت	tā'	t
ث ث	ث	ث	ث	t̠ā'	t̠
ج ج	ج	ج	ج	ǧim	ǧ
ح ح	ح	ح	ح	ḥā'	ḥ
خ خ	خ	خ	خ	ḫā'	ḫ
د	د	د	د	dāl	d
ذ	ذ	ذ	ذ	d̠āl	d̠
ر	ر	ر	ر	rā'	r
ز	ز	ز	ز	zin	z
س	س	س	س	sin	s
ش	ش	ش	ش	šin	š
ص	ص	ص	ص	ṣād	ṣ
ض	ض	ض	ض	ḍād	ḍ

7

(a) Initiale/Initial **(b)** Médiale/Medial **(c)** Finale/Final **(d)** Indépendante/Independent

(*) Système international de translitération ISO / International system for transliteration ISO

(d)	(c)	(b)	(a)	(*)	
ط	ط	ط	ط	ṭā'	ṭ
ظ	ظ	ظ	ظ	ẓā'	ẓ
ع	ع	ع	ع	ᶜain	c
غ	غ	غ	غ	ḡain	ḡ
ف	ف	ف	ف	fā'	f
ق	ق	ق	ق	qāf	q
ك	ك	ك	ك	kāf	k
ل	ل	ل	ل	lām	l
م	م	م	م	mīm	m
ن	ن	ن	ن	nūn	n
ه	ه	ه	ه	hā'	h
و	و	و	و	wāw	(w)
لا	لا	لا	لا	(lāmatif) (lām & alif)	
ي	ي	ي	ي	yā'	(y)
ء	ئ	ئ	أ	hamza[2]	(a,i,u)

1) à valeur uniquement orthographique / having purely orthographical value

2) rendu par ئ / rendered by ئ

8

Sentences in Arabic (constructed with verbs following their order
as in the textbook). Copy the sentences, vowel and translate them into
English. Then compare the exercise with the given vowelled sentences,
page 13, and translation, page 19.
Phrases en arabe (construites avec des verbes, suivant leur
ordre dans le manuel). Copiez les phrases, vocalisez et
traduisez-les en français. Puis comparez l'exercice avec les phrases
données vocalisées, page 13, et la traduction, page 21.

١   يفتح ولد بابا – يفتح الولد الباب – يفتح باب الفصل.

٢   يكتب التلميذ درسا جديدا بقلم أسود.

٣   تجلسين على كرسي أمام المعلم قرب الباب.

٤   تتكلم مع زميلتها في العمل عن أسرتها.

٥   تتعلمون لغة أجنبية الآن.

٦   تعرفين هذه المرأة جيدا لأنها صديقتك.

٧   أقرأ هذا الكتاب لأنه كتاب جيد.

٨   ألا تعلم أن كل شيء ممكن ؟

٩   أسكن في منزل كبير وجميل مع أسرتي في الريف ليس بعيدا عن
المدينة.

١٠.   يسكن الأولاد مع والديهم.

١١   يعمل الناس كل يوم من الصباح إلى المساء.

١٢   آكل في مطعم المنظمة من يوم الإثنين إلى يوم الجمعة.

١٣   أذهب إلى مدرسة مسائية مرتين في الأسبوع، يومي الثلاثاء والخميس.

١٤   يسافر بعض الموظفين كثيرا.

١٥   أحب والدي كثيرا. هما أيضا يحبانني.

١٦   أركب الحافلة للذهاب إلى العمل.

١٧   كان الطقس جميلا أمس.

١٨   يشربن الماء البارد.

١٩   أغلق الشباك لأن الطقس بارد قليلا.

٢٠.   يبدؤون عملهم مبكرين في الصباح.

٢١   لا يصل القطار دائما في الوقت.

٢٢   أستطيع أن أتعلم هذه اللغة لأنها ليست صعبة جدا.

٢٣	أقوم الآن.
٢٤	أقوم بعملي بكل سرور.
٢٥	أدرس هذه اللغة لأنني أحبها.
٢٦	يقف المعلم أمام التلاميذ.
٢٧	يتوقف القطار في المحطة.
٢٨	تتوقفان عن العمل لتناول فنجان من القهوة.
٢٩	يعطي المعلم الطالب كتابا.
٣٠	أنتن مسرورات لأنكن فهمتن الدرس جيدا اليوم.
٣١	لا أخاف من شيء ولا من أحد.
٣٢	تضحكون لأنكم مسرورون. أليس كذلك ؟
٣٣	لا يخطئ كثيرا عندما يتكلم.
٣٤	تخرجن أحيانا عندما يكون الطقس جميلا وليس باردا جدا.
٣٥	أظن أن هذا المطعم مغلق يوم الإثنين.
٣٦	اشترت البنت فستانا جميلا لأمها أمس. واليوم تشتري قميصا لأبيها.
٣٧	أسأل أحدا – لا أسأل أحدا – أسأل عن أحد – أسأل نفس السؤال.
٣٨	يسوق الناس ببطء في المدينة.
٣٩	أريد أن أتعلم هذه اللغة الصعبة.
٤٠	هل يمكنني أن أسألك سؤالا ؟
٤١	أفعل شيئا – لا أفعل شيئا – أفعل كل شيء – أفعل نفس الشيء.
٤٢	هذا كل ما قلته لي، ليس أكثر ولا أقل.
٤٣	لا يشعر بالوحدة لأنه يعيش مع أسرته الكبيرة وله كثيرا من الأصدقاء.
٤٤	وجدت الكتاب الذى أردت أن أشتريه.
٤٥	آمل أن يكون الطقس جميلا غدا.
٤٦	أرجو أن يصل القطار في الوقت هذا الصباح.
٤٧	يجب أن يركب الحافلة للذهاب إلى العمل لأنه ليس له سيارة.
٤٨	أنتهي من العمل الذى بدأته في بداية هذا الأسبوع.
٤٩	لا يحق للموظف أن يعمل في منظمتين في نفس الوقت (في آن واحد).
٥٠	يفضل القهوة على الشاي، ولكن زميله يفضل الشاي على القهوة.

٥١ أود أن أسألك سؤالا.

٥٢ قال له الطبيب أنت مريض لأنك تدخن كثيرا.

٥٣ لا تترك الأم أولادها لوحدهم في المنزل.

٥٤ فقدت مفتاحي ولكنني وجدته حيث تركته.

٥٥ عندما رأى الطفل الماء في فنجان أزرق ظن أن الماء أزرق اللون.

٥٦ يجيب الطالب على سؤال المعلم.

٥٧ أرسل رسالة إلى صديقي بين حين وآخر.

٥٨ تبعثين بهدية جميلة إلى والديك.

٥٩ أستقبل صديقي في المطار اليوم في الساعة الثالثة بعد الظهر.

٦٠ ما هذا الصوت الجميل الذي أسمعه ؟

٦١ يبتسم الطفل لأمه عندما تبتسم هي له.

٦٢ يلعب الطفل مع الكلب في الحديقة.

٦٣ لم أنس ولن أنسى الرسالة اللطيفة التي أرسلها إلي قبل أسبوع.

٦٤ أشكرك كثيرا على هديتك الجميلة.

٦٥ أجد كل ما أبحث عنه.

٦٦ ينزل الناس من الحافلة عندما تتوقف.

٦٧ أبقى في المنزل عندما ينزل المطر.

٦٨ صار كل شيء غاليا هذه الأيام.

٦٩ نتنفس بدون توقف بدون أن نشعر بذلك.

٧٠ نمشي بسرعة عندما نكون مستعجلين.

٧١ نشم بالأنف كما نتنفس من الأنف.

٧٢ البيت الذي تدخله الشمس لا يدخله الطبيب. (مثل عربي.)

٧٣ تقول الأم لطفلها لا تلمس كل ما تراه.

٧٤ أتناول طعام الفطور مبكرا/مبكرة في الصباح قبل الذهاب إلى العمل.

٧٥ أضع كل شيء في مكانه.

٧٦ تأخذ الأم أولادها إلى الحديقة لكي يلعبوا مع أولاد آخرين.

٧٧ أتذكر كل الكلمات التي أتعلمها في الفصل.

٧٨ باع كل ما عنده في دكانه. لم يبق له شيء.

لم يعد بعد من السفر. - لم يعد يعمل هنا. ٧٩

رجع قبل أسبوع، على ما أعرف. ٨٠

لا أغادر المنزل قبل تناول طعام الفطور. ٨١

نتعب عندما نعمل كثيرا. ٨٢

أجيء إلى الفصل في الوقت كل يوم. ٨٣

زميلتي تأتي أيضا إلى الفصل في الوقت، مثلي. ٨٤

ننام قليلا عندما نشرب كثيرا من القهوة. ٨٥

أقوم من النوم مبكرا/مبكرة كل يوم من أيام الأسبوع. ٨٦

يتجول الناس في الحديقة يوم الأحد عندما يكون الطقس جميلا. ٨٧

ينظر الطفل إلى أمه التي تبتسم له. ٨٨

ينطق الطفل بكل كلمة بسهولة وبوضوح. ٨٩

تكلم الأم طفلها. ٩٠

يستمع الطفل إلى ما تقوله له أمه. ٩١

انتظرت طويلا في قاعة الانتظار هذه. ٩٢

أدعو أصدقائي بين حين وآخر. ٩٣

أقبل دعوتك إلى طعام الغداء غدا بكل سرور. ٩٤

أغسل يدي قبل الأكل وبعده. ٩٥

أذوق الطعام قبل أن آكله. ٩٦

ألبس ملابس خفيفة في فصل الصيف عندما يكون الطقس حارا. ٩٧

أستحم قبل الذهاب إلى الفراش. ٩٨

أستريح عندما أشعر بالتعب. ٩٩

قابلته قبل بضع سنوات عندما بدأت العمل هنا. ١٠٠

نتقابل كل يوم لأننا نعمل في نفس المنظمة. ١٠١

أشكرك على تقديمك لي صديقتك. ١٠٢

لم يتغير كثيرا. بقي كما هو. ١٠٣

يتقلب الطقس كثيرا في فصل الخريف في هذا البلد. ١٠٤

أغير ملابسي كل يوم. ١٠٥

أقيم في هذا البلد منذ سبع سنوات وثلاثة أشهر. ١٠٦

Vowelled sentences in Arabic (constructed with verbs
following their order as in the textbook). They are the same as
the non-vowelled sentences, page 9.

Phrases en arabe vocalisées (construites avec des verbes, suivant leur
ordre dans le manuel). Elles sont les mêmes phrases non-vocalisées, page 9.

١ يَفْتَحُ وَلَدٌ بَاباً – يَفْتَحُ الْوَلَدُ الْبَابَ – يَفْتَحُ بَابَ الْفَصْلِ.

٢ يَكْتُبُ التِّلْمِيذُ دَرْساً جَدِيداً بِقَلَمٍ أَسْوَدَ.

٣ تَجْلِسِينَ عَلَى كُرْسِيٍّ أَمَامَ الْمُعَلِّمِ قُرْبَ الْبَابِ.

٤ تَتَكَلَّمُ مَعَ زَمِيلَتِهَا فِي الْعَمَلِ عَنْ أُسْرَتِهَا.

٥ تَتَعَلَّمُونَ لُغَةً أَجْنَبِيَّةً الْآنَ.

٦ تَعْرِفِينَ هذِهِ الْمَرْأَةَ جَيِّداً لِأَنَّهَا صَدِيقَتُكِ

٧ أَقْرَأُ هَذَا الْكِتَابَ لِأَنَّهُ كِتَابٌ جَيِّدٌ.

٨ أَلَا تَعْلَمُ أَنَّ كُلَّ شَيْءٍ مُمْكِنٌ ؟

٩ أَسْكُنُ فِي مَنْزِلٍ كَبِيرٍ وَجَمِيلٍ فِي الرِّيفِ مَعَ أُسْرَتِي لَيْسَ بَعِيداً عَنِ الْمَدِينَةِ.

١٠ يَسْكُنُ الْأَوْلَادُ مَعَ وَالِدَيْهِمْ.

١١ يَعْمَلُ النَّاسُ كُلَّ يَوْمٍ مِنَ الصَّبَاحِ إِلَى الْمَسَاءِ.

١٢ آكُلُ فِي مَطْعَمِ الْمُنَظَّمَةِ مِنْ يَوْمِ الْإِثْنَيْنِ إِلَى يَوْمِ الْجُمُعَةِ.

١٣ أَذْهَبُ إِلَى مَدْرَسَةٍ مَسَائِيَّةٍ مَرَّتَيْنِ فِي الْأُسْبُوعِ، يَوْمَيِ الثُّلَاثَاءِ وَالْخَمِيسِ.

١٤ يُسَافِرُ بَعْضُ الْمُوَظَّفِينَ كَثِيراً.

١٥ أُحِبُّ وَالِدَيَّ كَثِيراً. هُمَا أَيْضاً يُحِبَّانِنِي.

١٦ أَرْكَبُ الْحَافِلَةَ لِلذَّهَابِ إِلَى الْعَمَلِ.

١٧ كَانَ الطَّقْسُ جَمِيلاً أَمْسِ.

١٨ يَشْرَبْنَ الْمَاءَ الْبَارِدَ.

١٩ أُغْلِقُ الشُّبَّاكَ لِأَنَّ الطَّقْسَ بَارِدٌ قَلِيلاً.

٢٠ يَبْدَؤُونَ عَمَلَهُمْ مُبَكِّرِينَ فِي الصَّبَاحِ.

٢١ لَا يَصِلُ الْقِطَارُ دَائِماً فِي الْوَقْتِ.

13

٢٢	أَسْتَطِيعُ أَنْ أَتَعَلَّمَ هَذِهِ اللُّغَةَ لِأَنَّهَا لَيْسَتْ صَعْبَةً جِدّاً.
٢٣	أَقُومُ الآنَ.
٢٤	أَقُومُ بِعَمَلِي بِكُلِّ سُرُورٍ.
٢٥	أَدْرُسُ هَذِهِ اللُّغَةَ لِأَنَّنِي أُحِبُّهَا.
٢٦	يَقِفُ الْمُعَلِّمُ أَمَامَ التَّلَامِيذِ.
٢٧	يَتَوَقَّفُ الْقِطَارُ فِي الْمَحَطَّةِ.
٢٨	تَتَوَقَّفَانِ عَنِ الْعَمَلِ لِتَنَاوُلِ فِنْجَانٍ مِنَ الْقَهْوَةِ.
٢٩	يُعْطِي الْمُعَلِّمُ الطَّالِبَ كِتَاباً.
٣٠	أَنْتُنَّ مَسْرُورَاتٌ لِأَنَّكُنَّ فَهِمْتُنَّ الدَّرْسَ جَيِّداً الْيَوْمَ.
٣١	لَا أَخَافُ مِنْ شَيْءٍ وَلَا مِنْ أَحَدٍ.
٣٢	تَضْحَكُونَ لِأَنَّكُمْ مَسْرُورُونَ. أَلَيْسَ كَذَلِكَ ؟
٣٣	لَا يُخْطِئُ كَثِيراً عِنْدَمَا يَتَكَلَّمُ.
٣٤	تَخْرُجْنَ أَحْيَاناً عِنْدَمَا يَكُونُ الطَّقْسُ جَمِيلاً وَلَيْسَ بَارِداً جِدّاً.
٣٥	أَظُنُّ أَنَّ هَذَا الْمَطْعَمَ مُغْلَقٌ يَوْمَ الْإِثْنَيْنِ.
٣٦	اشْتَرَتِ الْبِنْتُ فُسْتَاناً جَمِيلاً لِأُمِّهَا أَمْسِ. وَالْيَوْمَ تَشْتَرِي قَمِيصاً لِأَبِيهَا.
٣٧	أَسْأَلُ أَحَداً – لَا أَسْأَلُ أَحَداً – أَسْأَلُ عَنْ أَحَدٍ – أَسْأَلُ نَفْسَ السُّؤَالِ.
٣٨	يَسُوقُ النَّاسُ بِبُطْءٍ فِي الْمَدِينَةِ
٣٩	أُرِيدُ أَنْ أَتَعَلَّمَ هَذِهِ اللُّغَةَ الصَّعْبَةَ.
٤٠	هَلْ يُمْكِنُنِي أَنْ أَسْأَلَكَ سُؤَالاً ؟
٤١	أَفْعَلُ شَيْئاً – لَا أَفْعَلُ شَيْئاً – أَفْعَلُ كُلَّ شَيْءٍ – أَفْعَلُ نَفْسَ الشَّيْءِ.
٤٢	هَذَا كُلُّ مَا قُلْتُهُ لِي، لَيْسَ أَكْثَرَ وَلَا أَقَلَّ.
٤٣	لَا يَشْعُرُ بِالْوَحْدَةِ لِأَنَّهُ يَعِيشُ مَعَ أُسْرَتِهِ الْكَبِيرَةِ وَلَهُ كَثِيرٌ مِنَ الْأَصْدِقَاءِ.
٤٤	وَجَدْتُ الْكِتَابَ الَّذِي أَرَدْتُ أَنْ أَشْتَرِيَهُ.
٤٥	آمُلُ أَنْ يَكُونَ الطَّقْسُ جَمِيلاً غَداً.
٤٦	أَرْجُو أَنْ يَصِلَ الْقِطَارُ فِي الْوَقْتِ هَذَا الصَّبَاحَ.
٤٧	يَجِبُ أَنْ يَرْكَبَ الْحَافِلَةَ لِلذَّهَابِ إِلَى الْعَمَلِ لِأَنَّهُ لَيْسَ لَهُ سَيَّارَةٌ.
٤٨	أَنْتَهِي مِنَ الْعَمَلِ الَّذِي بَدَأْتُهُ فِي بِدَايَةِ هَذَا الْأُسْبُوعِ.
٤٩	لَا يَحِقُّ لِلْمُوَظَّفِ أَنْ يَعْمَلَ فِي مُنَظَّمَتَيْنِ فِي نَفْسِ الْوَقْتِ.
٥٠	يُفَضِّلُ الْقَهْوَةَ عَلَى الشَّايِ وَلَكِنَّ زَمِيلَهُ يُفَضِّلُ الشَّايَ عَلَى الْقَهْوَةِ.

٥١ أَوَدُّ أَنْ أَسْأَلَكَ سُؤَالاً.

٥٢ قَالَ لَهُ الطَّبِيبُ أَنْتَ مَرِيضٌ لِأَنَّكَ تُدَخِّنُ كَثِيراً.

٥٣ لا تَتْرُكُ الأُمُّ أَوْلادَهَا لِوَحْدِهِمْ فِي الْمَنْزِلِ.

٥٤ فَقَدتُ مِفْتَاحِي وَلَكِنَّنِي وَجَدتُهُ حَيثُ تَرَكْتُهُ.

٥٥ عِنْدَمَا رَأَى الطِّفْلُ اَلْمَاءَ فِي فِنْجَانٍ أَزْرَقَ ظَنَّ أَنَّ الْمَاءَ أَزْرَقُ اللَّوْنِ.

٥٦ يُجِيبُ الطَّالِبُ عَلَى سُؤَالِ الْمُعَلِّمِ.

٥٧ أُرْسِلُ رِسَالَةً إِلَى صَدِيقِي بَيْنَ حِينٍ وَآخَرَ.

٥٨ تَبْعَثِينَ بِهَدِيَّةٍ جَمِيلَةٍ إِلَى وَالِدَيْكِ.

٥٩ أَسْتَقْبِلُ صَدِيقِي فِي الْمَطَارِ اَلْيَوْمَ فِي السَّاعَةِ الثَّالِثَةِ بَعْدَ الظُّهْرِ.

٦٠ مَا هَذَا الصَّوْتُ الْجَمِيلُ الَّذِي أَسْمَعُهُ ؟

٦١ يَبْتَسِمُ الطِّفْلُ لِأُمِّهِ عِنْدَمَا تَبْتَسِمُ هِيَ لَهُ.

٦٢ يَلْعَبُ الطِّفْلُ مَعَ الْكَلْبِ فِي الْحَدِيقَةِ.

٦٣ لَمْ أَنْسَ وَلَنْ أَنْسَى الرِّسَالَةَ اللَّطِيفَةَ الَّتِي أَرْسَلَهَا إِلَيَّ قَبْلَ أُسْبُوعٍ.

٦٤ أَشْكُرُكَ كَثِيراً عَلَى هَدِيَّتِكَ الْجَمِيلَةِ.

٦٥ أَجِدُ كُلَّ مَا أَبْحَثُ عَنْهُ.

٦٦ يَنْزِلُ النَّاسُ مِنَ الْحَافِلَةِ عِنْدَمَا تَتَوَقَّفُ.

٦٧ أَبْقَى فِي الْمَنْزِلِ عِنْدَمَا يَنْزِلُ الْمَطَرُ.

٦٨ صَارَ كُلُّ شَيْءٍ غَالِياً هَذِهِ الأَيَّامَ.

٦٩ نَتَنَفَّسُ بِدُونِ تَوَقُّفٍ بِدُونِ أَنْ نَشْعُرَ بِذَلِكَ.

٧٠ نَمْشِي عِنْدَمَا نَكُونُ مُسْتَعْجِلِينَ.

٧١ نَشَمُّ بِالأَنْفِ كَمَا نَتَنَفَّسُ مِنَ الأَنْفِ.

٧٢ اَلْبَيْتُ الَّذِي تَدْخُلُهُ الشَّمْسُ لا يَدْخُلُهُ الطَّبِيبُ. (مَثَلٌ عَرَبِيٌّ).

٧٣ تَقُولُ الأُمُّ لِطِفْلِهَا لا تَلْمِسْ كُلَّ مَا تَرَاهُ.

٧٤ أَتَنَاوَلُ طَعَامَ الْفَطُورِ مُبَكِّراً/مُبَكِّرَةً فِي الصَّبَاحِ قَبْلَ الذَّهَابِ إِلَى الْعَمَلِ.

٧٥ أَضَعُ كُلَّ شَيْءٍ فِي مَكَانِهِ.

٧٦ تَأْخُذُ الأُمُّ أَوْلادَهَا إِلَى الْحَدِيقَةِ لِكَيْ يَلْعَبُوا مَعَ أَوْلادٍ آخَرِينَ.

٧٧ أَتَذَكَّرُ كُلَّ الْكَلِمَاتِ الَّتِي أَتَعَلَّمُهَا فِي الْفَصْلِ.

٧٨ بَاعَ كُلَّ مَا عِنْدَهُ فِي دُكَّانِهِ. لَمْ يَبْقَ لَهُ شَيْءٌ.

٧٩ لَمْ يَعُدْ بَعْدُ مِنَ السَّفَرِ. – لَمْ يَعُدْ يَعْمَلُ هُنَا.

٨٠. رَجَعَ قَبْلَ أُسْبُوعٍ، عَلَى مَا أَعْرِفُ.

٨١. لَا أُغَادِرُ المَنْزِلَ قَبْلَ تَنَاوُلِ طَعَامِ الفُطُورِ.

٨٢. نَتْعَبُ عِنْدَمَا نَعْمَلُ كَثِيراً.

٨٣. أَجِيءُ إِلَى الفَصْلِ فِى الوَقْتِ كُلَّ يَوْمٍ.

٨٤. زَمِيلَتِي تَأْتِي أَيْضاً إِلَى الفَصْلِ فِى الوَقْتِ، مِثْلِي.

٨٥. نَنَامُ قَلِيلاً عِنْدَمَا نَشْرَبُ كَثِيراً مِنَ القَهْوَةِ.

٨٦. أَقُومُ مِنَ النَّوْمِ مُبَكِّراً/مُبَكِّرَةً كُلَّ يَوْمٍ مِنْ أَيَّامِ الأُسْبُوعِ.

٨٧. يَتَجَوَّلُ النَّاسُ فِي الحَدِيقَةِ يَوْمَ الأَحَدِ عِنْدَمَا يَكُونُ الطَّقْسُ جَمِيلاً.

٨٨. يَنْظُرُ الطِّفْلُ إِلَى أُمِّهِ الَّتِي تَبْتَسِمُ لَهُ.

٨٩. يَنْطِقُ الطِّفْلُ بِكُلِّ كَلِمَةٍ بِسُهُولَةٍ وَبِوُضُوحٍ.

٩٠. تُكَلِّمُ الأُمُّ طِفْلَهَا.

٩١. يَسْتَمِعُ الطِّفْلُ إِلَى مَا تَقُولُهُ لَهُ أُمُّهُ.

٩٢. اِنْتَظَرْتُ طَوِيلاً فِي قَاعَةِ الاِنْتِظَارِ هَذِهِ.

٩٣. أَدْعُو أَصْدِقَائِى بَيْنَ حِينٍ وَآخَرَ.

٩٤. أَقْبَلُ دَعْوَتَكَ إِلَى طَعَامِ الغَدَاءِ بِكُلِّ سُرُورٍ.

٩٥. أَغْسِلُ يَدَيَّ قَبْلَ الأَكْلِ وَبَعْدَهُ.

٩٦. أَذُوقُ الطَّعَامَ قَبْلَ أَنْ آكُلَهُ.

٩٧. أَلْبَسُ مَلَابِسَ خَفِيفَةً فِي فَصْلِ الصَّيْفِ عِنْدَمَا يَكُونُ الطَّقْسُ حَاراً.

٩٨. أَسْتَحِمُّ قَبْلَ الذَّهَابِ إِلَى الفِرَاشِ.

٩٩. أَسْتَرِيحُ عِنْدَمَا أَشْعُرُ بِالتَّعَبِ.

١٠٠. قَابَلْتُهُ قَبْلَ بِضْعِ سَنَوَاتٍ عِنْدَمَا بَدَأْتُ العَمَلَ هُنَا.

١٠١. نَتَقَابَلُ كُلَّ يَوْمٍ لِأَنَّنَا نَعْمَلُ فِي نَفْسِ المُنَظَّمَةِ.

١٠٢. أَشْكُرُكَ عَلَى تَقْدِيمِكَ لِي صَدِيقَتَكَ.

١٠٣. لَمْ يَتَغَيَّرْ كَثِيراً. بَقِيَ كَمَا هُوَ.

١٠٤. يَتَقَلَّبُ الطَّقْسُ كَثِيراً فِي فَصْلِ الخَرِيفِ فِي هَذَا البَلَدِ.

١٠٥. أُغَيِّرُ مَلَابِسِي كُلَّ يَوْمٍ.

١٠٦. أُقِيمُ فِي هَذَا البَلَدِ مُنْذُ سَبْعِ سَنَوَاتٍ وَثَلَاثَةِ أَشْهُرٍ.

Idiomatic sentences in Arabic. Translate them into English and
compare them with the sentences in Arabic, page 23.
Phrases idiomatiques en arabe. Traduisez-les en français et
comparez-les avec les phrases en arabe, page 24.

١   هَذَا بَيْتٌ.

٢   هَذَا بَيْتٌ جَمِيلٌ.

٣   هَذَا الْبَيْتُ جَمِيلٌ.

٤   هَذَا الْبَيْتُ الْجَمِيلُ كَبِيرٌ.

٥   هَذَا هُوَ الْبَيْتُ الْجَمِيلُ الَّذِي أَسْكُنُ فِيهِ.

٦   هَذَا مِفْتَاحُ الْبَابِ – مِفْتَاحُ الْبَابِ هَذَا.

٧   أَتَكَلَّمُ مَعَ الْوَلَدِ الَّذِي يَعْرِفُنِي.

٨   أَتَكَلَّمُ مَعَ الْوَلَدِ الَّذِي أَعْرِفُهُ.

٩   أَتَكَلَّمُ مَعَ وَلَدٍ أَعْرِفُهُ.

١٠   أَتَكَلَّمُ مَعَ الْوَلَدِ الَّذِي أَعْرِفُ أُمَّهُ.

١١   أَنَا الَّذِي/الَّتِي أَدْرُسُ هَذِهِ اللُّغَةَ – لَسْتِ أَنْتِ الَّتِي تَعْمَلِينَ هُنَا.

١٢   لَهُ كِتَابٌ – هَذَا الْكِتَابُ لَهُ.

١٣   لَيْسَتِ الْبِنْتُ مُعَلِّمَةً.

١٤   لَيْسَ لِلْبِنْتِ مُعَلِّمَةٌ.

١٥   لِي دَرْسٌ أَكْتُبُهُ.

١٦   لَهُ صَدِيقٌ يَتَكَلَّمُ مَعَهُ.

١٧   هُوَ مُتَأَخِّرٌ الْيَوْمَ. لَا أَعْرِفُ مَا بِهِ.

١٨   يُسَافِرُ عَلَى الْأَكْثَرِ أَرْبَعَ مَرَّاتٍ فِي السَّنَةِ.

١٩   يَعْرِفُ عَلَى الْأَقَلِّ ثَلَاثَ لُغَاتٍ.

٢٠   مَا أَجْمَلَ هَذَا الْفُسْتَانَ !

٢١   هَذَا كُلُّ مَا قُلْتُهُ لِي، لَيْسَ أَكْثَرَ وَلَا أَقَلَّ.

٢٢   مَدِينَتُهُمْ أَجْمَلُ مِنْ مَدِينَتِنَا بِكَثِيرٍ.

٢٣   لَيْسَتِ اللُّغَةُ الْعَرَبِيَّةُ أَصْعَبَ مِمَّا (مِن مَّا) تَظُنُّ.

٢٤   لَيْسَ فِي الْمَنْزِلِ، هُوَ مُسَافِرٌ عَلَى مَا أَظُنُّ.

٢٥ لَوْ كَانَ الْبَابُ مَفْتُوحاً لَمَا خَرَجْتُ مِنَ الشُّبَّاكِ.

٢٦ لَا تَخْرُجْ مِنَ الشُّبَّاكِ وَلَوْ كَانَ الْبَابُ مُغْلَقاً.

٢٧ يَدْرُسُ نَفْسَ اللُّغَةِ الَّتِي يَدْرُسُهَا زَمِيلُهُ فِي الْعَمَلِ.

٢٨ تَكْتُبُونَ نَفْسَ الدَّرْسِ الَّذِي نَكْتُبُهُ.

٢٩ وَجَدُونَا فِي الْمَكْتَبَةِ نَشْتَرِي بَعْضَ الْكُتُبِ.

٣٠ عِنْدَمَا بَدَأْتُ أَدْرُسُ هَذِهِ اللُّغَةَ وَجَدتُّهَا صَعْبَةً قَلِيلاً.

٣١ لَيْسَتْ هَذِهِ أَكْبَرَ مَدِينَةٍ فِي الْبَلَدِ.

٣٢ أَرْجُو أَنْ لَا أَكُونَ مُخْطِئاً فِي حَقِّهِ.

٣٣ اَلدَّرْسُ أَسْهَلُ الْيَوْمَ مِنْهُ أَمْسِ.

٣٤ هُوَ أَصْغَرُ مِنْ أَنْ يَقُومَ بِمِثْلِ هَذَا الْعَمَلِ الصَّعْبِ.

٣٥ يُحِبُّ الزَّوْجَانِ بَعْضُهُمَا بَعْضاً

٣٦ يَكْتُبُ بَعْضُهُمَا إِلَى بَعْضٍ

٣٧ يَتَكَلَّمُ بَعْضُهُمْ مَعَ بَعْضٍ.

٣٨ لَمْ يَعُدْ شَيْءٌ عَلَى مَا كَانَ عَلَيْهِ قَبْلَ بِضْعِ سَنَوَاتٍ.

٣٩ لَا تُغَيِّرْ شَيْئاً فِي هَذَا الْمَكَانِ. اُتْرُكْ كُلَّ شَيْءٍ عَلَى مَا هُوَ عَلَيْهِ.

٤٠ عَلَى الْإِنْسَانِ أَنْ يَعْمَلَ لِكَيْ يَعِيشَ أَرَادَ أَمْ لَمْ يُرِدْ.

٤١ عِنْدَمَا دَخَلَ زَمِيلُهُ إِلَى الْمَكْتَبِ أَخَذَ يَتَكَلَّمُ مَعَهُ وَنَسِيَ عَمَلَهُ.

٤٢ سَأَعُودُ فِي أَقْرَبِ وَقْتٍ مُمْكِنٍ.

٤٣ يَتْعَبُ لِأَنَّهُ يَعْمَلُ لَيْلَ نَهَارَ.

٤٤ مِنَ الصَّعْبِ النُّطْقُ بِهَذِهِ الْكَلِمَةِ.

٤٥ لَيْسَ مِنَ السَّهْلِ الْقِيَامُ بِهَذَا الْعَمَلِ.

٤٦ لَوْ قَالَتِ الْأُمُّ لِطِفْلِهَا أَنَّ الْمَاءَ لَيْسَ لَهُ لَوْنٌ لَعَرَفَ.

٤٧ لَوْ لَمْ تَقُلْ لَهُ لَمَا عَرَفَ.

٤٨ يَشْرُبُ الْقَهْوَةَ وَهُوَ يَقْرَأُ الْجَرِيدَةَ.

٤٩ لَا أَعْرِفُ أَحَداً فِي هَذِهِ الْمُنَظَّمَةِ غَيْرَكَ.

٥٠ هَلِ انْتَهَيْتَ مِنْ عَمَلِكَ ؟ لَا، لَمْ أَنْتَهِ مِنْهُ بَعْدُ.

٥١ لَا أَفْعَلُ ذَلِكَ لَوْ كُنْتُ مَكَانَكَ.

18

The equivalent of the Arabic sentences in English.
Translate the sentences into Arabic.
Then compare your translation with the sentences in Arabic, page 13.

1) A boy opens a door -The boy opens the door - He opens the classroom door.
2) The student writes a new lesson with a black pen.
3) You (fs) sit on a chair in front of the teacher near the door.
4) She speaks with her colleague at work about her family.
5) You (mp) are learning a new foreign language now.
6) You (fs) know this woman well because she is your friend.
7) I am reading this book because it is a good book.
8) Don't you know (ms) (aren't you aware) that everything is possible?
9) I live in a large beautiful house with my family in the countryside, not far from the city.
10) Children live with their parents.
11) People work every day from morning till evening.
12) I eat in the organization's restaurant from Monday through Friday.
13) I go to night/evening school twice a week, Tuesdays and Thursdays.
14) Some employees/functionaries travel a lot.
15) I love my parents very much. My parents love me, too.
16) I take a bus to go to work
17) The weather was beautiful yesterday.
18) They (fp) drink cold water.
19) I close the window because it is a little cold.
20) They (mp) start work early in the morning.
21) The train does not always arrive on time.
22) I can learn this language because it is not very difficult.
23) I am standing up now.
24) I do my work with pleasure.
25) I study this language because I love it.
26) The teacher is standing in front of the pupils.
27) The train stops at the train station.
28) You (d) stop work in order to have a cup of coffee.
29) The teacher gives the student a book.
30) You (fp) are pleased today because you understood the lesson very well.
31) I am not afraid of anything nor of anyone.
32) You (mp) laugh because you are pleased. Aren't you?
33) He does not make too many mistakes when he speaks.
34) You (fp) sometimes go out when it is nice and not very cold.
35) I think that this restaurant is closed on Mondays.
36) The girl bought a beautiful dress for her mother, yesterday. Today she is buying a shirt for her father.
37) I ask someone - I ask nobody - I ask for someone - I ask the same question.
38) People drive slowly in town.
39) I want to learn this difficult language.
40) Is it possible to (may I) ask you a question?
41) I do something - I do nothing - I do everything - I do the same thing.
42) This is all you (ms) said to me, no more no less.
43) He does not feel lonely because he lives with his large family and has many friends.
44) I found the book I wanted to buy.
45) I hope it will be fine tomorrow.
46) I hope the train will arrive on time this morning.
47) He has to take a bus in order to go to work, because he does not have a car.
48) I am finishing the work I started at the beginning of this week.
49) The functionary has no right to work in two organizations at the same time.
50) He prefers coffee to tea, but his

19

colleague prefers tea to coffee.
51) I would like to ask you a question.
52) The doctor told him: You are sick/ill because you smoke too much.
53) The mother does not leave her children alone at home.
54) I lost my key, but I found it where I left it.
55) When the child saw water in a blue cup, he thought that the water was blue.
56) The student answers the teacher's question.
57) I send a letter to my friend from time to time.
58) You (fs) send a beautiful gift to your parents.
59) I welcome my friend at the airport a three o'clock, this afternoon.
60) What is this beautiful voice I hear?
61) The child smiles at his mother when she is smiling at him.
62) The child plays with the dog in the garden.
63) I did not forget/I will not forget the nice letter he sent me a week ago.
64) I thank you very much for your lovely gift.
65) I find everything I search for.
66) People get of the bus when it stops.
67) I stay home when it is raining.
68) Everything has become expensive these days.
69) We breathe non-stop, without being aware of it.
70) We (mp) walk fast when we are in a hurry.
71) We smell with the nose, just as we breathe from the nose
72) The house where the light and the warmth of the sun enter, the doctor doesn't. (Arabic proverb).
73) The mother tells her child: Don't touch everything you see.
74) I have breakfast early in the morning before going to work.
75) I put everything in its place.
76) The mother takes her children to the park in order to play with other children.
77) I remember all the words I learn in class.

78) He sold all he has in his store. He has nothing left.
79) He did not return yet from his journey. - He no longer works here.
80) He came back a week ago, as far as I know.
81) I don't leave the house in the morning before having breakfast.
82) We tire when work a lot.
83) I come to the class on time every day.
84) My colleague also comes on time, like me.
85) We sleep very little when we drink lots of coffee.
86) I get up early every day of the week.
87) People take a walk on Sundays in the park when it is fine.
88) The child looks at his mother who is smiling at him.
89) The child pronounces each word easily and clearly.
90) The mother talks to her child.
91) The child listens to what his mother tells him.
92) I have been waiting for a long time in this waiting room.
93) I invite my friends from time to time.
94) I accept your invitation to lunch with you tomorrow with pleasure.
95) I wash my hands before and after eating.
96) I taste food before eating it.
97) I wear light clothes in the summer when the weather is hot.
98) I take a bath before going to bed.
99) I rest when I feel tired.
100) I met him a few years ago when I started work here.
101) We meet every day because we work in the same organization.
102) Thank you for introducing your friend to me.
103) He did not change much. He stayed as he was.
104) The weather changes very much in the autumn season in this country.
105) I change my clothes every day.
106) I have been residing in this country for seven years and three months.

L'équivalent en français des phrases en arabe.
Traduisez les phrases en arabe.
Puis comparez votre traduction avec les phrases en arabe, page 13.

1) Un garçon ouvre une porte - Le garçon ouvre la porte - Il ouvre la porte de la salle de classe.
2) L'étudiant écrit une nouvelle leçon avec un stylo noir.
3) Tu (f) t'asseois devant le professeur près de la porte.
4) Elle parle de sa famille avec sa collègue de bureau.
5) Vous (mp) apprenez une nouvelle langue étrangère maintenant.
6) Tu (f) connais bien cette femme parce qu'elle est ton amie.
7) Je lis ce livre parce que c'est un bon livre.
8) Ne sais-tu pas (n'es-tu pas au courant) que tout est possible ?
9) J'habite dans une jolie grande maison avec ma famille à la campagne, pas loin de la ville.
10) Les enfants vivent avec leurs parents.
11) Les gens travaillent tous les jours du matin au soir.
12) Je mange au restaurant de l'organisation de lundi à vendredi.
13) Je vais à l'école du soir deux fois par semaine, les mardis et jeudis.
14) Certains fonctionnaires voyagent beaucoup.
15) J'aime bien mes parents. Mes parents m'aiment aussi.
16) Je prends le bus pour aller au travail.
17) Il a fait beau hier.
18) Elles (p) boivent de l'eau froide.
19) Je ferme la fenêtre parce qu'il fait un peu froid.
20) Ils (p) commencent le travail tôt le matin.
21) Le train n'arrive pas toujours à l'heure.
22) Je peux apprendre cette langue parce qu'elle n'est pas très difficile.
23) Je me lève maintenant.
24) Je fais mon travail avec plaisir.
25) J'étudie cette langue parce que je l'aime.
26) Le professeur se tient debout devant les élèves.
27) Le train s'arrête à la gare.
28) Vous (d) vous arrêtez de travailler pour

prendre une tasse de café.
29) Le professeur donne un livre à l'étudiant.
30) Vous (p) êtes contentes aujourd'hui, parce que vous avez bien compris la leçon.
31) Je n'ai peur de rien ni de personne.
32) Vous (p) riez parce que vous êtes contents. N'est-ce pas ?
33) Il ne se trompe pas beaucoup quand il parle.
34) Vous (fp) sortez parfois lorsqu'il fait beau et pas très froid.
35) Je pense que ce restaurant est fermé le lundi.
36) La fille a acheté une jolie robe pour sa mère hier. Aujourd'hui elle achète une chemise pour son père.
37) Je demande à quelqu'un - Je ne demande à personne - Je demande quelqu'un - Je pose la même question.
38) Les gens conduisent lentement en ville.
39) Je veux apprendre cette langue difficile.
40) Est-il possible de (puis-je) te poser une question ?
41) Je fais quelque chose - Je ne fais rien - Je fais tout - Je fais la même chose.
42) C'est tout ce que tu m'as dit, pas plus pas moins.
43) Il ne se sent pas seul parce qu'il habite avec sa grande famille et il a beaucoup d'amis.
44) J'ai trouvé le livre que je voulais acheter.
45) J'espère qu'il fera beau demain.
46) J'espère que le train arrivera à l'heure ce matin.
47) Il doit prendre un bus pour aller au travail parce que il n'a pas de voiture.
48) Je finis le travail que j'ai commencé au début de cette semaine.
49) Le fonctionnaire n'a pas le droit de travailler dans deux organisations en même temps.
50) Il préfère le café au thé, mais son collègue préfère le thé au café.
51) J'aimerais te poser une question.
52) Le médecin lui a dit: Vous êtes malade

parce que vous fumez trop.

53) La mère ne laisse pas ses enfants seuls à la maison.

54) J'ai perdu ma clef, mais je l'ai trouvée là où je l'avais laissée.

55) Quand l'enfant a vu l'eau dans une tasse bleue, il pensait que l'eau était de couleur bleue.

56) L'étudiant répond à la question du professeur.

57) J'envoie une lettre à mon amie de temps en temps.

58) Tu (f) envoies un joli cadeau à tes parents.

59) J'accueille mon ami à l'aéroport à trois heures, cet après-midi.

60) Qu'est-ce que cette jolie voix que j'entends ?

61) L'enfant sourit à sa mère quand elle lui sourit.

62) L'enfant joue avec le chien dans le jardin.

63) Je n'ai pas oublié et je n'oublierai pas la gentille lettre qu'il m'envoyée il y a une semaine.

64) Je te remercie beaucoup de ton joli cadeau.

65) Je trouve tout ce que je cherche.

66) Les gens descendent du bus quand il s'arrête.

67) Je reste à la maison quand il pleut.

68) Tout est devenu cher aujourd'hui.

69) Nous respirons sans arrêt, sans en être conscients.

70) Nous (p) marchons vite quand nous sommes pressés.

71) Nous sentons avec le nez, tout comme nous respirons par le nez.

72) Dans une maison où entrent la lumière et la chaleur du soleil, le médecin n'entre pas (Proverbe arabe).

73) La mère dit à son enfant : Ne touche pas tout ce que tu vois.

74) Je prend le petit-déjeuner tôt le matin avant d'aller au travail.

75) Je mets tout à sa place.

76) La mère prend ses enfants au parc pour jouer avec les autres enfants.

77) Je me rappelle de tous les mots que j'apprend en classe.

78) Il a vendu tout ce qu'il a dans son magasin. Il ne lui reste rien.

79) Il n'est pas encore retourné de son voyage. - Il ne travaille plus ici.

80) Il est retourné il y a une semaine, à ce que je sache.

81) Je ne quitte pas la maison le matin avant de prendre le petit-déjeuner.

82) Nous nous fatiguons quand nous travaillons beaucoup.

83) Je viens en classe à l'heure tous les jours.

84) Ma collègue vient aussi à l'heure, comme moi.

85) Nous dormons très peu lorsque nous buvons trop de café.

86) Je me lève tôt tous les jours de la semaine.

87) Les gens se promènent le dimanche dans le parc quand il fait beau.

88) L'enfant regarde sa mère qui lui sourit.

89) L'enfant prononce chaque mot facilement et clairement.

90) La mère parle à son enfant.

91) L'enfant écoute ce que sa maman lui dit.

92) J'ai attendu longtemps dans cette salle d'attente.

93) J'invite mes amis de temps en temps.

94) J'accepte votre invitation au déjeuner demain avec plaisir.

95) Je lave mes mains avant et après avoir mangé.

96) Je goûte la nourriture avant de manger.

97) Je porte des vêtements légers en été quand il fait chaud.

98) Je prend un bain avant d'aller au lit.

99) Je me repose quand je me sens fatigué(e).

100) Je l'ai rencontré il y a quelques années lorsque j'ai commencé le travail ici.

101) Nous nous rencontrons tous les jours parce que nous travaillons dans la même organisation.

102) Je vous remercie de m'avoir présenté votre amie.

103) Il n'a pas changé beaucoup. Il est resté tel quel.

104) Le temps change beaucoup en automne dans ce pays.

105) Je change de vêtements tous les jours.

106) Je réside dans ce pays depuis sept ans et trois mois.

The equivalent idiomatic sentences in English.
Translate them into Arabic.
Then compare them with the sentences in Arabic, page 17.

1) This is a house.
2) This is a beautiful house.
3) This house is beautiful.
4) This beautiful house is large.
5) This is the beautiful house in which I am living.
6) This is the door key - This door key.
7) I speak with the boy who knows me.
8) I speak with the boy whom I know.
9) I speak with a boy I know.
10) I speak with the boy whose mother I know.
11) I am the one who is studying this language - It is not you (fs) who are working here.
12) He has a book - This book is his.
13) The girl is not a teacher.
14) The girl has no teacher.
15) I have a lesson to write.
16) He has a friend to talk to.
17) He is late today. I do not know what is wrong with him.
18) He travels at the most four times a year.
19) He knows at least three languages.
20) How beautiful this dress is!
21) This is all you (ms) said to me, no more no less.
22) Their city is far more beautiful than ours.
23) The Arabic language is not as difficult as you think.
24) He is not at home. He is traveling, I think.
25) If the door had been open, I would not have gone out of the window.
26) Do not go out of the window, even if the door is closed.
27) He is studying the same language as his colleague at work.
28) You (mp) write the same exercise as us.
29) They (mp) found us in the bookstore buying some books.
30) When I started studying this language I found it a little difficult.
31) This is not the largest city in the country.
32) I hope I am not wrong about him.
33) The lesson today is easier than yesterday's.
34) He is too young to do such hard work.
35) The spouses love each other.
36) They (md) write to each other.
37) They speak to each other.
38) Nothing is any longer as it used to be a few years ago.
39) Don't change anything in this place. Leave everything as it is.
40) Man has to work in order to live whether he likes it or not.
41) When his colleague entered the office, he started to speak with him and he forgot his work.
42) I will be back as soon as possible.
43) He gets tired because he works day and night.
44) It is hard to pronounce this word.
45) It is not easy to do this work.
46) If the mother had told her child that water had no color, he would have known.
47) If she hadn't told him, he wouldn't have known.
47) He drinks his coffee while reading the newspaper.
48) I know nobody apart from you in this organization.
50) Did you finish your work. No, I did not finish it yet.
51) I would not do that if I were you.

L'équivalent des phrases idiomatiques en français.
Traduisez-les en arabe.
Comparez-les avec les phrases en arabe, page 17.

1) C'est une maison.
2) C'est une belle maison.
3) Cette maison est belle.
4) Cette belle maison est grande.
5) Voici la jolie maison dans laquelle j'habite.
6) C'est la clef de la porte - Cette clef de la porte.
7) Je parle avec le garçon qui me connaît.
8) Je parle avec le garçon que je connais.
9) Je parle avec un garçon que je connais.
10) Je parle avec le garçon dont je connais la mère.
11) C'est moi qui étudie cette langue - Ce n'est pas toi (f) qui travailles ici.
12) Il a un livre - Ce livre est le sien.
13) La fille n'est une pas une enseignante.
14) La fille n'a pas d'enseignante.
15) J'ai une leçon à écrire.
16) Il a un ami avec qui parler.
17) Il est en retard aujourd'hui. Je ne sais pas ce qu'il a.
18) Il voyage au plus quatre fois par an.
19) Il connaît au moins trois langues.
20) Comme cette robe est belle !
21) C'est tout ce que tu (m) m'as dit, ni plus ni moins.
22) Leur ville est beaucoup plus belle que la nôtre.
23) La langue arabe n'est pas aussi difficile que tu le penses.
24) Il n'est pas à la maison. Il est en voyage, à ce que je pense.
25) Si la porte avait été ouverte, je ne serais pas sorti(e) par la fenêtre.
26) Ne sors pas par la fenêtre, même si la porte est fermée.
27) Il apprend la même langue que son collègue de bureau.
28) Vous écrivez la même leçon que nous.
29) Ils nous ont trouvés à la librairie

en train d'acheter quelques livres.
30) Quand j'ai commencé à étudier cette langue je l'ai trouvée un peu difficile.
31) Ce n'est pas la plus grande ville du pays.
32) J'espère que je ne me suis pas trompé(e) à son égard.
33) La leçon est plus facile aujourd'hui qu'hier.
34) Il est trop jeune pour faire ce genre de travail.
35) Les époux s'aiment.
36) Ils (d) s'écrivent.
37) Ils (p) se parlent.
38) Rien n'est plus comme il y a quelques années.
39) Ne change rien dans cet endroit. Laisse tout tel quel.
40) L'homme doit travailler pour vivre qu'il le veuille ou non.
41) Lorsque son collègue est entré dans le bureau, il a commencé à parler avec lui et il a oublié son travail.
42) Je retournerai le plus tôt possible.
43) Il se fatigue parce qu'il travaille nuit et jour.
44) Il est difficile de prononcer ce mot.
45) Il n'est pas facile de faire ce travail.
46) Si la mère avait dit à son enfant que l'eau n'avait pas de couleur, il l'aurait su.
47) Si elle ne lui avait pas dit, il ne l'aurait pas su.
48) Il boit son café pendant qu'il lit le journal.
49) Je ne connais personne d'autre à apart toi dans cette organisation.
50) As-tu fini ton travail ? Non, je ne l'ai pas encore fini.
51) Si j'étais toi, je ne ferais pas cela.

TRANSLATIONS
OF THE TEXTS OF THE 45 LESSONS
IN VOLUME I

The numbers refer to the numbers of the sentences in the lessons. The English translation is not absolutely literal, which would be impossible; however, we have attempted to render the English text as close as possible to the Arabic, in order to respect the meaning.

LESSON 1

1 This is a teacher. (m.)
2 This is a teacher. (f.)
3 This is a pupil. (m.)
4 This is a pupil. (f.)
5 Here is the teacher. (m.)
6 Here is the teacher.(f.)
7 Here is the pupil. (m.)
8 Here is the pupil.(f.)
9 I am a teacher. (m.)
10 I am a teacher. (f.)
11 I am a pupil. (m.)
12 I am a pupil. (f.)
13 You are a teacher. (m.)
14 You are a teacher. (f.)
15 You are a pupil. (m.)
16 You are a pupil. (f.)
17 He is a teacher.
18 She is a teacher.
19 He is a pupil.

20 She is a pupil.
21 I am the teacher. (m.)
22 I am the teacher. (f.)
23 I am the pupil. (m.)
24 I am the pupil. (f.)
25 You are the teacher. (m.)
26 You are the teacher. (f.)
27 You are the pupil. (m.)
28 You are the pupil. (f.)
29 He is the teacher.
30 She is the teacher.
31 He is the pupil.
32 She is the pupil.
33 I have not changed.
34 You (m. sing.) have not changed.
35 You (f. sing.) have not changed.
36 He did not change.
37 She did not change.

38 This is a boy.
39 This is a girl.
40 This is a door.
41 This is a key.
42 This is an open door.
43 This door is open.
44 An open door.
45 The open door.
46 This open door...
47 I open a door.
48 You (m. sing.) open the door.
49 You (f. sing.) open a door.
50 He opens the door.
51 She opens a door.
52 Yes, the door is open.
53 No, the door is not open.
54 Yes, this door is open.
55 No, this door is not open.
56 The boy opens the door.
57 A boy opens a door.

58 A girl opens a door.
59 The girl opens the door.
60 The boy opens the door with the key.
61 A girl opens a door with a key.
62 The boy does not open the door.
63 The girl does not open the door.
64 The boy opens the door.
65 I am a teacher ; I am not a pupil. (m.)
66 I am a pupil ; I am not a teacher. (f.)
67 You are a pupil ; You are not a teacher. (m.)
68 You (f.) are a teacher ; you are not a pupil.
69 He is a teacher ; he is not a pupil.
70 She is a pupil ; she is not a teacher.
71 This is a boy, not a girl.
72 This is a girl, not a boy.
73 This is a key, not a door.
74 This is a door, not a key.

LESSON 3

75 He writes a lesson.
76 The teacher writes.
77 The teacher writes a lesson.
78 The teacher writes the lesson with a pen.
79 The teacher writes a lesson with the pen.
80 This is a pencil and this is a door.
81 This is also a pen.
82 This is not a pen ; this is a key.
83 The teacher is in the classroom.
84 The pupil is also in the classroom.
85 Yes, he is in the classroom.
86 No, he is not in the classroom.
87 The girl opens the door with the key.
88 The boy writes the lesson with the pen.
89 You do not open the door with a pen.
90 He does not write the lesson with a key.

91 This is not a key ; this is a pen.
92 The teacher writes the first lesson.
93 The pupil writes the second lesson.
94 The third pupil opens the door.
95 I write the first lesson.
96 And you write the second lesson.
97 You write with the teacher's pen.
98 You open the classroom door.
99 This pen is not the teacher's.
100 Yes, this is the teacher's pen.
101 This is not the teacher's pen.
102 This door is not the classroom door.
103 This door is the classroom door.
104 Here is the classroom door.
105 There is a teacher in the classroom.
106 There is no teacher in the classroom.
107 There are no pupils in the classroom.

26

108 There are a teacher and pupils in the classroom.
109 There are a teacher and pupils in the classroom.

110 There are no teachers in the classroom.
111 Here is the key of the door.

LESSON 4

112 This is a black pencil.
113 The secretary writes with a black pencil.
114 The pupil also writes with the black pencil.
115 This pencil is not black.
116 This is not a black pencil.
117 He writes with his pencil.
118 She opens her door.
119 I write with my pencil.
120 You also write with your pencil.
121 You open the door with your key.
122 The teacher is in her classroom.
123 The teacher is also in his classroom.
124 I am your teacher, and you are my pupil.
125 I am your teacher, and you are my pupil.
126 She is his pupil, and he is her teacher.
127 This is your pen, and this is your key.
128 You write your third lesson.
129 She writes with her black pencil.
130 He does not write his third lesson; he writes his fourth lesson.
131 This boy is a pupil and he is the teacher's son.

132 No, he is not the teacher's son; he is the teacher's (f.) son.
133 This girl is also the teacher's daughter and she is a pupil.
134 This black pen is mine; it's not yours.
135 Here is your pencil.
136 This key is not the key of her door.
137 Here is the key of her door.
138 This is not his teacher's pen.
139 This pen is his teacher's.
140 You opened the door and wrote the lesson.
141 She opened the door and wrote the lesson.
142 I opened the door and wrote the lesson.
143 He opened the door and wrote the lesson.
144 You opened the door and wrote the lesson.
145 The classroom is open.
146 The classroom is not open.
147 The classroom door is open.
148 The classroom door is not open.

LESSON 5

149 The pupils write now.
150 The pupils write the fifth lesson.
151 The pupils write the fifth lesson now.
152 The pupil sits on a chair.
153 The pupil sits in front of the teacher.
154 The pupil sits on a new chair.
155 The pupil sits now.

156 The pupil sits now on the new chair in front of the teacher.
157 You don't sit on a chair, you sit on a sofa.
158 This is a new sofa.
159 This is a new black sofa.
160 This sofa is new.

27

161 This new sofa is black.

162 This black sofa is new.

163 This sofa is black and not new.

164 The chair is new and not black.

165 The chair is black and not new.

166 The fifth lesson is new.

167 The fourth lesson is not new.

168 The teacher is new and the pupils are also new.

169 The teacher is not new.

170 The new teacher is in the classroom.

171 There is a new teacher in the classroom.

172 The teacher is in her new classroom.

173 The pupils are in the classroom now.

174 There are no pupils in the classroom now.

175 The pupil opens the door with a key, sits on a new chair or...

176 a new sofa in front of his teacher and writes his third,...

177 fourth, or fifth lesson.

178 This is a chair on which the teacher sits.

179 And this is a sofa on which the teacher (m.) or the teacher (f.) also sit.

180 I am sitting now in front of you and you are sitting now in front of me.

181 You sit in front of her and she sits in front of you.

182 I sit in front of him or her.

183 I sat on my chair and you sat on your sofa.

184 You sat in front of your classroom door, and she sat in front of it, too.

185 He also sat on his new chair.

186 This is the first chair I sit on.

187 This is not the first sofa I have sat on.

188 This is the fourth lesson you write.

189 This is not the first door you open.

190 He is the first (top) pupil of the class.

191 She is also the top pupil of the class.

192 This pupil is not new.

193 The third lesson is not new, either.

LESSON 6

194 The teacher is speaking.

195 He speaks slowly.

196 The teacher speaks slowly.

197 The teacher speaks slowly with the pupil.

198 We are pupils and speak slowly.

199 We also are pupils and speak slowly.

200 Our teacher speaks slowly with us.

201 You have a friend to speak to now.

202 He has a lesson to write today.

203 We also have a new lesson to write today.

204 You have no chair to sit on.

205 She has neither a chair nor a sofa.

206 You have no door to open today.

207 I have no chair to sit on, either.

208 I sit on the floor.

209 We sit neither on the floor nor on the table.

210 We sit on the chairs or the sofas.

211 The pupils have a new teacher.

212 The teacher has new pupils.

213 The teacher has a girl and a boy.

214 The teacher has no children.

215 The pupils have no lesson today.

216 You and I are friends.

217 You and I are friends.

218 We are friends.

219 We are friends.

220 You, he and I are friends.

221 We are friends.

222 You, she and I are friends.

223 We are friends.

224 Our new teacher is speaking with us.

225 We are speaking with our new teacher.

226 You speak slowly and you write slowly, too.

227 We have a new lesson today.

228 Today's lesson is new.

229 Today's lesson is not new.

230 The new teacher is speaking with his new pupils.

231 The boy is with his friend in the classroom now.

232 The teacher is with the pupils in the classroom today.

233 There are neither a teacher nor pupils in the classroom today.

234 The girl is not with her girlfriend in the classroom now.

235 The black pencil is on the new table.

236 There is no pencil on the table now.

237 The boy is speaking with his friend in front of the door.

238 He does not speak in the classroom.

239 Yes, he speaks with him in the classroom.

240 Speak slowly !

241 You, speak slowly, too !

242 Do not speak with her in the classroom.

243 Do not speak with him now.

244 Open the door !

245 Sit on this chair !

246 Write your lesson now !

247 Do not open the classroom door.

248 Do not write with this black pencil.

LESSON 7

249 He is a student.

250 This is a foreign student.

251 This student is a foreigner.

252 His girlfriend is also a foreign student.

253 The student learns a foreign language.

254 This student is not from here ; he is a foreigner.

255 He comes from a foreign country.

256 This is not his country.

257 He is not from this country.

258 This is the school where he studies.

259 This is not the first language he learns.

260 This is the student who learns a foreign language.

261 He is a foreigner in this country.

262 The school is not here.

263 The school is there.

264 There is a new school in this city.

265 There are new cities in this country.

266 There is no new school in this city.

267 The students are in the school.

268 There are students in the school with the teacher.

269 The teacher is speaking with the students in the school.

270 There are students in the new school.

271 There is no new school in this city.

272 There are open classrooms in the school.

273 The school is open today.

274 The school is not open now.

275 The language we are learning now is new.

276 The teacher speaks in a foreign language with the students.

277 The teacher is a foreigner.

278 The student who learns a foreign language is not a foreigner.

279 We are foreigners in this city.

280 We are also foreigners in this country.

281 The boy and the girl are here, too.

282 Neither the teacher nor the pupils are here.

283 We are here and you are there.

284 There is a pen on the table.

285 There are no foreigners in this city.

286 I learned his language in your country.

287 You learned my language in her city.

288 We learned our language with your friend.

289 Learn a foreign language !

290 Learn a new language !

291 You learned how to write.

292 She also learned how to speak.

293 We learned how to write and speak in a foreign language.

294 The student speaks the language he learns.

295 The student learns the lesson she writes.

296 We are now learning the seventh lesson.

297 The seventh lesson is a new lesson.

298 This is the chair on which the teacher sits.

299 This is not the sofa on which we sit.

300 The sofa on which we sit is there.

301 Sit and write your lesson here now !

302 Sit with the student and speak with her !

303 You learn the language of the country you are in.

304 Here is the new school teacher.

LESSON 8

305 The student knows his colleague.

306 The student knows his colleague well.

307 This woman knows a foreign language.

308 This man is a foreigner.

309 This woman is not from this country.

310 This man is an Arab.

311 This woman is also an Arab.

312 We are Arabs and you are Arabs, too.

313 He is an Arab and speaks Arabic fluently.

314 You are also Arabs and this is your country...

315 and you also speak Arabic fluently.

316 You are not learning Arabic because you know it well.

317 You learnt the Arabic language in your country.

318 The Arabic language is difficult.

319 Arabic is not a difficult language.

320 He speaks Arabic slowly, because he does not know it well.

321 You speak with your foreign friend slowly, because he does not know your language...

322 well ; he also speaks with you slowly.

323 You do not know this city well, because you are foreigners in it.

324 We know this city well, because we are not foreigners in it.

325 This woman is speaking with this man, because she knows him well.

326 He is her classmate.

327 You and we are friends and also classmates.

328 I do not know who are this man and this woman.

329 I know well where he comes from, because I spoke with him.

330 You know this language well, because you learnt it in your country.

331 You do not know your colleague well, because you do not speak with her.

332 The eighth lesson is difficult.

333 This lesson is not difficult.

334 We now know who you are : you are foreign students.

335 You also know who we are : we are your colleagues.

336 I know you and you do not know me.

337 Sit with your colleague and speak with him !

338 Do not write this lesson now !

339 You do not know well the woman you are speaking with.

340 The woman who is speaking with us now knows us well.

341 He knows his colleagues.

342 His colleagues know him well.

343 We are your colleagues and you do not know us well.

344 You do not know us well, because we are foreigners.

345 You are not foreigners in this country.

346 This is your country.

347 He sits on his colleague's chair, because his colleague is not here today.

348 You have no lesson today, because your teacher is not here.

349 You are not foreigners in this country.

350 We also are not foreigners in this country.

351 You are students, you are not teachers.

30

352 We are not Arabs, yet we know Arabic well, because we have learned it.

353 He learns Arabic slowly, because Arabic is a difficult language.

354 This is the third language he learns.

355 I know well the man with whom you are speaking, because he is my colleague.

356 We know the woman with whom you are speaking.

357 She knows us, too, and knows our school and our teacher.

358 You are not sitting down, because you do not know where to sit.

359 Sit here on this new chair in front of us !

LESSON 9

360 The student reads a book.

361 The student reads a book in the Arabic language.

362 He knows how to read, write and speak now in Arabic.

363 I do not know that.

364 I am not aware of that.

365 He writes on white paper.

366 You write on a sheet of white paper with a black pen.

367 You are pleased because you know how to speak Arabic.

368 You are also pleased because you know how to read, write...

369 and speak Arabic a little now.

370 You know the Arabic language because you are Arabs and because...

371 you have also learned this language.

372 You have no lesson to learn now.

373 You are not foreigners in this country.

374 You learnt your language in your contry.

375 He is not pleased because he does not know how to read well.

376 The teacher is pleased with his pupils and the pupils are also pleased with their teacher.

377 You have a book to read.

378 The student is not pleased today because her lesson is a little difficult.

379 He does not write because he does not know how to write.

380 He does not read because he does not know how to read.

381 You read the lesson you wrote.

382 You write on a sheet of black paper with a white pencil.

383 The teacher reads a book in the classroom.

384 This student has no book.

385 The student is pleased with his new book.

386 The book is in the classroom.

387 There are books in the classroom.

388 There is a book on the table.

389 There are no books in the classroom.

390 He has few books in Arabis now.

391 Sit down, open your books, read, write your lessons...

392 and speak a little with your colleagues and your teacher.

393 Do not sit on this chair ; sit on the sofa.

394 Do not speak in Arabic with this colleague, because he does not know Arabic well.

395 He does not read this book, because it is a little difficult for him.

396 I do not know that he knows me.

397 You know that she has a foreign friend.

398 We know well that your friend is an Arab.

399 You know that our teacher is not from this country.

400 You know that his colleague speaks Arabic fluently.

401 The student speaks about his lesson with his colleague.

402 The student speaks with his teacher about his lessons.

403 I know you speak about me and him.

404 The new school teacher does not know that the pupils...

405 are Arabs and that they do not know Arabic well.

406 The women in the town speak about the new Arabic teacher.

407 I do not know that there are new schools in this city.

408 The secretary speaks a little with her colleagues.

409 The students know well that Arabic is a little difficult.

410 The teacher speaks about his pupils with his colleagues.

411 You do not know that there are few foreigners in this city.

412 The students know that there are few new teachers in this school.

LESSON 10

413 This is a big new house.

414 This is a house in which his father and mother live.

414b His parents live behind his office.

415 His house is near the office.

416 They have a new house to live in.

417 They also have a new house to live in.

418 Your house is near theirs.

419 Your house is also near theirs.

420 His parents have a big house in the city.

421 He does not live now with his father and mother.

422 She speaks with women her mother knows well.

423 She speaks with women who know her mother well.

424 His father and mother are not at home now.

425 They know well the city they live in.

426 They live in a city they know well.

427 Their school is near their office.

428 The school is near here.

429 The school is nearer here than the office.

430 They lived for a short time with their colleagues in the city.

431 They know the teacher well.

432 The teacher knows them well, too, because they are her pupils.

433 They are not in the office now.

434 They are not at home today.

435 His father knows Arabic well, because he is an Arab.

436 His mother does not know Arabic, because she is not an Arab.

437 His mother knows a little Arabic, because she learnt it.

438 He knows his father well, because he is his teacher.

439 His father's house is not near the school.

440 The student sits behind his colleague in front of the teacher.

441 They know their friend well, because they live with him.

442 Their friend knows them, because he lives with them.

443 We know that they lived in this city for a short time.

444 Their house is bigger than yours.

445 Their city is bigger than ours.

446 Our schools and offices are also bigger than yours.

447 We do not know where they are from, nor do we know where they live.

448 We know who they are ; they are teachers.

449 They are school teachers.

450 They also are school teachers.

451 The mothers are pleased with their daughters.

452 The daughters are also pleased with their mothers.

453 His parents have a big house in the city.

454 My colleague knows my father.

455 My father does not know my new colleague.

456 The office is not open today.

457 This big house is theirs.

458 This new school is not yours.

459 They do not live in this city now.

460 They have an office in the city.

461 This new school is theirs.

462 I know that they are not in the school.

463 They are at home now.

464 They have no house in the city, because they do not live here.

32

465 They have few children.

466 He speaks Arabic fluently, because it is his mother-tongue.

467 They do not speak Arabic fluently, because it is not their mother-tongue.

LESSON 11

468 The girl lives with her family.

469 Her family is big.

470 She has a big family.

471 The pupil sits near the door.

472 You do not know where he lives now.

473 I do not know why he sits behind the door.

474 I do not know whether he is at home now or not.

475 You know his name.

476 We know his name and address.

477 He lives in the countryside now.

478 They have a big library.

479 His parents have a big house in the country near the city.

480 He has a new address now and I do not know it.

481 I write to my friend at his new address.

482 The bookshop is not open today.

483 You do not know your friend's address in the country.

484 She knows your address and you do not know hers.

485 This is a new name I do not know.

486 We do not know whether they live in the city or not.

487 This is not his address, it is his father's.

488 I do not know that this is not his address.

489 You write to your friend whose address you know.

490 You know his name well now.

491 He is from this city and lives in a foreign country.

492 Few foreigners live in this country.

493 The boys and the girls live with their parents.

494 He lives in the city and has a friend who lives in the country.

495 You lived in this city.

496 She lived in this country.

497 We lived with our family.

498 You lived with your friends.

499 I lived with my children.

500 They lived in the country.

501 They lived with their daughters.

502 You lived near her.

503 You lived with us.

504 He lived with them.

505 Live in this country !

506 Live in this city !

507 Live with your mother !

508 Live with your families !

509 We come from the country we live in.

510 You are not from the city you live in.

511 The students do not know the name of the new Arab teacher.

512 The new Arab teacher lives near the school.

513 She has a big house near the school.

514 This house is not hers; it is her mother's.

515 She has no house now.

516 It is not her, it is her mother who knows their address.

517 We do not the bookshop's address.

518 He does not know how to live in this country, because he is a foreigner.

519 You know the name of the man with whom you are speaking now.

520 Yes, I know his name well and also know his address.

521 The address I know is the one in the city and not the one in the country.

522 You do not know that she also has an address in the country.

LESSON 12

523 The official works.
524 The official works in the office.
525 The official works in the office every day.
526 The officials work from Monday to Friday.
527 He is an official and his wife is an official, too.
528 They have the same teacher.
529 We have only two teachers.
530 He is married and has children.
531 She is not married and has no children.
532 They work at the school on Fridays.
533 You are not working today.
534 We work on Mondays in the office.
535 You work only one day.
536 You work in this city.
537 I work in a library.
538 The woman works with her husband in the office.
539 The man works with his wife at home.
540 Each one of us has a day on which he works in the library.
541 His father is an official.
542 His father is a high official.
543 His mother is also an official.
544 Each one of the officials learns a foreign language.
545 His friends are not officials.
546 His friends are not officials.
547 He knows all his colleagues.
548 All his colleagues in the office know him.
549 You write to her.
550 She writes to you.
551 They write to me.

552 I write to them.
553 I do not know whether he writes to you or not.
554 I do not know why he does not write to him.
555 Her mother does not write to her now, because she does not have her new address.
556 We all work in this office.
557 You all learn this language.
558 They all live in this city.
559 They all read a book.
560 All of you live in this country.
561 Each one of you sits on a chair.
562 Two of his friends are here.
563 They all live in the same house.
564 Each one of you has a house to live in.
565 The houses they live in are not all big.
566 They all have the same house.
567 All of you have the same house.
568 Each one has his house.
569 Her friend's husband works with her husband.
570 His friend's wife works with his wife.
571 His wife does not know Arabic, because she is a foreigner.
572 Her husband does not know Arabic, because he is a foreigner.
573 The officials are not all from the same country.
574 The officials do not all speak the same language.
575 Friday is not the day he works in the office.
576 The day she works in the library is Monday.
577 I do not know that his wife speaks Arabic fluently.

LESSON 13

578 The employee eats in a restaurant.
579 The employee eats in a restaurant every day.
580 The employee eats in a restaurant near his office.

581 You sometimes eat in the restaurant.
582 Today is Sunday.
583 You work only in the morning.
584 Sunday is a holiday.
585 Your house is very near their office.

34

586 They work in a big organization.

587 Sunday is not a holiday in his country.

588 It is Friday that is a holiday in his country.

589 His mother also works in a new organization.

590 The organization in which you work is a new one.

591 This organization is not new.

592 The employees do not work on Fridays in his country, because it is a holiday.

593 Sunday is not a holiday in every country.

594 They work sometimes in the morning.

595 They all work in the same organization.

596 The organization has a restaurant in which the employees eat.

597 The employees eat in the organization's restaurant.

598 The employees do not all eat in the organization's restaurant.

599 He does not work now, because he is on vacation.

600 The family sometimes eats in the restaurant on Sundays.

601 The family does not eat every Sunday in the restaurant.

602 The restaurant in which you eat is a new one.

603 My friend has a big restaurant in the city.

604 They eat in this restaurant, because it is near the office.

605 The woman sometimes eats with her husband in this restaurant.

606 The women sometimes eat with their husbands in the city.

607 They eat only in this restaurant.

608 This restaurant has no name.

609 There are few restaurants in the country.

610 You do not know the address of the restaurant in which you eat.

611 I know the address of the restaurant in which I ate with my husband.

612 I know a restaurant very near here.

613 The employees of this organization are not all foreigners.

614 The employees of this organization are not all from the same country.

615 There are few foreign employees in this organization.

616 He does not know all his colleagues who work with him.

617 The employees' wives sometimes eat in the organization's new restaurant with their husbands.

618 This is not the first organization his wife works in.

619 He has now learned how to work and live in this country.

620 The organization's restaurant is not open on holidays.

621 The employees do not know their organization well, because they talk little about it.

622 The employees speak little about their organization, that is why they do not know it well.

623 The employee speaks only with the colleagues who work with him.

624 The father of the girl spoke this morning in the school with the teacher.

625 The teacher is her mother's friend.

626 Her mother's friend is a teacher.

627 He is one of the teachers I know.

628 We know two of the teachers who eat in this restaurant every day.

LESSON 14

630 The boy goes to school every day.

631 The employee travels by train.

632 You travel every year.

633 They travel once a year.

634 We eat three times a day.

635 You go with pleasure to the city with your friend.

636 That teacher speaks three foreign language.

637 You sometimes go to that library on Friday mornings.

638 You eat in that new restaurant near the office.

639 You are friends, you are not colleagues in the office.

640 You are colleagues and work in this office.

641 That is your office.

642 You also are colleagues and work in that library.

643 He is late today : I do not know what is the matter with him.

644 They are students in that school.

645 They are employees and work in that organization.

646 He does not speak much with his colleague, because he does not know him well.

646b You do not know your colleague well, because you do not speak with her.

647 He works much and speaks little.

648 We work little and speak much.

649 It is on Friday that he works a lot.

650 It is on Mondays that he works very little.

651 You travelled a lot this year.

652 The officials travel a lot.

653 There is a restaurant in the train.

654 There is a restaurant in the train.

655 There are many restaurants in this city.

656 I ate three times in that restaurant.

657 You worked for one year in that organization.

658 You worked only one year in that city.

659 That city is very big.

660 We lived only in that city.

661 They have a new house in the country.

662 Write me your address on a sheet of paper.

663 Write me also the name of your organization on a piece of paper.

664 You lived in this city for over a year.

665 They speak with their friend every day.

666 You are late today ; what is wrong ?

667 Yes, I am late today.

668 He travels a lot.

669 He travels at the most three times a year.

670 He knows few languages.

671 He knows at least three languages.

672 You are pleased, because you have lots of friends.

673 You are pleased, because you learnt Arabic, isn't that so ?

674 They are your colleagues in the office.

675 They also are your colleagues in the office.

676 We are all colleagues.

677 He does not have more than three colleagues.

678 You do not know less than three languages.

679 Many people travel by train on holidays.

680 You work a lot in the morning.

681 They work very little in the morning.

682 You worked more than I did this morning.

683 His wife knows them more than he does.

684 You lived in this country less than they did.

LESSON 15

685 The girl loves her mother very much.

686 We like to travel by train.

687 The traveller takes the train.

688 The family lives in a beautiful apartment.

689 How many foreigners there are in this country !

690 The student goes to school in order to learn a foreign language.

691 The station is in the centre of the city.

692 I would have liked to speak with him a little yesterday.

693 You would like to work with her in the library.

694 You would like to live with your parents in their big apartment.

695 You love your mother very much, don't you ?

696 They would like to work in this new organization.

697 You liked travelling in a foreign country.

698 You would have liked to learn a foreign language.

36

699 You would like to learn the Arabic language, in order to speak with...

700 your Arab friend in Arabic.

701 They would like to go to the city with their friend.

702 His father does not like to take the train.

703 You like to go to that school sometimes...

704 on Friday mornings.

705 They like to read a book in the library every day.

706 You like to sit here a little while with your friend.

707 They like to write to their father and mother sometimes.

708 We would have liked to eat in that new restaurant near the office.

709 I do not know why he likes to speak so much.

710 He speaks so much, because he likes speaking.

711 You do not speak very much, because you do not like speaking, do you ?

712 The employee takes the train every day, in order to go to the office.

713 The employees like the organization they work in.

714 The family likes the apartment they live in.

715 The teachers like their pupils.

716 The pupils like their teachers.

717 The employee likes all the colleagues who work with him.

718 The traveller would like to go to the station now to take the train.

719 I would have liked to go to the station with my friend yesterday.

720 I do not know where the station is.

721 He has a friend working in the station.

722 That is his new apartment.

723 His apartment is behind the station.

724 He lives with his family in a new apartment near the station.

725 The fourteenth lesson was very hard yesterday.

726 You like being with your friend in her house on Sundays.

727 The traveller takes his train now.

728 I used to like taking the train very much.

729 I do not know the man you were speaking with.

730 Your mother used to travel very much.

731 We used to live in a foreign country.

732 You used to go to school every day.

733 You used to eat in that restaurant.

734 They used to work in this organization.

735 They used to know that man very well.

736 They used to sit here with their parents.

737 I used to write to him.

738 You used to read a book in the library.

LESSON 16

739 We drink water.

740 This is cold water.

741 This water is cold.

742 You drink cold water.

743 The weather is cold.

744 It is very cold today.

745 It was cold yesterday.

746 It was a little cold yesterday.

747 It is nice today.

748 It is not cold in this country.

749 It is not cold in this city.

750 The door is closed now.

751 The classroom window is open.

752 He closes the window, because it is a little cold today.

753 Close the window !

754 Do not close the office door !

755 The weather is very cold in the north.

756 He lives now in the northern part of the city.

757 The offices are closed today, because it is Sunday.

758 The school was also closed yesterday, because it was Sunday.

759 Offices and schools are closed on holidays.

760 I do not like to drink this water, because it is very cold.

761 You like drinking cold water.

762 All the windows are closed.

763 Your city is very beautiful.

764 Their city is much more beautiful than ours.

765 He has a nice apartment to live in.

766 He drinks some water in the morning.

767 All the restaurants are not closed on Sundays.

768 The day on which the restaurant is closed is Monday, not Sunday.

769 He eats at home on Mondays, because the restaurant is closed on Mondays.

770 There are many restaurants open in the centre of the city.

771 I do not know whether he would like to drink some water now or not.

772 You have a nice name.

773 I would like to learn your language, because it is a beautiful one.

774 What is this beautiful language you are speaking ?

775 He likes to live in this city, because it is a beautiful one.

776 His parents have a nice house in the country.

777 This city has a beautiful station.

778 She has beautiful daughters.

779 Your mother is a very beautiful woman.

780 Be well dressed !

781 Be well dressed !

782 Be happy !

783 You, too, be happy !

784 Be here with us !

785 Do not be late for the lesson !

786 Do not be very late today !

787 The classroom is cold, because the window is open.

788 It is not cold every day.

789 It sometimes gets cold in this country.

790 He likes cold weather, because he is from the north.

791 We are going to the restaurant now to have a little to eat and drink.

LESSON 17

793 The teacher is starting the lesson now.

794 The student arrives at school early.

795 He is reading an Arabic newspaper.

796 He can not travel by train this morning, because...

797 there is no train on Sunday mornings.

798 I do not know what time it is now, because I do not have a watch.

799 It is one o'clock now.

800 The train arrives every day at two.

801 He has a new job now.

802 I have no work today.

803 The employees do not work between one and two.

804 He generally goes to the country with his family on Sundays.

805 I know that he has children.

806 I do not know how many children he has.

807 They do not have much work today.

808 This is not your job.

809 He is starting to speak some Arabic.

810 The employee is starting his work.

811 The employee starts his work early.

812 He arrived at the office early.

813 The student can write his name now in Arabic.

814 He only works an hour in the morning.

815 He sometimes works for only two hours.

816 We start working today at one.

817 You sometimes start working at two.

818 They generally eat in the restaurant on Mondays.

819 You read the newspaper every day.

820 The pupil sits between two colleagues.

821 He eats in the restaurant between one and two.

822 They can learn this language, because it is not difficult.

823 You can go to school every day.

824 He likes his work very much.

38

825 You can read these books, because they are not hard for you.

826 He arrived in this country only yesterday.

827 You started to read your new book.

828 You started to work in the library.

829 We started to travel this year.

830 You have started to eat in that restaurant close to your office.

831 They started to learn Arabic here.

832 They started to live in this country with their husbands.

833 You are starting to write to your friend.

834 I am starting to know my colleagues a little.

835 Start with this new book !

836 Start learning this language first !

837 The weather is colder in the country than in the city.

838 It is colder today than yesterday.

839 The daughter is pretty, but the mother is more beautiful than her.

840 Each one has his work.

841 Each one of us has a job.

842 The student can not read the newspaper in Arabic today,...

843 because he started learning Arabic only yesterday morning.

844 I do not know how many hours per day the employees work in this country.

LESSON 18

845 Each one of us does his job.

846 Each one of us has work to do.

847 He has work to do.

848 He can not do his work.

849 We shall not work tomorrow, because it will be Sunday.

850 He will start his new job tomorrow.

851 The student studies the Arabic language.

852 The teacher gives the student a book.

853 The teacher stands in front of the pupils.

854 The employee interrupts work in order to eat.

855 I do not know at what time the train arrives.

856 He knows at what time the train arrives, because he works at the station.

857 He worked only four hours yesterday.

858 He speaks at least four languages.

859 I do not what he likes to read.

860 I do not know what book he is reading now.

861 You do not know what work they are doing today.

862 The teacher gives lessons in the Arabic language to foreign students.

863 I know that my friend works sometimes two hours, sometimes three or four hours on Saturday mornings.

864 I shall not be able to do this work.

865 You will not start your work at one.

866 You will not arrive tomorrow at two.

867 You will not drink this water, because it is very cold.

868 You will not close the door, nor the window, because it is not cold.

869 They will not be home on Friday.

870 You will not take the train, because you do not like taking the train.

871 They will not live in this apartment, because it is not a nice one.

872 They will not travel this year with their colleagues.

873 I stopped going to school this year.

874 The pupils stop reading and writing for a while.

875 The employee interrupts his work and starts speaking with his colleague.

876 Do this work today !

877 Do not do this work now !

878 The work he does is not hard.

879 The work we are doing is not new to us.

880 He works hard, because he likes the work he does.

881 She gives / you give me a new lesson.

882 I give you a pen to write with.

883 He gives her work to do.

884 You give him a chair to sit on.

885 We give you a newspaper to read.

886 You give us an hour a day.

887 They give you all this.

888 You give them water to drink.

889 You give them an office to work in.

890 They give you a house to live en with your family.

891 They give you a door to open.

892 You give them a key to open the office.

893 This newspaper is not hard to read.

894 The eighteenth lesson is a little harder than the seventeenth.

895 The employees do their work with pleasure.

896 Each employee does not do his work with pleasure.

897 There are four men students and four women students in the class.

LESSON 19

898 The pupil understands the lesson.

899 He does not speak, because he is afraid to make a mistake.

900 He thinks that, when he speaks, he makes mistakes.

901 He thinks that, when he makes mistakes, people laugh at him.

902 The boy leaves the school.

903 If he speaks, he makes mistakes.

904 It is hard for a man not to make mistakes.

905 It is not difficult to make mistakes.

906 I understand you well now, because you speak slowly.

907 When you speak slowly, I understand you well.

908 I do not understand you well, when you do not speak slowly.

909 When he speaks, he makes many mistakes, because he does not know the language well.

910 We all make mistakes.

911 Who does not make mistakes among us?

912 When the teacher speaks slowly, the pupils understand him well.

913 I think that he went out this morning.

914 He does not like people laughing at him, neither does he like to laugh at people.

915 If the door is closed, go out through the window.

916 Do not go out through the window, even if the door is closed.

917 He goes out early in the morning.

918 I think that the weather is very cold in this country.

919 The Arabic language is not as hard as you think.

920 When the boy leaves school, he goes home.

921 The boy likes to go out with his mother every day.

922 The girl likes to go out every day with her friend.

923 The employee goes out on Sundays, because it is a holiday.

924 People go out on holidays.

925 You do not go out when it is cold.

926 You go out very often these days, because the weather is very nice.

927 You can not go out every day.

928 We can not go out at any time.

929 The lesson writes the teacher. You are wrong. It is not the lesson...

930 that writes the teacher ; it is the teacher who writes...

931 the lesson. Yes, I am wrong.

932 I do not think that you are wrong.

933 You are not wrong.

934 He makes mistakes sometimes, when he speaks.

935 He does not make mistakes, because he does not speak.

936 When he does not speak, he does not make mistakes.

937 I do not like him to laugh at me.

938 You do not like me to laugh at you.

939 Everybody knows him in this city.

940 He knows everybody in this city.

941 He is not at home, he is travelling, I think.

942 I do not think he is at the office now.

943 I thought that you could do this work.

944 Do not think that this language is hard.

945 Do not think that you are unable to do this work.

946 Do not think that your mother does not love you.

947 Do not be afraid of him.

948 Do not be afraid of her.

949 Do not make fun of me.

950 Do not make fun of us.

951 He leaves the office early today, because he has to go...

952 to the station to take the train.

LESSON 20

953 The lady is buying a beautiful dress.

954 She bought it from a large store in the old town.

955 He bought this dress for his wife from a large store.

956 I bought a new car.

957 This is a very beautiful dress.

958 The store where she bought her dress is not far from the station.

959 I do not know where she bought this beautiful dress.

960 You do not know for how much your father bought his car.

961 He goes to the office by car.

962 I do not know the man you were speaking with yesterday.

963 I think that this gentleman works in a large organization.

964 Everybody knows this gentleman ; everybody knows him.

965 This gentleman knows every body ; he knows everybody.

966 I am speaking with this gentleman for the first time.

967 The house is far from the station.

968 The station is not far from the school.

969 This dress is cheap.

970 The store where I bought this cheap dress is not far from the house.

971 Dresses are cheap in this store.

972 Dresses are not cheap in all the stores.

973 If I had known that this dress was cheap, I would have bought it.

974 If I had known that this dress was not cheap, I would not have bought it.

975 If I had known that it was him, I would have had a little talk with him.

976 If I had thought that Arabic was not hard, I would have learnt it.

977 If I had thought that he lived nearby, I would not have gone to his house by car.

978 Do not buy this book, because it is not cheap.

979 Do not buy this dress today.

980 Do not buy your car this year.

981 Do not buy it from this store.

982 Do not buy too much paper.

983 Buy it for him !

984 Buy it for her !

985 Buy only two or three.

986 Buy more than four.

987 Buy it from this city !

988 The family goes to the country sometimes by car, sometimes...

989 by train.

990 If I had been the door open, I would not have gone out through the window.

991 Do not go out through the window, even if the door is locked.

992 The stores are closed on Sundays.

993 The stores are not open on Sundays.

994 There is not a single store open on Sundays.

995 The girl goes with her mother to the store on Saturday evening by car.

996 If this house were cheap, I would buy it this year.

997 You buy many books from this bookstore.

998 You buy all your books from this bookstore.

999 You buy all your dresses from these stores.

1000 You buy your newspaper every morning.

1001 They are buying many tables for their school today.

1002 These are not the chairs they are buying for their classroom.

1003 They are buying a nice sofa for their mother.

1004 We are not buying all this today and we do not think we shall buy it tomorrow.

1005 We shall not buy it tomorrow, because we shall not be going to the city tomorrow.

LESSON 21

1006 I want to ask him a question but I do not know him well.

1007 I want to ask this gentleman where the station is.

1008 He knows how to drive a car.

1009 I would like to speak with him a little this morning, if possible.

1010 I do not think that will be possible.

1011 He lives in the east of the city.

1012 He likes to eat in the oriental restaurants, because he is oriental.

1013 People do not drive fast in the city.

1014 He does not know how to drive and yet he has a car.

1015 It is his chauffeur who drives the car.

1016 His wife buys all her dresses from an oriental boutique.

1017 They can not drive fast.

1018 They want to drive fast but they can not do so.

1019 The teacher questions the pupil.

1020 The teacher asks the pupil about his new colleague.

1021 The teacher asks the pupils whether the new lesson is hard for them.

1022 If the door is locked, go out through the window.

1023 He is from this country but he is not from this city.

1024 That is possible.

1025 He is from this city but he is not from this country.

1026 That is not possible.

1027 His office has neither a door, nor a window.

1028 This is not possible, either.

1029 When the teacher speaks fast, the pupils do not understand him.

1030 The pupils do not understand their teacher, because he speaks fast.

1031 The door is open but the window is closed.

1032 His car is old but it looks nice.

1033 The school is far off, but the office is close by.

1034 You can go with me in the car to the city...

1035 on Friday morning, if you wish.

1036 The girl asked her mother whether the dress she bought for her on Monday was nice.

1037 The father asked his son whether he was pleased with the car he bought for him.

1038 He can not drive his father's car, because he does not drive.

1039 Any driver can drive this car.

1040 He has started to learn how to drive.

1041 He wants to buy a car this year.

1042 You want to understand the lesson quickly.

1043 She does not want people to laugh at her, when she makes mistakes.

1044 We want to leave the office early today, if possible.

1045 They do not want their children to be afraid of their teacher.

1046 You would like us to give you these books.

1047 They do not want to make mistakes, when they speak with people.

1048 You do not want your mother to think that you do not love her.

1049 They do not want to be mistaken.

1050 They want to take a short break from their work to have a drink.

1051 You want to do your work today, if possible.

1052 I do not want to work for more than three or four hours...

1053 on Friday evening and Saturday morning.

1054 We want to arrive at the office early every day.

1055 You can start your work now, if you wish.

1056 He can not arrive at the office early every day,...

1057 because he lives far away and he has no car. He has...

1058 to take the train in the morning and the evening.

1059 I do not know why he sometimes asks me this question.

1060 Ask your friend.

1061 I asked him but he does not know.

1062 Ask your colleague at work.

1063 Ask your teacher.

1064 Ask your mother.

1065 Ask your parents.

1066 Do not ask him now.

1067 Do not ask them today.

1068 We asked them yesterday about their lessons.

1069 You asked them about their work in the organization.

1070 They asked us about our new car we have bought.

1071 They asked us about the house their friend lives in.

1072 You asked her about her new teacher.

1073 You can take the train, if you want, to go to this house.

1074 You can close the door, if you wish.

1075 Each one of us can study in this school, if he wishes.

1076 She can not work in this organization, because she is a foreigner.

1077 They can live in this country for three years only.

LESSON 22

1078 He is talking to somebody.

1079 He is not talking to anybody.

1080 He is doing something.

1081 He is doing nothing.

1082 He does everything.

1083 He always does the same thing.

1084 He knows some people.

1085 Some people know him.

1086 He sits in this place.

1087 He has nowhere to sit.

1088 He goes everywhere.

1089 He does not want to go anywhere.

1090 He is everywhere.

1091 He has a lot of time.

1092 He has no time.

1093 He has no time.

1094 The train arrives on time.

1095 He works any time.

1096 He always starts work at the same time.

1097 The employees arrive at the office on time.

1098 He always drives his car himself.

1099a He knows how to drive but he does not drive his car himself.

1099b He asks someone.

1100 Somebody asked me about you.

1101 I want to ask you something.

1102 I ask him nothing.

1103 He always asks the same question.

1104 Nobody is at the office now.

1105 There is nothing here.

1106 He is talking to one of his colleagues.

1107 She is talking to one of her colleagues.

1108 They are buying dresses for themselves.

1109 They laugh at themselves.

1110 He has nothing to do now.

1111 Indeed, this dress is beautiful but it is not cheap.

1112 They are friends but they are not colleagues at work, because they do not all work in the same organization.

1113 He studies the same language as his colleague at work.

1114 We live in the same city as our friend.

1115 You write the same lesson as we do.

1116 They sometimes eat in the same restaurant as you.

1117 You take the same train as your mother.

1118 They are travelling to the same country as their father.

1119 They work in the same organization as I do.

1120 You go to the same store as they do.

1121 You read the same book as we do.

1122 I start work at the same time as my colleague.

1123 You are afraid of the same thing as the children.

1124 She has the same car as her mother.

1125 They have the same address, because they live in the same house.

1126 They study and work at the same time.

1127 You eat and talk at the same time.

1128 I did the same work as you.

1129 He generally does not like to sit always in the same place.

1130 You speak the same language, because you are from the same country.

1131 I think that they will be travelling the same day.

LESSON 23

1132 I understand well what he says.

1133 I do not always understand what he says.

1134 I generally understand all he says to me.

1135 He feels lonely, because he lives by himself.

1136 He does not feel lonely, because he lives with his large family.

1137 The lesson is long today.

1138 You are right, the lesson is very long today.

1139 I find it long, too.

1140 Really, the lesson is a bit long today.

1141 I do not like long lessons.

1142 I hope the lesson will not be long tomorrow, too.

1143 The new lesson is long.

1144 How long the lesson is today !

1145 I do not think that the eighth lesson is long.

1146 Some lessons are long.

1147 The lessons are not all long.

1148 I do not know the ladies with whom you are speaking.

1149 I speak fast, but he understands me in spite of that.

1150 I do not know who told him that I was on a trip.

1151 I am the one who told him that.

1152 You told us that you went to the city with your mother today.

1153 It is they who told you that they will be travelling this year.

1154 She told me that she wants to learn a new language.

1155 I understood well what you said to me.

1156 You told me that you like to do this work.

1157 They told us that they do not like people laughing at them.

1158 They told you that they do not like to make mistakes when they speak.

1159 This is all you told me.

1160 He did everything we told him to do.

1161 They told you that they arrived at the office early today.

1162 All the women who work with her are from the same country but they do not all speak the same language.

1163 He can not go by himself to his friend's house, because he does not know his address ; his colleague is going with him.

1164 They do not like to eat by themselves.

1165 They do not like to live by themselves in this big house.

1166 I found them once eating by themselves in the restaurant.

1167 They generally find us in the office in which we work.

1168 We found them speaking with their friend.

1169 They found us working when they arrived at the office.

1170 They found us at the book shop buying some books.

1171 You found them studying in the library with their colleagues.

1172 You found her reading a newspaper at home.

1173 I found him writing his lessons in the classroom.

1174 I thought that this language was hard, when I started studying it.

1175 When I started studying this language, I found it a little difficult.

1176 This is not the biggest city in the country.

1177 There are not many large schools in this city.

1178 He lives by himself, yet he does not feel lonely.

44

1179 He never feels lonely.

1180 Yes, you sometimes feel lonely.

1181 I found your book in this place.

1182 Tell me something !

1183 Tell her what you want !

1184 Tell them that you are pleased with them !

1185 Tell them that you do not want to work in this organization !

1186 Tell them that you do not want to buy these dresses today !

1187 Do not tell me that you do not want to travel this year !

1188 Do not say that !

1189 Do not tell him what he does not like to hear !

1190 Do not say that you do not like to study this beautiful language.

1191 Do not tell us that you do not like our giving you this book !

1192 I hope he is at home today.

1193 We hope that you are pleased with the dress we bought you.

1194 You hope that it will be nice tomorrow, so that you can go with...

1195 your mother to the country in her car.

1196 I hope I am not wrong about him.

1197 This is your due and this is mine.

1198 To each one his due.

1199 They are speaking about human rights.

1200 He gives each one his due.

1201 Tell us something about women's rights !

1202 Tell us all you know about the organization and the employees who work in it.

1203 If you find him, tell him I am in the office today.

LESSON 24

1204 He works sometimes on Saturday mornings.

1205 He does not work on Saturday evenings.

1206 He works five days a week.

1207 One must work in order to live.

1208 He finishes his work in the evening.

1209 He has no right to work in this country, because he is a foreigner.

1210 You go to work by bus.

1211 We do not know when he left on a trip.

1212 He told me he went on a trip yesterday by train.

1213 No, I think he went on a trip by bus.

1214 The place he travelled to is not far from here.

1215 I hope the train will be on time today.

1216 I hope you will write to me when you go away.

1217 We must leave for a trip on Saturday evening.

1218 He is not working this week, because he is on holiday.

1219 He is always on holiday.

1220 People work from morning to evening.

1221 The lesson is finished now.

1222 You must tell him everything.

1223 You must find him today.

1224 You must drive your car by yourself.

1215 You must ask her about her mother.

1226 You must buy them something from this new store.

1227 We must not laugh at anybody.

1228 They must not make mistakes when they speak.

1229 They must not be afraid of anything.

1230 I must leave the office early today, because...

1231 I have to go to the station this evening.

1232 They must understand what we say to them.

1233 We must do our work now.

1234 I must give him this book tomorrow.

1235 We wrote this lesson and finished it yesterday.

1236 We do not know at what time they finish their work.

1237 You finish your work at the same time as your colleague, don't you ?

1238 They will finish their work on Saturday.

1239 They generally finish eating at two.

1240 He has no right to work in the same organization as his wife.

1241 You have no right to tell him that.

1242 The employee has the right to study any language he wants.

1243 You must finish the work you are doing now.

1244 The offices are closed Saturdays and Sundays.

1245 The stores are open on Saturdays.

1246 Some stores are closed on Sundays and Monday mornings.

1247 He has to work three hours on Saturday morning,...

1248 because he worked only five hours on Friday.

1249 There are five men students and five women students in the classroom.

1250 We have eaten five times in this oriental restaurant.

1251 She lived in this country for more than five years.

1252 The foreign students have no right to work in this country.

1253 They have no right to work for more than two or three hours a day.

1254 People take the bus every day to go to work.

1255 Some people do not take the bus, because they have cars.

1256 He has a nice big car but he sometimes takes the bus.

LESSON 25

1257 He prefers the bus to the train.

1258 You prefer coffee to tea.

1259 I would like to drink a cup of coffee now.

1260 They say that they prefer to drink coffee in the morning and tea in the afternoon.

1261 We would like you to drink a cup of coffee or tea with us.

1262 It is very cold in winter in this country.

1263 The new lesson is easy.

1264 The lesson was easy yesterday, too.

1265 He goes into town every Wednesday.

1266 He has to work on Saturday morning, because he worked...

1267 only four or five hours on Wednesday, as far as I know.

1268 We drink coffee three times a day.

1269 I had three cups of coffee this morning.

1270 I can not drink this coffee, because it is a bit cold.

1271 People do not like to travel in winter, because it is cold.

1272 Some people like to travel in winter, too.

1273 He likes to smoke a cigarette while he drinks a coffee in a cafe.

1274 We are not allowed to smoke in the bus.

1275 Neither the students nor the teacher are allowed to smoke in the classroom.

1276 Wednesday is the day he works a lot.

1277 We are in winter.

1278 No, we are not in winter now.

1279 I would like to stop smoking.

1280 I stopped smoking this week.

1281 I would like to stop smoking, but it is not easy.

1282 It is very hard to stop smoking.

1283 It is not easy for everybody to stop smoking.

1284 These cups in which you are drinking coffee are very nice.

1285 People do not like winter very much.

1286 Some people like winter.

1287 People feel cold in winter.

1288 I do not feel cold, because it is not cold.

1289 They told me that it is not cold in winter in their country.

1290 There are many cafes in this small town.

1291 This is not the cafe where I generally drink coffee.

1292 This cafe is open on Sundays; Monday is the day...

1293 it is closed.

1294 I drink coffee in this cafe when the cafe...

1295 where I generally drink coffee is closed.

1296 He does not smoke more than four or five cigarettes a day.

1297 He used to smoke a lot when he was in his country.

1298 You would like to finish your work early today.

1299 We would like to speak a little with him but we have nothing to say to him.

1300 You would like to do all you can to learn this difficult language.

1301 You would like to drive your cars by yourselves if possible.

1302 They would like their daughters to learn many foreign languages.

1303 I would like to ask you a question. Is it possible ?

1304 They would like to buy a car if they can.

1305 You would like to go out a little today, if you have time,...

1306 because it is very nice and not cold.

1307 They would like to do this work, if it were easy for them.

1308 We would like to work in this organization, if we had the right to.

1309 The students would like to read Arabic newspapers.

1310 You prefer to study this language to that one.

1311 You prefer to work in the library to working in the office.

1312 They prefer living in a house to living in an apartment.

1313 They prefer the countryside to the city.

1314 People prefer holidays to working days.

1315 He prefers studying this language, because it is much easier than that one.

1316 If I think this language is easy, I will learn it.

1317 If I had thought that this language were easy, I would have learnt it.

1318 I thought that this language was difficult, but when...

1319 I started to learn it, I found it easy.

1320 Learning a language is not an easy thing.

1321 Learning a language is a difficult thing.

1322 Learning a language is not hard for and not easy for everybody.

1323 We bought these cups from an old shop in town.

1324 The lesson is easier today than it was yesterday.

1325 He finds this language easy for him. Everything is easy for him.

1326 I always find him drinking coffee in this cafe in the evening.

LESSON 26

1327 I found my book where I left it.

1328 Life is hard in the country, easy in the city.

1329 It is relatively cold in this country.

1330 The station is relatively near.

1331 Everything is relative.

1332 You have been living in this city for a long time.

1333 I have known him for years.

1334 Employees work eight hours a day.

1335 He lived all his life in this country.

1336 He lost his keys and found them.

1337 He thought that he had lost them but he had left them at home.

1338 He needs money, becuase he wants to buy a car.

1339 He does not need much money.

1340 The girl gives her mother some money, because she needs...

1341 it in order to buy herself a dress.

1342 He left the book where he found it.

1343 The mother does not leave her daughter at home by herself, because she is sick.

1344 He lived in this country for eight years.

1345 He does not need money, because he has nothing to buy.

1346 You bought the book you needed.

1347 He left in where it was.

1348 He let him work in his office.

1349 This is a house his parents left him.

1350 You found everything you had lost.

1351 We do not always find everything we lose.

1352 You sometimes do not find what you lose.

1353 I lost my keys for the second time and I do not want to lose them for the third time.

1354 Leave your car in this place !

1355 Leave your address with her !

1356 Leave him something !

1357 Leave it for us !

1358 Leave her alone now !

1359 Do not let him do that !

1360 Do not leave your books in the office.

1361 Do not leave the window open !

1362 Do not leave it on the table !

1363 Man's life is relatively long.

1364 Man's life is not relatively long.

1365 I do not find the book I left here yesterday.

1366 We needed this job.

1367 We need the car today.

1368 We will not need the car on Sunday, because...

1369 we shall not go anywhere.

1370 You need cigarettes now. This is what you told me.

1371 You need to drink a cup of coffee now.

1372 You want to be by yourself for a while.

1373 You need time to do this hard work.

1374 You need your son and daughter to go with you to...

1375 the city on Wednesday morning.

1376 You need this place to sit.

1377 She needs to buy a new dress.

1378 You needed to read this newspaper.

1379 She needed an apartment to live in.

1380 You needed to go to the station yesterday morning.

1381 You will not need to eat in this restaurant.

1382 You need the same book as we...

1383 need, because we study in the same book.

1384 They bought all they needed.

1385 I am in need of money, but do not give me more...

1386 than I need.

1387 He told him that I needed this book, but...

1388 I can not buy it today, because I have no money with me.

1389 They do not need all this.

1390 The mother told her daughter : Do not leave the door open when...

1391 you leave the house in the morning.

1392 These ladies are pleased because they find all they want...

1393 to buy in this large store.

1394 The driver can not smoke in the bus even though...

1395 he wants to smoke, because he also has no right to smoke in the bus.

1396 His friend told him : you must stop smoking. But...

1397 he can not and does not want to stop smoking, because...

1398 that is very difficult for him. His friend also used to smoke a lot...

1399 but he was able to stop smoking.

LESSON 27

1400 I saw him yesterday in the street.

1401 He sees his colleague every day, because he works with him in the same office.

1402 The boy sends a letter to his brother.

1403 The pupils answers the teacher.

1404 The student answers the teacher's question.

1405 I go to the post office to buy a stamp.

1406 The post office opens from eight to...

1407 five, but not every day.

1408 I can not answer this question, because it is difficult.

1409 You can answer this question, because you find it...

1410 easy, isn't that what you told me ?

1411 I do not know why he does not answer me, when I ask him a question.

1412 The girl writes a long letter to her mother.

1413 I did not know that he has a brother.

1414 Yes, he has two brothers : one of them works with me and the second works...

1415 at the post office, I think.

1416 It was he who told me that his brother works in this organization.

1417 He got a letter from his brother yesterday.

1418 This is the first letter he got from him since he left on a trip.

1419 I always answer him when he writes to me.

1420 I thought he did not smoke, but I saw him smoking yesterday.

1421 I saw her drive a car.

1422 You saw us buying something from that store.

1423 They saw their colleague while he was leaving the office.

1424 They saw their mother speaking and laughing with her friend.

1425 They saw us once or twice doing our job.

1426 I saw the bus stopping near the station.

1427 We saw the teacher on Wednesday giving his lesson.

1428 She saw her colleague studying in the library.

1429 You saw your daughters taking the train.

1430 They saw the train arriving at the station.

1431 I saw her starting her work early in the morning.

1432 He saw his colleagues drinking coffee in a cafe in the city.

1433 You saw your parents closing the door while leaving the house.

1434 You see him going by car to his office every day.

1435 You generally see him eating in this new restaurant.

1436 You see her working in this post office.

1437 You see her reading a newspaper in the evening.

1438 They see you sitting on a new sofa.

1439 You see him writing a letter to his friend.

1440 Answer the teacher !

1441 Answer the teacher's question !

1442 Answer me when I ask you !

1443 Answer him if he asks you.

1444 Answer her if you can.

1445 Do not answer, if you find the question difficult !

1446 Do not answer this question, if it is difficult for you !

1447 Do not answer, when he asks you !

1448 Do not answer his letter this week !

1449 Do not answer him, if you do not know his address !

1450 Send a letter to your brother this week !

1451 Buy a dress and send it to your mother by airmail !

1452 Buy something and send it to your parents and your brothers who...

1453 all live in the country.

1454 Go to the post office and send this letter quickly.

1455 We can not send this letter, because it has no stamp.

1456 There is a post office in this street.

1457 There is no post office in the street where you live.

1458 Many employees work in this post office.

1459 He goes to the post office by car, because it is a little far from the house.

1460 There are many post offices in this city,...

1461 because it is a large city.

1462 The post office is open on Saturday mornings, I think.

1463 The post office is not open on Sundays.

1464 The post office is not closed on Sunday in his country, because...

1465 Sunday in his country is not a holiday. Yet it is closed...

1466 on Friday, because Friday is a holiday in his country.

1467 I thought that one of his brothers worked in the post office, but...

1468 he who works in the post office is one of his friends.

1469 None of his friends nor his brothers works in...

1470 this post office. I say this because I know all those who...

1471 work in this post office, because I worked in it myself.

1472 I do not know when he started working in this post office.

1473 He told me he sent four or five letters this week.

49

LESSON 28

1474   I saw him with my own eyes.

1475   Each one of us has two eyes.

1476   He goes to the airport to meet his friend.

1477   I see him every day in the afternoon.

1478   The post office does not open on Saturdays in the afternoon.

1479   He will not be at the office tomorrow afternoon.

1480   We take the plane at the airport.

1481   His mother works as a secretary in a big organization.

1482   The travellers go to the airport in order to take the plane.

1483   Some travellers prefer the plane to the train.

1484   The employee arrives at the office every day after his colleague.

1485   His brother speaks like him.

1486   He told me that he drinks coffee in the morning but he prefers...

1487   to drink tea in the afternoon.

1488   There is no airport everywhere, and in every city.

1489   There is an airport in that large city.

1490   This city is not big but it has a big airport.

1491   We travel to far countries by plane.

1492   There are some stores at the airport.

1493   There is also a post office at the airport.

1494   The airport is not far, relatively, from the city.

1495   The plane if much bigger than the bus.

1496   There are many travellers at the airport.

1497   The traveller drinks a cup of coffee before taking the plane.

1498   Travellers prefer buying cigarettes at the airport, because they find them cheaper.

1499   When I asked him whether he smoked, when I saw him buying...

1500   cigarettes, he answered me : I do not smoke but I am buying these cigarettes for my father.

1501   She bought a nice red dress from a store not far from the airport.

1502   She bought a red dress like her mother's.

1503   I think she likes red dresses very much, like her mother.

1504   The airport is not closed on Saturday nor on Sundays like...

1505   the schools and the offices. The airport is always open.

1506   I have a friend working at the airport. His day off is Wednesday and not Sunday.

1507   You told me that you felt cold. I also feel cold...

1508   like you, because we are in winter.

1509   He does not feel lonely like his brother, because he has lots of friends.

1510   He speaks Arabic fluently like his brother, because he studied it in his country.

1511   You like receiving your friends at home on Saturday evenings.

1512   He starts his work every day at 8. a.m. and finishes...

1513   generally at 5 p.m.

1514   The employee must start his work at...

1515   eight but he sometimes arrives at his office after eight.

1516   The employee has no right to arrive at the office late, if...

1517   he has to start his work at eight.

1518   The employee finished his work yesterday at 8.p.m., because he had a lot of work.

1519   He does not always finish his work at 8 p.m.

1520   He received eight friends on Wednesday evening in his big house...

1521   in the country. Some of them went there by car,...

1522   others went by train, and others went by bus,...

1523   but none of them went by plane.

1524   We can not go to the country by plane.

LESSON 29

1525   I did not see him but when I heard him speaking, I knew that it was my friend...

1526   because I know his voice well.

1527   The child likes hearing his mother's voice.

1528   The child smiles at his mother.

1529 We hear with our ears.

1530 Each one of us has two ears.

1531 Each one of us has not more than two ears.

1532 I heard a person in the cafe yesterday evening saying to his colleagues that...

1533 one of his friends has three ears but I do not think that he was telling...

1534 the truth, because that is impossible.

1535 I heard about this man but I do not know him personally and have never seen him in my life.

1536 The child's ears are small.

1537 The child's ears are not like the man's.

1538 I did not find him when I went to see him on Friday. I did not...

1539 know that he went on a trip Tuesday morning.

1540 I like this beautiful voice I hear.

1541 I heard you with my own ears speaking about me and her in the cafe.

1542 You did not see him, because you were not at the airport when he arrived.

1543 You did not answer his question, because you did not understand it well.

1544 You did not send her a letter, because you did not have her address.

1545 The mother did not leave her child at home, because there was...

1546 nobody to leave him with.

1547 He did not study this language, because he had no time.

1548 You thought that you had lost your keys but you did not.

1549 You said that you had never smoked in your life.

1550 You did not finish your work yesterday evening.

1551 I did not feel cold yesterday morning, because the weather was not cold.

1552 You went to his house to see him but you did not find him.

1553 They did not tell their friend that they went on a trip on Tuesday.

1554 We did not do anything yesterday, because it was a holiday.

1555 We went to see him, but he did not want to receive us.

1556 If he had not spoken to me, I would not have seen him.

1557 They did not ask me whether their friend was on a trip.

1558 I know that you did not drive this car, because you do not know...

1559 how to drive.

1560 He did not arrive at the office early, because it was not possible for him.

1561 You did not hear them say anything, because they had nothing to say.

1562 You did not buy what you wanted from that store.

1563 They were not afraid of anything nor anybody.

1564 She laughed at them, but they never laughed at her.

1565 You read quickly, yet you did not make mistakes.

1566 He opened his brother's personal letter by mistake, because he thought it was addressed to him...

1567 but when he found that it was not addressed to him, he closed it and did not read it.

1568 You have never drunk nor eaten in this restaurant.

1569 We did not understand what you told us.

1570 I heard him speaking but I did not understand him, because he was talking in a foreign language with his parents.

1571 You said that he bought him a book but he did not give him anything.

1572 He did not get the letter I sent him.

1573 He told me that he could not do all his work this year.

1574 We did not start our work early yesterday, because we did not arrive early.

1575 We have no right to open our friends' personal letters.

1576 I wanted to learn this language but I did not learn it.

1577 You did not know that she did not live in this small town.

1578 We did not hear from him for a long time. We do not know where he is now.

1579 When I did not see him smoking, I thought he had stopped smoking...

1580 but he said to me that he had not stopped smoking.

1581 I do not think that he can do this kind of work.

1582 He is too young to do this hard work.

1583 She has small black eyes like her mother.

1584 This city is small but it has everything.

1585 He gives lessons in a school once a week.

1586 It is on Tuesday that he gives lessons in a school.

1587 They sometimes see each other on Tuesdays in a cafe.

1588 We have not seen each other for a long time.

1589 They are not afraid of each other.

1590 They speak a lot but they do not understand each other.

1591 You should not laugh at each other.

1592 You know each other, because you work in the same organization...

1593 for more than eight years.

1594 I do not know why they do not speak with each other.

1595 They write to each other, because they like each other...

1596 very much. They have been studying in the same school for years.

1597 I saw him after I had finished my work.

LESSON 30

1598 The child has a little dog.

1599 This is a little dog.

1600 This dog is little.

1601 This little dog is white.

1602 The child likes his little dog very much.

1603 The dog also likes the child.

1604 The child plays with the dog.

1605 The dog is under the table now.

1606 What is the dog doing under the table now ?

1607 The girl bought a gift for her little brother.

1608 He bought a blue shirt as a gift for his father.

1609 This is a blue shirt.

1610 This shirt is blue.

1611 This blue shirt is expensive.

1612 This blue shirt is not very expensive.

1613 This dress is blue.

1614 Some ladies like blue.

1615 These ladies prefer red to blue.

1616 I want to buy this shirt, but it is expensive for me.

1617 I did not buy this shirt, because I found it expensive.

1618 You are right, this shirt is very expensive.

1619 If I had not found it expensive, I would have bought it.

1620 Everything is expensive in this city.

1621 It is he who told me that he found it expensive.

1622 It is a difficult question for me.

1623 This question is not difficult for you.

1624 The father bought many shirts for his three children.

1625 Children like to play very much.

1626 He did not pay very much for his car, because it is an old one.

1627 If she had a lot of money, she would buy this dress...

1628 even if it were expensive, because she finds it very beautiful.

1629 The child thought that water was blue, when he saw it in a blue cup...

1630 because he does not know that water has no colour.

1631 Water has no colour, Water is neither res, white, blue nor black.

1632 People are buying lots of gifts these days.

1633 I thought that I had lost my pen, but it was under the book.

1634 I know that he paid a lot for this gift but I do not know...

1635 how much he bought it for, because he did not tell me. I asked him how much he bought it for...

1636 but he did not want to tell me.

1637 Friends buy gifts for each other.

1638 THere are many blue and white shirts in this...

1639 store but there are no black nor red ones.

1640 The mother told her child : play with your dog in the house but...

1641 do not play with the dogs in the street.

1642 The child does not play with the dog, because he is a little bit afraid of him, but...

1643 his mother told him : play with the dog and do not be afraid of him. I do not think...

1644 that he would eat you when you play with him.

1645 There are many dogs in this city.

1646 People like dogs very much in this country.

1647 Everybody does not like dogs.

1648 Life is more expensive in the city than in the country.

1649 The blue shirt I bought today is more expensive than the white shirt...

1650 I bought yesterday.

1651 I do not buy all my shirts from this store.

1652 One can not buy shirts from any store.

1653 The father told his children : Do not play in the street with children...

1654 you do not know and who do not know you.

1655 Go into the street and play with somebody.

1656 He does not play with anybody, because he has nobody to play with.

1657 He plays sometimes with his friends.

1658 His friends generally play with him.

1659 Some children go to school not for studying...

1660 but for playing. For this reason, they do not learn anything.

1661 Do not play with this book, because this book...

1662 is for reading and not for playing with.

1663 Employees have no right to play in the office, because the office...

1664 is not a place to play.

1665 You have a right to play, but this is not the time to play...

1666 because you have a lot of work this week.

1667 They have a right to play, but after work, not while ...

1668 working nor in the office.

1669 They always play with each other, because they have been friends...

1670 for a long time and know each other well.

1671 The mother is very pleased with the beautiful gift her daughter bought her.

LESSON 31

1672 He told me his name, but I forgot it, because I did not write it on...

1673 a sheet of paper. If I had written it on a sheet of paper, I would not have forgotten it.

1674 I thank you very much for your nice gift. You are very kind.

1675 I want to write to him but I do not know the number of the street...

1676 he lives in now.

1677 I will look for the number of the street he lives in. If I do not...

1678 find it, I will ask his friend about it. Perhaps he knows it, because...

1679 he works with him in the same organization, I think.

1680 It is impossible for me ever to forget his name in my life.

1681 He tells me his name for the third time, but I always forget it.

1682 He was not pleased when I told him I had forgotten his name.

1683 The schools are closed on Thursdays, and on Sundays, of course.

1684 The days of the week are seven.

1685 We do not work seven days a week, we work only five.

1686 You always forget what I tell you.

1687 She sometimes forgets her book at home.

1688 I forgot that the post office is closed today, because it is, of course,...

1689 Sunday. I do not know how I forgot that today is Sunday.

1690 He lived in this city for seven years. You are...

1691 wrong. I think he lived here five years at the most.

1692 He told me how much he bought it for, but I have forgotten.

1693 Children do not go to school on Thursday.

1694 Thursday is a holiday for children.

1695 Children like Thursday, because it is a holiday.

1696 I did not find him at home when I went to see him. Perhaps...

1697 he is on a trip. In fact, he is on a trip, I forgot about that.

1698 Ask for him in the office. Perhaps you will find him there.

1699 He told me that he will leave tomorrow on a trip, or perhaps after tomorrow.

1700 The post office is open on Thursdays.

1701 The post office is not closed on Thursdays like the schools.

1702 I have forgotten how much I bought this book for, because I bought it...

1703 a long time ago, perhaps four or five years ago.

1704 I want to send him a letter but I have forgotten his address.

1705 If I had not forgotten his address, I would have written to him today.

1706 He works in the office number four.

1707 I forgot that he does not work now in office number seven.

1708 One does not always find what one is looking for.

1709 I think that I have lost my book. Look for it in the office,...

1710 perhaps you left it there. If you do not find it in the office, look...

1711 for it in the house or at the school.

1712 I forgot to thank you for your beautiful gift you sent...

1713 me yesterday by mail.

1714 Do not forget to meet your friend this evening at the airport.

1715 Do not forget your books at home this time.

1716 Do not forget to leave me your address when you go on a trip.

1717 Do not forget to write to me when you go on a trip this year.

1718 Do not forget to tell her that the organization's restaurant is closed today.

1719 I will tell you his name, but do not forget it this time.

1720 You usually do not forget to answer him when he writes to you.

1721 You sometimes forget to answer her letters.

1722 They have forgotten to leave me their addresses.

1723 You sometimes forget to drink and eat but you never...

1724 forget to smoke, isn't that so ?

1725 They start talking and forget they have work they must finish...

1726 in the morning or the afternoon.

1727 You sometimes forget your keys at the office.

1728 This is not the first time they forget his office number.

1729 When they take the bus, they start smoking and forget...

1730 that they have no right to smoke in the bus.

1731 We have not forgotten and we will not forget the beautiful gifts you bought us this year.

1732 She has not forgotten and will not forget the big house she lived in...

1733 with her family in the country when she was a child.

1734 You have not forgotten and will never forget the school you studied in.

1735 They have not forgotten and will not forget that day when they went to...

1736 the airport to meet their friend whom they had not seen for a long time.

1737 You have not forgotten and will not forget all the foreign languages you learnt.

1738 They have not forgotten and will not forget all the colleagues who...

1739 worked with them when they were employees in that organization.

1740 You have not forgotten and will not forget the colleague you worked with in the same...

1741 office for seven or eight years.

1742 You have not forgotten and will not forget the restaurant where you used to eat...

1743 with your friend who went away this week.

1744 They have not forgotten and will not forget those days they lived...

1745 with their friends in their beautiful house when they were students.

LESSON 32

1746 We touch with our hands.

1747 Each one us has two hands.

1748 Animals have no hands.

1749 We can not do anything without hands.

1750 We can not live without water.

1751 We can live without coffee.

1752 Some people can not live without coffee.

1753 Some people can not live without cigarettes.

1754 Cigarettes for them are almost like bread.

1755 We drink coffee in the morning at breakfast time.

1756 We have breakfast in the morning.

1757 We do not always have breakfast at the same time.

1758 You drink juice and coffee in the morning.

1759 You leave the house after having breakfast.

1760 Dogs can not live without their human friends.

1761 Some people can not live without their dog friends.

1762 Dogs are friends to every human being.

1763 Dogs are gentle animals.

1764 You have breakfast at home.

1765 You sometimes have breakfast with your colleague at work.

1766 You never forget to have breakfast.

1767 They do not have breakfast when they have no time.

1768 They did not have breakfast yesterday, because they had no time.

1769 The mother does not like her son touching everything he sees.

1770 We can not touch that car, because it is far from us.

1771 You can touch this table, because it is near you.

1772 Do not touch the bread with your hands, because if you touch it, you have...

1773 to eat it, whether you like it or not.

1774 We drink coffee in this cafe almost every day.

1775 His colleague arrives at the office almost always late.

1776 You go almost every Thursday to the library.

1777 We shall not eat with you tomorrow at the restaurant, because we shall have no...

1778 time. We may be travelling early in the morning.

1779 They like to drink juice cold.

1780 That's true ; they like to drink juice cold, but not very cold.

1781 Almost everybody eats three times a day : once in...

1782 the morning, once at noon, and once in the evening.

1783 Not everybody eats three times a day.

1784 Many people have nothing to eat.

1785 The mother told her child : do not touch anything in the house.

1786 I have not forgotten and I shall not forget all he told me about that far country...

1787 where he travelled, he and his family.

1788 You have not forgotten and you will not forget the beautiful dress...

1789 your mother bought you as a gift this week.

1790 He has not forgotten and will not forget all he did to him.

1791 They have not forgotten and will not forget those long letters that ...

1792 their mother sent them.

1793 I have nothing to drink but juice.

1794 I have drunk too much juice today.

1795 If you have nothing to drink but juice, I will drink some juice.

1796 Dogs have ears and eyes like man but have no hands.

1797 We do many things with our hands.

1798 The mother gives her daughter some money and sends her to buy...

1799 bread, juice, coffee, and tea for breakfast.

1800 Dogs do not speak but understand many things.

1801 We do not have breakfast at the same hour every day.

1802 His son studies at the university.

1803 It is not he who studies at the university.

1804 He is a doctor and used to study at the university.

1805 He studied at the university nine years ago.

1806 Now he works as a doctor in a hospital.

1807 He works in one of the hospitals in town.

1808 My friend is ill and went to hospital.

1809 He is not working, because he is ill.

1810 He did not work yesterday, because he was ill.

1811 He will not be working tomorrow, because he may be ill.

1812 He is not ill now, he is in good health.

1813 He does not leave his apartment before having breakfast.

1814 Nobody told me that he was ill and went to hospital.

1815 I did not know that he went to hospital.

1816 Nobody knows, except me, that he went to hospital.

1817 There are many hospitals in this city, because...

1818 it is a very big city.

1819 I do not think that there are very many hospitals in this city.

1820 There are few hospitals in this town, because it is a very small town.

1821 There are many universities in this country, because it is a big country.

1822 There are few universities in this country, because it is a small country.

1823 I do not know how many universities there are in this country. I think that...

1824 there are eight or nine universities.

1825 I saw him go in but I did not see him come out.

1826 Usually, he arrives at the office before his colleague but today he arrived after him.

1827 He does not arrive at the office before his colleague.

1828 His colleague arrives almost always before him.

1829 I saw him before he entered the restaurant.

1830 This is a good restaurant.

1831 This restaurant is a good one.

1832 This new restaurant is a good one.

1833 Almost all the restaurants in this city are good.

1834 That is right, the restaurants are all good in this city.

1835 He was ill a week ago, and I do not know how he is now.

1836 I want to see him, before he goes away, if possible.

1837 He drinks coffee before noon and after noon.

1838 He arrives at his office always before time.

1839 There are not many sick people in this hospital.

1840 Many foreign students study in this university.

1841 He studied at the university for four or five years.

1842 He has studied a great deal in this university, at least seven years.

1843 Do not enter through the window, even if you find the door locked.

1844 Do not go into this office, because there is someone in it.

1845 Go into the school at eight in the morning.

1846 Go into the classroom, if you find the door open.

1847 If the door had been open, I would have entered the house.

1848 He does not go in through the same door he goes out of, because the house...

1849 has two doors: a front door and a back door.

1850 He wants to see a doctor, because he is slightly ill.

1851 He needs to see a doctor, because he is ill.

1852 He does not need to see a doctor, because he is not ill.

1853 When we are ill, we go to a doctor.

1854 This country needs many doctors.

1855 There are many sick people in this country, that is why it needs...

1856 many doctors.

1857 There are many foreign doctors in this hospital.

1858 Not all doctors who work in this hospital...

1859 are foreigners. Some of them are foreigners and some are from this country.

1860 Every country needs doctors, because there are sick people in every country.

1861 There is not a single country that does not need doctors.

1862 The employee has no right to leave the office before time.

1863 The employees have no right to stop work before time.

1864 When he arrives early at the office, he likes to read the newspaper,...

1865 drink a cup of coffee and smoke a cigarette, before starting his work.

1866 He has a brother working in the hospital, but not as a doctor. I do not...

1867 know what work he does.

1868 I asked him about the work he does in the hospital, but he did not...

1869 want to tell me anything about his work.

1870 I saw him in the street before going to the office.

1871 The son is also a doctor like his father.

1872 There are three in the family and they are all doctors : the mother, the father and the son.

LESSON 34

1873 We smell with our nose.

1874 We also breathe through our nose.

1875 We neither hear nor see with our nose.

1876 Each one of us has one nose only.

1877 Each one of us does not have two noses.

1878 The child has a small cat.

1879 The cat also has a nose.

1880 The child likes his cat very much.

1881 We walk on our feet.

1882 The cat has four feet.

1883 We can not walk without feet.

1884 He does not take the car to go to the market.

1885 He goes to the market on foot, because the market is very...

1886 near to the house.

1887 He did not go to the market yesterday, because he was very busy.

1888 We go to the countryside on Sundays to breathe the air.

1889 It is not nice, but I will go to the country in spite of that.

1890 In order to live, Man has to work in spite of himself.

1891 I am not very busy today.

1892 I was very busy yesterday.

1893 I will not be busy tomorrow.

1894 When I am very busy, I have breakfast quickly.

1895 Cats are beautiful animals.

1896 Cats are also animals like dogs.

1897 Some people like dogs, others prefer cats...

1898 to dogs.

1899 He does not like working but works in spite of himself.

1900 Man can not live without breathing.

1901 Animals also can not live without breathing.

1902 Walk slowly, do not walk fast !

1903 Walk a little while in the street. Do not walk much in the city.

1904 Walk if you like walking.

1905 Do not walk, if you do not like walking.

1906 Walk with your friend. Do not walk here.

1907 Walk to the office with your colleague.

1908 Do not walk with this person, because you do not know him well.

1909 He walks, because he likes walking very much.

1910 He goes on foot to the office, because : firstly,...

1911 he likes walking very much ; secondly, he lives near...

1912 the office ; thirdly, he has no car.

1913 I saw them walking in the street yesterday.

1914 You walk a little every day.

1915 You walk sometimes with your friend.

1916 You walk with your son and daughter in the city.

1917 We did not walk very much this year.

1918 You did not walk yesterday in the street with your mother.

1919 You did not walk with your friend this morning.

1920 We want to walk a little.

1921 You do not like to walk fast.

1922 You like to walk slowly.

1923 You can not walk at any time.

1924 They can not walk everywhere.

1925 You go to the market sometimes on Wednesday, sometimes...

1926 on Thursday. You never go to the market on Friday.

1927 There are many markets in this city.

1928 We do not go to the market every day.

LESSON 35

1929 This car is yellow.

1930 I saw him at the market in a yellow car.

1931 That yellow car is not his, because his car...

1932 is blue. I know that very well.

1933 That yellow car is his brother's.

1934 He went to the market in his brother's car to buy meat.

1935 He does not eat meat for breakfast.

1936 He drinks coffee with milk or tea for breakfast.

1937 He usually eats a little bread for breakfast.

1938 We always drink orange juice in the morning.

1939 You like fruit very much.

1940 We have three meals a day.

1941 They sometimes drink water, sometimes drink juice with their meals.

1942 It is hot in summer.

1943 People travel very much in summer.

1944 You travel always in summer.

1945 We usually have breakfast at home.

1946 You usually finish your work at 5 p.m.

1947 It is not hot in winter.

1948 It is not cold in summer.

1949 It is sometimes cold in summer.

1950 It is not always hot in summer.

1951 Schools are closed in summer.

1952 Schools close their doors in summer.

1953 It is hotter in summer than in winter.

1954 It is colder in winter than in summer.

1955 It is hotter in summer in your country than in mine.

1956 It is not hot in every country.

1957 You drink orange juice at every meal.

1958 People eat a lot of fruit in summer.

1959 We go to the country on Sundays when it is hot.

1960 Many people go to the country in summer.

1961 People prefer the country to the city in summer.

1962 The family has a house in the country which they go to in summer.

1963 The weather was beautiful and hot yesterday.

1964 We usually have our meals at home.

1965 We sometimes have our meals in the restaurant with friends.

1966 We do not like to have our meals by ourselves.

1967 We have our meals by ourselves, when there is nobody to eat with.

1968 Nobody, except animals, likes to have his meals by himself.

1969 Animals like to eat by themselves.

1970 Not all the animals like to eat by themselves.

1971 When it is hot, he likes to drink fruit juice very cold.

1972 She would like to buy a yellow dress for her mother but she does not know...

1973 whether her mother likes yellow.

1974 This lady told me that she likes all the colours: white,...

1975 blue, black, red and green, but she prefers yellow...

1976 to them all and she does not know why.

1977 Almost everybody likes summer and prefers it to winter...

1978 but some people, and they are few, like winter...

1979 and prefer it to summer.

1980 A dog can recognize his master by smell, without seeing him.

58

1981 Everybody does not eat meat every day.

1982 Some people never eat meat.

1983 The woman goes to the market to buy meat, fruit and milk.

LESSON 36

1984 It rains in winter.

1985 The day is long in summer.

1986 The sky is usually blue in summer.

1987 The day is short in winter.

1988 It is hot in the south.

1989 The lesson is short today.

1990 The day does not always stay short.

1991 The weather is becoming cold.

1992 When it is hot, we lunch in...

1993 the garden usually.

1994 Of course, we do not have lunch in the garden, when...

1995 it rains.

1996 The family sits in the garden a lot, when the weather...

1997 is hot and beautiful.

1998 It is not possible to eat in the garden in winter.

1999 It rains almost every day in winter.

2000 People do not like rain very much.

2001 When it rains, we stay in the house.

2002 We do not go out, when it rains.

2003 We prefer to stay at home, when it rains.

2004 I saw him getting off the bus.

2005 I saw them while they were getting off the train.

2006 Get off at the station !

2007 Get off here !

2008 Get off now !

2009 Get off when the bus stops !

2010 Get off quickly !

2011 Do not get off at the first stop.

2012 Do not get off before the bus stops.

2013 Do not get off before arriving at the station.

2014 Do not get off before everybody does.

2015 Do not get off by yourselves.

2016 Stay a while with us.

2017 Stay with your friend.

2018 Stay here !

2019 Stay in town !

2020 Stay until 5.

2021 Stay, all of you.

2022 Do not stay here very long.

2023 Do not stay in the train after everybody gets off.

2024 Do not stay in the office, once you have finished your work.

2025 Stay here, if you like.

2026 Do not stay here, if you do not want to.

2027 There are only 6 pupils (f.) and 6 pupils (m.) left in the classroom.

2028 The lady wants to buy two dresses, but only...

2029 one dress is left.

2030 The weather was hot and has become cold.

2031 The car new but has become old.

2032 Everything has become expensive in this city.

2033 Life has become expensive in our times.

2034 The child became a man.

2035 It is hotter in the south than in the north.

2036 It is colder in the north than in the south.

2037 We almost never see the sky in winter.

2038 It rains sometimes in summer.

2039 It does not rain everywhere at the same time.

2040 They all go out on Sundays, none of them stays at home.

2041 You can not stay here by yourself.

2042 The children play in the garden.

2043 There are many people today in the garden.

2044 They have a beautiful garden.

2045 I saw him yesterday in the garden speaking with one of his friends.

2046 I do not think it was he whom you saw. It was his brother, maybe.

2047 I do not know whether it was he or his brother, because I saw him from afar.

2048 He has a lot of money left.

2049 He does not have much money left.

2050 This is all I have left.

2051 He has all this left.

2052 I do not think we have the right to enter this garden...

2053 at this hour.

2054 You can see him at any time of the day.

2055 He is starting to write to his friend now.

2056 He is starting to have lots of money.

2057 He is starting to work in this organization with his elder brother.

LESSON 37

2058 He took the pen and put it on the book.

2059 I do not remember how many children he has.

2060 I think he has four children : two girls and two boys.

2061 The elder girl is ten years old.

2062 The younger girl is six years old.

2063 The elder boy is nine years old.

2064 The younger boy is seven years old.

2065 There are three years between the elder girl and the younger boy.

2066 There are also three years between the younger girl and the elder boy.

2067 There are two years between the elder and the younger boys.

2068 There are four years between the elder and the younger girls.

2069 They all go to a night school twice a week, that is to say,....

2070 on Tuesdays and Thursdays.

2071 They all take evening classes.

2072 These three boys who go to school are not...

2073 his sons. Two of them are his nephews.

2074 These three girls who study at university are not...

2075 all his daughters. Two of them are his nieces.

2076 He told me their names, but I do not remember them.

2077 Yes, I remember their names very well.

2078 I do not remember his telling me their names.

2079 I remember his name well but I do not remember his address.

2080 I used to know his address but I do not remember it, because I did not...

2081 write it on a piece of paper.

2082 He puts everything in its place.

2083 How old is your son ?

2084 He told me how old he was, but I have forgotten.

2085 I do not remember how old he is.

2086 I asked him how old he was, but he did not want to tell me.

2087 She, of course, does not want to tell me how old she is.

2088 He did not take his book to school today, because he forgot it.

2089 This was not the first time he did not take his books...

2090 to school.

2091 Take this book with you.

2092 Take your younger sister to school.

2093 Take your son to the park.

2094 Take all the books you want.

2095 Take everything !

2096 We got caught in the rain, when we went to the airport yesterday.

2097 I saw him yesterday at the airport, if I remember rightly.

2098 She told me she did not remember how much money she had left now.

2099 You do not remember having heard or seen her these days.

2100 You remember having entered this garden yesterday morning.

2101 You remember having lunch one day in this big restaurant.

2102 You remember that you found him when you looked for him.

2103 She remembers that she met her friend at the airport yesterday evening at 8.

2104 We remember that we could not answer the teacher's question,...

2105 because it was a very difficult question.

2106 They remember that they sent him a letter three or four weeks ago.

2107 Do they really remember that they saw her in the store ?

2108 He always remembers where he puts his books. That is why he finds them quickly.

2109 I remember leaving my car in that street.

2110 They do not remember having lost something.

2111 They want to buy cigarettes for their friend but they do not remember...

2112 whether she smokes or not.

2113 You do not remember at what time he finished his work on Thursday.

2114 When his colleague came into the office, he started to speak with him...

2115 and forgot his work.

2116 When I spoke with him, he started to laugh at me.

2117 When he did not find his book where he put it,...

2118 he started to ask all his new and old colleagues about it.

2119 He remembers all he learnt when he was young.

2120 Do you not remember my having told you this.

2121 Did you not remember what I told you ?

2122 Put it on the table !

2123 Do not put it anywhere.

2124 You can not put it under the table.

2125 Put it here !

2126 Do not put it on the chair.

2127 Put it in the car now !

2128 Put it in the office !

2129 Put it near you.

LESSON 38

2130 He sold his old house and bought another new one.

2131 I do not know how much he sold it for.

2132 He did not tell me for how much he sold it, because I did not ask him.

2133 He goes to work in the morning and returns home in...

2134 the evening always at the same time.

2135 He leaves home early.

2136 In theory, he always arrives early ; today he arrived...

2137 late. I do not know what was wrong with him.

2138 He wants to leave now, because he is in a hurry.

2139 He left the office early today, because he felt a bit tired.

2140 He gets very tired, because he works a great deal.

2141 He lives now in another city, in another country.

2142 They are tired, because they work a great deal.

2143 We are not in a hurry today.

2144 You are not tired this week.

2145 It is the other employee who works in the new office.

2146 I do not know when he returned from his trip.

2147 I do not think he returned from his trip, because I have not heard from him.

2148 She does not buy anything any longer from this store, because she finds...

2149 everything very expensive in it.

2150 You no longer go to the country now, because the weather...

2151 is becoming cold these days.

2152 You can no longer do this work, because...

2153 it is becoming hard for you.

2154 He went away before him and came back before him.

2155 He sold everything in his store. He has to buy everything anew.

2156 He did not buy it for himself, he bought it to sell.

2157 He buys with the money he gets from the sale.

2158 Sell me this book ! I can not sell it to you,...

2159 because it is not for sale.

2160 Sell me your car, if you do not need it.

2161 Sell your house, if you find it too big for you.

2162 Sell him these shirts cheaply.

2163 Sell them these dresses.

2164 Do not sell your house, because it is a beautiful one.

2165 If I were in your place, I would not sell it.

2166 I think that he will return soon.

2167 I do not know all those employees who work with you in...

2168 this big organization.

2169 Who are those ladies with whom I saw you speaking ?

2170 He does not usually arrive late at the office.

2171 It was the first time he arrived late.

2172 This is the second time he arrives late.

2173 The employee left his office late yesterday, because he had a lot of work.

2174 He left at the same time his colleague arrived.

2175 The employee has no right to leave his office before time.

2176 Dresses are not sold in these small stores.

2177 Everything is sold at a high price in these big stores.

2178 He sold his car, because he needed money.

2179 He sold his car, because he did not need it.

2180 He sold it in the same year as he bought it.

2181 He sold it to the same person he bought it from.

2182 He no longer studies this language, because he does not like it any more.

2183 I do not write to him any more, because I lost his address.

2184 We do not buy anything any more from this store.

2185 Come back early !

2186 Do not come back late.

2187 Come back at 2 !

2188 Do not come back before 5.

2189 Be back on time !

2190 Do not be back late.

2191 Do not be back late.

2192 Come back with him, if you can.

2193 Do not come back before he tells you to.

2194 Come back as soon as possible.

2195 Do not return to this store.

2196 He gets tired, because he works day and night.

2197 Do not get too tired !

2198 He works a lot but he does not get tired in spite of that.

2199 He feels tired, because he works a great deal.

2200 He feels a little tired, when he works a lot.

2201 Stop working, if you feel very tired.

2202 I walk fast, when I am in a hurry.

2203 You walk slowly, when you are not not a hurry.

LESSON 39

2204 He gets up early.

2205 You go to bed late.

2206 We do not sleep much.

2207 He goes to bed after having supper.

2208 We do not go to bed before having dinner.

2209 Spring is a beautiful season.

2210 We are now in spring.

2211 We are no longer in spring, we are now in summer.

2212 Spring comes between winter and summer.

2213 Spring comes after winter and before summer.

2214 It is neither hot nor cold in spring.

2215 It is temperate in spring.

2216 I do not know when he came here.

2217 He drinks coffee with milk but without sugar.

2218 You drink tea with sugar but without milk.

2219 You drink coffee and tea without sugar and without milk.

2220 We go to the market to buy vegetables, fruit and meat.

2221 These are all the vegetables, fruit, meat and bread we bought.

2222 Everybody likes spring.

2223 They prefer spring to winter.

2224 Some people prefer to drink coffee without sugar.

2225 Others prefer drinking coffee with sugar.

2226 We have dinner in the evening.

2227 We do not eat vegetables and meat for breakfast.

2228 We eat vegetables and meat for lunch or for...

2229 dinner, generally.

2230 There are lots of vegetables in spring.

2231 It rains sometimes in spring.

2232 I did not come to the office yesterday, because I was ill.

2233 I shall not come to the lesson tomorrow, because I shall be busy.

2234 I am coming.

2235 I am coming.

2236 Go to sleep early and get up early !

2237 People go to bed late on Saturday evening...

2238 and get up late on Sunday.

2239 He is a little bit tired, because he did not sleep much yesterday.

2240 We sleep during the night and we work during the day.

2241 Do not sleep too much !

2242 The doctor told him : You are ill, because you sleep too little.

2243 He sleeps little, because he drinks too much coffee.

2244 When we drink lots of coffee, we sleep very little.

2245 We have breakfast in the morning, lunch at...

2246 noon, and supper in the evening.

2247 We usually have supper at 8 p.m.

2248 You do not always have supper at the same hour.

2249 The girl goes to the market by car to buy vegetables,...

2250 fruit, meat, bread, coffee and tea and she must not forget...

2251 to buy the newspaper for her father.

2252 Some people sleep during the daytime and work at night.

2253 Children sleep a lot.

2254 Cats, like children, also sleep a lot.

2255 Children, just like cats, all they do are eat, drink,...

2256 play and sleep. They do not do anything else besides that.

2257 Everybody needs sleep.

2258 Some people sleep a lot, others sleep very little.

2259 Everybody needs seven or eight hours' sleep.

LESSON 40

2260 He likes to walk in the park in spring.

2261 The night and the day are neither short nor long in...

2262 spring ; they are middling.

2263 Nature is green in spring.

2264 This dress and this shirt are neither expensive nor cheap ;...

2265 they are medium priced.

2266 The sun is agreable in spring. It is not hot as in summer.

2267 He has a friend from the Middle East.

2268 He often travels to the Middle East where he has a great many...

2269 friends.

2270 Many people walk in the park on Sunday.

2271 When it is nice and warm, people go out to the park.

2272 We saw them yesterday walking in the park.

2273 He walks in the street, because he has nothing to do.

2274 People feels hot in summer.

2275 People do not feel hot in winter.

2276 He sold his car for the same price he bought it.

2277 The mother does not like her son walking in the street at night.

2278 Sometimes we feel cold in spring, sometimes hot.

2279 Those are the other school teachers.

2280 I asked him, but he did not answer me. Ask him once more.

2281 I did not know that he has two more daughters.

2282 He walks with his friends in the city.

2283 The day is short in winter.

2284 The day is long in summer.

2285 The day is shorter in winter than in summer.

2286 The day is longer in summer than in winter.

2287 People like temperate weather.

2288 The day and the night and neither short nor long in spring ;...

2289 they are of medium length.

2290 The weather is neither cold nor hot in spring ; it is temperate.

2291 The weather is agreable in spring.

2292 Sleep for a while, if you are tired.

2293 Sleep for a while, if you feel tired.

2294 He likes to go to bed early, just as he likes...

2295 to get up early.

2296 He likes to get up late, just as he likes to go...

2297 to bed late.

2298 We almost never see the sun in winter in some countries.

2299 We almost always see the sun in summer.

2300 The sun is very hot in summer.

2301 The sun is not hot in winter.

2302 The sun is hotter in summer than in winter.

2303 You do not know those other students in spite of their being...

2304 your colleagues in the class, because they are new students.

2305 He sold all the dresses he had in his store. He has...

2306 only one green dress left. Nobody wants to buy this...

2307 green dress.

2308 If you had told me that you do not like green, I would not have bought...

2309 you this green shirt.

2310 If I find someone to buy this green shirt, I will sell it to him.

2311 If I find nobody to buy it, I will keep it for myself or give it to my nephew.

LESSON 41

2312 The child looks at his mother and smiles at her.

2313 The child says nothing when his mother talks to him but he understands her.

2314 He sometimes says one or two words.

2315 He is still young.

2316 He is only a few months old.

2317 He is starting to pronounce some words.

2318 He has no difficulty in speaking.

2319 He speaks easily and clearly.

2320 He speaks slowly but without difficulty.

2321 He speaks easily and reads with difficulty.

2322 He can not travel by himself. Why not ? Because he is still young.

2323 I saw him but he did not see me, because he was not looking at me.

2324 The sick person breathes with difficulty.

2325 He wrote to me, but I have not answered him yet.

2326 He works a few days a week and a few hours a day.

2327 He lived in that country a few years and a few months.

2328 I want to say a word or two to him.

2329 He is not back yet from his trip.

2330 They have not yet come to the office.

2331 They have not had supper yet.

2332 I have not sold my car yet.

2333 He is not back yet from his trip.

2334 They have not left the city yet.

2335 They are not tired yet.

2336 You have not taken your lesson yet today.

2337 We have not got off the plane yet.

2338 She has not entered the university yet.

2339 You have not had breakfast yet.

2340 You have not thanked him yet for the gifts he sent you.

2341 You have not looked yet for the book you lost yesterday.

2342 You have not yet received your friend in your new home.

2343 We have not yet answered the teacher's question.

2344 You have not sent him anything yet.

2345 I heard that he arrived but I have not seen him yet.

2346 You have not studied this language yet.

2347 You have not finished your work yet.

2348 You have not yet found what you were looking for.

2349 I do not know the language that my colleague in the office speaks with...

2350 his friend but I know that they speak about me, because I hear them...

2351 sometimes pronouncing my name. When I asked them whether they were...

2352 speaking about me, they answered me, saying : We were speaking about a person...

2353 who has the same name as yours. I do not think they were telling the truth. I think...

2354 they were actually speaking about me, but I could not...

2355 understand what they were saying.

2356 Look at me !

2357 Look at her !

2358 Look at us !

2359 Look at them !

2360 Look at them !

2361 I did not look at him but I saw him.

2362 You can not see me without looking at me.

2363 You are looking at her but you do not see her clearly, because she is very far from you.

2364 You can answer this question easily, because it is an easy one.

2365 You answer this question with difficulty, because it is a difficult one.

2366 We understand you clearly, because you speak clearly.

2367 There are a few men students and a few women students in the classroom.

2368 He has a few friends in this town.

2369 There are a few stores in this street.

2370 We know a few doctors in this hospital.

2371 He bought a few gifts for his wife and children.

2372 You need a few postage stamps.

2373 You need to buy a few cups.

2374 He smokes only a few cigarettes a day.

2375 We speak this language with difficulty, because we do not know it well.

2376 You speak this language easily, because it is, of course, your mother tongue.

2377 You have a good pronunciation.

2378 How do you pronounce this word ?

2379 It is hard to pronounce this word.

2380 It is not easy to pronounce this word.

2381 We understand him easily, because he pronounces the words clearly.

2382 The pronunciation of some languages is easy and the pronunciation of others is difficult.

2383 Look ahead ! Do not look behind !

2384 See below.

LESSON 42

2385 He likes to listen to music.

2386 He likes Western music.

2387 He is from the East but he likes to listen to Western music.

2388 He is waiting for his friends whom he invited to dinner.

2389 I accept your invitation to lunch with pleasure.

2390 These are her friends whom she invited to dinner.

2391 Wait a moment, please.

2392 I shall wait for you here until you come back.

2393 The travellers can wait in the waiting-room or...

2394 outside, as they wish.

2395 He can not wait inside, because there is nowhere to sit.

2396 Some of them like oriental music and others...

2397 prefer Western music.

2398 They sometimes invite each other to the restaurant on Sundays.

2399 I can not wait a long time, because I am in a great hurry.

2400 I am waiting for you.

2401 The pupil listens to the teacher.

2402 The student listens to the lesson.

2403 The child listens to what his mother says to him.

2404 The girl listens to what her mother says.

2405 We listen to you.

2406 You listen to us.

2407	They listen to him.	2435	He sends invitations to his friends.
2408	She listens to you.	2436	I sent five invitations yesterday.
2409	You listen to her.	2437	I forgot to send him an invitation.
2410	I listen to you.	2438	I want to send him an invitation but I do not know his address.
2411	You listen to me.	2439	We received many invitations this month.
2412	You listen to them.		
2413	He did not listen to you.	2440	I send you this invitation and hope you will accept it.
2414	You did not listen to her.		
2415	You will not listen to them.	2441	We are waiting for the train.
2416	You will not listen to us.	2442	You are waiting for the bus with your colleague.
2417	I listen to him.		
2418	Do not listen to them.	2443	She is waiting for a letter from her mother who has not written to her for a month.
2419	Do not listen to what they say.		
2420	He does not hear, because he does not listen.	2444	We hear music everywhere.
		2445	I like this music but I do not understand it well.
2421	When he does not listen, of course, he does not hear anything.		
		2446	I found him waiting for me at the door.
2422	This room is very large.		
2423	This is a large room.	2447	I saw him waiting near the station.
2424	I waited for him at the station for almost an hour.	2448	He does not like to wait for a long time.
2425	We can not wait for more than an hour.	2449	I must wait for him until he finishes his work.
2426	You will wait at least an hour.	2450	Wait here for a while.
2427	You will wait at the most two hours.	2451	Wait for me at 8.
2428	You will wait three hours, no more, no less.	2452	Wait for me in this place.
		2453	Wait for him near your office.
2429	They are waiting in this waiting-room.	2454	Wait in the waiting-room.
2430	There is a waiting-room in the station.	2455	We are waiting for the train to arrive.
2431	There is not more than one waiting-room at the station.	2456	We saw her waiting ; at the same time, she was reading the newspaper.
2432	He is out of town today.	2457	Until when are we going to wait ? We are tired of waiting.
2433	I thank you for inviting me to dinner tomorrow.		
2434	I am glad you accepted my invitation to lunch.		

LESSON 43

		2465	We taste with our tongue.
		2466	We also speak with our tongue.
2458	We wash our hands before and after eating.	2467	Animals have a tongue but they do not speak.
2459	We wash our clothes ourselves.	2468	You do not rest very much.
2460	He is wearing clean clothes.	2469	People rest on Sundays.
2461	He does not wear anything on his head.	2470	He does not want to rest, because he has a lot of work.
2462	You take a bath every day.	2471	Each apartment has a bathroom.
2463	You wash your face and hands with hot water.	2472	People rest on weekends.
2464	When it is hot, you prefer to wash with cold water.	2473	They can rest when they finish their work.

2474	We wear light clothes in summer.
2475	We do not only speak with our tongue ; sometimes we speak with our hands.
2476	He sometimes takes a bath in the evening before going to bed,...
2477	and sometimes in the morning after getting up.
2478	"Hand language" is easy to understand.
2479	"Hand language" is not difficult to understand.
2480	Everybody understands "hand language".
2481	People like to bathe a lot in summer.
2482	We do not wear the same clothes in summer as in winter.
2483	People do not wear the same clothes everywhere.
2484	We do not always wear the same clothes.
2485	Clothes are not sold everywhere.
2486	When it is hot we like to wear light clothes.
2487	The street in which he lives is very clean.
2488	This street is clean, because it is washed nearly every day.
2489	He found the place clean and left it clean, as he found it.
2490	Some streets are cleaner than others.
2491	This street is not as clean as you think.
2492	He washes the cup after drinking from it.
2493	He washes the cup before drinking from it, because it is not clean.
2495	He washed his shirt but he has to wash it again...
2496	today, because he has worn it.
2497	All women like to wear beautiful clothes, but...
2498	some of them like short clothes and others...
2499	prefer long clothes.
2500	We need rest, because we are a little tired.
2501	We do not need rest, because we are not tired.
2502	When we work a great deal, we need rest.

2503	He needs rest more than I do, because, of course, he worked more than I did.
2504	I do not think I need more rest than he does, even though...
2505	I worked more than he did.
2506	I do not know who he is, because I can not see his face.
2507	If I had seen his face, I would have known who he was.
2508	I saw his face but, in spite of that, I did not know who he was.
2509	We do not all have the same head.
2510	Each of us has two hands, two feet, two eyes and two ears but each one...
2511	of us has only one head.
2512	He does not like to put anything on his head.
2513	We go to the country at the weekend.
2514	People do not work during the weekend.
2515	We work during the day and we rest at night.
2516	The doctor told him : You must rest a while, because you are tired.
2517	He is not ill but he is a little tired.
2518	We invite our friends during the weekend.
2519	We see each other during the weekend.
2520	I can not eat this food before I taste it.
2521	The sheet of paper is very light. There is nothing lighter than it.
2522	He always likes to drink his coffee weak.
2523	This apartment has two bathrooms. because it is a big one.
2524	Not every apartment has a bathroom.
2525	Nobody can live in an apartment with no bathroom.
2526	This house has a nice big bathroom.
2527	Rest a little, if you are tired.
2528	Rest a moment, if you feel a little tired.
2529	Rest here.
2530	Rest before you start your new job.
2531	If he were not tired, he would not want to rest.

67

2532 That young lady knows that young man well.

2533 She knows him, because they study together.

2534 They have been studying together at the university for approximately three or four years.

2535 They met each other for the first time at the university restaurant.

2536 They met each other while they were having lunch. And that was...

2537 in autumn. I remember that very well.

2538 The young man's sister is also a student at the university.

2539 It was she who introduced the young lady to her brother.

2540 The young lady is the colleague of the young man's sister at the Faculty.

2541 Yes, she is her colleague at the Faculty and they knew each other...

2542 very well for a long time, before entering the university.

2543 There are three months in each season of the year.

2544 The four seasons of the year are : spring, summer, autumn, winter.

2545 These two young men are students at the university.

2546 These two young ladies are also students at the university.

2547 The two young men with whom he is speaking are students at the university.

2548 The two young ladies with whom she is speaking are also students at the university.

2549 It rains often in the autumn.

2550 The weather changes very much in autumn.

2551 Autumn is the season in which universities and schools open...

2552 their doors and in which the students start their studies.

2553 I do not know this young lady, because no one introduced her to me.

2554 If somebody had introduced her to me, I would have known who she was.

2555 If nobody had introduced her to me, I would not have known who she was.

2556 I want to introduce a friend to you.

2557 I want to introduce you to a friend.

2558 I thank you for introducing me to your friend.

2559 I thank you having introduced your friend to me.

2560 Please introduce me to your friend.

2561 Please introduce your friend to me.

2562 They always meet each other at the door, because they work in the same...

2563 organization but they do not know each other.

2564 I do not remember having met him.

2565 Perhaps I met him once or twice but I do not remember where.

2566 I would like to meet your friend. Can you introduce him to me.

2567 They meet each other every day at the same hour, because they take...

2568 the same bus to go to work in the morning and to go...

2569 home in the evening but they do not speak with each...

2570 other, because they do not know each other and do not want...

2571 to know each other, and this for years until...

2572 I introduced them to each other in my office.

2573 There are many young people who study in this...

2574 university. There are many foreigners among them.

2575 He invited many students to his big house, including...

2576 the students who study in other Faculties besides his.

2577 Each one introduced himself to the other.

2578 They introduce themselves to each other.

2579 He can not introduce them to each other, because he does not...

2580 know them all. They are not all his friends.

2581 He let them introduce themselves to one another.

2582 He does not want to introduce himself, because he does not want anyone to know him.

2583 He introduces himself to anybody, because he wants everybody to know him.

2584 These are the two books I am looking for.

2585 I found the two books I lost yesterday.

2586 I introduce you to my friend with pleasure.

2587	I introduce my friend to you with pleasure.
2588	I introduce them to each other.
2589	He introduced us to each other.
2590	She introduced them to each other.
2591	They introduce themselves to each other.
2592	Autumn comes between summer and winter.
2593	Autumn comes before winter and after summer.
2594	The traveller reads the newspaper in the waiting-room while waiting for his train.
2595	He writes his letters while listening to music.
2596	He can not read while listening to music.
2597	He has two sisters. One of them works at the post office,...
2598	the other works in the library.
2599	The mother does the housework while her child plays in... ...
2600	the garden with the dog.
2601	The mother goes to school to meet her son's teacher.
2602	He can not take his holiday at the same time as his colleague,...
2603	because they work in the same office.

2604	These are the two young women who, I told you, are my colleagues at the Faculty.
2605	I do not think that you told me anything about these two young women.
2606	These two young women are not the ones who study with me at the university.
2607	He has not received yet the two letters I wrote to him.
2608	She always writes to the two young women who used to study with her.
2609	She has many sisters ; she has no brothers.
2610	The weather changes a lot these days.
2611	We are now in autumn.
2612	We are not in autumn ; we are now in winter.
2613	Which do you prefer, autumn or winter ?
2614	I have no preference.
2615	If you wish, we shall go together to the country during the weekend.
2616	They always eat together in the restaurant, because they are colleagues at work.
2617	They drink coffee together in the morning.
2618	The weather is not cold this autumn for this country.
2619	Some people prefer to take their holidays in autumn.

LESSON 45

2620	They met eat other at the beginning of this year.
2621	They eat at the university restaurant.
2622	They drink coffee in a cafe from time to time.
2623	They often have lunch together.
2624	They seldom have dinner in a restaurant.
2625	Most of the students live in the university residence.
2626	They live in the university residence just as they eat in the university restaurant.
2627	The school year begins in autumn.
2628	Wait for me a while, I will be back immediately.
2629	He is from this country but he lived most of his life abroad.
2630	I see for the first time those two gentlemen. Who are they ?

2631	Those two gentlemen are employees in this organization and those...
2632	two ladies are their colleagues at work.
2633	I know those two ladies well, because they work in this...
2634	organization for a long time.
2635	I think that those two gentlemen are new employees.
2636	This is the first time I see them.
2637	Most of the students in this university are foreigners.
2638	Not all the students who live in the university residence are foreigners.
2639	He knows the city well, because he has been living in it for a long time.
2640	We have been living in this city for four or five years.
2641	We seldom go to the country in winter.

2642	It seldom rains in this country in summer.	2672	I no longer recognize him, because he changed a lot.
2643	We invite our friends from time to time.	2673	The mother wants to change her daughter so that she becomes like her.
2644	We meet each other in the cafe from time to time in order to drink coffee and talk a little.	2674	The child changes a lot when he becomes a man.
2645	This lady wears long clothes most of the time.	2675	The first train arrived at least three hours before the second.
2646	It is hot most of the time in summer.	2676	My colleague left the office almost two hours after I arrived.
2647	Most of the people in this city speak two or three languages.	2677	He sits on the floor, as if there were not a chair to sit on.
2648	The students take almost all their meals in the university restaurant.	2678	He asks me my name, as though he does not know me.
2649	The university restaurant is open every day of the week.	2679	That is true, this is an expensive restaurant but it is not the most expensive in the city.
2650	The university restaurant is not closed on Sundays.	2680	This is a long train but it is not the longest train I have ever seen. I have seen...
2651	Non-students are not allowed to eat in the university restaurant.	2681	much longer ones.
2652	He is not a student at the university but he eats from time to time...	2682	When he saw the plane from afar, he thought it saw very small, but...
2653	in the university restaurant. One of his friends invites him.	2683	when he saw it closer, he understood that it was relatively large.
2654	Man can not change nature.	2684	Nature itself changes but very slowly.
2655	Man can change nature a little, but not much.	2685	Nature is not what it was many years ago.
2656	The student changes his place in the classroom every day.	2686	Nature is not the same everywhere. Nature is not the same in...
2657	He wants to change his car, because it has become old.	2687	the north as in the south.
2658	The weather will not change tomorrow, it will stay as it is.	2688	The father told his youngest son : Leave the car for your eldest brother,...
2659	The city did not change much. It has stayed almost as it was.	2689	he needs it more than you do.
2660	Nothing has changed in this place. Everything stayed as it was.	2690	I can not buy everything you can buy,...
2661	Do not change anything. Leave everything as it is.	2691	because I have less money than you.
2662	Everything has become more expensive than it was.	2692	You usually have a lot of work, but, these days, I...
2663	Life is more expensive in the city than in the country.	2693	have more than you.
2664	We change our clothes every day.	2694	You like to eat in the most expensive restaurant, wear the most beautiful clothes...
2665	Every person has the right to change his work if he wishes.	2695	and live in the biggest house, don't you.
2666	The woman changes her dress, because it has become too small for her.	2696	They all go on Sunday mornings to the park, including...
2667	I do not know where my friend lives, because he has changed his address and he has not sent...	2697	the dog. None of them stays at home.
2668	me yet his new address.	2698	When he went back to his country, he sold all he had, including...
2669	We change working hours in summer.	2699	his car, because, firstly, he can not take it with him, secondly,...
2670	Everything has changed these days. Nothing stayed as it was.	2700	he will not need it in his country.

70

2701   He has only one hand but he does everything with it, as though he had two hands.

2702   He speaks Arabic fluently, as though it were his mother tongue.

2703   He speaks about this country, as though he had seen it himself.

2704   I did not see him, because he left a little before I arrived.

2705   I do not know where he has gone. I think he went back to where he came from.

2706   How beautiful nature is in spring !

TRADUCTIONS DES TEXTES DES 45 LEÇONS DU VOLUME I

Les numéros se rapportent aux numéros des phrases des leçons. Devant l'impossibilité de donner en français une traduction rigoureusement littérale, nous avons recherché un texte français très proche, afin que le sens soit bien respecté et compréhensible.

LEÇON I

1 C'est un enseignant.
2 C'est une enseignante.
3 C'est un élève.
4 C'est une élève.
5 Voici l'enseignant.
6 Voici l'enseignante.
7 Voici l'élève (m).
8 Voici l'élève (f).
9 Je suis un enseignant.
10 Je suis une enseignante.
11 Je suis un élève.
12 Je suis une élève.
13 Tu es un enseignant.
14 Tu es une enseignante.
15 Tu es un élève.
16 Tu es une élève.
17 Il est un enseignant.
18 Elle est une enseignante.

19 Il est un élève.
20 Elle est une élève.
21 C'est moi l'enseignant.
22 C'est moi l'enseignante.
23 C'est moi l'élève (m).
24 C'est moi l'élève (f).
25 C'est toi l'enseignant.
26 C'est toi l'enseignante.
27 C'est toi l'élève (m).
28 C'est toi l'élève (f).
29 Il est l'enseignant.
30 Elle est l'enseignante.
31 Il est l'élève.
32 Elle est l'élève.
33 Je suis toujours le même.
34 Tu es toujours le même.
35 Tu es toujours la même.
36 Il est toujours le même.
37 Elle est toujours la même.

LEÇON 2

38 C'est un garçon.
39 C'est une fille.
40 C'est une porte.
41 C'est une clef.
42 C'est une porte ouverte.
43 Cette porte est ouverte.
44 Une porte ouverte.
45 La porte ouverte.
46 Cette porte ouverte...
47 Moi, j'ouvre une porte.
48 Toi (m), tu ouvres la porte
49 Toi (f), tu ouvres une porte.
50 Lui, il ouvre la porte.
51 Elle ouvre une porte.
52 Oui, la porte est ouverte.
53 Non, la porte n'est pas ouverte.
54 Oui, cette porte est ouverte.
55 Non, cette porte n'est pas ouverte.

56 Le garçon ouvre la porte.
57 Un garçon ouvre une porte.
58 Une fille ouvre une porte.
59 La fille ouvre la porte.
60 Le garçon ouvre la porte avec la clef.
61 Une fille ouvre une porte avec une clef.
62 Le garçon n'ouvre pas la porte.
63 La fille n'ouvre pas la porte.
64 Le garçon ouvre la porte.
65 Je suis enseignant; je ne suis pas élève.
66 Je suis élève; je ne suis pas enseignante.
67 Tu es élève; tu n'es pas enseignant.
68 Tu es enseignante; tu n'es pas élève.
69 Il est enseignant; il n'est pas élève.
70 Elle est élève; elle n'est pas enseignante.
71 C'est un garçon; ce n'est pas une fille.
72 C'est une fille; ce n'est pas un garçon.
73 C'est une clef; ce n'est pas une porte.
74 C'est une porte; ce n'est pas une clef.

LEÇON 3

75 Il écrit une leçon.

76 L'enseignant écrit.

77 L'enseignant écrit une leçon.

78 L'enseignant écrit la leçon avec un stylo.

79 L'élève (f) écrit une leçon avec le stylo.

80 Ceci est un crayon et ceci est une porte.

81 C'est aussi un crayon.

82 Ceci n'est pas un crayon; c'est une clef.

83 L'enseignant est en classe.

84 L'élève (m) est aussi en classe.

85 Oui, il est en classe.

86 Non, il n'est pas en classe.

87 La fille ouvre la porte avec la clef.

88 Le garçon écrit la leçon avec le crayon.

89 Tu n'ouvres pas la porte avec un crayon.

90 Il n'écrit pas la leçon avec une clef.

91 Ceci n'est pas une clef; c'est un crayon.

92 L'enseignant écrit la première leçon.

93 L'élève (m) écrit la deuxième leçon.

94 La troisième élève ouvre la porte.

95 Moi, j'écris la première leçon,

96 et toi (m), tu écris la deuxième leçon.

97 Tu (f) écris avec le crayon de la maîtresse.

98 Tu (f) ouvres la porte de la classe.

99 Ce crayon n'est pas celui du maître.

100 Oui, c'est le crayon du maître.

101 Ce n'est pas le crayon de la maîtresse.

102 Cette porte n'est pas la porte de la classe.

103 Cette porte est la porte de la classe.

104 Voici la porte de la classe.

105 Il y a un professeur dans la classe.

106 Il n'y a pas de professeur dans la classe.

107 Il n'y a pas d'élèves dans la classe.

108 Il y a un professeur et des élèves dans la classe.

109 Il y a une enseignante et des élèves (f) dans la classe.

110 Il n'y a pas d'enseignants ni d'enseignantes dans la classe.

111 Voici la clef de la porte.

LEÇON 4

112 C'est un crayon noir.

113 La secrétaire écrit avec un crayon noir.

114 L'élève aussi écrit avec le crayon noir.

115 Ce crayon n'est pas noir.

116 Ce n'est pas un crayon noir.

117 Lui, il écrit avec son crayon.

118 Elle ouvre sa porte.

119 Moi, j'écris avec mon crayon.

120 Toi (f) aussi, tu écris avec ton crayon.

121 Toi (m), tu ouvres la porte avec ta clef.

122 L'enseignante est dans sa classe.

123 L'enseignant est aussi dans sa classe.

124 Je suis ton professeur, et toi tu es mon élève.

125 Je suis ta maîtresse et toi (f) tu es mon élève.

126 Elle est son élève (à lui) et lui, il est son professeur.

127 Ceci est ton crayon, et ceci est ta clef.

128 Tu (f) écris ta troisième leçon.

129 Elle écrit avec son crayon noir.

130 Il n'écrit pas sa troisième leçon; il écrit sa quatrième leçon.

131 Ce garçon est un élève, et c'est le fils du professeur.

132 Non, il n'est pas le fils du maître; c'est le fils de la maîtresse.

133 Cette fille aussi est la fille de la maîtresse, et c'est une élève.

134 Ce crayon noir est le mien; il n'est pas le tien.

135 Voici ton crayon.

136 Cette clef n'est pas la clef de sa porte.

137 Voici la clef de sa porte.

138 Ce n'est pas le crayon de son professeur.

139 Ce crayon est le crayon de sa maîtresse.

140 (Toi, m.), tu as ouvert la porte et écrit la leçon.

141 (Elle), elle a ouvert la porte et écrit la leçon.

142 (Moi), j'ai ouvert la porte et écrit la leçon.

143 (Lui), il a ouvert la porte et écrit la leçon.

144 (Toi, f) tu as ouvert la porte et écrit la leçon.

145 La classe est ouverte.

146 La classe n'est pas ouverte.

147 La porte de la classe est ouverte.

148 La porte de la classe n'est pas ouverte.

LEÇON 5

149 Les élèves écrivent maintenant.

150 Les élèves écrivent la cinquième leçon.

151 Les élèves écrivent la cinquième leçon maintenant.

152 L'élève (f) s'assied sur une chaise.

153 L'élève s'assied devant le maître.

154 L'élève s'assied sur une chaise neuve.

155 L'élève s'assied maintenant.

156 L'élève s'assied maintenant sur la nouvelle chaise devant le professeur.

157 Tu (f) ne t'assieds pas sur une chaise ; tu t'assieds sur un canapé.

158 C'est un canapé neuf.

159 C'est un canapé neuf et noir.

160 Ce canapé est neuf.

161 Ce nouveau canapé est noir.

162 Ce canapé noir est neuf.

163 Ce canapé est noir et il n'est pas neuf.

164 La chaise est neuve, et elle n'est pas noire.

165 La chaise est noire, et elle n'est pas neuve.

166 La cinquième leçon est nouvelle.

167 La quatrième leçon n'est pas nouvelle.

168 Le professeur est nouveau et les élèves aussi sont nouveaux.

169 Le professeur n'est pas nouveau.

170 Le nouveau professeur est dans la classe.

171 Il y a un nouveau professeur dans la classe.

172 La maîtresse est dans sa nouvelle classe.

173 Les élèves sont en classe maintenant.

174 Il n'y a pas d'élèves dans la classe maintenant.

175/176/177 L'élève ouvre la porte avec une clef, il s'assied sur une nouvelle chaise ou un nouveau canapé devant son professeur (m. ou f.) et il écrit sa troisième, quatrième ou cinquième leçon.

178 C'est une chaise sur laquelle le professeur s'assied.

179 Et c'est un canapé sur lequel le maître ou la maîtresse s'asseyent aussi.

180 Moi, je m'assieds maintenant devant toi et toi, tu t'assieds maintenant devant moi.

181 Toi (f), tu t'assieds devant elle et elle, elle s'assied devant toi.

182 Moi, je m'assieds devant lui ou devant elle.

183 Moi, je me suis assis sur ma chaise et toi, tu t'es assis sur ton canapé.

184 Toi, tu t'es assise devant la porte de ta classe et elle aussi s'est assise devant (la porte).

185 Lui aussi s'est assis sur sa nouvelle chaise.

186 C'est la première chaise sur laquelle je m'assieds.

187 Ce n'est pas le premier canapé sur lequel je me suis assis.

188 C'est la quatrième leçon que tu (f) écris.

189 Ce n'est pas la première porte que tu ouvres.

190 C'est le premier élève de la classe.

191 Elle aussi est la première élève de la classe.

192 Cet élève n'est pas nouveau.

193 La troisième leçon n'est pas nouvelle non plus.

LEÇON 6

194 Le professeur parle.

195 Il parle lentement.

196 Le professeur parle lentement.

197 Le professeur parle lentement avec l'élève.

198 Nous sommes des élèves, et nous parlons lentement.

199 Nous sommes aussi des élèves (f), et nous parlons lentement.

200 Notre maîtresse parle lentement avec nous.

201 Toi, tu as un ami avec qui parler maintenant.

74

202 Lui, il a une leçon à écrire aujourd'hui.

203 Nous aussi, nous avons une nouvelle leçon à écrire aujourd'hui.

204 Tu n'as pas de chaise pour t'asseoir.

205 Elle n'a ni chaise ni canapé.

206 Toi (f), tu n'as pas de porte à ouvrir aujourd'hui.

207 Moi non plus, je n'ai pas de chaise pour m'asseoir.

208 Je m'assieds par terre.

209 Nous ne nous asseyons ni par terre ni sur la table.

210 Nous nous asseyons sur les chaises ou sur les canapés.

211 Les élèves ont un nouveau professeur.

212 Le professeur a de nouveaux élèves et de nouvelles élèves.

213 La maîtresse a une fille et un garçon.

214 La maîtresse n'a pas d'enfants.

215 Les élèves n'ont pas de leçon aujourd'hui.

216 Nous sommes amis, toi et moi.

217 Toi et moi, nous sommes amies.

218 Nous (deux) sommes amis.

219 Nous (deux) sommes amies.

220 Toi, lui et moi sommes amis.

221 Nous sommes amis.

222 Toi, elle et moi sommes amies.

223 Nous sommes amies.

224 Notre nouveau professeur parle avec nous.

225 Nous parlons avec notre nouvelle maîtresse.

226 Tu (f) parles lentement et tu écris aussi lentement.

227 Nous avons une nouvelle leçon aujourd'hui.

228 La leçon d'aujourd'hui est nouvelle.

229 La leçon d'aujourd'hui n'est pas nouvelle.

230 Le nouveau professeur parle avec ses nouveaux élèves.

231 Le garçon est en classe avec son ami, maintenant.

232 La maîtresse est en classe avec les élèves, aujourd'hui.

233 Il n'y a ni professeur, ni élèves en classe aujourd'hui.

234 La fille n'est pas en classe avec son amie maintenant.

235 Le crayon noir est sur la nouvelle table.

236 Il n'y a pas de crayon sur la table, maintenant.

237 Le garçon parle avec son ami devant la porte.

238 Il ne parle pas en classe.

239 Oui, il parle avec lui en classe.

240 Parle (m) lentement ! (impératif)

241 Parle (f) toi aussi lentement !

242 Ne parle (f) pas avec elle en classe !

243 Ne parle pas avec lui maintenant !

244 Ouvre (f) la porte !

245 Assieds-toi (f) sur cette chaise !

246 Ecris (m) ta leçon maintenant !

247 N'ouvre pas la porte de la classe !

248 N'écris pas avec ce crayon noir !

LEÇON 7

249 Il est étudiant.

250 C'est un étudiant étranger.

251 Cet étudiant est étranger.

252 Son amie est aussi une étudiante étrangère.

253 L'étudiant apprend une langue étrangère.

254 Cet étudiant n'est pas d'ici ; il est étranger.

255 Il est d'un pays étranger.

256 Ce n'est pas son pays.

257 Il n'est pas de ce pays.

258 C'est l'école où il étudie.

259 Ce n'est pas la première langue qu'il apprend.

260 Voici l'étudiant qui apprend une langue étrangère.

261 Il est étranger dans ce pays.

262 L'école n'est pas ici.

263 L'école est là-bas.

264 Il y a une nouvelle école dans cette ville.

265 Il y a de nouvelles villes dans ce pays.

266 Il n'y a pas de nouvelle école dans cette ville.

267 Les étudiants sont à l'école.

268 Il y a des étudiants à l'école avec le professeur.

269 Le professeur parle avec les étudiants à l'école.

270 Il y a des étudiants et des étudiantes dans la nouvelle école.

271 Il n'y a pas de nouvelle école dans cette ville.

272 Il y a des classes ouvertes à l'école.

273 L'école est ouverte aujourd'hui.

274 L'école n'est pas ouverte maintenant.

275 La langue que nous apprenons maintenant est nouvelle.

276 Le professeur parle dans une langue étrangère avec les étudiants et les étudiantes.

277 Le professeur est étranger.

278 L'étudiant qui apprend une langue étrangère n'est pas étranger.

279 Nous sommes étrangers dans cette ville.

280 Nous sommes aussi etrangères dans ce pays.

281 Le garçon et la fille sont aussi ici.

282 Ni le professeur ni les élèves ne sont ici.

283 Nous sommes ici et toi, tu es là-bas.

284 Il y a un crayon sur la table.

285 Il n'y a pas d'étrangers dans cette ville.

286 (Moi) J'ai appris sa langue dans ton pays.

287 (Toi, f) Tu as appris ma langue dans sa ville.

288 Nous avons appris notre langue avec ton amie.

289 Apprends une langue étrangère !

290 Apprends une nouvelle langue !

291 (Toi, m) Tu as appris à écrire.

292 (Elle) aussi a appris à parler.

293 Nous avons appris à écrire et à parler dans une langue étrangère.

294 L'étudiant parle la langue qu'il apprend.

295 L'étudiante apprend la leçon qu'elle écrit.

296 Nous apprenons maintenant la septième leçon.

297 La septième leçon est une nouvelle leçon.

298 Voici la chaise sur laquelle le maître s'assied.

299 Ce n'est pas le canapé sur lequel nous nous asseyons.

300 Le canapé sur lequel nous nous asseyons est là-bas.

301 Assieds-toi et écris maintenant ta leçon ici.

302 Assieds-toi avec l'étudiante et parle avec elle.

303 Tu apprends la langue du pays où tu te trouves.

304 Voici le nouveau maître d'école.

LEÇON 8

305 L'étudiant connaît son collègue.

306 L'étudiant connaît bien son collègue.

307 Cette femme connaît une langue étrangère.

308 Cet homme est étranger.

309 Cette femme n'est pas de ce pays.

310 Cet homme est arabe.

311 Cette femme est aussi arabe.

312 Nous sommes arabes, et vous aussi êtes arabes.

313 Il est arabe, et parle l'arabe couramment.

314 Vous aussi êtes arabes, ceci est votre pays,

315 et vous parlez aussi l'arabe couramment.

316 Vous n'apprenez pas l'arabe, car vous le connaissez bien.

317 Vous avez appris la langue arabe dans votre pays.

318 La langue arabe est difficile.

319 L'arabe n'est pas une langue difficile.

320 Il parle l'arabe lentement parce qu'il ne le connaît pas bien.

321 Vous parlez lentement avec votre ami étranger parce qu'il ne connaît pas bien

322 votre langue. Lui aussi parle lentement avec vous.

323 Vous ne connaissez pas bien cette ville, parce que vous y êtes étrangers.

324 Nous connaissons bien cette ville, parce que nous n'y sommes pas étrangers.

325 Cette femme parle avec cet homme, parce qu'elle le connaît bien.

326 C'est son camarade de classe.

327 Vous et nous sommes des amis et aussi des camarades de classe.

328 Je ne sais pas qui est cet homme et qui est cette femme.

329 Je sais bien d'où il est, parce que j'ai parlé avec lui.

330 Tu connais bien cette langue, parce que tu l'as apprise dans ton pays.

331 Tu ne connais pas bien ta collègue parce que tu ne parles pas avec elle.

332 La huitième leçon est difficile.

333 Cette leçon n'est pas difficile.

334 Nous savons maintenant qui vous êtes : vous êtes des étudiants étrangers.

335 Vous aussi vous savez qui nous sommes : nous sommes vos collègues.

336 Moi je te connais, et toi tu ne me connais pas.

337 Asseyez-vous avec votre collègue et parlez avec lui.

338 N'écrivez pas cette leçon maintenant.

339 Tu ne connais pas bien la femme avec qui tu parles.

340 La femme qui parle maintenant avec nous, nous connaît bien.

341 Il connaît ses collègues.

342 Ses collègues le connaissent bien.

343 Nous sommes vos collègues et vous ne nous connaissez pas bien.

344 Vous ne nous connaissez pas bien, parce que nous sommes étrangers.

345 Vous n'êtes pas étrangers dans ce pays.

346 C'est votre pays.

347 Il s'assied sur la chaise de son collègue, parce que son collègue n'est pas ici aujourd'hui.

348 Vous n'avez pas de leçon aujourd'hui, parce que votre professeur n'est pas ici.

349 Vous n'êtes pas étrangers dans ce pays.

350 Nous non plus, nous ne sommes pas étrangères dans ce pays.

351 Vous êtes des étudiants, vous n'êtes pas des professeurs.

352 Nous, nous ne sommes pas des arabes, et nous connaissons bien l'arabe parce que nous l'avons appris.

353 Il apprend l'arabe lentement, parce que l'arabe est une langue difficile.

354 C'est la troisième langue qu'il apprend.

355 Je connais bien l'homme avec qui tu parles, parce que c'est mon collègue.

356 La femme avec qui tu parles, nous la connaissons.

357 Elle aussi nous connaît, et connaît notre école et notre professeur.

358 Tu ne t'assieds pas, parce que tu ne sais pas où t'asseoir.

359 Assieds-toi ici sur cette nouvelle chaise, devant nous !

LEÇON 9

360 L'étudiant lit un livre.

361 L'étudiant lit un livre en langue arabe.

362 Il sait lire, écrire et parler maintenant en arabe.

363 Je ne le sais pas.

364 Je ne suis pas au courant de cela.

365 Il écrit sur du papier blanc.

366 Tu écris sur une feuille blanche avec un crayon noir.

367 Tu es content parce que tu sais parler en arabe.

368/369 Vous aussi vous êtes contentes parce que vous savez lire, écrire et parler un peu en arabe, maintenant.

370/371 Vous connaissez la langue arabe parce que vous êtes des arabes, et parce que vous avez aussi appris cette langue.

372 Vous n'avez pas de leçon à apprendre maintenant.

373 Vous n'êtes pas étrangères dans ce pays.

374 Vous avez appris votre langue dans votre pays.

375 Il n'est pas content, parce qu'il ne sait pas bien lire.

376 Le maître est content de ses élèves, et les élèves sont aussi contents de leur professeur.

377 Vous avez un livre à lire.

378 L'étudiante n'est pas contente aujourd'hui, parce que sa leçon est un peu difficile.

379 Il n'écrit pas parce qu'il ne sait pas écrire.

380 Il ne lit pas parce qu'il ne sait pas lire.

381 Vous lisez la leçon que vous avez écrite.

382 Tu écris sur une feuille noire avec un crayon blanc.

383 Le professeur lit un livre en classe.

384 Cet étudiant n'a pas de livre.

385 L'étudiant est content de son nouveau livre.

386 Le livre est en classe.

387 Il y a des livres en classe.

388 Il y a un livre sur la table.

389 Il n'y a pas de livres en classe.

390 Il a peu de livres en arabe maintenant.

391/392 Asseyez-vous, ouvrez vos livres, lisez, écrivez vos leçons, et parlez un peu avec vos collègues et avec votre maître ou avec votre maîtresse.

393 Ne vous asseyez pas sur cette chaise; asseyez-vous sur le canapé.

394 Ne parlez pas en arabe avec ce collègue, car il ne connaît pas bien l'arabe.

395 Il ne lit pas ce livre, parce qu'il est un peu difficile pour lui.

396 Je ne sais pas qu'il me connaît.

397 Tu sais qu'elle a une amie étrangère.

398 Nous savons bien que ton ami est arabe.

399 Vous savez que notre maîtresse n'est pas de ce pays.

400 Vous savez que son collègue parle couramment l'arabe.

401 L'étudiant parle de sa leçon avec son collègue.

402 L'étudiant parle de ses leçons avec le professeur.

403 Je sais que tu parles de moi et de lui.

404/405 La nouvelle maîtresse d'école ne sait pas que ses élèves sont des arabes, et qu'elles ne savent pas bien l'arabe.

406 Les femmes de la ville parlent de la nouvelle maîtresse d'arabe.

407 Je ne sais pas qu'il y a de nouvelles écoles dans cette ville.

408 La secrétaire parle un peu avec ses collègues.

409 Les étudiants savent bien que l'arabe est un peu difficile.

410 Le professeur parle de ses élèves avec ses collègues.

411 Vous ne savez pas qu'il y a peu d'étrangers dans cette ville.

412 Les étudiants savent qu'il y a peu de nouveaux professeurs dans cette école.

LEÇON 10

413 C'est une maison grande et neuve.

414 C'est une maison où habitent son père et sa mère.

414 bis Ses parents habitent derrière son bureau.

415 Sa maison est proche du bureau.

416 Ils ont une nouvelle maison pour y habiter.

417 Elles aussi ont une nouvelle maison pour y habiter.

418 Votre maison est proche de la leur.

419 Votre maison est aussi proche de la leur.

420 Ses parents ont une grande maison en ville.

421 Il n'habite pas maintenant avec son père et sa mère.

422 Elle parle avec des femmes que sa mère connaît bien.

423 Elle parle avec des femmes qui connaissent bien sa mère.

424 Son père et sa mère ne sont pas à la maison maintenant.

425 Elles connaissent bien la ville où elles habitent.

426 Ils habitent dans une ville qu'ils connaissent bien.

427 Leur école est proche de leur bureau.

428 L'école est proche d'ici.

429 L'école est plus proche d'ici que le bureau.

430 Ils ont habité un peu en ville avec leurs collègues.

431 Elles connaissent bien la maîtresse.

432 La maîtresse aussi les connaît bien, parce qu'elles sont ses élèves.

433 Elles ne sont pas au bureau maintenant.

434 Ils ne sont pas à la maison aujourd'hui.

435 Son père connaît bien l'arabe, parce qu'il est arabe.

436 Sa mère ne connaît pas l'arabe, parce qu'elle n'est pas arabe.

437 Sa mère connaît un peu l'arabe, parce qu'elle l'a appris.

438 Il connaît bien son père, parce que c'est son professeur.

439 La maison de son père n'est pas proche de l'école.

440 L'étudiant s'assied derrière son collègue, devant le maître.

441 Ils connaissent bien leur ami, parce qu'ils habitent avec lui.

442 Leur ami les connaît, parce qu'il habite avec eux.

443 Nous savons qu'elles ont habité un peu dans cette ville.

444 Leur maison est plus grande que la vôtre.

445 Leur ville est plus grande que la nôtre.

446 Nos écoles et nos bureaux sont aussi plus grands que les vôtres.

447 Nous ne savons ni d'où ils viennent, ni où ils habitent.

448 Nous savons qui ils sont : ils sont des professeurs.

449 Ils sont des maîtres d'école.

450 Elles sont aussi des maîtresses d'école.

451 Les mères sont contentes de leurs filles.

452 Les filles aussi sont contentes de leurs mères.

453 Ses parents ont une grande maison en ville.

454 Mon collègue connaît mon père.

455 Mon père ne connaît pas mon nouveau collègue.

456 Le bureau n'est pas ouvert aujourd'hui.

457 Cette grande maison est la leur.

458 Cette nouvelle école n'est pas la vôtre.

459 Ils n'habitent pas dans cette ville, maintenant.

460 Elles ont un bureau en ville.

461 Cette nouvelle école est la leur.

462 Je sais qu'elles ne sont pas à l'école.

463 Elles sont à la maison maintenant.

464 Ils n'ont pas de maison en ville, parce qu'ils n'habitent pas ici.

465 Ils ont peu d'enfants.

466 Il parle l'arabe couramment, parce que c'est sa langue maternelle.

467 Ils ne parlent pas l'arabe couramment, parce que ce n'est pas leur langue maternelle.

LEÇON 11

468 La fille vit avec sa famille.

469 Sa famille est grande.

470 Elle a une grande famille.

471 L'élève s'assied près de la porte.

472 Tu ne sais pas où il habite maintenant.

473 Je ne sais pas pourquoi il s'assied derrière la porte.

474 Je ne sais pas s'il est à la maison ou non maintenant.

475 Tu connais son nom.

476 Nous connaissons son nom et son adresse.

477 Il habite à la campagne maintenant.

478 Elles ont une grande bibliothèque.

479 Ses parents ont une grande maison à la campagne, tout près de la ville.

480 Il a une nouvelle adresse maintenant, et je ne la connais pas.

481 J'écris à mon ami, à sa nouvelle adresse.

482 La librairie n'est pas ouverte aujourd'hui.

483 Tu ne connais pas l'adresse de ton amie à la campagne.

484 Elle connaît ton adresse, et toi tu ne connais pas la sienne.

485 C'est un nouveau nom que je ne connais pas.

486 Nous ne savons pas s'ils habitent en ville, ou non.

487 Ce n'est pas son adresse ; c'est l'adresse de son père.

488 Je ne sais pas que ce n'est pas son adresse.

489 Tu écris à ton amie dont tu connais l'adresse.

490 Vous connaissez bien son nom maintenant.

491 Il est de cette ville et il vit dans un pays étranger.

492 Peu d'étrangers vivent dans ce pays.

493 Les garçons et les filles vivent avec leurs parents.

494 Il habite en ville, et il a un ami qui habite à la campagne.

495 (Toi) Tu as vécu dans cette ville.

496 (Elle) Elle a vécu dans ce pays.

497 (Nous) Nous avons vécu avec notre famille.

498 (Vous) Vous avez vécu avec vos amies.

499 (Moi) J'ai vécu avec mes enfants.

500 (Eux) Ils ont vécu à la campagne.

501 (Elles) Elles ont vécu avec leurs filles.

502 (Toi) Tu as vécu près d'elle.

503 (Vous) Vous avez vécu avec nous.

504 (Lui) Il a vécu avec eux.

505 (Toi) Vis dans ce pays !

506 (Vous) Vivez dans cette ville !

507 (Toi) Vis avec ta mère !

508 (Vous) Vivez avec vos familles !

509 Nous sommes du pays où nous vivons.

510 Tu n'es pas de la ville où tu vis.

511 Les élèves ne connaissent pas le nom du nouveau professeur arabe.

512 La nouvelle enseignante arabe habite près de l'école.

513 Elle a une grande maison près de l'école.

514 Cette maison n'est pas à elle ; elle appartient à sa mère.

515 Elle n'a pas de maison maintenant.

516 Ce n'est pas elle, c'est sa mère qui connaît leur adresse.

517 Nous ne connaissons pas l'adresse de la librairie.

518 Il ne sait pas comment vivre dans ce pays, parce qu'il est étranger.

519 Vous connaissez le nom de l'homme avec qui vous parlez maintenant.

520 Oui, je connais bien son nom, et je connais aussi son adresse.

521 L'adresse que je connais, c'est son adresse en ville et non pas son adresse à la campagne.

522 Tu ne sais pas qu'elle a aussi une adresse à la campagne.

LEÇON 12

523 Le fonctionnaire travaille.

524 Le fonctionnaire travaille au bureau.

525 Le fonctionnaire travaille chaque jour au bureau.

526 Les fonctionnaires travaillent du lundi au vendredi.

527 Il est fonctionnaire et sa femme est aussi fonctionnaire.

528 Ils ont le même professeur.

529 Nous avons seulement deux professeurs.

530 Il est marié et il a des enfants.

531 Elle n'est pas mariée et elle n'a pas d'enfants.

532 Elles travaillent à l'école le vendredi.

533 Tu ne travailles pas aujourd'hui.

534 Nous travaillons le lundi au bureau.

535 Vous travaillez seulement un jour.

536 Vous travaillez dans cette ville.

537 Je travaille dans une bibliothèque.

538 La femme travaille avec son mari au bureau.

539 L'homme travaille avec sa femme à la maison.

540 Chacun de nous a un jour pour travailler à la bibliothèque.

541 Son père est fonctionnaire.

542 Son père est un haut fonctionnaire.

543 Sa mère est également fonctionnaire.

544 Chacun des fonctionnaires apprend une langue étrangère.

545 Ses amis ne sont pas fonctionnaires.

546 Ses amies ne sont pas fonctionnaires.

547 Il connaît tous ses collègues.

548 Tous ses collègues du bureau le connaissent.

549 Tu lui écris.

550 Elle t'écrit

551 Ils m'écrivent.

552 Je leur écris.

553 Je ne sais pas s'il vous écrit ou non.

554 Je ne sais pas pourquoi il ne lui écrit pas.

555 Sa mère ne lui écrit pas maintenant, parce qu'elle n'a pas sa nouvelle adresse.

556 Nous travaillons tous dans ce bureau.

557 Vous apprenez tous cette langue.

558 Ils habitent tous dans cette ville.

559 Elles lisent toutes un livre.

560 Vous vivez toutes dans ce pays.

561 Chacun de vous s'assied sur une chaise.

562 Deux de ses amis sont ici.

563 Ils habitent tous dans une même maison.

564 Chacun de vous a une maison pour y habiter.

565 Les maisons dans lesquelles ils habitent ne sont pas toutes grandes.

566 Ils ont tous une seule maison.

567 Vous avez tous une seule maison.

568 A chacun sa maison.

569 Le mari de son amie travaille avec son époux.

570 La femme de son ami travaille avec son épouse.

571 Sa femme ne connaît pas l'arabe parce qu'elle est étrangère.

572 Son mari ne connaît pas l'arabe qu'il est étranger.

573 Les fonctionnaires ne sont pas tous du même pays.

574 Les fonctionnaires ne parlent pas tous la même langue.

575 Ce n'est pas le vendredi qu'il travaille au bureau.

576 C'est le lundi qu'elle travaille à la bibliothèque.

577 Je ne sais pas que sa femme parle couramment l'arabe.

LEÇON 13

578 Le fonctionnaire mange au restaurant.

579 Le fonctionnaire mange au restaurant chaque jour.

580 Le fonctionnaire mange dans un restaurant près de son bureau.

581 Vous mangez parfois au restaurant.

582 Aujourd'hui c'est dimanche.

583 Tu travailles seulement le matin.

584 Le dimanche est un jour de congé.

585 Votre maison est très proche de leur bureau.

586 Ils travaillent dans une grande organisation.

587 Le dimanche n'est pas un jour de congé dans son pays.

588 Le jour de congé, dans son pays, c'est le vendredi.

589 Sa mère travaille aussi dans une nouvelle organisation.

590 L'organisation dans laquelle tu travailles est nouvelle.

591 Cette organisation n'est pas nouvelle.

592 Les fonctionnaires ne travaillent pas le vendredi dans son pays, parce que c'est un jour de congé.

593 Le dimanche n'est pas un jour de congé dans tous les pays.

594 Ils travaillent parfois le matin.

595 Ils travaillent tous dans une même organisation.

596 L'organisation a un restaurant où mangent les fonctionnaires.

597 Les fonctionnaires mangent dans le restaurant de l'organisation.

598 Les fonctionnaires ne mangent pas tous au restaurant de l'organisation.

599 Il ne travaille pas maintenant, parce qu'il est en congé.

600 La famille mange parfois au restaurant, le dimanche.

601 La famille ne mange pas tous les dimanches au restaurant.

602 Le restaurant dans lequel tu manges est nouveau.

603 Mon ami a un grand restaurant en ville.

604 Ils mangent dans ce restaurant, parce qu'il est tout près de leur bureau.

605 La femme mange parfois avec son mari dans ce restaurant.

606 Les femmes mangent parfois avec leurs époux en ville.

607 Elles mangent seulement dans ce restaurant.

608 Ce restaurant n'a pas de nom.

609 Il y a peu de restaurants dans la campagne.

610 Vous ne connaissez pas l'adresse du restaurant où vous mangez.

611 Je connais l'adresse du restaurant où j'ai mangé avec mon mari.

612 Je connais un restaurant très proche d'ici.

613 Les fonctionnaires de cette organisation ne sont pas tous des étrangers.

614 Les fonctionnaires de cette organisation ne sont pas tous du même pays.

615 Il y a peu de fonctionnaires étrangers dans cette organisation.

616 Il ne connaît pas tous ses collègues qui travaillent avec lui.

617 Les épouses des fonctionnaires mangent parfois avec leurs maris dans le nouveau restaurant de l'organisation.

618 Ce n'est pas la première organisation dans laquelle son épouse travaille.

619 Il a appris maintenant comment travailler et comment vivre dans ce pays.

620 Le restaurant de l'organisation n'est pas ouvert les jours de congé.

621 Les fonctionnaires ne connaissent pas bien leur organisation, parce qu'ils en parlent très peu.

622 Les fonctionnaires parlent peu de leur organisation, c'est pourquoi elles ne la connaissent pas bien.

623 Le fonctionnaire parle seulement avec les collègues qui travaillent avec lui.

624 Le père de la fille a parlé avec la maîtresse ce matin à l'école.

625 La maîtresse est l'amie de sa mère.

626 L'amie de sa mère est enseignante.

627 C'est un des professeurs que je connais.

628 Nous connaissons deux professeurs qui mangent dans ce restaurant tous les jours.

LEÇON 14

630 Le garçon va à l'école tous les jours.

631 Le fonctionnaire voyage en train.

632 Vous voyagez chaque année.

633 Ils voyagent une fois par année.

634 Nous mangeons trois fois par jour.

635 Vous allez avec plaisir en ville avec votre amie.

636 Cette enseignante parle trois langues étrangères.

637 Vous allez parfois à cette bibliothèque le vendredi matin.

638 Tu manges dans ce nouveau restaurant qui est proche du bureau.

639 Vous êtes des amis; vous n'êtes pas des collégues de bureau.

640 Vous êtes des collègues, et vous travaillez dans ce bureau.

641 C'est votre bureau.

642 Vous êtes aussi des collègues et vous travaillez dans cette bibliothèque.

643 Il est en retard aujourd'hui; je ne sais pas ce qu'il a.

644 Ils sont (des) étudiants dans cette école.

645 Elles sont des fonctionnaires et travaillent dans cette organisation.

646 Il ne parle pas beaucoup avec son collègue parce qu'il ne le connaît pas bien.

646b Tu ne connais pas bien ta collègue, parce que tu ne parles pas avec elle.

647 Il travaille beaucoup et parle peu.

648 Nous travaillons peu et nous parlons beaucoup.

649 C'est le vendredi qu'il travaille beaucoup.

650 C'est le lundi qu'il travaille peu.

651 Vous avez beaucoup voyagé cette année.

652 Les fonctionnaires voyagent beaucoup.

653 Il y a un restaurant dans le train.

654 Il y a un restaurant dans le train.

655 Il y a beaucoup de restaurants dans cette ville.

656 J'ai mangé trois fois dans ce restaurant.

657 Vous avez travaillé une année dans cette organisation.

658 Vous avez travaillé seulement une année dans cette ville.

659 Cette ville est très grande.

660 Nous avons habité seulement dans cette ville.

661 Ils ont une nouvelle maison à la campagne.

662 Ecrivez-moi votre adresse sur une feuille de papier.

663 Ecrivez-moi aussi le nom de votre organisation sur une feuille de papier.

664 Vous avez habité cette ville plus d'une année.

665 Elles parlent avec leur amie tous les jours.

666 Tu es en retard aujourd'hui; qu'as-tu ?

667 Oui, je suis en retard aujourd'hui.

668 Il voyage beaucoup.

669 Il voyage au plus trois fois par année.

670 Il connaît peu de langues.

671 Il connaît au moins trois langues.

672 Vous êtes contents, parce que vous avez beaucoup d'amis.

673 Vous êtes contents, parce que vous avez appris l'arabe. N'est-ce pas ?

674 Ils sont vos collègues de bureau.

675 Elles sont aussi vos collègues de bureau.

676 Nous sommes tous des collègues.

677 Il n'a pas plus de trois collègues.

678 Tu ne connais pas moins de trois langues.

679 Beaucoup de gens voyagent en train pendant les jours de congé.

680 Vous travaillez beaucoup le matin.

681 Elles travaillent peu le matin.

682 Vous avez travaillé plus que moi ce matin.

683 Son épouse les connaît plus que lui.

684 Vous avez vécu moins qu'eux dans ce pays.

LEÇON 15

685 La fille aime beaucoup sa mère.

686 Nous aimons voyager en train.

687 Le voyageur prend le train.

688 La famille habite dans un joli appartement.

689 Comme ils sont nombreux, les étrangers, dans ce pays !

690 L'étudiant va à l'école pour apprendre une langue étrangère.

691 La gare se trouve au centre de la ville.

692 J'aurais aimé parler un peu avec lui hier.

693 Tu aimerais travailler avec elle à la bibliothèque.

694 Tu aimerais habiter avec tes parents dans leur grand appartement.

695 Vous aimez beaucoup votre mère, n'est-ce pas ?

696 Ils aimeraient travailler dans cette nouvelle organisation.

697 Vous avez aimé voyager dans un pays étranger.

698 Tu aurais aimé apprendre une langue étrangère.

699/700 Tu aimerais apprendre la langue arabe pour parler avec ton amie arabe, en arabe.

701 Elles aimeraient aller en ville avec leur amie.

702 Son père n'aime pas prendre le train.

703/704 Vous aimez aller, parfois, à cette école le vendredi matin.

705 Ils aiment lire un livre à la bibliothèque chaque jour.

706 Tu aimes t'asseoir un peu ici, avec ton ami.

707 Elles aiment écrire, parfois, à leur père et à leur mère.

708 Nous aurions aimé manger dans ce nouveau restaurant près du bureau.

709 Je ne sais pas pourquoi il aime beaucoup parler.

LEÇON 16

739 Nous buvons de l'eau.

740 C'est une eau froide.

741 Cette eau est froide.

742 Tu bois de l'eau froide.

743 Il fait froid.

710 Il parle beaucoup, parce qu'il aime parler.

711 Tu parles peu, parce que tu n'aimes pas parler. N'est-ce pas ?

712 Le fonctionnaire prend le train chaque jour pour se rendre au bureau.

713 Les fonctionnaires aiment l'organisation dans laquelle ils travaillent.

714 La famille aime l'appartement dans lequel elle habite.

715 Les professeurs aiment leurs élèves.

716 Les élèves aiment leurs professeurs.

717 Le fonctionnaire aime tous les collègues qui travaillent avec lui.

718 Le voyageur aimerait aller à la gare maintenant pour prendre le train.

719 J'aurais aimé aller à la gare avec mon ami, hier.

720 Je ne sais pas où est la gare.

721 Il a un ami qui travaille à la gare.

722 Voilà son nouvel appartement.

723 Son appartement se trouve derrière la gare.

724 Il habite avec sa famille dans un nouvel appartement près de la gare.

725 La quatorzième leçon était très difficile hier.

726 Tu aimes être avec ton amie chez elle le dimanche.

727 Le voyageur prend son train maintenant.

728 J'aimais beaucoup voyager en train.

729 Je ne connais pas l'homme avec qui tu parlais.

730 Ta mère voyageait beaucoup.

731 Nous vivions dans un pays étranger.

732 Vous alliez tous les jours à l'école.

733 Vous mangiez dans ce restaurant.

734 Ils travaillaient dans cette organisation.

735 Ils connaissaient bien cet homme.

736 Elles s'asseyaient ici avec leurs parents.

737 J'avais l'habitude de lui écrire.

738 Tu avais l'habitude de lire un livre à la bibliothèque.

744 Il fait très froid aujourd'hui.

745 Il a fait froid hier.

746 Il a fait un peu froid hier.

747 Il fait beau aujourd'hui.

748 Il ne fait pas froid dans ce pays.

749 Il ne fait pas froid dans cette ville.

750 La porte est fermée maintenant.

751 Le fenêtre de la classe est ouverte.

752 Il ferme la fenêtre, parce qu'il fait un peu froid aujourd'hui.

753 Ferme la fenêtre !

754 Ne ferme pas la porte du bureau !

755 Il fait très froid dans le nord.

756 Il habite maintenant au nord de la ville.

757 Les bureaux sont fermés aujourd'hui, parce que c'est dimanche.

758 L'école etait fermée hier également, parce que c'était dimanche.

759 Les bureaux et les ecoles sont fermés pendant les jours de congé.

760 Je n'aime pas boire cette eau, parce qu'elle est froide.

761 Tu aimes boire de l'eau froide.

762 Toutes les fenêtres sont fermées.

763 Votre ville est très jolie.

764 Leur ville est beaucoup jolie que la nôtre.

765 Il a un joli appartement pour y habiter.

766 Il boit un peu d'eau le matin.

767 Les restaurants ne sont pas tous fermés le dimanche.

768 C'est le lundi et non pas le dimanche que le restaurant est fermé.

769 Il mange à la maison le lundi, parce que le restaurant est fermé le lundi.

770 Il y a beaucoup de restaurants ouverts au centre de la ville.

771 Je ne sais pas s'il veut boire un peu d'eau, maintenant, ou non.

772 Tu as un joli nom.

773 J'aimerais apprendre ta langue, parce qu'elle est belle.

774 Quelle est cette belle langue que tu parles ?

775 Il aime vivre dans cette ville, parce qu'elle est belle.

776 Ses parents ont une jolie maison à la campagne.

777 Cette ville a une jolie gare.

778 Elle a de jolies filles.

779 Ta mère est une très jolie femme.

780 Sois bien présenté ! (Sois beau !)

781 Sois bien présentée ! (Sois belle !)

782 Soyez contents !

783 Soyez, vous aussi, contentes !

784 Soyez ici avec nous !

785 Ne sois pas en retard pour la leçon !

786 Ne sois pas très en retard, aujourd'hui !

787 La classe est froide, parce que la fenêtre est ouverte.

788 Il ne fait pas froid tous les jours.

789 Il fait parfois froid dans ce pays.

790 Il aime le froid, parce qu'il est du nord.

791 Nous allons maintenant au restaurant pour manger et boire un peu.

LEÇON 17

793 Le professeur commence la leçon maintenant.

794 L'étudiant arrive tôt à l'école.

795 Il lit un journal arabe.

796/797 Il ne peut pas voyager en train ce matin parce qu'il n'y a pas de train le dimanche matin.

798 Je ne sais pas quelle heure il est maintenant, parce que je n'ai pas de montre.

799 Il est 1 heure, maintenant.

800 Le train arrive tous les jours à 2 heures.

801 Il a un nouveau travail maintenant.

802 Je n'ai pas de travail aujourd'hui.

803 Les fonctionnaires ne travaillent pas entre 1 heure et 2 heures.

804 Il va généralement à la campagne avec sa famille le dimanche.

805 Je sais qu'il a des enfants.

806 Je ne sais pas combien d'enfants il a.

807 Elles n'ont pas beaucoup de travail aujourd'hui.

808 Ce n'est pas votre travail.

809 Il commence à parler un peu l'arabe.

810 Le fonctionnaire commence son travail.

811 Le fonctionnaire commence tôt son travail.

812 Il est arrivé tôt au bureau.

813 L'étudiant peut maintenant écrire son nom en arabe.

814 Il travaille seulement une heure le matin.

815 Il travaille parfois deux heures seulement.

816 Nous commençons notre travail aujourd'hui à 1 heure.

817 Vous commencez parfois votre travail à deux heures.

818 Ils mangent généralement au restaurant le lundi.

819 Tu lis le journal tous les jours.

820 L'élève s'assied entre un collègue et une collègue.

821 Il mange au restaurant entre 1 heure et 2 heures.

822 Ils peuvent apprendre cette langue, parce qu'elle n'est pas difficile.

823 Vous pouvez aller à l'école tous les jours.

824 Il aime beaucoup son travail.

825 Vous pouvez lire ces livres, parce qu'ils ne sont pas difficiles pour vous.

826 Il est arrivé dans ce pays seulement hier.

827 Vous avez commencé à lire votre nouveau livre.

828 Vous avez commencé à travailler à la bibliothèque.

829 Nous avons commencé à voyager cette année.

830 Tu as commencé à manger dans ce restaurant près de ton bureau.

831 Ils ont commencé à apprendre l'arabe ici.

832 Elles ont commencé à vivre dans ce pays avec leurs époux.

833 Tu commences à écrire à ton ami.

834 Je commence à connaître un peu mes collègues.

835 Commence par ce nouveau livre !

836 Commence d'abord par apprendre cette langue !

837 Il fait plus froid à la campagne qu'en ville.

838 Il fait plus froid aujourd'hui qu'hier.

839 La fille est belle et sa mère est plus belle qu'elle.

840 A chacun son travail.

841 Nous avons chacun un travail.

842/ L'étudiant ne peut lire le journal en
843 arabe aujourd'hui, parce qu'il a commencé à étudier l'arabe seulement hier matin.

844 Je ne sais pas combien d'heures par jour les fonctionnaires travaillent dans ce pays.

LEÇON 18

845 Chacun de nous fait son travail.

846 A chacun de nous un travail à faire.

847 Il a un travail à faire.

848 Il ne peut pas faire son travail.

849 Nous ne travaillerons pas demain parce que ce sera dimanche.

850 Il commencera son nouveau travail demain.

851 L'étudiant étudie la langue arabe.

852 Le professeur donne un livre à l'étudiant.

853 Le professeur se tient debout devant les élèves.

854 Le fonctionnaire interrompt son travail pour manger.

855 Je ne sais pas à quelle heure le train arrive.

856 Il sait à quelle heure le train arrive, parce qu'il travaille à la gare.

857 Il a travaillé seulement quatre heures hier.

858 Il parle au moins quatre langues.

859 Je ne sais pas ce qu'il aime lire.

860 Je ne sais pas quel livre il lit maintenant.

861 Vous ne savez pas quel travail ils font aujourd'hui.

862 Le professeur donne des cours de langue arabe à des élèves étrangers.

863 Je sais que mon ami travaille parfois deux heures, parfois trois ou quatre heures le samedi matin.

864 Je ne pourrai pas faire ce travail.

865 Tu ne commenceras pas ton travail à 1 heure.

866 Vous n'arriverez pas demain à deux heures.

867 Vous ne boirez pas cette eau, parce qu'elle est très froide.

868 Vous ne fermerez ni la porte, ni la fenêtre, parce qu'il ne fait pas froid.

869 Ils ne seront pas à la maison le vendredi.

870 Tu ne prendras pas le train, parce que tu n'aimes pas prendre le train.

871 Ils n'habiteront pas dans cet appartement, parce qu'il n'est pas joli.

872 Elles ne voyageront pas avec leurs collègues cette année.

873 J'ai cessé d'aller à l'école cette année.

874 Les élèves arrêtent un peu de lire et d'écrire.

875 Le fonctionnaire arrête son travail et commence à bavarder avec son collègue.

876 Fais ce travail aujourd'hui !

877 Ne fais pas ce travail maintenant !

878 Le travail qu'il fait n'est pas difficile.

879 Le travail que nous faisons n'est pas nouveau pour nous.

880 Il travaille beaucoup, parce qu'il aime le travail qu'il fait.

881 Tu me donnes une nouvelle leçon.

882 Je te donne un stylo pour écrire.

883 Il lui donne un travail à faire.

884 Tu lui donnes une chaise pour s'asseoir.

885 Nous vous donnons un journal à lire.

886 Vous nous donnez une heure par jour.

887 Ils vous donnent tout cela.

888 Vous leur donnez de l'eau pour boire.

889 Tu leur donnes un bureau pour y travailler.

890 Elles te donnent une maison pour y habiter avec ta famille.

891 Ils vous donnent une porte à ouvrir.

892 Vous leur donnez une clef pour ouvrir le bureau.

893 Ce journal n'est pas difficile à lire.

894 La dix-huitième leçon est un peu plus difficile que la dix-septième.

895 Les fonctionnaires font leur travail avec plaisir.

896 Chaque fonctionnaire ne fait pas son travail avec plaisir.

897 Il y a quatre étudiants et quatre étudiantes en classe.

LEÇON 19

898 L'élève comprend la leçon.

899 Il ne parle pas, parce qu'il a peur de se tromper.

900 Il pense qu'il se trompe lorsqu'il parle.

901 Il pense que, lorsqu'il se trompe, les gens rient de lui.

902 Le garçon sort de l'école.

903 S'il parle, il se trompe.

904 Il est difficile de ne pas se tromper.

905 Il n'est pas difficile que l'homme se trompe.

906 Je te comprends bien maintenant, parce que tu parles lentement.

907 Quand tu parles lentement, je te comprends bien.

908 Je ne te comprends pas bien, lorsque tu ne parles pas lentement.

909 Quand il parle, il se trompe beaucoup, parce qu'il ne connaît pas bien la langue.

910 Nous nous trompons tous.

911 Qui ne se trompe parmi nous ?

912 Lorsque le professeur parle lentement, les élèves le comprennent bien.

913 Je pense qu'il est sorti ce matin.

914 Il n'aime pas que les gens rient de lui, et il n'aime pas rire des gens.

915 Si la porte est fermée, sors par la fenêtre !

916 Ne sors pas par la fenêtre, même si la porte est fermée !

917 Il sort tôt le matin.

918 Je pense qu'il fait très froid dans ce pays.

919 L'arabe n'est pas aussi difficile que tu le penses.

920 Lorsque le garçon sort de l'école, il va à la maison.

921 Le garçon aime sortir avec sa maman tous les jours.

922 La fille aime sortir tous les jours avec son amie.

923 Le fonctionnaire sort le dimanche, parce que c'est un jour de congé.

924 Les gens sortent pendant les jours de congé.

925 Tu ne sors pas lorsqu'il fait froid.

926 Vous sortez beaucoup ces jours-ci, parce qu'il fait très beau.

927 Vous ne pouvez pas sortir tous les jours.

928 Nous ne pouvons pas sortir à n'importe quelle heure.

929/ — La leçon écrit le professeur. — Tu te
930/ trompes : ce n'est pas la leçon qui écrit
931 le professeur, c'est le professeur qui écrit la leçon. — Oui, je me trompe.

932 Je ne pense pas que tu as tort.

933 Tu n'as pas tort.

934 Il se trompe parfois lorsqu'il parle.

935 Il ne se trompe pas, parce qu'il ne parle pas.

936 Quand il ne parle pas, il ne se trompe pas.

937 Je n'aime pas qu'il rie de moi.

938 Tu n'aimes pas que je rie de toi.

939 Tout le monde le connaît dans cette ville.

940 Il connaît tout le monde dans cette ville.

941 Il n'est pas à la maison; il est en voyage, à ce que je pense.

942 Je ne pense pas qu'il soit au bureau maintenant.

943 J'ai pensé que tu pouvais faire ce travail.

944 Ne pense pas que cette langue est difficile !

945 Ne pensez pas que vous ne pouvez pas faire ce travail !

946 Ne pense pas que ta maman ne t'aime pas !

947 N'aie pas peur de lui !

948 N'aie pas peur d'elle !

949 Ne te moque pas de moi !

950 Ne vous moquez pas de nous !

951/952 Il quitte le bureau tôt, aujourd'hui, parce qu'il doit se rendre à la gare pour prendre le train.

LEÇON 20

953 La dame achète une jolie robe.

954 Elle l'a achetée dans un grand magasin à la vieille ville.

955 Il a acheté cette robe pour sa femme dans un grand magasin.

956 J'ai acheté une nouvelle voiture.

957 C'est une très jolie robe.

958 Le magasin où elle a acheté sa robe n'est pas loin de la gare.

959 Je ne sais pas où elle a acheté cette jolie robe.

960 Tu ne sais pas pour combien ton père a acheté sa voiture.

961 Il va au bureau en voiture.

962 Je ne connais pas le monsieur avec qui tu parlais hier.

963 Je pense que ce monsieur travaille dans une grande organisation.

964 Tout le monde connaît ce monsieur; tout le monde le connaît.

965 Ce monsieur connaît tout le monde, il connaît tout le monde.

966 Je parle pour la première fois avec ce monsieur.

967 La maison est loin de la gare.

968 La gare n'est pas loin de l'école.

969 Cette robe est bon marché.

970 Le magasin où j'ai acheté cette robe bon marché n'est pas loin de la maison.

971 Les robes sont bon marché dans ce magasin.

972 Les robes ne sont pas bon marché dans tous les magasins.

973 Si j'avais su que cette robe était bon marché, je l'aurais achetée.

974 Si j'avais su que cette robe n'était pas bon marché, je ne l'aurais pas achetée.

975 Si j'avais su que c'était lui, j'aurais bavardé un peu avec lui.

976 Si j'avais pensé que l'arabe n'était pas une langue difficile, je l'aurais appris.

977 Si j'avais su qu'il habitait tout près, je ne me serais pas rendu chez lui en voiture.

978 N'achète pas ce livre, car il n'est pas bon marché !

979 N'achète pas cette robe aujourd'hui !

980 N'achetez pas votre voiture cette année !

981 Ne l'achetez pas dans ce magasin !

982 N'achète pas trop de papier !

983 Achète-le lui !

984 Achète-la lui !

985 Achetez-en seulement deux ou trois !

986 Achetez-en plus de quatre !

987 Achetez-la dans cette ville !

988/989 La famille va à la campagne parfois en voiture, parfois en train.

990 Si la porte avait été ouverte, je ne serais pas sorti par la fenêtre.

991 Ne sors pas par la fenêtre, même si la porte est fermée.

992 Les magasins sont fermés le dimanche.

993 Les magasins ne sont pas ouverts le dimanche.

994 Il n'y a pas un seul magasin ouvert le dimanche.

995 La fille va en voiture avec sa mère au magasin le samedi soir.

996 Si cette maison était bon marché, je l'achèterais cette année.

997 Vous achetez beaucoup de livres dans cette librairie.

998 Tu achètes tous tes livres dans cette librairie.

999 Vous achetez toutes vos robes dans ces magasins.

1000 Vous achetez votre journal tous les matins.

1001 Elles achètent beaucoup de tables pour leur école, aujourd'hui.

1002 Ce ne sont pas ces chaises qu'ils achètent pour leur salle de classe.

1003 Elles achètent un joli canapé pour leur mère.

1004 Nous n'achetons pas tout cela aujourd'hui, et nous ne pensons pas que nous l'achèterons demain.

1005 Nous ne l'achèterons pas demain, parce nous n'irons pas en ville demain.

LEÇON 21

1006 Je veux lui poser une question, mais je ne le connais pas bien.

1007 Je veux demander à ce monsieur où se trouve la gare.

1008 Il sait conduire une voiture.

1009 Je veux parler avec lui ce matin un peu, si possible.

1010 Je ne pense pas que ce soit possible.

1011 Il habite à l'est de la ville.

1012 Il aime manger dans les restaurants orientaux, parce qu'il est oriental.

1013 Les gens ne conduisent pas vite en ville.

1014 Il ne sait pas conduire, mais il a une voiture.

1015 C'est son chauffeur qui conduit la voiture.

1016 Son épouse achète toutes ses robes dans un magasin oriental.

1017 Ils ne peuvent pas conduire rapidement.

1018 Ils veulent conduire vite, mais ils ne peuvent pas le faire.

1019 Le maître interroge l'élève.

1020 Le professeur interroge l'élève au sujet de son nouveau collègue.

1021 Le maître demande aux élèves si la nouvelle leçon était difficile pour eux.

1022 Si la porte est fermée, sors par la fenêtre.

1023 Il est de ce pays, mais il n'est pas de cette ville.

1024 C'est possible.

1025 Il est de cette ville, mais il n'est pas de ce pays.

1026 Ce n'est pas possible.

1027 Son bureau n'a ni porte ni fenêtre.

1028 Ceci n'est pas possible non plus.

1029 Lorsque le maître parle rapidement, les élèves ne le comprennent pas.

1030 Les élèves ne comprennent pas leur professeur, parce qu'il parle rapidement.

1031 La porte est ouverte, mais la fenêtre est fermée.

1032 Sa voiture est vieille, mais elle est jolie.

1033 L'école est loin, mais le bureau est proche.

1034/35 Tu peux aller avec moi en voiture en ville le vendredi matin, si tu veux.

1036 La fille a demandé à sa mère si la robe qu'elle lui a achetée lundi était belle.

1037 Le père a demandé à son fils s'il était content de la voiture qu'il lui a achetée.

1038 Il ne peut pas conduire la voiture de son père, parce qu'il n'est pas conducteur.

1039 N'importe quel chauffeur peut conduire cette voiture.

1040 Il commence à apprendre à conduire.

1041 Il veut acheter une voiture cette année.

1042 Tu veux comprendre la leçon rapidement.

1043 Elle ne veut pas que les gens rient d'elle quand elle se trompe.

1044 Nous voulons quitter le bureau tôt aujourd'hui, si possible.

1045 Ils ne veulent pas que leurs enfants aient peur de leur maîtresse.

1046 Vous voulez que nous vous donnions ces livres.

1047 Ils ne veulent pas se tromper quand ils parlent avec les gens.

1048 Vous ne voulez pas que votre mère pense que vous ne l'aimez pas.

1049 Elles ne veulent pas avoir tort.

1050 Elles veulent arrêter un peu de travailler pour boire.

1051 Vous voulez faire votre travail aujourd'hui, si possible.

1052/1053 Je ne veux pas travailler plus de trois ou quatre heures le vendredi soir et le samedi matin.

1054 Nous voulons arriver tôt au bureau tous les jours.

1055 Tu peux commencer ton travail maintenant, si tu veux.

1056/1057/1058 Il ne peut pas arriver au bureau tôt tous les jours, parce qu'il habite loin et n'a pas de voiture. Il doit prendre le train matin et soir.

1059 Je ne sais pas pourquoi il me pose parfois cette question.

1060 Demande à ton ami !

1061 Je lui ai demandé, mais il ne sait pas.

1062 Demande à ta collègue de travail !

1063 Demandez à votre professeur !

1064 Demandez à votre mère !

1065 Demandez à vos parents !

1066 Ne lui demande pas maintenant.

1067 Ne leur demande pas aujourd'hui.

1068 Nous leur avons demandé hier, à propos de leurs leçons.

1069 Vous leur avez demandé à propos de leur travail à l'organisation.

1070 Ils nous ont questionnés à propos de notre nouvelle voiture que nous avons achetée.

1071 Elles nous ont interrogés à propos de la maison dans laquelle habite leur amie.

1072 Vous l'avez interrogée sur sa nouvelle maîtresse.

1073 Vous pouvez prendre le train pour aller chez lui, si vous voulez.

1074 Tu peux fermer la porte, si tu veux.

1075 Il est possible à chacun de nous d'étudier dans cette école, s'il le veut.

1076 Elle ne peut pas travailler dans cette organisation, parce qu'elle est étrangère.

1077 Ils peuvent vivre dans ce pays seulement trois ans.

LEÇON 22

1078 Il parle avec quelqu'un.

1079 Il ne parle avec personne.

1080 Il fait quelque chose.

1081 Il ne fait rien.

1082 Il fait tout.

1083 Il fait toujours la même chose.

1084 Il connaît quelques personnes.

1085 Quelques personnes le connaissent.

1086 Il s'assied dans cet endroit.

1087 Il n'a pas où s'asseoir.

1088 Il va n'importe où.

1089 Il ne veut pas aller n'importe où.

1090 Il est partout.

1091 Il a beaucoup de temps.

1092 Il n'a pas le temps.

1093 Il n'a pas le temps.

1094 Le train arrive à l'heure.

1095 Il travaille n'importe quand.

1096 Il commence le travail toujours à la même heure.

1097 Les fonctionnaires arrivent au bureau à l'heure.

1098 Il conduit toujours sa voiture lui-même.

1099 Il sait conduire, mais il ne conduit pas sa voiture lui-même.

1099 bis Il demande à quelqu'un.

1100 Quelqu'un m'a demandé de tes nouvelles.

1101 Je veux te demander quelque chose.

1102 Je ne lui demande rien.

1103 Il pose toujours la même question.

1104 Personne n'est au bureau, maintenant.

1105 Il n'y a rien ici.

1106 Il parle avec un de ses collègues.

1107 Elle parle avec une de ses collègues.

1108 Elles achètent des robes pour elles-mêmes.

1109 Ils rient d'eux-mêmes.

1110 Il n'a rien à faire maintenant.

1111 En effet, cette robe est jolie, mais elle n'est pas bon marché.

1112 Ils sont des amis, mais ils ne sont pas des collègues de travail, parce qu'ils ne travaillent pas tous dans la même organisation.

1113 Il apprend la même langue que son collègue de travail.

1114 Nous habitons dans la même ville que notre ami.

1115 Vous écrivez la même leçon que nous.

1116 Ils mangent parfois dans le même restaurant que toi.

1117 Tu prends le même train que ta mère.

1118 Elles voyagent dans le même pays que leur père.

1119 Ils travaillent dans la même organisation que moi.

1120 Vous allez dans le même magasin qu'eux.

1121 Vous lisez le même livre que nous.

1122 Je commence le travail à la même heure que mon collègue.

1123 Tu as peur de la même chose que les enfants.

1124 Elle a la même voiture que sa mère.

1125 Ils ont la même adresse car ils habitent la même maison.

1126 Ils étudient et travaillent en même temps.

1127 Vous mangez et vous parlez en même temps.

1128 J'ai fait le même travail que toi.

1129 Généralement, il n'aime pas s'asseoir toujours au même endroit.

1130 Vous parlez la même langue, parce que vous êtes du même pays.

1131 Je pense qu'ils voyagent le même jour.

LEÇON 23

1132 Je comprends bien ce qu'il dit.

1133 Je ne comprends pas toujours ce qu'il dit.

1134 Je comprends généralement tout ce qu'il me dit.

1135 Il se sent seul, parce qu'il habite seul.

1136 Il ne se sent pas seul, parce qu'il habite avec sa grande famille.

1137 La leçon est longue aujourd'hui.

1138 Tu as raison, la leçon est très longue aujourd'hui.

1139 Moi aussi, je la trouve longue.

1140 Vraiment, la leçon est un peu longue, aujourd'hui.

1141 Je n'aime pas les leçons longues.

1142 J'espère que la leçon ne sera pas longue demain aussi.

1143 La nouvelle leçon est longue.

1144 Comme la leçon est longue, aujourd'hui.

1145 Je ne pense pas que la huitième leçon soit longue.

1146 Certaines leçons sont longues.

1147 Les leçons ne sont pas toutes longues.

1148 Je ne connais pas les dames avec qui tu parles.

1149 Je parle vite, mais il me comprend malgré cela.

1150 Je ne sais pas qui lui a dit que j'étais en voyage.

1151 C'est moi qui le lui ai dit.

1152 Tu nous as dit que tu es allé en ville avec ta mère aujourd'hui.

1153 Ce sont eux qui vous ont dit qu'ils voyageront cette année.

1154 Elle m'a dit qu'elle veut apprendre une nouvelle langue.

1155 J'ai bien compris ce que vous m'avez dit.

1156 Vous m'avez dit que vous aimez faire ce travail.

1157 Ils nous ont dit qu'ils n'aiment pas que les gens rient d'eux.

1158 Elles vous ont dit qu'elles n'aiment pas se tromper quand elles parlent.

1159 C'est tout ce que vous m'avez dit.

1160 Il a fait tout ce que nous lui avons dit.

1161 Elles vous ont dit qu'elles sont arrivées tôt au bureau, aujourd'hui.

1162 Toutes les femmes qui travaillent avec elle sont du même pays, mais elles ne parlent pas toutes la même langue.

1163 Il ne peut pas aller tout seul chez son ami, parce qu'il ne connait pas son adresse. Son collègue va avec lui.

1164 Ils n'aiment pas manger tout seuls.

1165 Elles n'aiment pas vivre toutes seules dans cette grande maison.

1166 Je les ai trouvés une fois en train de manger tout seuls au restaurant.

1167 Ils nous trouvent, généralement, au bureau où nous travaillons.

1168 Nous les avons trouvés en train de parler avec leur ami.

1169 Elles nous ont trouvés en plein travail, lorsqu'elles sont arrivées au bureau.

1170 Ils nous ont trouvés à la librairie en train d'acheter quelques livres.

1171 Vous les avez trouvés en train d'étudier à la bibliothèque avec leurs collègues.

1172 Vous l'avez trouvée en train de lire un journal chez elle.

1173 Je l'ai trouvé en train d'écrire ses leçons en classe.

1174 J'ai pensé que cette langue était difficile quand j'ai commencé à l'étudier.

1175 Quand j'ai commencé à étudier cette langue, je l'ai trouvée un peu difficile.

1176 Ce n'est pas la plus grande ville du pays.

1177 Il n'y a pas beaucoup de grandes écoles dans cette ville.

1178 Il habite tout seul, et il ne se sent pas seul malgré cela.

1179 Il ne se sent jamais seul.

1180 Oui, vous vous sentez parfois seuls.

1181 J'ai trouvé ton livre dans cet endroit.

1182 Dis-moi quelque chose !

1183 Dis-lui ce que tu veux !

1184 Dites-leur que vous êtes contents d'eux!

1185 Dites-leur que vous ne voulez pas travailler dans cette organisation !

1186 Dites-leur que vous ne voulez pas acheter ces robes aujourd'hui !

1187 Ne me dis pas que tu ne veux pas voyager cette année.

1188 Ne dis pas cela !

1189 Ne lui dites pas ce qu'il n'aime pas !

1190 Ne dites pas que vous n'aimez pas étudier cette belle langue !

1191 Ne nous dites pas que vous n'aimiez pas que nous vous donnions ce livre.

1192 J'espère qu'il est à la maison, aujourd'hui !

1193 Nous espérons que tu seras contente de la robe que nous t'avons achetée.

1194/ Tu espères qu'il fera beau demain pour
1195 que tu ailles avec ta mère à la campagne, dans sa voiture.

1196 J'espère que je ne me trompe pas à son égard.

1197 Ceci est ton droit, et ceci est le mien.

1198 A chacun son dû.

1199 Ils parlent des droits de l'homme.

1200 Il donne à chacun son dû.

1201 Dites-nous quelque chose sur les droits de la femme !

1202 Dites-nous tout ce que vous savez sur l'organisation et sur les fonctionnaires qui y travaillent.

1203 Si tu le trouves, dis-lui que je suis au bureau, aujourd'hui.

LEÇON 24

1204 Il travaille parfois, le samedi matin.

1205 Il ne travaille pas samedi soir.

1206 Il travaille cinq jours par semaine.

1207 Il faut que l'homme travaille pour vivre.

1208 Il termine son travail le soir.

1209 Il n'a pas le droit de travailler dans ce pays, parce qu'il est étranger.

1210 Vous vous rendez au travail en bus.

1211 Nous ne savons pas quand il est parti en voyage.

1212 Il m'a dit qu'il est parti en voyage hier par le train.

1213 Non, je pense qu'il a voyagé en bus.

1214 L'endroit où il a voyagé n'est pas loin d'ici.

1215 J'espère que le train arrive à l'heure, aujourd'hui.

1216 J'espère que vous m'écrirez lorsque vous voyagerez.

1217 Il faut que nous partions en voyage, samedi soir.

1218 Il ne travaille pas cette semaine, parce qu'il est en vacances.

1219 Il est toujours en vacances.

1220 Les gens travaillent du matin au soir.

1221 La leçon est terminée maintenant.

1222 Il faut que tu lui dises tout.

1223 Il faut que vous le trouviez, aujourd'hui.

1224 Il faut que tu conduises ta voiture, toi-même.

1225 Il faut que vous demandiez des nouvelles de sa mère.

1226 Il faut que vous leur achetiez quelque chose dans ce nouveau magasin.

1227 Il ne faut rire de personne.

1228 Il ne faut pas qu'ils se trompent quand ils parlent.

1229 Il faut qu'elles n'aient peur de rien.

1230/ Il faut que je quitte le bureau tôt, au-
1231 jourd'hui, car je dois aller à la gare ce soir.

1232 Il faut qu'ils comprennent ce que nous leur disions.

1233 Il faut que nous fassions notre travail maintenant.

1234 Il faut que je lui donne ce livre demain.

1235 Nous avons écrit cette leçon et nous l'avons terminée hier.

1236 Nous ne savons pas à quelle heure ils finissent leur travail.

1237 Tu termines ton travail à la même heure que ta collègue. N'est-ce pas ?

1238 Ils finiront leur travail samedi.

1239 Elles finissent de manger à deux heures généralement.

1240 Il n'a pas le droit de travailler dans la même organisation que sa femme.

1241 Vous n'avez pas le droit de lui dire cela.

1242 Le fonctionnaire a le droit d'étudier n'importe quelle langue qu'il désire.

1243 Il faut que vous finissiez le travail que vous êtes en train de faire maintenant.

1244 Les bureaux sont fermés le samedi et le dimanche.

1245 Les magasins sont ouverts le samedi.

1246 Certains magasins sont fermés le dimanche et le lundi matin.

1247/ Il faut qu'il travaille trois heures
1248 samedi matin, parce qu'il a travaillé seulement cinq heures vendredi.

1249 Il y a cinq étudiants et cinq étudiantes en classe.

1250 Nous avons mangé cinq fois dans ce restaurant oriental.

1251 Elle a vécu dans ce pays plus de cinq ans.

1252 Les étudiants étrangers n'ont pas le droit de travailler dans ce pays.

1253 Ils n'ont pas le droit de travailler plus de deux ou trois heures par jour.

1254 Les gens prennent le bus chaque jour pour se rendre au travail.

1255 Certaines personnes ne prennent pas le bus, parce qu'elles ont des voitures.

1256 Il a une belle et grande voiture, mais il prend parfois le bus.

LEÇON 25

1257 Il préfère le bus au train.

1258 Tu préfères le café au thé.

1259 J'aimerais boire une tasse de café maintenant.

1260 Ils disent qu'ils préfèrent boire le café le matin, et le thé le soir.

1261 Nous aimerions que vous buviez une tasse de café ou de thé avec nous.

1262 Il fait très froid en hiver dans ce pays.

1263 La nouvelle leçon est facile.

1264 La leçon était facile, hier aussi.

1265 Il va en ville tous les mercredis.

1266/ Il doit travailler samedi matin, parce
1267 qu'il a travaillé mercredi seulement quatre ou cinq heures, à ce que je pense.

1268 Nous buvons le café trois fois par jour.

1269 J'ai bu trois tasses de café ce matin.

1270 Je ne peux pas boire ce café, parce qu'il est un peu froid.

1271 Les gens n'aiment pas voyager en hiver, parce qu'il fait froid.

1272 Certaines personnes aiment ainsi voyager en hiver.

1273 Il aime fumer une cigarette, tandis qu'il boit le café dans un café.

1274 Nous n'avons pas le droit de fumer dans le bus.

1275 Ni les étudiants ni le professeur n'ont le droit de fumer en classe.

1276 C'est le mercredi qu'il travaille beaucoup.

1277 Nous sommes en hiver.

1278 Non, nous ne sommes pas maintenant en hiver.

1279 J'aimerais cesser de fumer.

1280 J'ai arrêté de fumer cette semaine.

1281 J'aimerais arrêter de fumer, mais cela n'est pas facile.

1282 Il est difficile d'arrêter de fumer.

1283 Il n'est pas facile pour tout le monde d'arrêter de fumer.

1284 Ces tasses dans lesquelles vous buvez le café sont très belles.

1285 Les gens n'aiment pas beaucoup l'hiver.

1286 Certaines personnes aiment l'hiver.

1287 Les gens ont froid en hiver.

1288 Je n'ai pas froid, parce qu'il ne fait pas froid.

1289 Ils m'ont dit qu'il ne fait pas froid en hiver dans leur pays.

1290 Il y a beaucoup de cafés dans cette petite ville.

1291 Ce café n'est pas celui où je bois mon café généralement.

1292/ Ce café est ouvert le dimanche. C'est le
1293 lundi qu'il est fermé.

1294/ Je bois du café dans ce café, lorsque le
1295 café où je bois généralement mon café est fermé.

1296 Il ne fume pas plus de quatre ou cinq cigarettes par jour.

1297 Il fumait beaucoup, lorsqu'il était dans son pays.

1298 Tu aimerais terminer ton travail tôt, aujourd'hui.

1299 Nous aimerions parler un peu avec lui, mais nous n'avons rien à lui dire.

1300 Vous aimeriez faire tout ce que vous pourrez pour apprendre cette langue difficile.

1301 Vous aimeriez conduire vos voitures vous-même, si possible.

1302 Ils aimeraient que leurs filles apprennent beaucoup de langues étrangères.

1303 J'aimerais te poser une question. Est-ce que cela m'est possible ?

92

1304 Ils aimeraient acheter une voiture, s'ils le pouvaient.

1305/
1306 Vous aimeriez sortir un peu aujour-d'hui, si vous aviez le temps parce qu'il fait très beau et pas froid.

1307 Elles aimeraient faire ce travail, s'il était facile pour elles.

1308 Nous aimerions travailler dans cette organisation, si nous avions le droit.

1309 Les étudiants aimeraient lire les journaux arabes.

1310 Tu préfères étudier cette langue à celle-là.

1311 Vous préférez travailler à la bibliothèque plutôt qu'au bureau.

1312 Ils préfèrent habiter dans une maison, plutôt que dans un appartement.

1313 Elles préfèrent la campagne à la ville.

1314 Les gens préfèrent les jours de congé aux jours de travail.

1315 Il préfère étudier cette langue, car elle est beaucoup plus facile que celle-là.

1316 Si je pense que cette langue est facile, je l'apprendrais.

1317 Si j'avais pensé que cette langue était facile, je l'aurais apprise.

1318/
1319 Je pensais que cette langue était difficile, mais quand j'ai commencé à l'apprendre, je l'ai trouvée facile.

1320 Apprendre une langue n'est pas une chose facile.

1321 Apprendre une langue est une chose difficile.

1322 Apprendre une langue n'est pas une chose difficile pour tout le monde, et ce n'est pas une chose facile pour tout le monde.

1323 Nous avons acheté ces tasses dans un vieux magasin en ville.

1324 La leçon est plus facile aujourd'hui qu'hier.

1325 Il trouve cette langue facile pour lui. Tout est facile pour lui.

1326 Je le trouve toujours en train de boire du café dans ce café le soir.

LEÇON 26

1327 J'ai trouvé mon livre où je l'ai laissé.

1328 La vie est difficile à la campagne et facile dans la ville.

1329 Il fait relativement froid dans ce pays.

1330 La gare est relativement proche.

1331 Tout est relatif.

1332 Vous habitez dans cette ville depuis longtemps.

1333 Je le connais depuis des années.

1334 Les fonctionnaires travaillent huit heures par jour.

1335 Il a vécu toute sa vie dans ce pays.

1336 Il a perdu ses clefs et il les as trouvées.

1337 Il a pensé qu'il les avait perdues, mais il les avait laissées chez lui.

1338 Il a besoin d'argent, parce qu'il veux acheter une voiture.

1339 Il n'a pas besoin de beaucoup d'argent.

1340/
1341 La fille donne un peu d'argent à sa mère, parce qu'elle en a besoin pour s'acheter une robe.

1342 Il a laissé le livre où il l'a trouvé.

1343 La mère ne laisse pas sa fille toute seule à la maison, parce qu'elle est malade.

1344 Il a vécu dans ce pays pendant huit ans.

1345 Il n'a pas besoin d'argent, parce qu'il n'a rien à acheter.

1346 Vous avez acheté le livre dont vous avez besoin.

1347 Il l'a laissé à sa place.

1348 Il l'a laissé travailler dans son bureau.

1349 C'est une maison que ses parents lui ont laissée.

1350 Vous avez trouvé tout ce que vous aviez perdu.

1351 Nous ne trouvons pas toujours ce que nous perdons.

1352 Tu ne retrouves pas parfois ce que tu perds.

1353 J'ai perdu mes clefs pour la deuxième fois, et je ne veux pas les perdre pour la troisième fois.

1354 Laisse ta voiture dans cet endroit.

1355 Laisse-lui ton adresse.

1356 Laissez-lui quelque chose.

1357 Laissez-le nous.

1358 Laissez-la maintenant.

1359 Ne le laisse pas faire cela.

1360 Ne laisse pas tes livres au bureau.

1361 Ne laissez pas la fenêtre ouverte.

1362 Ne le laissez pas sur la table.

1363 La vie de l'homme est relativement longue.

1364 La vie de l'homme n'est pas relativement longue.

1365 Je ne trouve pas le livre que j'ai laissé hier ici.

1366 Nous avions besoin de ce travail.

1367 Nous avons besoin de la voiture aujourd'hui.

1368/ Nous n'aurons pas besoin de la voitu-
1369 re, dimanche, parce que nous n'irons nulle part.

1370 Tu as besoin de cigarettes, maintenant. C'est ce que tu m'as dit.

1371 Vous avez besoin de boire une tasse de café maintenant.

1372 Tu as besoin d'être un peu seul.

1373 Vous avez besoin de temps pour faire ce travail difficile.

1374/ Vous avez besoin de votre fils et de
1375 votre fille pour aller avec vous en ville mercredi matin.

1376 Vous avez besoin de cette place pour vous asseoir.

1377 Elle a besoin d'acheter une nouvelle robe.

1378 Vous aviez besoin de lire ce journal.

1379 Elle avait besoin d'un appartement pour habiter.

1380 Vous aviez besoin d'aller à la gare hier matin.

1381 Vous n'aurez pas besoin de manger dans ce restaurant.

1382/ Vous avez besoin du même livre que
1383 nous, parce que nous étudions dans le même livre.

1384 Elles ont acheté tout dont elles avaient besoin.

1385/ J'ai besoin d'argent, mais ne me donne
1386 pas plus que je n'en ai besoin.

1387/ Il lui a dit : j'ai besoin de ce livre, mais
1388 je ne peux pas l'acheter aujourd'hui, parce que je n'ai pas d'argent sur moi.

1389 Ils n'ont pas besoin de tout cela.

1390/ La mère a dit à sa fille : Ne laisse pas
1391 la porte ouverte, lorsque tu sors de la maison, le matin.

1392/ Ces dames sont contentes, parce qu'el-
1393 les trouvent tout ce qu'elles veulent acheter dans ce grand magasin.

1394/ Le conducteur ne peut fumer dans le
1395 bus, même s'il a envie de fumer, parce qu'il n'a pas le droit, lui non plus, de fumer dans le bus.

1396/ Son ami lui a dit : Il faut que tu cesses
1397/ de fumer. Mais il ne peut pas et il ne
1398/ veut pas arrêter de fumer parce que
1399 c'est très difficile pour lui. Son ami fumait aussi beaucoup, mais il a pu cesser de fumer.

LEÇON 27

1400 Je l'ai vu hier dans la rue.

1401 Il voit son collègue tous les jours, parce qu'il travaille avec lui dans le même bureau.

1402 Le garçon envoie une lettre à son frère.

1403 L'élève répond au maître.

1404 L'étudiant répond à la question du maître.

1405 Je vais au bureau de poste pour acheter un timbre-poste.

1406/ Le bureau de poste ouvre de 8h. à 5h.,
1407 mais pas tous les jours.

1408 Je ne peux pas répondre à cette question, parce qu'elle est difficile.

1409/ Tu peux répondre à cette question,
1410 parce que tu la trouve facile. N'est-ce pas ce que tu m'as dit ?

1411 Je ne sais pas pourquoi il ne me répond pas lorsque je lui pose une question.

1412 La fille écrit une longue lettre à sa mère.

1413 Je ne savais pas qu'il a un frère.

1414/ Oui, il a deux frères: l'un d'eux tra-
1415 vaille avec moi, et le deuxième travaille à la poste, à ce que je pense.

1416 C'est lui qui m'a dit que son frère travaille dans cette organisation.

1417 Il a reçu une lettre hier de son frère.

1418 C'est la première lettre qu'il reçoit de lui depuis qu'il est parti en voyage.

1419 Quand il m'écrit, je lui réponds toujours.

1420 Je croyais qu'il ne fumait pas, mais je l'ai vu en train de fumer hier.

1421 Je l'ai vue conduire une voiture.

1422 Vous nous avez vus acheter quelque chose dans ce magasin.

1423 Ils ont vu leur collègue tandis qu'il sortait de son bureau.

1424 Elles ont vu leur mère parler et rire avec son amie.

1425 Ils nous ont vus une ou deux fois faire notre travail.

1426 J'ai vu le bus s'arrêter près de la gare.

1427 Nous avons vu le professeur donner son cours mercredi.

1428 Elle a vu sa collègue en train d'étudier à la bibliothèque.

1429 Vous avez vu vos filles prendre le train.

1430 Elles ont vu le train arriver à la gare.

1431 Elle l'a vue commencer tôt son travail le matin.

1432 Il a vu ses collègues en train de boire le café dans un café en ville.

1433 Vous avez vu vos parents en train de fermer la porte, alors qu'ils sortirent de la maison.

1434 Vous le voyez aller en voiture à son bureau tous les jours.

1435 Vous le voyez généralement manger dans ce nouveau restaurant.

1436 Vous la voyez travailler dans ce bureau de poste.

1437 Tu la vois (vous la voyez) lire le journal le soir.

1438 Elles vous voient vous asseoir sur un nouveau canapé.

1439 Vous le voyez en train d'écrire une lettre à son ami.

1440 Réponds au maître !

1441 Réponds à la question du maître !

1442 Répondez-moi lorsque je vous interroge !

1443 Répondez-lui, s'il vous interroge !

1444 Répondez-lui, si vous pouvez.

1445 Ne réponds pas, si tu trouves la question difficile.

1446 Ne réponds pas à cette question, si elle est difficile pour toi.

1447 Ne répondez pas quand il vous interroge.

1448 Ne répondez pas à sa lettre cette semaine.

1449 Ne lui répondez pas, si vous ne connaissez pas son adresse.

1450 Envoie une lettre à ton frère cette semaine.

1451 Achète une robe et envoie-la à ta mère par avion.

1452/ Achetez quelque chose, envoyez-le à
1453 vos parents et à vos frères qui habitent tous dans la campagne.

1454 Allez au bureau de poste et envoyez vite cette lettre.

1455 Nous ne pouvons pas envoyer cette lettre, parce qu'elle n'est pas affranchie.

1456 Il y a un bureau de poste dans cette rue.

1457 Il n'y a pas de bureau de poste dans la rue où tu habites.

1458 Beaucoup d'employés travaillent dans ce bureau de poste.

1459 Il va en voiture au bureau de poste, parce qu'il est un peu loin de la maison.

1460/ Il y a beaucoup de bureaux de poste
1461 dans cette ville, parce que c'est une grande ville.

1462 Le bureau de poste est ouvert, le samedi matin, à ce que je pense.

1463 Le bureau de poste n'est pas ouvert le dimanche.

1464/ Le bureau de poste n'est pas fermé
1465/ le dimanche, dans son pays, parce que
1466 le dimanche n'est pas un jour férié dans son pays. Mais il est fermé le vendredi, parce que le vendredi est un jour de congé dans son pays.

1467/ J'ai pensé que l'un de ses frères travail-
1468 lait au bureau de poste, mais celui qui travaillait au bureau de poste est l'un de ses amis.

1469/ Aucun de ses amis ni de ses frères ne
1470/ travaille dans ce bureau de poste. Je
1471 dis ceci, parce que je connais tous ceux qui travaillent dans ce bureau de poste, parce que j'y ai travaillé moi-même.

1472 Je ne sais pas depuis quand il a commencé à travailler dans ce bureau de poste.

1473 Il m'a dit qu'il a envoyé quatre ou cinq lettres cette semaine.

LEÇON 28

1474 Je l'ai vu de mes propres yeux.

1475 Nous avons chacun deux yeux.

1476 Il va à l'aéroport pour accueillir son ami.

1477 Je le vois chaque jour l'après-midi.

1478 Le bureau de poste n'est pas ouvert, le samedi après-midi.

1479 Il ne sera pas au bureau demain après-midi.

1480 Nous prenons l'avion à l'aéroport.

1481 Sa mère travaille comme secrétaire dans une grande organisation.

1482 Les voyageurs se rendent à l'aéroport pour prendre l'avion.

1483 Certains voyageurs préfèrent l'avion au train.

1484 Le fonctionnaire arrive au bureau chaque jour après son collègue.

1485 Son frère parle comme lui.

1486/ Il m'a dit qu'il boit le café le matin,
1487 mais il préfère boire le thé l'après-midi.

1488 Il n'y a pas d'aéroport partout, ni dans chaque ville.

1489 Il y a un aéroport dans cette grand ville.

1490 Cette ville n'est pas grande, mais il y a un grand aéroport.

1491 Nous voyageons dans les pays lointains en avion.

1492 Il y a quelques magasins à l'aéroport.

1493 Il y a un bureau de poste également à l'aéroport.

1494 L'aéroport n'est pas loin, relativement, de la ville.

1495 L'avion est beaucoup plus grand que le bus.

1496 Il y a beaucoup de voyageurs à l'aéroport.

1497 Le voyageur boit une tasse de café avant de prendre l'avion.

1498 Les voyageurs préfèrent acheter les cigarettes à l'aéroport, parce qu'ils les trouvent meilleur marché.

1499/ Quand je lui ai demandé s'il fumait, le
1500 voyant acheter des cigarettes, il m'a répondu : je ne fume pas, mais j'achète des cigarettes pour mon père.

1501 Elle a acheté une jolie robe rouge dans un magasin pas loin de l'aéroport.

1502 Elle a acheté une robe rouge comme celle de sa mère.

1503 Je pense qu'elle est comme sa mère. Elle aime beaucoup les robes rouges.

1504/ L'aéroport n'est fermé ni le samedi ni
1505 le dimanche comme les écoles et les bureaux. L'aéroport est toujours ouvert.

1506 J'ai un ami qui travaille à l'aéroport... Son jour de congé c'est le mercredi, et non pas le dimanche.

1507/ Tu m'as dit que tu avais froid. Moi
1508 aussi j'ai froid comme toi, parce que nous sommes en hiver.

1509 Il ne se sent pas seul comme son frère, parce qu'il a beaucoup d'amis.

1510 Il parle l'arabe couramment comme son frère, parce qu'il l'a étudié dans son pays.

1511 Tu aimes recevoir tes amies le samedi soir chez toi.

1512/ Il commence son travail tous les jours
1513 à huit heures du matin, et termine, généralement, à cinq heures de l'après-midi.

1514/ Le fonctionnaire doit commencer son
1515 travail à huit heures, mais il arrive parfois au bureau après huit heures.

1516/ Un fonctionnaire n'a pas le droit d'ar-
1517 river au bureau après l'heure s'il doit commencer son travail à huit heures.

1518 Le fonctionnaire a fini son travail hier à huit heures du soir, parce qu'il avait beaucoup de travail.

1519 Il ne finit pas toujours son travail à huit heures du soir.

1520/ Il a reçu huit amis mercredi soir dans
1521/ sa grande maison à la campagne. Cer-
1522/ tains y sont allés en voiture. Certains
1523 en train, d'autres en bus, mais personne d'entre eux ne s'y est rendu en avion.

1524 Nous ne pouvons pas aller à la campagne en avion.

LEÇON 29

1525/ Je ne l'ai pas vu, mais lorsque je l'ai
1526 entendu parler, je savais que c'était mon ami, parce que je connais bien sa voix.

1527 L'enfant aime entendre la voix de sa mère.

1528 L'enfant sourit à sa mère.

1529 Nous entendons avec les oreilles.

1530 Nous avons chacun deux oreilles.

1531 Nous n'avons pas chacun plus de deux oreilles.

1532/ J'ai entendu une personne au café,
1533/ hier soir, dire à ses collègues qu'un
1534 de ses amis a trois oreilles, mais je
ne pense pas qu'il disait la vérité, car
cela est impossible.

1535 J'ai entendu parler de cet homme,
mais je ne le connais pas personnelle-
ment, et je ne l'ai jamais vu de ma vie.

1536 Les oreilles de l'enfant sont petites.

1537 Les oreilles d'un enfant ne sont pas
comme les oreilles d'un homme.

1538/ Je ne l'ai pas trouvé lorsque je suis
1539 allé le voir, vendredi. Je ne savais pas
qu'il était parti en voyage mardi matin.

1540 J'aime cette belle voix que j'entends.

1541 Je t'ai tentendu de mes propres oreilles
parler de moi et d'elle au café.

1542 Tu ne l'as pas vu, parce que tu n'étais
pas à l'aéroport, lorsqu'il est arrivé.

1543 Vous n'avez pas répondu à sa question,
parce que vous ne l'avez pas bien com-
prise.

1544 Vous ne lui avez pas envoyé de lettre,
parce que vous n'aviez pas son adresse.

1545/ La mère n'a pas laissé son enfant à la
1546 maison, parce qu'il n'y avait personne
avec qui le laisser.

1547 Il n'a pas étudié cette langue, parce
qu'il n'avait pas le temps.

1548 J'ai pensé que tu avais perdu tes clefs,
mais tu ne les avais pas perdues.

1549 Vous avez dit que vous n'aviez jamais
fumé de votre vie.

1550 Vous n'aviez pas terminé votre travail
hier soir.

1551 Je n'avais pas froid hier matin, parce
qu'il ne faisait pas froid.

1552 Vous êtes allés chez lui pour le voir,
mais vous ne l'avez pas trouvé.

1553 Elles n'ont pas dit à leur amie qu'elles
sont parties en voyage, mardi.

1554 Nous n'avons rien fait hier, parce que
c'était un jour de congé.

1555 Nous sommes allés le voir, mais il ne
voulait pas nous recevoir.

1556 S'il n'avait pas parlé avec moi, je ne
l'aurais pas vu.

1557 Ils ne m'avaient pas demandé si leur
ami était en voyage.

1558/ Je sais que vous n'avez pas conduit
1559 cette voiture, parce que vous ne savez
pas conduire.

1560 Il n'est pas arrivé tôt au bureau, parce
que cela ne lui était pas possible.

1561 Vous ne les avez pas entendus dire
quelque chose, parce qu'ils n'avaient
rien à dire.

1562 Tu n'as pas acheté dans ce magasin-là
ce que tu as voulu acheté.

1563 Ils n'avaient peur de rien ni de personne.

1564 Elle a ri d'elles, mais elles-mêmes n'ont
jamais ri d'elle.

1565 Tu as lu rapidement, malgré cela tu ne
t'es pas trompé.

1566/ Il a ouvert la lettre personnelle de son
1567 frère par erreur, parce qu'il a cru
qu'elle était adressée à lui. Mais quand
il a trouvé qu'elle n'était pas adressée
à lui, il l'a refermée, et il ne l'a pas lu.

1568 Vous n'avez jamais bu ni mangé dans
ce restaurant.

1569 Nous n'avons pas compris ce que vous
nous aviez dit.

1570 Je l'ai entendu parler, mais je ne l'avais
pas compris, car il parlait dans une
langue étrangère avec ses parents.

1571 Tu as dit qu'il lui a acheté un livre,
mais il ne lui a rien donné.

1572 Il n'a pas reçu la lettre que je lui ai
envoyée.

1573 Il m'a dit qu'il n'a pas pu faire tout
son travail, cette année.

1574 Nous n'avons pas commencé notre
travail tôt, hier, parce que nous
n'étions pas arrivés tôt.

1575 Nous n'avons pas le droit d'ouvrir les
lettres personnelles de nos amis.

1576 J'avais envie d'apprendre cette langue,
mais je ne l'ai pas apprise.

1577 Tu ne savais pas qu'elle n'avait pas
vécu dans cette petite ville.

1578 Nous n'avons pas eu de ses nouvelles
depuis longtemps. Nous ne savons pas
où il est maintenant.

1579/ Quand je ne l'ai pas vu fumer, j'ai
1580 pensé qu'il avait arrêté de fumer, mais
il m'a dit qu'il n'a pas arrêté de fumer.

1581 Je ne pense pas qu'il puisse faire ce
genre de travail.

1582 Il est trop jeune pour faire ce travail
difficile.

1583 Elle a de petits yeux noirs comme sa
mère.

1584 Cette ville est petite, mais il y a de tout.

1585 Il donne des leçons dans une école
une fois par semaine.

1586 C'est le mardi qu'il donne des leçons
dans une école.

1587 Elles se voient parfois le mardi dans un
café.

1588 Nous ne nous sommes pas vu l'un
l'autre depuis longtemps.

1589 Ils n'ont pas peur l'un de l'autre.

1590 Elles parlent beaucoup, mais elles ne se comprennent pas.

1591 Vous ne devez pas rire l'un de l'autre.

1592/ Vous vous connaissez, parce que vous
1593 travaillez dans la même organisation depuis plus de huit ans.

1594 Je ne sais pas pourquoi ils ne se parlent pas.

1595/ Elles s'écrivent, parce qu'elles s'aiment
1596 beaucoup. Elles étudient dans la même école, depuis des années.

1597 Je l'ai vu après avoir fini mon travail.

LEÇON 30

1598 L'enfant a un petit chien.

1599 C'est un petit chien.

1600 Ce chien est petit.

1601 Ce petit chien est blanc.

1602 L'enfant aime beaucoup son petit chien.

1603 Le chien aussi aime l'enfant.

1604 L'enfant joue avec le chien.

1605 Le chien est sous la table maintenant.

1606 Que fait le chien maintenant sous la table ?

1607 La fille a acheté un cadeau pour son petit frère.

1608 Il a acheté une chemise bleue comme cadeau pour son père.

1609 C'est une chemise bleue.

1610 Cette chemise est bleue.

1611 Cette chemise bleue est chère.

1612 Cette chemise bleue n'est pas très chère.

1613 Cette robe est bleue.

1614 Certaines dames aiment la couleur bleue.

1615 Ces dames préfèrent le rouge au bleu.

1616 Je veux acheter cette chemise, mais elle est chère pour moi.

1617 Je n'ai pas acheté cette chemise, parce que je l'ai trouvée chère.

1618 Tu as raison, cette chemise est très chère.

1619 Si je ne l'avais pas trouvée chère, je l'aurais achetée.

1620 Tout est cher dans cette ville.

1621 C'est lui qui m'a dit qu'il l'a trouvé cher.

1622 C'est une question difficile pour moi.

1623 Cette question n'est pas difficile pour toi.

1624 Le père a acheté beaucoup de chemises pour ses trois enfants.

1625 Les enfants aiment beaucoup jouer.

1626 Il n'a pas payé sa voiture cher, parce qu'elle était vieille.

1627/ Si elle avait beaucoup d'argent, elle
1628 achèterait cette robe, même si elle était chère, car elle la trouve très belle.

1629/ L'enfant a cru que l'eau était bleue,
1630 lorsqu'il l'a vue dans une tasse bleue, parce qu'il ne sait pas que l'eau n'a pas de couleur.

1631 L'eau n'a pas de couleur. L'eau n'est ni rouge, ni blanche, ni bleue, ni noire.

1632 Les gens achètent beaucoup de cadeaux ces jours-ci.

1633 J'ai pensé que j'avais perdu mon stylo, mais il se trouvait sous le livre.

1634/ Je sais qu'il a payé cher ce cadeau,
1635/ mais je ne sais pas pour combien il
1636/ l'a acheté, parce qu'il ne me l'a pas dit. Je lui ai demandé combien il l'a acheté, mais il ne voulait pas me le dire.

1637 Les amis s'achètent des cadeaux.

1638/ Il y a beaucoup de chemises bleues et
1639 blanches dans ce magasin, mais il n'y en a pas de noires ou de rouges.

1640/ La mère dit à son enfant : joue avec
1641 ton chien à la maison, mais ne joue pas avec les chiens dans la rue.

1642/ L'enfant ne joue pas avec le chien,
1643/ parce qu'il a un peu peur de lui.
1644 Mais sa mère lui a dit : Joue avec le chien et n'aie pas peur de lui. Je ne pense pas qu'il te mangerait, lorsque tu joues avec lui.

1645 Il y a beaucoup de chiens dans cette ville.

1646 Les gens aiment beaucoup les chiens dans ce pays.

1647 Tout le monde n'aime pas les chiens.

1648 La vie est plus chère dans la ville que dans la campagne.

1649/ La chemise bleue que j'ai achetée au-
1650 jourd'hui est plus chère que la chemise blanche que j'ai achetée hier.

1651 Je n'achète pas toutes mes chemises dans ce magasin.

1652 Nous ne pouvons pas acheter des chemises dans n'importe quel magasin.

1653 Le père dit à ses enfants : Ne jouez pas dans la rue avec des enfants que vous ne connaissez pas et qui ne vous connaissent pas.

1655 Allez dans la rue et jouez avec quelqu'un.

1656 Il ne joue avec personne, parce qu'il n'a personne avec qui jouer.

1657 Il joue parfois avec ses amis.

1658 Ses amis jouent généralement avec lui.

1659/ Certains enfants vont à l'école, non pas
1660 pour étudier, mais pour jouer. C'est pourquoi ils n'apprennent rien.

1661/ Ne joue pas avec ce livre, parce que ce
1662 livre est pour la lecture, et non pas pour jouer.

1663/ Les fonctionnaires n'ont pas le droit
1664 de jouer au bureau, parce que le bureau n'est pas un endroit pour jouer.

1665/ Vous avez le droit de jouer, mais ce
1666 n'est pas le moment de jouer, parce que vous avez beaucoup de travail cette semaine.

1667/ Ils ont le droit de jouer, mais après
1668 le travail, non pas pendant le travail, ni au bureau.

1669/ Ils jouent toujours ensemble, parce
1670 qu'ils sont amis depuis longtemps et ils se connaissent bien.

1671 La mère est très contente du beau cadeau que sa fille lui a acheté.

LEÇON 31

1672/ Il m'a dit son nom, mais je l'ai oublié,
1673 parce que je ne l'ai pas écrit sur un papier. Si je l'avais écrit sur un papier, je ne l'aurais pas oublié.

1674 Je te remercie beaucoup de ton joli cadeau. Tu es très gentil.

1675/ Je veux lui écrire, mais je ne connais
1676 pas le numéro de la rue où il habite maintenant.

1677/ Je chercherai le numéro de la rue où
1678/ il habite et, si je ne le trouve pas, je le
1679 demanderai à son ami. Peut-être que lui le connaît, parce qu'il travaille avec lui dans la même organisation, à ce que je crois.

1680 Je ne peux jamais oublier son nom de ma vie.

1681 Il me dit son nom pour la troisième fois, mais je l'oublie toujours.

1682 Il n'était pas content, lorsque je lui ai dit que j'ai oublié son nom.

1683 Les écoles sont fermées le jeudi et, naturellement, le dimanche.

1684 Les jours de la semaine sont sept.

1685 Nous ne travaillons pas sept jours par semaine ; nous travaillons seulement cinq jours.

1686 Tu oublies toujours ce que je te dis.

1687 Elle oublie parfois son livre à la maison.

1688/ J'ai oublié que le bureau de poste est
1689 fermé, aujourd'hui, parce que c'est dimanche, naturellement. Je ne sais pas comment j'ai oublié qu'aujourd'hui c'est dimanche.

1690/ Il a habité dans cette ville depuis sept
1691 ans. — Tu te trompes. Je pense qu'il y a habité au plus cinq ans.

1692 Il m'a dit combien il l'a acheté, mais j'ai oublié.

1693 Les enfants ne vont pas à l'école, le jeudi.

1694 Le jeudi est un jour de congé pour les enfants.

1695 Les enfants aiment le jeudi, parce que c'est un jour de congé.

1696/ Je ne l'ai pas trouvé chez lui, lorsque je
1697 suis allé le voir. Peut-être est-il en voyage. En effet, il est en voyage, j'ai oublié.

1698 Demande de ses nouvelles au bureau. Peut-être, le trouveras-tu là.

1699 Il m'a dit qu'il partira en voyage demain, ou peut-être après-demain.

1700 Le bureau de poste est ouvert le jeudi.

1701 Le bureau de poste n'est pas fermé le jeudi comme l'école.

1702/ J'ai oublié combien j'ai acheté ce livre,
1703 parce que je l'ai acheté depuis longtemps, il y a peut-être quatre ou cinq ans.

1704 Je veux lui envoyer une lettre, mais j'ai oublié son adresse.

1705 Si je n'avais pas oublié son adresse, je lui aurais écrit aujourd'hui.

1706 Il travaille dans le bureau numéro quatre.

1707 J'ai oublié qu'il ne travaille pas maintenant au bureau numéro sept.

1708 Nous ne trouvons pas toujours ce que nous cherchons.

1709/ Je pense que j'ai perdu mon livre.
1710/ — Cherche-le dans le bureau, peut-être
1711 que tu l'as laissé là. Si tu ne le trouves pas au bureau, cherche-le dans la maison ou à l'école.

1712/ J'ai oublié de te remercier de ton joli
1713 cadeau que tu m'as envoyé hier par courrier.

1714 N'oublie pas d'aller rencontrer ton ami ce soir à l'aéroport.

1715 N'oublie pas tes livres cette fois-ci à la maison.

1716 N'oubliez pas de me laisser votre adresse, lorsque vous partirez en voyage.

1717 N'oubliez pas de m'écrire quand vous partirez en voyage cette année.

1718 N'oubliez pas de lui dire que le restaurant de l'organisation est fermé aujourd'hui.

1719 Je te dis son nom, mais ne l'oublie pas cette fois-ci.

1720 Vous n'oubliez pas d'habitude de lui répondre quand il vous écrit.

1721 Vous oubliez parfois de répondre à ses lettres.

1722 Elles ont oublié de me laisser leurs adresses.

1723/ Tu oublies parfois de boire et de
1724 manger, mais tu n'oublies jamais de fumer. N'est-ce pas ?

1725/ Ils commencent à parler et oublient
1726 qu'ils ont un travail à finir le matin ou l'après-midi.

1727 Vous oubliez parfois vos clefs au bureau.

1728 Ce n'est pas la première fois qu'ils oublient le numéro de son bureau.

1729/ Quand ils prennent le bus, ils commen-
1730 cent à fumer et oublient qu'ils n'ont pas le droit de fumer dans le bus.

1731 Nous n'avons pas oublié et nous n'oublierons pas les jolis cadeaux que vous nous avez achetés cette année.

1732/ Elle n'a pas oublié et elle n'oubliera
1733 pas la grande maison dans laquelle elle a habité avec sa famille à la campagne, quand elle était enfant.

1734 Vous n'avez pas oublié et vous n'oublierez jamais l'école où vous avez étudié.

1735/ Ils n'ont pas oublié et ils n'oublieront
1736 pas ce jour-là où ils sont allés à l'aéroport pour rencontrer leur ami qu'ils n'avaient pas vu depuis longtemps.

1737 Vous n'avez pas oublié et vous n'oublierez pas toutes les langues étrangères que vous avez apprises.

1738/ Elles n'ont pas oublié et elles n'oublie-
1739 ront pas tous les collègues et toutes les collègues qui travaillaient avec elles quand elles étaient fonctionnaires dans cette organisation.

1740/ Tu n'as pas oublié et tu n'oubliera pas
1741 le collègue avec qui tu as travaillé dans le même bureau pendant sept ou huit ans.

1742/ Vous n'avez pas oublié et vous n'ou-
1743 blierez pas le restaurant dans lequel vous mangiez avec votre ami qui est parti en voyage cette semaine.

1744/ Ils n'ont pas oublié et ils n'oublieront
1745 pas les jours pendant lesquels ils ont habité avec leurs amis dans leur jolie maison, quand ils étaient étudiants.

LEÇON 32

1746 Nous touchons avec les mains.

1747 Nous avons chacun deux mains.

1748 Les animaux n'ont pas de mains.

1749 Nous ne pouvons rien faire sans les mains.

1750 Nous ne pouvons pas vivre sans l'eau.

1751 Nous pouvons vivre sans le café.

1752 Certaines personnes ne peuvent pas vivre sans le café.

1753 Certaines personnes ne peuvent pas vivre sans les cigarettes.

1754 Les cigarettes, pour elles, sont presque comme du pain.

1755 Nous buvons du café le matin au petit déjeuner.

1756 Nous prenons le petit déjeuner le matin.

1757 Nous ne prenons pas le petit déjeuner toujours à la même heure.

1758 Tu prends du jus le matin avec le café.

1759 Vous sortez de la maison après avoir pris le petit déjeuner.

1760 Le chien ne peut pas vivre sans son ami, l'homme.

1761/ Certaines personnes ne peuvent pas
1762 vivre sans leurs amis, les chiens. Les chiens sont amis de tous les hommes.

1763 Le chien est un animal gentil.

1764 Vous prenez le petit déjeuner à la maison.

1765 Tu prends parfois le petit déjeuner avec ta collègue de travail.

1766 Tu n'oublies jamais de prendre le petit déjeuner.

1767 Elles ne prennent pas le petit déjeuner quand elles n'ont pas le temps.

1768 Ils n'ont pas pris le petit déjeuner hier, parce qu'ils n'avaient pas le temps.

1769 La mère n'aime pas que son fils touche à tout ce qu'il voit.

1770 Nous ne pouvons pas toucher cette voiture-là, parce qu'elle est loin de nous.

1771 Tu peux toucher cette table, parce qu'elle est près de toi.

1772/ Ne touche pas le pain avec ta main,
1773 car si tu le touches tu dois le manger, que tu le veuilles ou non.

1774 Nous buvons le café dans ce café presque tous les jours.

1775 Son collègue arrive au bureau presque toujours en retard.

1776 Tu vas presque tous les jeudis à la bibiothèque.

1777/ Nous ne mangerons pas demain avec
1778 vous au restaurant, parce que nous n'aurons pas le temps. Peut-être partirons-nous en voyage tôt le matin.

1779 Ils aiment boire le jus froid.

1780 C'est vrai, elles aiment boire le jus froid, mais pas très froid.

1781/ Presque tout le monde mange trois
1782 fois par jour : une fois le matin, une fois à midi et une fois le soir.

1783 Tout le monde ne mange pas trois fois par jour.

1784 Beaucoup de gens n'ont rien à manger.

1785 La mère a dit à son enfant : ne touche rien à la maison.

1786/ Je n'ai pas oublié et je n'oublierai pas
1787 tout ce qu'il m'a dit au sujet du pays lointain où il a voyagé, lui et sa famille.

1788/ Tu n'as pas oublié et elles n'oublie-
1789 ront pas la jolie robe que ta mère t'a achetée comme cadeau cette semaine.

1790 Il n'a pas oublié et il n'oubliera pas tout ce qu'il lui a fait.

1791/ Elles n'ont pas oublié et elles n'oublie-
1792 ront pas ces longues lettres que leur mère leur a envoyées.

1793 Je n'ai rien à boire que du jus.

1794 J'ai bu trop de jus aujourd'hui.

1795 Si tu n'as rien d'autre à boire que du jus, je boirai du jus.

1796 Le chien a deux oreilles et deux yeux, comme l'homme, mais il n'a pas de mains.

1797 Nous faisons beaucoup de choses avec les deux mains.

1798/ La mère donne un peu d'argent à sa
1799 fille et l'envoie pour acheter du pain, du jus, du café et du thé pour le petit déjeuner.

1800 Le chien ne parle pas, mais il comprend beaucoup de choses.

1801 Nous ne prenons pas le petit déjeuner tous les jours à la même heure.

LEÇON 33

1802 Son fils fait des études à l'université.

1803 Ce n'est pas lui qui fait des études à l'université.

1804 Il est médecin, et il avait fait des études à l'université.

1805 Il a étudié à l'université il y a neuf ans.

1806 Maintenant il travaille comme médecin dans un hôpital.

1807 Il travaille dans un hôpital en ville.

1808 Mon ami est malade, et il est entré à l'hôpital.

1809 Il ne travaille pas, parce qu'il est malade.

1810 Il n'a pas travaillé hier, parce qu'il était malade.

1811 Il ne travaillera pas demain, parce qu'il sera, peut-être, malade.

1812 Il n'est pas malade, maintenant ; il est en bonne santé.

1813 Il ne quitte pas son appartement avant de prendre le petit-déjeuner.

1814 Personne ne m'a dit qu'il était malade et qu'il est entré à l'hôpital.

1815 Je ne savais pas qu'il est entré à l'hôpital.

1816 Personne d'autre ne sait, à part moi, qu'il est entré à l'hôpital.

1817/ Il y a beaucoup d'hôpitaux dans cette
1818 ville, parce que c'est une très grande ville.

1819 Je ne pense pas qu'il y ait beaucoup d'hôpitaux dans cette ville.

1820 Il y a peu d'hôpitaux dans cette ville, parce que c'est une très petite ville.

1821 Il y a beaucoup d'universités dans ce pays, parce que c'est un grand pays.

1822 Il y a peu d'universités dans ce pays, parce que c'est un petit pays.

1823/
1824 Je ne sais pas combien d'universités il y a dans ce pays. Je pense qu'il y en a huit ou neuf.

1825 Je l'ai vu entrer, mais je ne l'ai pas vu sortir.

1826 D'habitude, il arrive au bureau avant son collègue. Mais aujourd'hui, il est arrivé après lui.

1827 Il n'arrive pas au bureau avant son collègue.

1828 Son collègue arrive avant lui presque toujours.

1829 Je l'ai vu avant qu'il entre au restaurant.

1830 C'est un bon restaurant.

1831 Ce restaurant est un bon restaurant.

1832 Ce nouveau restaurant est un bon restaurant.

1833 Les restaurants dans cette ville sont presque tous des bons restaurants.

1834 C'est vrai, tous les restaurants dans cette ville sont des bons restaurants.

1835 Il était malade, il y a une semaine. Je ne sais pas comment il va maintenant.

1836 Je veux le voir avant qu'il ne parte en voyage, si possible.

1837 Il boit du café avant et après midi.

1838 Il arrive au bureau toujours avant l'heure.

1839 Il n'y a pas beaucoup de malades dans cet hôpital.

1840 Beaucoup d'étudiants étrangers font leurs études dans cette université.

1841 Il a étudié à l'université pendant quatre ou cinq ans.

1842 Il a étudié beaucoup dans cette université : au moins sept ans.

1843 N'entre pas par la fenêtre, même si tu trouves la porte fermée.

1844 N'entrez pas dans ce bureau, parce qu'il y a quelqu'un.

1845 Entrez à l'école à huit heures du matin.

1846 Entre en classe si tu trouves la porte ouverte.

1847 Si la porte était ouverte, je serais entré à la maison.

1848/
1849 Il n'entre pas par la même porte par laquelle il sort, car la maison a deux portes : une porte de devant et une porte de derrière.

1850 Il veut voir un médecin, parce qu'il est un peu malade.

1851 Il a besoin de voir le médecin, parce qu'il est malade.

1852 Il n'a pas besoin de voir un médecin, parce qu'il n'est pas malade.

1853 Quand on est malade, on va chez un médecin.

1854 Ce pays a besoin de beaucoup de médecins.

1855/
1856 Il y a beaucoup de malades dans ce pays, c'est pourquoi il a besoin de beaucoup de médecins.

1857 Il y a beaucoup de médecins étrangers dans cet hôpital.

1858/
1859 Les médecins qui travaillent dans cet hôpital ne sont pas tous des étrangers. Certains sont des étrangers et certains autres sont de ce pays.

1860 Tous les pays ont besoin de médecins, parce qu'il y a des malades dans tous les pays.

1861 Il n'y a pas un seul pays qui n'ait pas besoin de médecins.

1862 Le fonctionnaire n'a pas le droit de quitter le bureau avant l'heure.

1863 Les fonctionnaires n'ont pas le droit d'arrêter leur travail avant l'heure.

1864/
1865 Quand il arrive tôt au bureau, il aime lire le journal, boire une tasse de café et fumer une cigarette avant de commencer son travail.

1866/
1867 Il a un frère qui travaille à l'hôpital, mais pas comme médecin. Je ne sais pas ce qu'il fait.

1868/
1869 Je lui ai demandé ce qu'il fait à l'hôpital, mais il ne voulait rien me dire à propos de son travail.

1870 Je l'ai vu dans la rue avant d'aller au bureau.

1871 Le fils est aussi médecin comme son père.

1872 Ils sont trois à la famille et tous médecins : la mère, le père et le fils.

LEÇON 34

1873 Nous sentons avec le nez.

1874 Nous respirons aussi par le nez.

1875 Nous n'entendons ni nous voyons avec le nez.

1876 Nous avons chacun un seul nez.

1877 Nous n'avons pas chacun deux nez.

1878 L'enfant a un petit chat.

1879 Le chat a aussi un nez.

1880 L'enfant aime beaucoup son chat.

1881 Nous marchons sur nos pieds.

1882 Le chat a quatre pattes.

1883 On ne peut pas marcher sans les pieds.

1884 Il ne prend pas la voiture pour aller au marché.

1885/ Il va au marché à pied, car le marché
1886 est très proche de la maison.

1887 Il n'est pas allé au marché hier, parce qu'il était très occupé.

1888 Nous allons à la campagne, le dimanche, pour avoir un peu d'air.

1889 Il ne fait pas beau, mais j'irai à la campagne, malgré cela.

1890 Pour vivre il faut travailler, malgré soi.

1891 Je ne suis pas très occupé aujourd'hui.

1892 J'étais très occupé hier.

1893 Je ne serai pas occupé demain.

1894 Quand je suis très occupé, je prends le petit-déjeuner rapidement.

1895 Le chat est un joli animal.

1896 Le chat est aussi un animal comme le chien.

1897/ Certaines personnes aiment les chiens.
1898 Certaines autres préfèrent les chats aux chiens.

1899 Il n'aime pas travailler, mais il travaille malgré lui.

1900 On ne peut pas vivre sans respirer.

1901 Les animaux, non plus, ne peuvent pas vivre sans respirer.

1902 Marche lentement ; ne marche pas rapidement.

1903 Marche un peu dans la rue. Ne marche pas trop dans la ville.

1904 Marchez, si vous aimez la marche.

1905 Ne marchez pas, si vous n'aimez pas la marche.

1906 Marchez avec votre ami. Ne marchez pas ici.

1907 Marchez au bureau avec votre collègue.

1908 Ne marchez pas avec cette personne, parce que vous ne la connaissez pas bien.

1909 Il marche, parce qu'il aime beaucoup marcher.

1910/ Il va au bureau à pied, parce que:
1811/ premièrement, il aime beaucoup
1912 marcher; deuxièmement, parce qu'il habite près du bureau; troisièmement, il n'a pas de voiture.

1913 Je les ai vues marcher dans la rue, hier.

1914 Vous marchez chaque jour un peu.

1915 Tu marches parfois avec ton amie.

1916 Vous marchez avec votre fils et votre fille en ville.

1917 Nous n'avons pas marché beaucoup cette année.

1918 Vous n'avez pas marché hier dans la rue avec votre mère.

1919 Tu n'as pas marché avec ton amie, ce matin.

1920 Nous voudrions marcher un peu.

1921 Vous n'aimez pas marcher vite.

1922 Vous aimez marcher lentement.

1923 Vous ne pouvez pas marcher n'importe quand.

1924 Ils ne peuvent pas marcher n'importe où.

1925/ Tu vas parfois au marché le mercredi,
1926 parfois le jeudi. Tu ne vas jamais au marché le vendredi.

1927 Il y a beaucoup de marchés dans cette ville.

1928 Nous n'allons pas au marché tous les jours.

LEÇON 35

1929 Cette voiture est jaune.

1930 Je l'ai vu au marché dans une voiture jaune.

1931/ Cette voiture-là jaune n'est pas la
1932 sienne, car sa voiture est bleue. Je le sais bien.

1933 Cette voiture jaune est la voiture de son frère.

1934 Il est allé au marché dans la voiture de son frère pour acheter de la viande.

1935	Il ne mange pas la viande au petit déjeuner.	1961	Les gens préfèrent la campagne à la ville, en été.
1936	Il boit du café avec du lait ou du thé au petit déjeuner.	1962	La famille a une maison à la campagne où elle va en été.
1937	Il mange d'habitude un peu de pain au petit déjeuner.	1963	Il a fait chaud et beau hier.
1938	Nous buvons toujours du jus d'orange le matin.	1964	Nous prenons d'habitude nos repas à la maison.
1939	Tu aimes beaucoup les fruits.	1965	Nous prenons parfois nos repas au restaurant avec les amis.
1940	Nous prenons trois repas par jour.	1966	Nous n'aimons pas prendre nos repas tout seuls.
1941	Parfois il boivent de l'eau, parfois du jus avec leur repas.	1967	Nous prenons nos repas tout seuls, lorsqu'il n'y a personne avec qui manger.
1942	Il fait chaud en été.	1968	A part les animaux, personne n'aime prendre ses repas tout seul.
1943	Les gens voyagent beaucoup en été.		
1944	Vous voyagez toujours en été.	1969	Les animaux aiment manger tout seuls.
1945	Nous prenons d'habitude le petit-déjeuner à la maison.	1970	Les animaux n'aiment pas tous manger tout seuls.
1946	Vous terminez d'habitude votre travail à 5 heures du soir.	1971	Quand il fait chaud, il aime boire le jus très froid.
1947	Il ne fait pas chaud en hiver.	1972/ 1973	Elle aimerait acheter une robe jaune pour sa mère, mais elle sait ne pas si sa mère aime la couleur jaune.
1948	Il ne fait pas froid en été.		
1949	Il fait parfois froid en été.	1974/ 1975/ 1976	Cette dame m'a dit qu'elle aime toutes les couleurs : le blanc, le bleu, le noir, le rouge et le vert, mais elle préfère le jaune à toutes les autres, et elle ne sait pas pourquoi.
1950	Il ne fait pas toujours chaud en été.		
1951	Les écoles sont fermées en été.		
1952	Les écoles ferment leurs portes en été.		
1953	Il fait plus chaud en été qu'en hiver.	1977/ 1978/ 1979	Presque tout le monde aime l'été et le préfère à l'hiver. Mais certaines gens, qui sont peu nombreuses, aiment l'hiver et le préfèrent à l'été.
1954	Il fait plus froid en hiver qu'en été.		
1955	Il fait plus chaud en été dans ton pays que dans le mien.		
1956	Il ne fait pas chaud dans tous les pays.	1980	Le chien peut reconnaître son maître par l'odorat, sans le voir.
1957	Vous prenez du jus d'orange à chaque repas.	1981	Tout le monde ne mange pas la viande tous les jours.
1958	Les gens mangent beaucoup de fruits en été.	1982	Certaines personnes ne mangent jamais la viande.
1959	Nous allons à la campagne le dimanche quand il fait chaud.	1983	La femme va au marché pour acheter la viande, les fruits et le lait.
1960	Beaucoup de gens vont à la campagne en été.		

LEÇON 36

		1991	Le temps devient froid.
1984	Il pleut en hiver.	1992/ 1993	Quand il fait chaud, nous prenons d'habitude le déjeuner dans le jardin.
1985	La journée est longue en été.		
1986	Le ciel est bleu d'habitude en été.	1994/ 1995	Nous ne prenons pas le déjeuner, bien sûr, au jardin, quand il pleut.
1987	La journée est courte en hiver.		
1988	Il fait chaud dans le sud.	1996/ 1997	La famille s'assied beaucoup dans le jardin, quand il fait chaud et beau.
1989	La leçon est courte aujourd'hui.		
1990	Les journées ne restent pas toujours courtes.	1998	Ce n'est pas possible de manger dans le jardin en hiver.
		1999	Il pleut presque tous les jours en hiver.

2000	Les gens n'aiment pas beaucoup la pluie.	2030	Le temps était chaud, et il est devenu froid.
2001	Quand il pleut, nous restons à la maison.	2031	La voiture était neuve, et elle est devenue vieille.
2002	Nous ne sortons pas quand il pleut.	2032	Tout est devenu cher dans cette ville.
2003	Nous préférons rester à la maison, quand il pleut.	2033	La vie est devenue chère de nos jours.
2004	Je l'ai vu descendre du bus.	2034	L'enfant est devenu un homme.
2005	Je les ai vus alors qu'ils descendaient du train.	2035	Il fait plus chaud dans le sud que dans le nord.
2006	Descends à la gare !	2036	Il fait plus froid dans le nord que dans le sud.
2007	Descends ici !	2037	Nous ne voyons presque jamais le ciel en hiver.
2008	Descendez maintenant !	2038	Il pleut parfois en été.
2009	Descendez quand le bus s'arrête !	2039	Il ne pleut pas partout en même temps.
2010	Descendez vite !	2040	Ils sortent tous le dimanche. Aucun d'eux ne reste à la maison.
2011	Ne descends pas au premier arrêt !	2041	Tu ne peux pas rester tout seul ici.
2012	Ne descends pas avant que le bus ne s'arrête !	2042	Les enfants jouent dans le jardin.
2013	Ne descendez pas avant d'arriver à la gare !	2043	Il y a beaucoup de gens dans le jardin aujourd'hui.
2014	Ne descendez pas avant que tout le monde ne descende !	2044	Ils ont un joli jardin.
2015	Ne descendez pas toutes seules !	2045	Je l'ai vu hier dans le jardin en train de parler avec un de ses amis.
2016	Reste un peu avec nous !	2046	Je ne pense pas que c'était lui que tu as vu. C'était, peut-être, son frère.
2017	Reste avec ton amie !		
2018	Restez ici !	2047	Je ne sais pas si c'était lui ou son frère, parce que je l'ai vu de loin.
2019	Restez dans la ville !		
2020	Restez jusqu'à 5 heures !	2048	Il lui reste beaucoup d'argent.
2021	Restez toutes !	2049	Il ne lui reste pas beaucoup d'argent.
2022	Ne reste pas là longtemps !	2050	C'est tout ce qu'il me reste.
2023	Ne reste pas dans le train après que tout le monde soit descendu !	2051	Il lui reste tout cela.
2024	Ne restez pas au bureau après avoir fini votre travail !	2052/ 2053	Je ne pense pas que nous avions le droit d'entrer dans ce jardin à cette heure-ci.
2025	Restez ici, si vous voulez !	2054	Tu peux le voir à n'importe quelle heure de la journée.
2026	Ne restez pas ici, si vous ne voulez !		
2027	Il ne reste dans la classe que six élèves (f.) et six élèves (m.).	2055	Il commence à écrire à son ami, maintenant.
2028/ 2029	La dame veut acheter deux robes, mais il ne reste qu'une seule robe.	2056	Il commence à avoir beaucoup d'argent.
		2057	Il commence à travailler avec son frère aîné dans cette organisation.

LEÇON 37

2058	Il a pris le stylo et il l'a mis sur le livre.	2062	La fille cadette a six ans.
2059	Je ne me rappelle pas combien d'enfants il a.	2063	Le garçon aîné a neuf ans.
		2064	Le garçon cadet a sept ans.
2060	Je pense qu'il a quatre enfants : deux filles et deux garçons.	2065	Il y a trois ans entre la fille aînée et le garçon cadet.
2061	La fille aînée a dix ans.	2066	Il y a aussi trois ans entre la fille cadette et le garçon aîné.

2067	Il y a deux ans entre les deux garçons : l'aîné et le cadet.
2068	Il y a quatre ans entre les deux filles : aînée et cadette.
2069/ 2070	Ils vont tous deux fois par semaine dans une école du soir, c'est-à-dire le mardi et le jeudi.
2071	Ils prennent tous des cours du soir.
2072/ 2073	Ces trois garçons qui vont à l'école ne sont pas tous ses enfants, deux d'entre eux sont ses neveux.
2074/ 2075	Ces trois filles qui font des études à l'université ne sont pas toutes ses filles. Deux d'entre elles sont ses nièces.
2076	Il m'a dit leurs noms, mais je ne me les rappelle pas.
2077	Oui, je me rappelle bien leurs noms.
2078	Je ne me rappelle pas qu'il m'a dit leurs noms.
2079	Je me rappelle bien son nom, mais je ne me rappelle pas son adresse.
2080/ 2081	Je connaissais bien son adresse, mais je ne me la rappelle plus, car je ne l'ai pas écrite sur un papier.
2082	Il met tout à sa place.
2083	Quel âge a ton fils ?
2084	Il m'a dit quel âge il avait, mais j'ai oublié.
2085	Je ne me rappelle pas quel âge il a.
2086	Je lui ai demandé quel âge il avait, mais il ne voulait pas me le dire.
2087	Elle ne veut pas me dire, bien sûr, quel âge elle a.
2988	Il n'a pas pris son livre aujourd'hui à l'école, car il l'a oublié.
2089/ 2090	Ce n'était pas la première fois qu'il n'avait pas pris ses livres à l'école.
2091	Prends ce livre avec toi.
2092	Prends ta sœur cadette à l'école.
2093	Prenez votre fils au parc.
2094	Prenez tous les livres que vous voulez.
2095	Prenez tout.
2096	Nous avons été pris dans la pluie, quand nous sommes allés à l'aéroport, hier.
2097	Je l'ai vu hier à l'aéroport, si je me souviens bien.
2098	Elle m'a dit qu'elle ne se souvient pas bien combien il lui reste d'argent, maintenant.

2099	Tu ne te souviens pas de l'avoir entendue ou vue ces jours-ci.
2100	Vous vous rappelez être entrés dans ce jardin hier matin.
2101	Vous vous rappelez avoir pris le déjeuner un jour dans ce grand restaurant.
2102	Vous vous rappelez l'avoir trouvé lorsque vous l'avez cherché.
2103	Elle se rappelle avoir accueilli son amie à l'aéroport hier soir à 8 heures.
2104/ 2105	Nous nous souvenons de ne pas pouvoir répondre à la question du professeur, parce que c'était une question très difficile.
2106	Ils se rappellent lui avoir envoyé une lettre il y a trois ou quatre semaines.
2107	Est-ce que vraiment elles se rappellent l'avoir vue dans le magasin ?
2108	Il se rappelle toujours où il met ses livres. C'est pourquoi il les trouve rapidement.
2109	Je me rappelle avoir laissé ma voiture dans cette rue.
2110	Ils ne se souviennent pas d'avoir perdu quelque chose.
2111/ 2112	Elles veulent acheter des cigarettes pour leur amie, mais elles ne se rappellent pas si elle fume ou non.
2113	Tu ne te rappelles pas à quelle heure il a terminé son travail jeudi.
2114/ 2115	Quand son collègue est entré au bureau, il commença à parler avec lui et oublia son travail.
2116	Quand je lui ai parlé, il commença à rire de moi.
2117/ 2118	Quand il n'a pas trouvé son livre où il l'avait mis, il a commencé à se renseigner à son sujet auprès de tous ses nouveaux et anciens collègues.
2119	Il se rappelle tout ce qu'il a appris quand il était jeune.
2120	Ne te souviens-tu pas que je t'ai dit cela?
2121	Ne te rappelais-tu pas ce que je t'ai dit?
2122	Mets-le sur la table !
2123	Ne le mets pas n'importe où !
2124	Tu ne peux pas le mettre sous la table.
2125	Mets-le ici !
2126	Ne le mets pas sur la chaise !
2127	Mettez-le dans la voiture, maintenant !
2128	Mettez-le au bureau !
2129	Mettez-le près de vous !

106

LEÇON 38

2130 Il a vendu son ancienne maison, et il en a acheté une autre nouvelle.

2131 Je ne sais pas combien il l'a vendue.

2132 Il ne m'a pas dit combien il l'a vendue, parce que je ne lui ai pas demandé.

2133/ Il va au travail, le matin, et il rentre à
2134 la maison le soir, toujours à la même heure.

2135 Il quitte la maison tôt.

2136/ En principe, il arrive au bureau tou-
2137 jours tôt. Aujourd'hui, il est arrivé en retard. Je ne sais pas ce qu'il a.

2138 Il veux partir maintenant, parce qu'il est un peu pressé.

2139 Il a quitté le bureau tôt, aujourd'hui, parce qu'il était un peu fatigué.

2140 Il se fatigue beaucoup, parce qu'il travaille beaucoup.

2141 Il habite maintenant dans une autre ville et dans un autre pays.

2142 Ils sont fatigués, parce qu'ils travaillent beaucoup.

2143 Nous ne sommes pas pressés aujourd'hui.

2144 Vous n'êtes pas fatiguées, cette semaine.

2145 C'est l'autre fonctionnaire qui travaille dans le nouveau bureau.

2146 Je ne sais pas quand il est rentré de voyage.

2147 Je ne pense pas qu'il soit rentré de voyage, parce que je n'ai pas eu de ses nouvelles.

2148/ Elle n'achète plus rien dans ce
2149 magasin, car elle trouve que tout y est cher.

2150/ Tu ne vas plus à la campagne, main-
2151 tenant, parce qu'il commence à devenir froid, ces jours-ci.

2152/ Vous ne pouvez plus faire ce travail,
2153 parce qu'il devient difficile pour vous.

2154 Il est parti en voyage après lui, et il est revenu avant lui.

2155 Il a vendu tout ce qu'il avait dans son magasin. Il doit acheter tout, à nouveau.

2156 Il ne l'a pas acheté pour lui-même ; il l'a acheté pour le vendre.

2157 Il achète avec l'argent de la vente.

2158/ Vends-moi ce livre. — Je ne peux pas
2159 te le vendre, car il n'est pas à vendre.

2160 Vends-moi ta voiture, si tu n'en as pas besoin.

2161 Vendez votre maison, si vous la trouvez trop grande pour vous.

2162 Vendez-lui ces chemises bon marché.

2163 Vendez-leur ces robes.

2164 Ne vends pas ta maison, parce qu'elle est jolie.

2165 Si j'étais à ta place, je ne la vendrais pas.

2166 Je pense qu'il sera de retour, prochainement.

2167/ Je ne connais pas tous ces fonction-
2168 naires-là qui travaillent avec toi dans cette grande organisation.

2169 Qui sont ces dames-là avec qui je t'ai vue en train de parler ?

2170 D'habitude, il n'arrive pas en retard au bureau.

2171 C'était la première fois qu'il était arrivé en retard.

2172 C'est la deuxième fois qu'il arrive en retard.

2173 Le fonctionnaire a quitté son bureau hier tard, parce qu'il avait beaucoup de travail.

2174 Il est parti au même moment que son collègue est arrivé.

2175 Le fonctionnaire n'a pas le droit de quitter son bureau avant l'heure.

2176 On ne vend pas de robes dans ces petits magasins.

2177 On vend tout à un prix élevé dans ces grands magasins.

2178 Il a vendu sa voiture, parce qu'il avait besoin d'argent.

2179 Il a vendu sa voiture, parce qu'il n'en avait pas besoin.

2180 Il l'a vendue dans la même année qu'il l'a achetée.

2181 Il l'a vendue à la même personne de qui il l'avait achetée.

2182 Il n'étudie plus cette langue, parce qu'il ne l'aime plus.

2183 Je ne lui écris plus, parce que j'ai perdu son adresse.

2184 Nous n'achetons plus rien dans ce magasin.

2185 Reviens tôt !

2186 Ne reviens pas tard !

2187 Reviens à 2 heures !

2188 Ne retourne pas avant 5 heures !

2189 Revenez à l'heure !

2190 Ne revenez pas tard ! (m.)

2191 Ne revenez pas tard ! (f.)

2192 Revenez avec lui, si vous pouvez.

2193 Ne revenez pas avant qu'il vous le dise.

2194 Revenez le plus tôt possible

2195 Ne retournez pas dans ce magasin.

2196 Il se fatigue, parce qu'il travaille nuit et jour.

2197 Ne te fatigue pas trop.

2198 Il travaille beaucoup, mais il ne se fatigue pas malgré cela.

2199 Il se sent fatigué, parce qu'il travaille beaucoup.

2200 Il se sent un peu fatigué, lorsqu'il travaille beaucoup.

2201 Arrête de travailler, si tu te sens très fatigué.

2202 Je marche vite, quand je suis pressé.

2203 Tu marches lentement, lorsque tu n'es pas pressée.

LEÇON 39

2204 Il se lève tôt.

2205 Tu vas tard au lit.

2206 Nous ne dormons pas beaucoup.

2207 Il va au lit après avoir pris le dîner.

2208 Nous n'allons pas au lit avant de prendre le dîner.

2209 Le printemps est une belle saison.

2210 Nous sommes maintenant au printemps.

2211 Nous ne sommes plus au printemps ; nous sommes maintenant en été.

2212 Le printemps vient entre l'hiver et l'été.

2213 Le printemps vient après l'hiver et avant l'été.

2214 Il ne fait ni chaud ni froid au printemps.

2215 Le temps est tempéré au printemps.

2216 Je ne sais pas quand il est venu ici.

2217 Il boit le café avec du lait, mais sans sucre.

2218 Tu bois le thé avec du sucre, mais sans lait.

2219 Vous buvez le café et le thé sans sucre et sans lait.

2220 Nous allons au marché pour acheter des légumes, fruits et viande.

2221 C'est tout ce que nous avons acheté comme légumes, fruits, viande et pain.

2222 Tout le monde aime le printemps.

2223 Ils préfèrent le printemps à l'hiver.

2224 Certaines personnes préfèrent boire le café sans sucre.

2225 Les autres préfèrent boire le café avec du sucre.

2226 Nous prenons le dîner le soir.

2227 Nous ne mangeons pas de légumes ni de viande au petit-déjeuner.

2228/ Nous mangeons des légumes et de la
2229 viande pour le déjeuner ou pour le dîner, en général.

2230 Il y a beaucoup de légumes au printemps.

2231 Il pleut parfois au printemps.

2232 Je ne suis pas venu hier au bureau, parce que j'étais malade.

2233 Je ne viendrai pas demain au cours, parce que je serai occupé.

2234 Je viens. (m.)

2235 Je viens. (f.)

2236 Dors tôt et lève-toi tôt.

2237/ Les gens vont tard au lit le samedi soir,
2238 et se lèvent tard le dimanche.

2239 Il est un peu fatigué, parce qu'il n'a pas dormi beaucoup hier.

2240 Nous dormons pendant la nuit et nous travaillons pendant la journée.

2241 Ne dors pas trop.

2242 Le médecin lui a dit : tu es malade, parce que tu dors peu.

2243 Il dort peu, parce qu'il boit trop de café.

2244 Quand on boit beaucoup de café, on dort peu.

2245/ Nous prenons le petit-déjeuner le ma-
2246 tin ; le déjeuner à midi et le dîner le soir.

2247 D'habitude nous prenons le dîner à 8 heures du soir.

2248 Vous ne prenez pas toujours le dîner à la même heure.

2249/ La fille va au marché en voiture pour
2250/ acheter des légumes, des fruits, de la
2251 viande, du pain, du café et du thé, et il ne faut pas qu'elle oublie d'acheter le journal pour son père.

2252 Certaines personnes dorment pendant la journée et travaillent pendant la nuit.

2253 Les enfants dorment beaucoup.

108

2254 Les chats aussi, comme les enfants, dorment beaucoup.

2255/
2256 Les enfants, comme les chats, tout ce qu'ils font c'est manger, boire, jouer et dormir. Ils ne font pas autre chose que cela.

2257 Chaque personne a besoin de sommeil.

2258 Certaines personnes dorment beaucoup, et d'autres dorment peu.

2259 Chaque personne a besoin de sept ou huit heures de sommeil.

LEÇON 40

2260 Il aime se promener dans le jardin au printemps.

2261/
2262 Le jour et la nuit ne sont ni courts ni longs au printemps ; ils sont moyens.

2263 La nature est verte au printemps.

2264/
2265 Cette robe et cette chemise ne sont ni chères ni bon marché; elles sont moyennes.

2266 Le soleil est doux au printemps. Il n'est pas chaud comme en été.

2267 Il a un ami du Moyen-Orient.

2268/
2269 Il voyage souvent au Moyen-Orient où il a beaucoup d'amis.

2270 Beaucoup de gens se promènent dans le parc, le dimanche.

2271 Quand il fait beau et chaud, les gens vont au parc.

2272 Nous les avons vus hier en train de se promener dans le jardin.

2273 Il se promène dans la rue, parce qu'il n'a rien à faire.

2274 Les gens ont chaud en été.

2275 Les gens n'ont pas chaud en hiver.

2276 Il a vendu sa voiture comme il l'achetée.

2277 La mère n'aime pas que son fils se promène dans la rue, la nuit.

2278 On a parfois froid au printemps, parfois chaud.

2279 Ceux-là sont les autres professeurs d'école.

2280 Je l'ai interrogé, mais il ne m'a pas répondu. — Interroge-le encore une fois.

2281 Je ne savais pas qu'il avait deux autres filles.

2282 Il se promène avec ses amis dans la ville.

2283 La journée est courte en hiver.

2284 La journée est longue en été.

2285 La journée est plus courte en hiver qu'en été.

2286 La journée est plus longue en été qu'en hiver.

2287 Les gens aiment le temps tempéré.

2288/
2289 La nuit et la journée ne sont ni courtes ni longues au printemps; elles sont moyenne

2290 Il ne fait ni froid ni chaud au printemps ; le temps est tempéré.

2291 Il fait doux au printemps.

2292 Dors un peu, si tu es fatigué.

2293 Dors un peu, si tu te sens fatiguée.

2294/
2295 Il aime aller tôt au lit, comme il aime se lever tôt.

2296/
2297 Il aime se lever tard, comme il aime aller au lit tard.

2298 On ne voit presque jamais le soleil en hiver, dans certains pays.

2299 On voit presque toujours le soleil en été.

2300 Le soleil est très chaud en été.

2301 Le soleil n'est pas chaud en hiver.

2302 Le soleil est plus chaud en été qu'en hiver.

2303/
2304 Tu ne connais pas ces autres étudiantes-là, bien qu'elles soient tes camarades de classe, parce qu'elles sont des nouvelles étudiantes.

2305/
2306/
2307 Il a vendu tout ce qu'il avait comme robes dans son magasin. Il lui reste une seule robe verte. Personne ne veut acheter cette robe verte.

2308/
2309 Si tu m'avais dit que tu n'aimais pas le vert, je ne t'aurais pas acheté cette chemise verte.

2310 Si je trouve quelqu'un qui achète cette chemise verte, je la lui vendrai.

2311 Si je ne trouve pas quelqu'un qui l'achète, je la garde pour moi-même ou je la donnerai à mon neveu.

2312 L'enfant regarde sa mère et lui sourit.

2313 L'enfant ne dit rien quand sa mère lui parle, mais il la comprend.

2314 Il dit parfois un ou deux mots.

2315 Il est encore jeune.

2316 Il a seulement quelques mois.

2317 Il commence à prononcer quelques mots.

2318 Il ne trouve pas de difficulté pour parler.

2319 Il parle facilement et clairement.

2320 Il parle lentement, mais sans difficulté.

2321 Il parle facilement et lit difficilement.

2322 Il ne peut pas voyager seul. Pourquoi pas ? Parce qu'il est encore jeune.

2323 Je l'ai vu, mais lui ne m'a pas vu, parce qu'il ne me regardait pas.

2324 Le malade respire difficilement.

2325 Il m'a écrit, mais je ne lui ai pas encore répondu.

2326 Il travaille quelques jours par semaine et quelques heures par jour.

2327 Il a vécu dans ce pays-là quelques années et quelques mois.

2328 Je veux lui dire un ou deux mots.

2329 Il n'est pas encore rentré du voyage.

2330 Elles ne sont pas encore venues au bureau.

2331 Ils n'ont pas encore pris le dîner.

2332 Je n'ai pas encore vendu ma voiture.

2333 Il n'est pas encore rentré du voyage.

2334 Elles n'ont pas encore quitté la ville.

2335 Ils ne sont pas encore fatigués.

2336 Vous n'avez encore pris votre leçon aujourd'hui.

2337 Nous ne sommes pas encore descendus de l'avion.

2338 Elle n'est pas encore entrée à l'université.

2339 Vous n'avez pas encore pris le petit-déjeuner.

2340 Vous ne l'avez pas encore remercié des cadeaux qu'il vous a envoyés.

2341 Tu n'as pas encore cherché le livre que tu as perdu hier.

2342 Tu n'as pas encore accueilli ton ami dans ta nouvelle maison.

2343 Nous n'avons pas encore répondu à la question du maître.

2344 Tu ne lui as encore rien envoyé.

2345 J'ai appris qu'il est arrivé, mais je ne l'ai pas encore vu.

2346 Tu n'as pas encore étudié cette langue.

2347 Vous n'avez pas encore terminé votre travail.

2348 Vous n'avez pas encore trouvé ce que vous cherchiez.

2349 Je ne connais pas la langue que mon collègue de bureau parle avec...

2350 son ami, mais je sais qu'il parle de moi, parce que je les entends...

2351 parfois prononcer mon nom. Lorsque je leur ai demandé...

2352 s'ils parlaient de moi, ils m'ont répondu en disant : Nous parlions d'une personne...

2353 ayant le même nom que toi. Je ne pense pas qu'ils disaient la vérité. Je pense...

2354 qu'ils parlaient effectivement de moi, mais je ne pouvais pas

2355 comprendre ce qu'ils disaient.

2356 Regarde-moi !

2357 Regarde-la !

2358 Regardez-nous !

2359 Regardez-les !

2360 Regardez-les !

2361 Je ne l'ai pas regardé, mais je l'ai vu.

2362 Tu ne peux pas me voir sans me regarder.

2363 Tu la regardes, mais tu ne la vois pas clairement, parce qu'elle est très loin de toi.

2364 Vous pouvez répondre à cette question facilement, parce que c'est une question facile.

2365 Vous répondez difficilement à cette question, parce que c'est une question difficile.

2366 Nous vous comprenons clairement, parce que vous parlez clairement.

2367 Il y a dans la classe quelques étudiants et quelques étudiantes.

2368 Il a quelques amis dans cette ville.

2369 Il y a quelques magasins dans cette rue.

2370 Nous connaissons quelques médecins dans cet hôpital.

2371 Il a acheté quelques cadeaux pour sa femmes et ses enfants.

2372 Tu as besoin de quelques timbre-postes.

2373 Tu as besoin d'acheter quelques tasses.

2374 Il fume seulement quelques cigarettes par jour.

2375 Nous parlons difficilement cette langue, parce que nous ne la connaissons pas bien.

2376 Tu parles facilement cette langue, car, naturellement, c'est ta langue maternelle.

2377 Tu as une bonne prononciation.

2378 Comment prononce-t-on ce mot ?

2379 C'est difficile de prononcer ce mot.

2380 Il n'est pas facile de prononcer ce mot.

2381 Nous le comprenons facilement, parce qu'il prononce les mots clairement.

2382 La prononciation de certaines langues est facile ; la prononciation d'autres langues est difficile.

2383 Regarde devant toi ; ne regarde pas en arrière.

2384 Regarde ci-après.

LEÇON 42

2385 Il aime écouter la musique.

2386 Il aime la musique occidentale.

2387 Il est de l'est, mais il aime écouter la musique occidentale.

2388 Il attend ses amis qu'il a invités à dîner.

2389 J'accepte ton invitation pour le déjeuner avec plaisir.

2390 Ce sont ses amies qu'elle a invitées à dîner.

2391 Attends-moi un moment, s'il te plaît.

2392 Je t'attendrai ici jusqu'à ce que tu retournes.

2393/ Les voyageurs peuvent attendre dans la
2394 salle d'attente ou à l'extérieur, comme ils veulent.

2395 Il ne peut pas attendre à l'intérieur, parce qu'il n'y a pas de place où s'asseoir.

2396/ Certaines d'entre elles aiment la musi-
2397 que orientale; d'autres préfèrent la musique occidentale.

2398 Ils s'invitent parfois au restaurant, le dimanche.

2399 Je ne peux pas attendre longtemps, parce que je suis très pressé.

2400 Je t'attends.

2401 L'élève écoute le professeur.

2402 L'étudiant écoute la leçon

2403 L'enfant écoute ce que sa mère lui dit.

2404 La fille écoute sa mère.

2405 Nous vous écoutons.

2406 Vous nous écoutez.

2407 Ils l'écoutent.

2408 Elle vous écoute.

2409 Vous l'écoutez.

2410 Je t'écoute.

2411 Tu m'écoutes.

2412 Tu les écoutes.

2413 Il ne t'a pas écoutée.

2414 Tu ne l'as pas écoutée.

2415 Tu ne les écouteras pas.

2416 Vous ne nous écouterez pas.

2417 Je l'écoute.

2418 Ne les écoute pas !

2419 N'écoutez pas ce qu'ils disent.

2420 Il n'entend pas parce qu'il n'écoute pas.

2421 Quand il n'écoute pas, naturellement il n'entend rien.

2422 Cette salle est très grande.

2423 C'est une grande salle.

2424 Je l'ai attendu à la gare presque une heure.

2425 Nous ne pouvons pas attendre plus d'une heure.

2426 Tu attendras au moins une heure.

2427 Tu attendras au plus deux heures.

2428 Vous attendrez trois heures, ni plus ni moins.

2429 Ils attendent dans cette salle d'attente.

2430 Il y a une salle d'attente à la gare.

2431 Il n'y a pas plus d'une salle d'attente à la gare.

2432 Il est aujourd'hui en dehors de la ville.

2433 Je te remercie de m'avoir invité à dîner demain.

2434 Je suis content que tu aies accepté mon invitation au déjeuner.

2435 Il envoie des invitations à ses amis.

2436 J'ai envoyé cinq invitations hier.

2437 J'ai oublié de lui envoyer une invitation.

2438 Je veux lui envoyer une invitation, mais je ne connais pas son adresse.

2439 Nous avons reçu beaucoup d'invitations ce mois-ci.

111

2440 Je t'envoie cette invitation et j'espère que tu l'accepteras.

2441 Nous attendons le train.

2442 Tu attends le bus avec ta collègue.

2443 Elle attend une lettre de sa mère qui ne lui a pas écrit depuis un mois.

2444 Nous entendons la musique partout.

2445 J'aime cette musique, mais je ne la comprends pas bien.

2446 Je l'ai trouvé en train de m'attendre devant la porte.

2447 Je l'ai vu en train d'attendre près de la gare.

2448 Il n'aime pas attendre longtemps.

2449 Je dois l'attendre jusqu'à ce qu'il ait terminé son travail.

2450 Attends un peu ici !

2451 Attends-moi à 8 heures !

2452 Attendez-moi dans cet endroit !

2453 Attendez-le près de votre bureau !

2454 Attendez à la salle d'attente !

2455 Nous attendons l'arrivée du train.

2456 Nous l'avons vue en train d'attendre, alors qu'elle lisait le journal.

2457 Jusqu'à quand allons-nous attendre ? Nous sommes fatigués d'attendre.

LEÇON 43

2458 Nous nous lavons les mains avant et après manger.

2459 Nous lavons nos vêtements nous-mêmes.

2460 Il porte des vêtements propres.

2461 Il ne porte rien sur la tête.

2462 Vous vous baignez chaque jour.

2463 Tu te laves le visage et les mains avec de l'eau chaude.

2464 Quand il fait chaud, tu préfères te laver avec de l'eau froide.

2465 Nous goûtons avec la langue.

2466 Nous parlons aussi avec la langue.

2467 Les animaux ont une langue, mais ils ne parlent pas.

2468 Tu ne te reposes pas beaucoup.

2469 Les gens se reposent le dimanche.

2470 Il ne veut pas se reposer, parce qu'il a beaucoup de travail.

2471 Chaque appartement a une salle de bain.

2472 Les gens se reposent pendant le week-end.

2473 Ils peuvent se reposer quand ils ont terminé leur travail.

2474 Nous portons des vêtements légers en été.

2475 Nous ne parlons pas seulement avec avec la langue, nous parlons aussi avec les mains.

2476/ 2477 Parfois il prend un bain le soir avant d'aller au lit, parfois le matin après s'être levé.

2478 Le langage des mains est facile à comprendre.

2479 Le langage des mains n'est pas difficile à comprendre.

2480 Tout le monde comprend le langage des mains.

2481 Les gens aiment beaucoup se baigner en été.

2482 Nous ne portons pas les mêmes vêtements en été qu'en hiver.

2483 Les gens ne portent pas les mêmes vêtements partout.

2484 Nous ne portons pas toujours les mêmes vêtements.

2485 On ne vend pas les vêtements partout.

2486 Quand il fait chaud, nous aimons porter des vêtements légers.

2487 La rue dans laquelle il habite est très propre.

2488 Cette rue est propre, parce qu'on la lave presque tous les jours.

2489 Il a trouvé l'endroit propre et il l'a laissé propre comme il l'avait trouvé.

2490 Certaines rues sont plus propres que les autres.

2491 Cette rue n'est pas aussi propre que tu ne le penses.

2492 Il lave la tasse après avoir bu.

2493 Il lave la tasse avant de boire, parce qu'elle n'est pas propre.

2495/ 2496 Il a lavé sa chemise, mais il doit la laver à nouveau, aujourd'hui, parce qu'il l'a portée.

2497/ 2498/ 2499 Toutes les dames aiment porter des jolis vêtements, mais certaines d'entre elles aiment les vêtements courts et d'autres les vêtements longs.

2500 Nous avons besoin de nous reposer, parce que nous sommes un peu fatigués.

2501 Nous n'avons pas besoin de repos, parce que nous ne sommes pas fatigués.

112

2502 Quand nous travaillons beaucoup, nous avons besoin de repos.

2503 Il a besoin de repos plus que moi, parce que, naturellement, il a travaillé plus que moi.

2504/
2505 Je ne pense pas que j'aie besoin de repos plus que lui, bien que j'aie travaillé plus que lui.

2506 Je ne sais pas qui il est, parce que je ne vois pas son visage.

2507 Si j'avais vu son visage, j'aurais su qui il était.

2508 J'ai vu son visage, mais je n'ai pas su qui il était, malgré cela.

2509 Nous n'avons tous la même tête.

2510/
2511 Nous avons chacun de nous deux mains, deux pieds, deux yeux et deux oreilles. Mais nous n'avons, chacun de nous, qu'une seule tête.

2512 Il n'aime rien mettre sur la tête.

2513 Nous allons à la campagne pendant le week-end.

2514 Les gens ne travaillent pas pendant le week-end.

2515 Nous travaillons pendant la journée et nous nous reposons la nuit.

2516 Le médecin lui a dit : il faut que tu te reposes un peu, parce que tu es fatigué.

2517 Il n'est pas malade, mais il est un peu fatigué.

2518 Nous invitons nos amis pendant le week-end.

2519 Nous nous voyons pendant le week-end.

2520 Je ne peux pas manger cette nourriture avant de l'avoir goûtée.

2521 La feuille de papier est très légère. Il n'y a rien de plus léger.

2522 Il aime boire son café toujours léger.

2523 Cet appartement a deux salles de bain, parce que c'est un grand appartement.

2524 Les appartements n'ont pas tous une salle de bain.

2525 Personne ne peut habiter dans un appartement sans salle de bain.

2526 Cette maison a une grande et jolie salle de bain.

2527 Repose-toi un peu, si tu es fatigué.

2528 Repose-toi un moment, si tu te sens un peu fatiguée.

2529 Reposez-vous ici !

2530 Reposez-vous avant de commencer votre nouveau travail.

2531 S'il n'était pas très fatigué, il n'aurait pas voulu se reposer.

LEÇON 44

2532 Cette jeune fille connaît bien ce jeune homme.

2533 Elle le connaît, parce qu'ils étudient ensemble.

2534 Ils étudient ensemble à l'université depuis presque trois ou quatre ans.

2535 Ils se sont rencontrés pour la première fois au restaurant de l'université.

2536/
2537 Ils se sont rencontrés tandis qu'ils prenaient le déjeuner. C'était en automne. Je me le rappelle bien.

2538 La sœur du jeune homme est aussi étudiante à l'université.

2539 C'est elle qui a présenté la demoiselle à son frère.

2540 La demoiselle est la collègue de la sœur du jeune homme à la faculté.

2541/
2542 Oui, elle est sa collègue à la faculté, et elles se connaissent bien depuis longtemps, avant d'entrer à l'université.

2543 Il y a trois mois dans chaque saison de l'année.

2544 Les quatre saisons de l'année sont les suivantes : le printemps, l'été, l'automne et l'hiver.

2545 Ces deux jeunes gens sont des étudiants à l'université.

2546 Ces deux demoiselles sont aussi des étudiantes à l'université.

2547 Les deux jeunes gens avec qui il parle sont des étudiants à l'université.

2548 Les deux jeunes filles avec qui elle parle sont aussi des étudiantes à l'université.

2549 Il pleut souvent en automne.

2550 Le temps change beaucoup en automne.

2551/
2552 L'automne, c'est la saison dans laquelle les universités et les écoles ouvrent leurs portes, et dans laquelle les étudiants et les étudiantes commencent leurs études.

2553 Je ne connais pas cette demoiselle, parce que personne ne me l'a présentée.

2554 Si quelqu'un me l'avait présentée, j'aurais su qui elle était.

2555 Si personne ne me l'avait présentée, je n'aurais pas su qui elle était.

113

2556	Je veux te présenter un ami.
2557	Je veux te présenter à un ami.
2558	Je te remercie de m'avoir présenté à ton ami.
2559	Je te remercie de m'avoir présenté ton ami.
2560	S'il te plaît, présente-moi à ton ami.
2561	S'il te plaît, présente-moi ton ami.
2562/ 2563	Ils se rencontrent toujours devant la porte, parce qu'ils travaillent dans la même organisation, mais ils ne se connaissent pas.
2564	Je ne me rappelle pas l'avoir rencontré.
2565	Peut-être l'ai-je rencontré une ou deux fois, mais je ne rappelle pas où.
2566	J'aimerais rencontrer ton ami. Est-ce que tu peux me le présenter ?
2567	Ils se rencontrent tous les jours et à la même heure, parce qu'ils prennent...
2568	le même bus pour aller au travail le matin et pour rentrer...
2569	à la maison le soir. Mais ils ne se parlent pas,...
2570	parce qu'ils ne se connaissent pas et ne veulent pas...
2571	se connaître, et cela pendant des années jusqu'à ce que...
2572	je les ai présentés l'un à l'autre dans mon bureau.
2573/ 2574	Il y a beaucoup de jeunes qui étudient dans cette université. Parmi eux, il y a beaucoup d'étrangers.
2575/ 2576	Il a invité beaucoup d'étudiants dans sa grande maison, y compris les étudiants qui étudient dans d'autres facultés que la sienne.
2577	Ils se sont présentés chacun d'eux à l'autre.
2578	Ils se présentent l'un à l'autre.
2579/ 2580	Il ne peut pas les présenter l'un à l'autre, parce qu'il ne les connaît pas tous. Ils ne sont pas tous ses amis.
2581	Il les a laissés se présenter eux-mêmes.
2582	Il ne veut pas se présenter, parce qu'il ne veut être connu de personne.
2583	Il se présente à n'importe qui, parce qu'il veut être connu de tout le monde.
2584	Voici les deux livres que je cherche.
2585	J'ai trouvé les deux livres que j'ai perdus hier.
2586	Je te présente à mon ami avec plaisir.
2587	Je te présente mon ami avec plaisir.
2588	Je les présente l'un à l'autre.
2589	Il nous a présentés l'un à l'autre.
2590	Elle les a présentées l'une à l'autre.
2591	Ils se présentent l'un à l'autre.
2592	L'automne vient entre l'été et l'hiver.
2593	L'automne vient avant l'hiver et après l'été.
2594	Le voyageur lit le journal à la salle d'attente pendant qu'il attend son train.
2595	Il écrit ses lettres pendant qu'il écoute la musique.
2596	Il ne peut pas lire pendant qu'il écoute la musique.
2597/ 2598	Il a deux sœurs : l'une d'elle travaille au bureau de poste ; l'autre travaille à la bibliothèque.
2599/ 2600	La mère fait le travail de maison pendant que son enfant joue dans le jardin avec le chien.
2601	La mère va à l'école pour rencontrer la maîtresse de son fils.
2602/ 2603	Il ne peut pas prendre de vacances en même temps que son collègue, parce qu'ils travaillent dans le même bureau.
2604	Voici les deux demoiselles dont je t'ai dit qu'elles sont mes collègues de faculté.
2605	Je ne pense pas que tu m'aies dit quelque chose à propos de ces deux demoiselles.
2606	Ce ne sont pas ces deux demoiselles qui étudient avec moi à l'université.
2607	Il n'a pas encore reçu les deux lettres que je lui ai écrites.
2608	Elle écrit toujours aux deux filles qui avaient étudié avec elle.
2609	Elle a beaucoup de sœurs ; elle n'a pas de frères.
2610	Le temps change beaucoup ces jours-ci.
2611	Nous sommes maintenant en automne.
2612	Nous ne sommes pas en automne ; nous sommes maintenant en hiver.
2613	Lequel préfères-tu : l'automne ou l'hiver ?
2614	Je n'ai pas de préférence.
2615	Si tu veux, nous irons ensemble à la campagne pendant le week-end.
2616	Ils mangent toujours ensemble au restaurant, parce qu'ils sont des collègues de bureau.
2617	Elles boivent le café ensemble le matin.
2618	Il ne fait pas froid cet automne pour ce pays.
2619	Certaines personnes préfèrent prendre leurs vacances en automne.

2620 Elles se sont rencontrées au début de cette année.

2621 Ils mangent au restaurant universitaire.

2622 Ils boivent le café dans un café de temps en temps.

2623 Ils prennent souvent le déjeuner ensemble.

2624 Ils prennent rarement le dîner au restaurant.

2625 La plupart des étudiants et des étudiantes résident à la cité universitaire.

2626 Ils résident à la cité universitaire de même qu'ils mangent au restaurant universitaire.

2627 L'année scolaire commence en automne.

2628 Attends-moi un peu ; je reviendrai tout de suite.

2629 Il est de ce pays, mais il a vécu la plupart de sa vie à l'étranger.

2630 C'est pour la première fois que je vois ces deux messieurs. Qui sont-ils ?

2631/ Ces deux messieurs-là sont fonction-
2632 naires dans cette organisation, et ces deux dames-là sont leurs collègues de travail.

2633/ Je connais bien ces deux dames-là,
2634 parce qu'elles travaillent dans cette organisation depuis longtemps.

2635 Je pense que ces deux messieurs-là sont des nouveaux fonctionnaires.

2636 C'est la première fois que je les vois.

2637 La plupart des étudiants dans cette université sont des étrangers.

2638 Les étudiants qui résident à la cité universitaire ne sont pas tous des étrangers.

2639 Il connaît bien la ville, parce qu'il y réside depuis longtemps.

2640 Nous résidons dans cette ville depuis quatre ou cinq années.

2641 Nous allons rarement à la campagne en hiver.

2642 Il pleut rarement dans ce pays, en été.

2643 Nous invitons nos amis de temps à autre.

2644 Nous nous rencontrons de temps à autre au café pour boire un café et discuter un peu.

2645 Cette dame porte la plupart du temps, des vêtements longs.

2646 Il fait chaud la plupart du temps, en été.

2647 La plupart des gens parlent deux ou trois langues dans cette ville.

2648 Les étudiants prennent presque tous leurs repas au restaurant universitaire.

2649 Le restaurant universitaire est ouvert tous les jours de la semaine.

2650 Le restaurant universitaire n'est pas fermé le dimanche.

2651 Les non-étudiants n'ont pas le droit de manger au restaurant universitaire.

2652/ Il n'est pas étudiant à l'université, mais
2653 mange de temps en temps au restaurant universitaire. L'un de ses amis l'y invite.

2654 L'homme ne peut pas changer la nature.

2655 L'homme peut changer un peu la nature, mais pas beaucoup.

2656 L'étudiant change de place en classe chaque jour.

2657 Il veut changer sa voiture, parce qu'elle est devenue vieille.

2658 Le temps ne changera pas demain ; il restera tel quel.

2659 La ville n'a pas changé beaucoup ; elle est restée presque telle quelle.

2660 Rien n'a changé dans cet endroit ; tout est resté tel quel.

2661 Ne change rien ! Laisse tout comme il était.

2662 Tout est devenu beaucoup plus cher qu'il ne l'était.

2663 La vie est plus chère en ville que dans la campagne.

2664 Nous changeons nos vêtements chaque jour.

2665 Chaque personne a le droit de changer son travail, si elle le désire.

2666 La femme change de robe, parce qu'elle est devenue trop petite pour elle.

2667/ Je ne sais pas où habite mon ami,
2668 parce qu'il a changé d'adresse, et il ne m'a pas encore envoyé sa nouvelle adresse.

2669 Nous changeons les heures de travail en été.

2670 Tout a changé ces jours-ci. Rien n'est plus comme il était.

2672 Je ne le reconnais plus, car il a beaucoup changé.

2673 La mère veut changer sa fille pour qu'elle devienne comme elle.

2674 L'enfant change beaucoup quand il devient homme.

2675 Le premier train est arrivé au moins trois heures avant le deuxième train.

2676	Mon collègue a quitté le bureau presque deux heures après mon arrivée.
2677	Il s'asseoit par terre comme s'il n'y avait pas de chaise pour s'asseoir.
2678	Il me demande mon nom comme s'il ne me connaissait pas.
2679	C'est vrai, c'est un restaurant cher. Mais il n'est pas le restaurant le plus cher en ville.
2680/ 2681	C'est un long train, mais ce n'est pas le train le plus long que j'aie jamais vu. J'en ai vu de beaucoup plus longs.
2682/ 2683	Quand il a vu l'avion de loin, il croyait qu'il était très petit. Mais quand il l'a vu de plus près, il a compris qu'il était grand relativement.
2684	La nature elle-même change, mais très lentement.
2685	La nature n'est pas maintenant comme elle était il y a beaucoup d'années.
2686/ 2687	La nature n'est pas la même partout. La nature n'est pas dans le nord comme elle est dans le sud.
2688/ 2689	Le père dit à son fils cadet : laisse la voiture pour ton frère aîné. Il en a plus besoin que toi.
2690/ 2691	Je ne peux pas acheter tout ce que, toi, tu peux acheter, parce que j'ai moins d'argent que toi.

2692/ 2693	Toi, d'habitude, tu as beaucoup de travail. Mais ces jours-ci, moi, j'ai plus de travail que toi.
2694/ 2695	Tu aimes manger dans le restaurant le plus cher, porter les plus jolis vêtements et habiter dans la maison la plus grande. N'est-ce pas ?
2696	Ils vont tous au parc le dimanche matin, y compris le chien. Aucun d'eux ne reste à la maison.
2698/ 2699/ 2700	Quand il est retourné dans son pays, il a vendu tout ce qu'il avait, y compris sa voiture parce que, premièrement, il ne peut pas la prendre avec lui, deuxièmement, il n'en aura pas besoin dans son pays.
2701	Il a une seule main, mais il fait tout avec, comme s'il en avait deux.
2702	Il parle l'arabe couramment comme si elle était sa langue maternelle.
2703	Il parle de ce pays, comme s'il l'avait vu lui-même.
2704	Je ne l'ai pas vu, parce qu'il est parti peu avant mon arrivée.
2705	Je ne sais pas où il est allé, je pense qu'il est retourné d'où il est venu.
2706	Comme la nature est belle au printemps !

TRILINGUAL GLOSSARY / GLOSSAIRE TRILINGUE

ا

is (not) that	est-ce que (ne pas)	أ ١٥ 1
is it not	n'est-ce pas	أَلَيْسَ كَذَلِكَ ١٥ 2
August	août	آبُ ٤٥ 3
father	père	أَبٌ آبَاءٌ ١٠ 4
never	jamais	أَبَداً ٢٩ 5
April	avril	أَبْرِيلُ ٤٥ 6
son	fils	إِبْنٌ أَبْنَاءٌ ٣٣ 7
to come	venir	أَتَى يَأْتِي إِتْيَانٌ ٣٩ 8
one, someone, m.	un, quelqu'un	أَحَدٌ ٢٢ 9
one, someone, f.	une, quelqu'une	إِحْدَى ٢٢ 10
Sunday	dimanche	يَوْمُ الأَحَدِ ١٣ 11
brother	frère	أَخٌ إِخْوَةٌ إِخْوَانٌ ٢٧ 12
sister	sœur	أُخْتٌ أَخَوَاتٌ ٤٤ 13
to take	prendre	أَخَذَ يَأْخُذُ أَخْذ هـ ٣٧ 14
other, m.	autre, m.	آخَرُ آخَرُونَ أُخَرُ ٣٨ 15
other, f.	autre, f.	أُخْرَى أُخْرَيَاتٌ أُخَرُ ٣٨ 16
late, adj.	en retard, adj.	مُتَأَخِّرٌ ١٤ 17
late, adv.	en retard, adv.	مُتَأَخِّراً ٣٨ 18
March	mars	آذَارُ ٤٥ 19

if	si	٢١ إِذَا ٢٠
ear	oreille	أُذُنٌ آذَانٌ ٢٩ ٢١
earth	terre	أَرْضٌ أَرَاضٍ ٦ ٢٢
family	famille	أُسْرَةٌ أُسَرٌ ١١ ٢٣
name, noun	nom	إِسْمٌ أَسْمَاءٌ ١١ ٢٤
August	août	أُغْسْطُسُ ٤٥ ٢٥
October	octobre	أُكْتُوبِرُ ٤٥ ٢٦
to eat	manger	أَكَلَ يَأْكُلُ أُكْلٌ هـ ١٣ ٢٧
who, rel., m.s.	qui, rel., m.s.	اَلَّذِي ٧ ٢٨
who, rel. f.s.	qui, rel., f.s.	اَلَّتِي ٧ ٢٩
who, rel., m.d.	qui, rel., m.d.	اَللَّذَانِ ٤٠ ٣٠
who, rel., f.d.	qui, rel., f.d.	اَللَّتَانِ ٤٠ ٣١
who, rel., m.pl.	qui, rel., m.pl.	اَلَّذِينَ ١٣ ٣٢
who, rel., f.pl.	qui, rel., f.pl.	اَللَّاتِي اَللَّوَاتِي ٢٣ ٣٣
to	vers, à	إِلَى ١٢ ٣٤
or (in inter. sentence)	ou bien (dans une phrase inter.)	أَمْ ١١ ٣٥
mother	mère	أُمٌّ أُمَّهَاتٌ ١٠ ٣٦
in front of	devant	أَمَامَ ٥ ٣٧
yesterday	hier	أَمْسِ ١٥ ٣٨
to hope	espérer	أَمَلَ يَأْمُلُ أَمَلَ أَنْ ٢٣ ٣٩

that, subj. particle	que, particule du subj.	أَنْ ١٥ 40
that, conj.	que, conj.	أَنَّ ٨ 41
verily	certes	إِنَّ ٢٣ 42
I; my, me	moi; mon, ma, mes, me	أَنَا ي ـِني ١ 43
you; your, m.s.	toi, ton, ta, tes, te, m.	أَنْتَ كَ ١ 44
you; your, f.s.	toi, ton, ta, tes, te, f.	أَنْتِ كِ ١ 45
you; your, m.pl.	vous; votre, vos, m.pl.	أَنْتُمْ كُمْ ٨ 46
you; your, d.	vous; votre, vos, d.	أَنْتُمَا كُمَا ١٤ 47
you; your, f.pl.	vous votre, vos, m. pl.	أَنْتُنَّ كُنَّ ٩ 48
young lady, miss	jeune fille, demoiselle	آنِسَةٌ أَوَانِسُ ٤٤ 49
man, human being	homme, être humain	إِنْسَانٌ ١٩ 50
nose	nez	أَنْفٌ آنَافٌ أُنُوفٌ ٣٤ 51
or	ou bien	أَوْ ٥ 52
first, m.	premier	أَوَّلُ أَوَّلُونَ أَوَائِلُ ١ 53
first, f.	première	أُولَى أُولَيَاتٌ أُوَلُ ١ 54
time	temps	آنٌ ٥ 55
now	maintenant	اَلْآنَ ٥ 56
those, pl.	ceux-là, celles-là, pl.	أُولَئِكَ ٣٨ 57
that is to say	c'est-à-dire	أَيْ ٣٧ 58
which	quel, lequel	أَيٌّ ١٨ 59

119

May	mai	أَيَارُ ٤٥	60
also	aussi	أَيْضاً ٣	61
September	septembre	أَيْلُولُ ٤٥	62
where, inter.	où, inter.	أَيْنَ ١٨	63

ب

with	avec	بِ ٢	64
to search	chercher	بَحَثَ يَبْحَثُ بَحْثٌ هـ عَنْ ٣١	65
to start	commencer	بَدَأَ يَبْدَأُ بَدْءٌ هـ في بِ ١٧	66
beginning	commencement	بِدَايَةٌ ٤٥	67
in theory	en principe	مَبْدَئِيّاً ٣٨	68
oranges	oranges	بُرْتُقَالٌ بُرْتُقَالَةٌ ٣٥	69
cold, n.	froid, subst.	بَرْدٌ ٢٥	70
cold, adj.	froid, adj.	بَارِدٌ ١٦	71
post, mail	poste, courrier	بَرِيدٌ ٢٧	72
postal	postal	بَرِيدِيّ ٢٧	73
to smile	sourire	اِبْتَسَمَ يَبْتَسِمُ اِبْتِسَامٌ لِ ٢٩	74
a few	quelques	بِضْعَةٌ بِضْعٌ ٤١	75
slowness	lenteur	بُطْءٌ ٦	76
slowly	lentement	بِبُطْءٍ ٦	77
to send	envoyer	بَعَثَ يَبْعَثُ بَعْثٌ هـ بِ ٢٧	78

120

after	après	٢٨ بَعْدَ	79
yet, (not)	encore, (pas)	٤١ بَعْدُ	80
far	éloigné, lointain	بَعيدٌ بُعَدَاءُ عَنْ ٢٠	81
some	certain(s), certaine(s)	٢٢ بَعْضٌ	82
to stay, to be left	rester	بَقِيَ يَبْقَى بَقَاءٌ ٣٦	83
early, adj.	tôt, adj.	مُبَكِّرٌ (ة) ١٧	84
early, adv.	tôt, adv.	مُبَكِّرًا (ة) ١٧	85
country	pays	بَلَدٌ بِلَادٌ ٧	86
country	pays	بِلَادٌ بُلْدَانٌ ٧	87
girl	fille	بِنْتٌ بَنَاتٌ ٢	88
door	porte	بَابٌ أَبْوَابٌ ٢	89
house, home	maison	بَيْتٌ بُيُوتٌ ١٠	90
white, m.	blanc	أَبْيَضُ بِيضٌ ٩	91
white, f.	blanche	بَيْضَاءُ بِيضٌ ٩	92
to sell	vendre	بَاعَ يَبِيعُ بَيْعٌ هـ ٣٨	93
between	entre	١٧ بَيْنَ	94
while, whereas	pendant que, tandis que	٤٤ بَيْنَمَا	95

ت

under, below	sous, au-dessous	٣٠ تَحْتَ	96
to leave, to let be	laisser, quitter	تَرَكَ يَتْرُكُ تَرْكٌ هـ ٢٦	97

nine	neuf	٣٣ تِسْعَةٌ تِسْعٌ	98
ninth	neuvième	٩ تَاسِعٌ	99
October	octobre	٤٥ تِشْرِينُ الْأَوَّلُ	100
November	novembre	٤٥ تِشْرِينُ الثَّانِي	101
to be tired	être fatigué	٣٨ تَعِبَ يَتْعَبُ تَعَبٌ	102
tired	fatigué	٣٨ مُتْعَبٌ مُتْعَبُونَ	103
that, dem., f.	celle-là	١٤ تِلْكَ	104
pupil	élève, m.	١ تِلْمِيذٌ تَلامِيذُ تَلامِذَةٌ	105
pupil, f.	élève, f.	١ تِلْمِيذَةٌ تِلْمِيذَاتٌ	106
July	juillet	٤٥ تَمُوزُ	107
those, f.d.	celles-là, d.	٤٥ تَانِكَ	108

ث

three	trois	١٤ ثَلاثَةٌ ثَلاثٌ	109
third	troisième	٣ ثَالِثٌ	110
Tuesday	mardi	٢٩ يَوْمُ الثُّلاثَاءِ	111
eight	huit	٢٦ ثَمَانِيَةٌ ثَمَانِي ثَمَانٍ	112
eighth	huitième	٨ ثَامِنٌ	113
eight o'clock	huit heures	٢٧ (السَّاعَةُ) الثَّامِنَةُ	114
two	deux	١٢ إِثْنَانِ إِثْنَتَانِ	115
second	second, deuxième	٢ ثَانٍ الثَّانِي	116

two o'clock	deux heures	١٧ (اَلسَّاعَةُ) اَلثَّانِيَةُ ١١٧
Monday	lundi	يَوْمُ الْإِثْنَيْنِ ١٢ ١١٨

ج

very	très	جِدّاً ١٣ ١١٩
new	nouveau, neuf	جَدِيدٌ جُدَدٌ جُدُدٌ ٥ ١٢٠
newspaper	journal	جَرِيدَةٌ جَرَائِدُ ١٧ ١٢١
to sit down	s'asseoir	جَلَسَ يَجْلِسُ جُلُوسٌ ٥ ١٢٢
the fifth month of the Muslim year	le 5ème mois de l'année musulmane	جُمَادَى الْأُولَى ٤٥ ١٢٣
the sixth month of the Muslim year	le 6ème mois de l'année musulmane	جُمَادَى الثَّانِيَةُ ٤٥ ١٢٤
university	université	جَامِعَةٌ جَامِعَاتٌ ٣٣ ١٢٥
university, adj.	universitaire	جَامِعِيٌّ ٤٥ ١٢٦
Friday	vendredi	يَوْمُ الْجُمُعَةِ ١٢ ١٢٧
pretty, beautiful	joli, beau, jolie, belle	جَمِيلٌ جَمِيلَةٌ ١٦ ١٢٨
south	sud	جَنُوبٌ ٣٦ ١٢٩
foreign, foreigner, m.	étranger	أَجْنَبِيٌّ أَجَانِبُ ٧ ١٣٠
foreign, foreigner, f.	étrangère	أَجْنَبِيَّةٌ أَجْنَبِيَّاتٌ ٧ ١٣١
weather, atmosphere	temps, atmosphère	جَوٌّ أَجْوَاءٌ ١٦ ١٣٢
to answer	répondre	أَجَابَ يُجِيبُ إِجَابَةٌ عَنْ عَلَى ٢٧ ١٣٣
to go out for a walk	se promener	تَجَوَّلَ يَتَجَوَّلُ تَجَوُّلٌ ٤٠ ١٣٤
to come	venir	جَاءَ يَجِيءُ مَجِيءٌ ٣٩ ١٣٥

good	bon	٣٣ جَيِّدٌ 136
well	bien	٨ جَيِّداً 137

ح

to love, like	aimer	١٥ أَحَبَّ يُحِبُّ حُبٌّ مَحَبَّةٌ هـ 138
until, in order to, even	jusqu'à ce que, afin de, même	٤٢ حَتَّى 139
the 12th month of the Muslim year	le 12ème mois de l'année musulmane	٤٥ ذُو الْحِجَّةِ 140
garden, park	jardin, parc	٣٦ حَدِيقَةٌ حَدَائِقُ 141
heat	chaleur	٤٠ حَرٌّ حَرَارَةٌ 142
hot	chaud	٣٥ حَارٌّ 143
the 1st month of the Muslim year	le 1er mois de l'année musulmane	٤٥ مُحَرَّمٌ 144
June	juin	٤٥ حَزِيرَانُ 145
bus	autobus	٢٤ حَافِلَةٌ حَافِلَاتٌ حَوَافِلُ 146
to have the right	avoir le droit	٢٤ حَقَّ يَحِقُّ حَقٌّ لِ أَنْ 147
right, truth	droit, vérité	٢٣ حَقٌّ حُقُوقٌ 148
really, truly	réellement, vraiment	٢٣ حَقّاً 149
station	gare, station	١٥ مَحَطَّةٌ مَحَطَّاتٌ 150
milk	lait	٣٥ حَلِيبٌ 151
to take a bath	se baigner	٤٣ اِسْتَحَمَّ يَسْتَحِمُّ إِسْتِحْمَامٌ 152
bath, bathroom	bain, salle de bain	٤٣ حَمَّامٌ حَمَّامَاتٌ 153
red, m.	rouge, m.	٢٨ أَحْمَرُ حُمْرٌ 154

124

red, f.	rouge, f.	٢٨ حُمْرٌ حَمْرَاءُ 155
need	besoin	٢٦ حَاجَاتٌ حَاجَةٌ 156
where (place)	où (lieu)	٢٦ حَيْثُ 157
time	temps	٤٥ أَحَايِينُ أَحْيَانٌ حِينٌ 158
from time to time	de temps en temps	٤٥ وَآخَرَ حِينٍ بَيْنَ 159
from time to time	de temps à autre	٤٥ لِآخَرَ حِينٍ مِنْ 160
immediately	immédiatement	٤٥ حِيناً 161
sometimes	parfois	١٣ أَحْيَاناً 162
life	vie	٢٦ حَيَاةٌ 163
animal	animal	٣٢ حَيَوَانَاتٌ حَيَوَانٌ 164

خ

bread	pain	٣٢ أَخْبَازٌ خُبْزٌ 165
to go out	sortir	١٩ خُرُوجٌ يَخْرُجُ خَرَجَ 166
outside	extérieur	٤٢ خَارِجٌ 167
autumn, fall	automne	٤٤ خَرِيفٌ 168
green, m.	vert	٤٠ خُضْرٌ أَخْضَرُ 169
green, f.	verte	٤٠ خُضْرٌ خَضْرَاءُ 170
vegetables	légumes	٣٩ خَضْرَاوَاتٌ خُضَارٌ 171
to be mistaken	se tromper	١٩ في خَطَأً يُخْطِئُ أَخْطَأَ 172
error	erreur	١٩ أَخْطَاءٌ خَطَأٌ 173

125

mistaken, wrong	qui se trompe, avoir tort	١٩ مُخْطِىءٌ 174
light	léger	٤٣ خَفِيفٌ خِفَافٌ أَخْفَافٌ 175
behind	derrière	١٠ خَلْفَ 176
five	cinq	٢٤ خَمْسَةٌ خَمْسٌ 177
fifth	cinquième	٥ خَامِسٌ 178
five o'clock	cinq heures	٢٧ اَلْخَامِسَةُ (اَلسَّاعَةُ) 179
Thursday	jeudi	٣١ يَوْمُ الْخَمِيسِ 180
to be afraid	avoir peur	١٩ خَافَ يَخَافُ خَوْفٌ مِنْ عَلَى أَنْ 181

د

to enter	entrer	٣٣ دَخَلَ يَدْخُلُ دُخُولٌ هـ إِلَى فِي 182
inside	intérieur	٤٢ دَاخِلٌ 183
to smoke	fumer	٢٥ دَخَّنَ يُدَخِّنُ تَدْخِينٌ 184
to study	étudier	١٨ دَرَسَ يَدْرُسُ دَرْسٌ دِرَاسَةٌ 185
lesson	leçon	١ دَرْسٌ دُرُوسٌ 186
academic, pertaining to study	scolaire	٤٥ دِرَاسِيّ 187
school	école	٧ مَدْرَسَةٌ مَدَارِسُ 188
December	décembre	٤٥ دِيسِمْبِرُ 189
to invite	inviter	٤٢ دَعَا يَدْعُو دَعْوٌ دَعْوَةٌ دُعَاءٌ 190
invitation	invitation	٤٢ دَعْوَةٌ دَعَوَاتٌ 191
store, shop	magasin	٢٠ دُكَّانٌ دَكَاكِينُ 192

always	toujours	١٩٣ دَائِماً ٢٢
house, home	maison	١٩٤ دَارٌ دُورٌ دِيَارٌ ١٠
without	sans	١٩٥ دُونَ بِدُونِ ٣٢

ذ

that, dem., m.	celui-là	١٩٦ ذَلِكَ ٩
in spite of that	malgré cela	١٩٧ مَعَ ذَلِكَ ٢٣
to remember	se rappeler	١٩٨ تَذَكَّرَ يَتَذَكَّرُ تَذَكُّرُهُ أَنَّ ٢٧
to go	aller	١٩٩ ذَهَبَ يَذْهَبُ ذَهَابٌ ١٤
those, m.d.	ceux-là, d.	٢٠٠ ذَانِكَ ٤٥
to taste	goûter	٢٠١ ذَاقَ يَذُوقُ ذَوْقُهُ ٤٣

ر

head	tête	٢٠٢ رَأْسٌ رُؤُوسٌ أَرْؤُسٌ ٤٣
to see	voir	٢٠٣ رَأَى يَرَى رَأْيٌ رُؤْيَةٌ ٢٧
four	quatre	٢٠٤ أَرْبَعَةٌ أَرْبَعٌ ١٨
fourth	quatrième	٢٠٥ رَابِعٌ ٤
Wednesday	mercredi	٢٠٦ يَوْمُ الْأَرْبَعَاءِ ٢٥
spring	printemps	٢٠٧ رَبِيعٌ ٣٩
the 3rd month of the Muslim year	le 3ème mois de l'année musulmane	٢٠٨ رَبِيعُ الْأَوَّلُ ٤٥
the 4th month of the Muslim year	le 4ème mois de l'année musulmane	٢٠٩ رَبِيعُ الثَّانِي ٤٥
perhaps	peut-être	٢١٠ رُبَّمَا ٣١

127

the 7th month of the Muslim year	le 7ème mois de l'année musulmane	٤٥ رَجَبٌ 211
to come back, come again, return	retourner, revenir	٣٨ رَجَعَ يَرْجِعُ رُجُوعٌ 212
man	homme	٨ رَجُلٌ رِجَالٌ 213
foot	pied	٣٤ رِجْلٌ أَرْجُلٌ 214
to hope	espérer	٢٣ رَجَا يَرْجُو رَجَاءٌ أَنْ 215
cheap	bon marché	٢٠ رَخِيصٌ 216
to send	envoyer	٢٧ أَرْسَلَ يُرْسِلُ إِرْسَالٌ هـ 217
letter	lettre	٢٧ رِسَالَةٌ رَسَائِلُ 218
in spite of	malgré	٣٤ رَغْمٌ 219
number , numeral	chiffre, numéro	٣١ رَقْمٌ أَرْقَامٌ 220
to ride, to mount	monter (en voiture, à cheval)	رَكِبَ يَرْكَبُ رُكُوبٌ هـ عَلَى 221
the 9th month of the Muslim year	le 9ème mois de l'année musulmane	٤٥ رَمَضَانُ 222
to rest	se reposer	٤٣ اِسْتَرَاحَ يَسْتَرِيحُ إِسْتِرَاحَةٌ 223
rest	repos	٤٣ رَاحَةٌ 224
to want	vouloir	٢١ أَرَادَ يُرِيدُ إِرَادَةٌ هـ أَنْ 225
countryside	campagne	١١ رِيفٌ أَرْيَافٌ 226

ز

blue, m	bleu	٣٠ أَزْرَقُ زُرْقٌ 227
blue, f.	bleue	٣٠ زَرْقَاءُ زُرْقٌ 228
colleague, m.	collègue, m.	٨ زَمِيلٌ زُمَلَاءُ 229

colleague, f.	collègue, f.	٨ زَمِيلَةٌ زَمِيلَاتٌ	230
husband	mari, époux	١٢ زَوْجٌ أَزْوَاجٌ	231
wife	épouse	١٢ زَوْجَةٌ زَوْجَاتٌ	232
married	marié(e)	١٢ (ة) مُتَزَوِّجٌ	233

س

future particles	particules du futur	٣١ سَ سَوْفَ	234
to ask (a question)	interroger	٢١ سَأَلَ يَسْأَلُ سُؤَالٌ مَسْأَلَةٌ هـ عَنْ	235
question	question	٢١ سُؤَالٌ أَسْئِلَةٌ	236
Saturday	samedi	٢٤ يَوْمُ السَّبْتِ	237
September	septembre	٤٥ سِبْتَمْبِرُ	238
seven	sept	٣١ سَبْعَةٌ سَبْعٌ	239
seventh	septième	٧ سَابِعٌ	240
week	semaine	٢٤ أُسْبُوعٌ أَسَابِيعُ	241
weekend	fin de semaine, week-end	٤٣ عُطْلَةُ نِهَايَةِ الْأُسْبُوعِ	242
six	six	٣٦ سِتَّةٌ سِتٌّ	243
hot, warm	chaud	٤٣ سُخْنٌ	244
sixth	sixième	٦ سَادِسٌ	245
joy, pleaure	joie, plaisir	١٤ سُرُورٌ	246
with pleasure	avec plaisir	١٤ بِكُلِّ سُرُورٍ	247
glad, contented	content	٩ (ة) مَسْرُورٌ	248

speed	vitesse, rapidité	سُرْعَةٌ ٢١	249
fast, quickly	vite, rapidement	بِسُرْعَةٍ ٢١	250
to travel	voyager	سَافَرَ يُسَافِرُ مُسَافَرَةً سَفَرٌ ١٤	251
traveller	voyageur	مُسَافِرٌ مُسَافِرُونَ ١٥	252
sugar	sucre	سُكَّرٌ ٣٩	253
cigarette	cigarette	سِيكَارَةٌ سَكَائِرُ ٢٥	254
to live, to reside	habiter	سَكَنَ يَسْكُنُ سَكَنٌ هـ فِي ١٠	255
sky	ciel	سَمَاءٌ سَمَاوَاتٌ ٣٦	256
to hear	entendre	سَمِعَ يَسْمَعُ سَمْعٌ سَمَاعٌ هـ ٢٩	257
to listen	écouter	إِسْتَمَعَ يَسْتَمِعُ إِسْتِمَاعٌ إِلَى ٤٢	258
year	année	سَنَةٌ سَنَوَاتٌ سِنُونَ ١٤	259
easy	facile	سَهْلٌ ٢٥	260
easiness	facilité	سُهُولَةٌ ٤١	261
easily	facilement	بِسُهُولَةٍ ٤١	262
black, m.	noir	أَسْوَدُ سُودٌ ٤	263
black, f.	noire	سَوْدَاءُ سُودٌ ٤	264
hour, watch	heure, montre	سَاعَةٌ سَاعَاتٌ ١٧	265
to drive	conduire (une voiture)	سَاقَ يَسُوقُ سَوْقٌ سِيَاقَةٌ ٢١	266
driver	chauffeur, conducteur	سَائِقٌ سَائِقُونَ سَاقَةٌ ٢١	267
market	marché	سُوقٌ أَسْوَاقٌ ٣٤	268

130

master, gentleman, Mister	maître, monsieur	سَيِّدٌ أَسْيَادٌ سَادَةٌ ٢٠	269
mistress, lady, Mrs.	maîtresse, dame, Mme	سَيِّدَةٌ سَيِّدَاتٌ ٢٠	270
car	voiture	سَيَّارَةٌ سَيَّارَاتٌ ٢٠	271

ش

young man	jeune homme	شَابٌّ شُبَّانٌ شَبَابٌ ٤٤	272
February	février	شُبَاطٌ ٤٥	273
window	fenêtre	شُبَّاكٌ شَبَابِيكُ ١٦	274
winter	hiver	شِتَاءٌ ٢٥	275
person	personne	شَخْصٌ أَشْخَاصٌ ٢٩	276
personal	personnel	شَخْصِيٌّ ٢٩	277
personally	personnellement	شَخْصِيّاً ٢٩	278
to drink	boire	شَرِبَ يَشْرَبُ شُرْبٌ مَشْرَبٌ ١٦	279
street	rue	شَارِعٌ شَوَارِعُ ٢٧	280
east, the Orient, the East	est, l'Orient	شَرْقٌ ٢١	281
eastern, Oriental	oriental	شَرْقِيٌّ ٢١	282
to buy	acheter	إِشْتَرَى يَشْتَرِي إِشْتِرَاءٌ شِرَاءٌ ٢٠	283
the 8th month of the Muslim year	le 8ème mois de l'année musulmane	شَعْبَانُ ٤٥	284
to feel	éprouver, sentir	شَعَرَ يَشْعُرُ شُعُورٌ بِأَنَّ ٢٣	285
busy	occupé	مَشْغُولٌ مَشْغُولُونَ ٣٤	286
hospital	hôpital	مُسْتَشْفَى مُسْتَشْفَيَاتٌ ٣٣	287

apartment	appartement	288 شَقَّةٌ شُقَقٌ ١٥
to thank	remercier	289 شَكَرَ يَشْكُرُ شُكْرٌ هـ عَلَى ٣١
to smell	sentir (odeur)	290 شَمَّ يَشُمُّ شَمٌّ هـ ٣٤
sun	soleil	291 شَمْسٌ ٤٠
north	nord	292 شَمَالٌ ١٦
month	mois	293 شَهْرٌ أَشْهُرٌ شُهُورٌ ٤١
the 10th month of the Muslim year	le 10ème mois de l'année musulmane	294 شَوَّالٌ ٤٥
tea	thé	295 شَايٌ ٢٥
thing	chose	296 شَيْءٌ أَشْيَاءُ ٢٢

ص

morning	matin	297 صَبَاحٌ صُبْحٌ أَصْبَاحٌ ١٣
boy	garçon	298 صَبِيٌّ صِبْيَةٌ صِبْيَانٌ ٣٧
health	santé	299 صِحَّةٌ ٣٣
well (in good health), right	bien portant, vrai	300 صَحِيحٌ صِحَاحٌ أَصِحَّاءُ ٣٣
friend, m.	ami	301 صَدِيقٌ أَصْدِقَاءُ ٦
friend, f.	amie	302 صَدِيقَةٌ صَدِيقَاتٌ ٦
difficult	difficile	303 صَعْبٌ صِعَابٌ ٨
difficulty	difficulté	304 صُعُوبَةٌ ٤١
with difficulty	difficilement	305 بِصُعُوبَةٍ ٤١
small, little	petit	306 صَغِيرٌ صِغَارٌ ٢٩

132

the 2nd month of the Muslim year	le 2ème mois de l'année musulmane	٤٥ صَفَرٌ 307
yellow, m.	jaune, m.	٣٥ أَصْفَرُ صُفْرٌ 308
yellow, f.	jaune, f.	٣٥ صَفْرَاءُ 309
voice	voix	٢٩ صَوْتٌ أَصْوَاتٌ 310
to become	devenir	٣٦ صَارَ يَصِيرُ صَيْرٌ صَيْرُورَةً 311
summer	été	٣٥ صَيْفٌ 312

ض

to laugh	rire	١٩ ضَحِكَ يَضْحَكُ ضَحِكٌ مِنْ عَلَى 313

ط

doctor, physician	médecin	٣٣ طَبِيبٌ أَطِبَّاءُ 314
nature	nature	٤٠ طَبِيعَةٌ 315
naturally, of course	naturellement, bien sûr	٣١ طَبْعاً 316
stamp	timbre	٢٧ طَابَعٌ طَوَابِعُ 317
food	nourriture	٣٢ طَعَامٌ أَطْعِمَةٌ 318
dinner	dîner	٣٩ طَعَامُ الْعَشَاءِ 319
lunch	déjeuner	٣٦ طَعَامُ الْغَدَاءِ 320
breakfast	petit-déjeuner	٣٢ طَعَامُ الْفَطُورِ 321
restaurant	restaurant	١٣ مَطْعَمٌ مَطَاعِمُ 322
child	enfant	٢٩ طِفْلٌ أَطْفَالٌ 323
weather	temps (qu'il fait)	١٦ طَقْسٌ طُقُوسٌ 324

student, m.	étudiant	325 طالِبٌ طُلّابٌ طَلَبَةٌ ٧
student, f.	étudiante	326 طالِبَةٌ طالِباتٌ ٧
fluently	couramment	327 بِطَلاقَةٍ ٨
to be able	pouvoir	328 إِسْتَطاعَ يَسْتَطيعُ إِسْتِطاعةً هـ أَنْ ١٧
long	long	329 طَويلٌ طِوالٌ ٢٣
a long time	longtemps	330 طَويلاً ٤٢
table	table	331 طاوِلَةٌ طاوِلاتٌ ٦
airport	aéroport	332 مَطارٌ مَطاراتٌ ٢٨
airplane	avion	333 طائِرَةٌ طائِراتٌ ٢٨

ظ

to think (that)	croire, penser que	334 ظَنَّ يَظُنُّ ظَنٌّ هـ أَنَّ ١٩
noon	midi	335 ظُهْرٌ أَظْهارٌ ٢٨

ع

to be in a hurry	être pressé	336 مُسْتَعْجِلٌ مُسْتَعْجِلونَ ٣٨
temperate, moderate	tempéré, modéré	337 مُعْتَدِلٌ مُعْتَدِلونَ ٣٩
Arabs (coll. pl.)	Arabes (coll. pl.)	338 عَرَبٌ ٨
Arab, m	arabe, m.	339 عَرَبِيٌّ عَرَبٌ ٨
Arab, f.	arabe, f.	340 عَرَبِيَّةٌ عَرَبِيّاتٌ ٨
to know	savoir, connaître	341 عَرَفَ يَعْرِفُ عِرْفانٌ مَعْرِفةٌ هـ أَنَّ ٨
dinner	dîner	342 عَشاءٌ طَعامُ العَشاءِ ٣٩

ten	dix	٣٧ عَشْرٌ عَشَرَةٌ 343
tenth	dixième	١٠ عَاشِرٌ 344
juice	jus	٣٢ عَصِيرٌ عُصَارَةٌ عُصَارَاتٌ 345
vacation, holiday	vacances, congé	١٣ عُطْلَةٌ عُطْلَاتٌ عُطَلٌ 346
weekend	week-end, fin de semaine	٤٣ عُطْلَةُ نِهَايَةِ الْأُسْبُوعِ 347
to give	donner	١٨ أَعْطَى يُعْطِي عَطَاءٌ 348
most of	la plupart	٤٥ مُعْظَمٌ 349
to know	savoir, connaître	٩ عَلِمَ يَعْلَمُ عِلْمٌ هـ بِ أَنَّ 350
to learn	apprendre	٧ تَعَلَّمَ يَتَعَلَّمُ تَعَلُّمٌ هـ 351
teacher, m.	enseignant	١ مُعَلِّمٌ مُعَلِّمُونَ 352
teacher, f.	enseignante	١ مُعَلِّمَةٌ مُعَلِّمَاتٌ 353
on	sur	٥ عَلَى 354
generally	généralement	١٧ عَامَّةً 355
age	âge	٣٧ عُمْرٌ أَعْمَارٌ 356
to work	travailler	١٢ عَمِلَ يَعْمَلُ عَمَلٌ 357
work	travail	١٧ عَمَلٌ أَعْمَالٌ 358
on, about	sur, au sujet de	٦ عَنْ 359
to, at	chez, à	٣٢ عِنْدَ 360
when	lorsque	١٩ عِنْدَمَا 361
address, title	adresse, titre	١١ عُنْوَانٌ عَنَاوِينُ 362

to return, come back	retourner, revenir	٣٨ عَادَ يَعُودُ عَوْدٌ عَوْدَةٌ 363
usually, ordinarily	habituellement, d'ordinaire	٣٥ عَادَةً 364
to live	vivre	١١ عَاشَ يَعِيشُ عَيْشٌ مَعِيشَةٌ 365
year	année, an	١٤ عَامٌ أَعْوَامٌ 366
eye	oeil	٢٨ عَيْنٌ أَعْيُنٌ عُيُونٌ 367

غ

tomorrow	demain	١٨ غَدًا 368
lunch	déjeuner	٣٦ غَدَاءٌ طَعَامُ الْغَدَاءِ 369
to leave	quitter	٣٨ غَادَرَ يُغَادِرُ مُغَادَرَةٌ 370
west, the West	ouest, l'Ouest	٤٢ غَرْبٌ 371
western, occidental	occidental	٤٢ غَرْبِيٌّ 372
to wash	laver, se laver	٤٣ غَسَلَ يَغْسِلُ غَسْلٌ 373
expensive	cher	٣٠ غَالٍ غَلَاءٌ 374
to close, shut	fermer	١٦ أَغْلَقَ يُغْلِقُ إِغْلَاقٌ 375
closed, shut	fermé	١٦ مُغْلَقٌ 376
to change	changer	٤٥ غَيَّرَ يُغَيِّرُ تَغْيِيرٌ 377
to change	changer	٤٤ تَغَيَّرَ يَتَغَيَّرُ تَغَيُّرٌ 378
in-, im-, il-, dis-, other than	in-, im-, il-, ir-, dés-, an-, autre que	٩ غَيْرٌ 379

ف

February	février	٤٥ فِبْرَايِرُ 380

to open	ouvrir	فَتَحَ يَفْتَحُ فَتْحٌ ٢	381
open	ouvert	مَفْتُوحٌ ٢	382
key	clef	مِفْتَاحٌ مَفَاتِيحُ ٢	383
young woman	jeune femme, jeune fille	فَتَاةٌ فَتَيَاتٌ ٤٤	384
bed	lit	فِرَاشٌ فُرُشٌ أَفْرِشَةٌ ٣٩	385
dress (woman's)	robe	فُسْتَانٌ فَسَاتِينُ ٢٠	386
classroom, class	salle de classe, classe	فَصْلٌ (المدرسة) فُصُولٌ ٣	387
season	saison	فَصْلٌ (السّنة) فُصُولٌ ٢٥	388
to prefer	préférer	فَضَّلَ يُفَضِّلُ تَفْضِيلٌ ٢٥	389
kindness, surplus	bienfait, surplus	فَضْلٌ ٤٢	390
please	s'il te plaît	مِنْ فَضْلِكَ ٤٢	391
breakfast	petit-déjeuner	فَطُورٌ طَعَامُ الْفَطُورِ ٣٢	392
to do	faire	فَعَلَ يَفْعَلُ فِعْلٌ ٢٢	393
indeed, in fact	effectivement, en fait	فِعْلاً ٢٢	394
to lose	perdre	فَقَدَ يَفْقِدُ فَقْدٌ فُقْدَانٌ ٢٦	395
only	seulement	فَقَطْ ١٣	396
fruit	fruits	فَاكِهَةٌ فَوَاكِهُ ٣٥	397
cup	tasse	فِنْجَانٌ فَنَاجِينُ ٢٥	398
to understand	comprendre	فَهِمَ يَفْهَمُ فَهْمٌ ١٩	399
above, up, over	sur, au-dessus, en haut	فَوْقَ ٣٧	400

in	dans	في، ٣	401

ق

to accept	accepter	قَبِلَ يَقْبَلُ قَبُولٌ ٤٢	402
to meet	rencontrer	قَابَلَ يُقَابِلُ مُقَابَلَةً ٤٤	403
to meet together	se rencontrer	تَقَابَلَ يَتَقَابَلُ تَقَابُلٌ ٤٤	404
to welcome	accueillir	إِسْتَقْبَلَ يَسْتَقْبِلُ إِسْتِقْبَالٌ ٢٨	405
before	avant	قَبْلَ ٣٣	406
to introduce	présenter	قَدَّمَ يُقَدِّمُ تَقْدِيمٌ ٤٤	407
foot	pied	قَدَمٌ أَقْدَامٌ ٣٤	408
old, ancient	vieux, ancien	قَدِيمٌ قُدَامَى قُدَمَاءُ ٢٠	409
to read	lire	قَرَأَ يَقْرَأُ قِرَاءَةٌ ٩	410
near	près	قُرْبَ ١١	411
close, near, relative	proche, parent	قَرِيبٌ قُرَبَاءُ مِنْ ١٠	412
soon	prochainement, bientôt	قَرِيباً ٣٨	413
almost, nearly, approximatively	presque, approximativement	تَقْرِيباً ٣٢	414
short	court	قَصِيرٌ قِصَارٌ ٣٦	415
cat	chat	قِطٌّ قِطَطٌ قِطَاطٌ ٣٤	416
train	train	قِطَارٌ قِطَارَاتٌ قُطُرٌ ١٤	417
the 11th month of the Muslim year	le 11ème mois de l'année musulmane	ذُو الْقَعْدَةِ ٤٥	418
a little, a few	peu	قَلِيلٌ ٩	419

a little	un peu	قَلِيلاً ٩ 420
to change	changer	تَقَلَّبَ يَتَقَلَّبُ تَقَلُّب ٤٤ 421
pen, pencil	crayon, stylo	قَلَمٌ أَقْلامٌ ٣ 422
shirt	chemise	قَمِيصٌ أَقْمِصَةٌ قُمْصَانٌ ٣٠ 423
coffee	café	قَهْوَةٌ ٢٥ 424
café, coffeeshop	café	مَقْهًى مَقَاهِي ٢٥ 425
room	salle	قَاعَةٌ قَاعَاتٌ ٤٢ 426
waiting-room	salle d'attente	قَاعَةُ الإِنْتِظَارِ ٤٢ 427
to say, tell	dire	قَالَ يَقُولُ قَوْلٌ هـ أَنَّ إِنَّ ٢٣ 428
to stand up	se lever	قَامَ يَقُومُ قِيَامٌ ١٨ 429
to do, undertake	faire, s'occuper, entreprendre	قَامَ يَقُومُ قِيَامٌ بِ ١٨ 430
to get up (from sleep)	se lever (du sommeil)	قَامَ مِنَ النَّوْمِ ٣٩ 431
to reside	résider	أَقَامَ يُقِيمُ إِقَامَةٌ بِ فِي ٤٥ 432

ك

as, like	comme	كَ ٢٨ 433
big, large	grand	كَبِيرٌ كِبَارٌ ١٠ 434
to write	écrire	كَتَبَ يَكْتُبُ كَتْبٌ كِتَابَةٌ هـ ٣ 435
writer, secretary, m.	écrivain, secrétaire, m.	كَاتِبٌ كُتَّابٌ ٤ 436
writer, secretary, f.	écrivain, secrétaire, f.	كَاتِبَةٌ كَاتِبَاتٌ ٤ 437
office	bureau	مَكْتَبٌ مَكَاتِبُ ١٠ 438

library, bookshop	bibliothèque, librairie	١١	مَكْتَبَةٌ مَكْتَبَاتٌ مَكَاتِبُ 439
book	livre	٩	كِتَابٌ كُتُبٌ 440
much	beaucoup	١٤	كَثِيرٌ 441
much	beaucoup	١٤	كَثِيراً 442
often	souvent	٤٥	كَثِيراً مَا 443
chair	chaise	٥	كُرْسِيٌّ كَرَاسِيُّ كَرَاسٍ 444
every, all	chaque, tout, tous, toute(s)	١٢	كُلُّ 445
dog	chien	٣٠	كَلْبٌ كِلَابٌ 446
to speak to	parler à	٤١	كَلَّمَ يُكَلِّمُ كَلَامٌ 447
to speak, talk	parler	٦	تَكَلَّمَ يَتَكَلَّمُ كَلَامٌ 448
speach	parole	٤١	كَلَامٌ 449
word	mot	٤١	كَلِمَةٌ كَلِمَاتٌ 450
faculty (of a university)	faculté (d'université)	٤٤	كُلِّيَّةٌ كُلِّيَّاتٌ 451
sofa	canapé	٥	كَنَبَةٌ كَنَبَاتٌ 452
how much, how many	combien	١٧	كَمْ 453
likewise, as well	comme, de même que	٤٠	كَمَا 454
to be	être	١٥	كَانَ يَكُونُ كَوْنٌ كَيْنُونَةٌ 455
place	lieu, endroit	٢٢	مَكَانٌ أَمْكِنَةٌ 456
December	décembre	٤٥	كَانُونُ الْأَوَّلُ 457
January	janvier	٤٥	كَانُونُ الثَّانِي 458

140

in order to	afin de, pour que	١٥	٤٥٩ كَيْ لِكَيْ
how	comment	٩	٤٦٠ كَيْفَ

ل

to, for	à, pour	٦	٤٦١ لِ
because	parce que	٨	٤٦٢ لِأَنَّ
to put on, wear (a dress)	s'habiller	٤٣	٤٦٣ لَبِسَ يَلْبَسُ لُبْسٌ
clothes	vêtements	٤٣	٤٦٤ مَلْبَسٌ مَلابِسُ
milk	lait	٣٥	٤٦٥ لَبَنٌ أَلْبَانٌ
moment, instant	moment, instant	٤٢	٤٦٦ لَحْظَةٌ لَحَظاتٌ
meat	viande	٣٥	٤٦٧ لَحْمٌ
tongue	langue	٤٣	٤٦٨ لِسَانٌ أَلْسِنَةٌ
gently, soft	gentil, doux	٣١	٤٦٩ لَطِيفٌ لِطَافٌ لُطَفَاءُ
to play	jouer	٣٠	٤٧٠ لَعِبَ يَلْعَبُ لَعِبٌ تِلْعَابٌ
language	langage	٧	٤٧١ لُغَةٌ لُغَاتٌ
but	mais	٢١	٤٧٢ لَكِنَّ
in order to	afin de, pour que	١٥	٤٧٣ لِكَيْ
jussive and past neg. particle	particule du jussif et du passé nég.	٢٩	٤٧٤ لَمْ
why not	pourquoi pas	٤١	٤٧٥ لِمَ لاَ
to touch	toucher	٣٢	٤٧٦ لَمَسَ يَلْمُسُ لَمْسٌ
why	pourquoi	١١	٤٧٧ لِمَاذَا

subj. and future neg. particle	particule du subj. et futur neg.	١٨ لَنْ 478
no, not	non, ne pas	٢ لَا 479
neither... nor	ni... ni	٦ لَا ... وَلَا 480
if	si	١٩ لَوْ 481
if (with two verbs in the perfect)	si (avec deux verbes à l'accompli)	٢٠ لَوْ ... لَ 482
if (with second verb in the negative)	si (avec le deuxième verbe au négatif)	٢٠ لَوْ ... لَمَا 483
even if	même si	١٩ وَلَوْ 484
color	couleur	٣٠ لَوْنٌ أَلْوَانٌ 485
not to be	ne pas être	٢ لَيْسَ 486
isn't it	n'est-ce pas	١٥ أَلَيْسَ كَذَلِكَ 487
night	nuit	٣٩ لَيْلٌ لَيْلَةٌ لَيَالٍ 488

م

when (inter.)	quand (inter.)	٢٤ مَتَى 489
similar to	semblable à	٢٨ مِثْلَ 490
period	période	٢٦ مُدَّةٌ مُدَدٌ 491
a long time	longtemps	٢٦ مُدَّةٌ طَوِيلَةٌ 492
city, town	ville	٧ مَدِينَةٌ مُدُنٌ 493
once	une fois	١٤ مَرَّةٌ مَرَّاتٌ 494
woman	femme	٨ اِمْرَأَةٌ نِسَاءٌ 495
sick, ill	malade	٣٣ مَرِيضٌ مَرْضَى 496

142

evening	soir	٤٩٧ مَسَاءٌ أَمْسَاءٌ أُمْسِيَاتٌ ٢٤
evening, adj.	du soir	٤٩٨ مَسَائِيٌّ ٣٧
to walk	marcher	٤٩٩ مَشَى يَمْشِي مَشْيٌ ٣٤
on foot	à pied	٥٠٠ مَشْياً عَلَى الأَقْدَامِ ٣٤
rain	pluie	٥٠١ مَطَرٌ أَمْطَارٌ ٣٦
with	avec	٥٠٢ مَعَ ٦
in spite of it, nevertheless, still	malgré cela	٥٠٣ مَعَ ذَلِكَ ٢٣
together	ensemble	٥٠٤ مَعاً ٤٤
to be possible	être possible	٥٠٥ أَمْكَنَ يُمْكِنُ إِمْكَانٌ هَلِ أَنْ ٢١
possible	possible	٥٠٦ مُمْكِنٌ ٢١
impossible	impossible	٥٠٧ غَيْرُ مُمْكِنٍ ٢١
who, inter.	qui, inter.	٥٠٨ مَنْ ٨
from	de	٥٠٩ مِنْ ٧
since, for, ago	depuis	٥١٠ مُنْذُ ٢٦
for a long time	depuis longtemps	٥١١ مُنْذُ مُدَّةٍ طَوِيلَةٍ ٢٦
what, inter.	qu'est-ce que	٥١٢ مَا ١٨
what, inter.	qu'est-ce que	٥١٣ مَاذَا ١٨
why	pourquoi	٥١٤ لِمَاذَا ١١
what, rel.	ce que	٥١٥ مَا ٠٠٠ مَا ٢٣
water	eau	٥١٦ مَاءٌ مِيَاهٌ ١٦

March	mars	٥ مَارِس ٥١٧
May	mai	٥ مَايُو ٥١٨
music	musique	٤٢ مُوسِيقَى ٥١٩

ن

people	gens	نَاسٌ أُنَاسٌ اَلنَّاسُ ١٩ ٥٢٠
we, our, us	nous, notre, nos	نَحْنُ نَا ٦ ٥٢١
seldom	rarement	نَادِراً (مَا) ٤٥ ٥٢٢
to go down, come down	descendre	نَزَلَ يَنْزِلُ نُزُولٌ ٣٦ ٥٢٣
house, home	maison	مَنْزِلٌ مَنَازِلُ ١٠ ٥٢٤
relationship	relation, rapport	نِسْبَةٌ نِسَبٌ ٣٠ ٥٢٥
with respect to	par rapport à	بِالنِّسْبَةِ لِ إِلَى ٣٠ ٥٢٦
relative	relatif	نِسْبِيٌّ ٢٦ ٥٢٧
relatively	relativement	نِسْبِيّاً ٢٦ ٥٢٨
to forget	oublier	نَسِيَ يَنْسَى نِسْيَانٌ ٣١ ٥٢٩
to pronouce	prononcer	نَطَقَ يَنْطِقُ نُطْقٌ نُطُوقٌ بِ ٤١ ٥٣٠
to look	regarder	نَظَرَ يَنْظُرُ نَظَرٌ مَنْظَرٌ إِلَى ٤١ ٥٣١
to wait	attendre	إِنْتَظَرَ يَنْتَظِرُ إِنْتِظَارُهُ ٤٢ ٥٣٢
waiting	attente	إِنْتِظَارٌ ٤٢ ٥٣٣
waiting-room	salle d'attente	قَاعَةُ الْإِنْتِظَارِ ٤٢ ٥٣٤
clean	propre	نَظِيفٌ نُظَفَاءُ نِظَافٌ ٤٣ ٥٣٥

144

organization	organisation	١٣ مُنَظَّمَةٌ مُنَظَّمَاتٌ 536
yes	oui	٢ نَعَمْ 537
soul, self	âme, soi-même	٢٢ نَفْسٌ 538
to breath	respirer	٣٤ تَنَفَّسَ يَتَنَفَّسُ تَنَفُّسٌ 539
money	argent	٢٦ نُقُودٌ (نَقْدٌ) 540
daytime	journée	٣٦ نَهَارٌ أَنْهُرٌ نُهُرٌ 541
to finish	finir, terminer	٢٤ إِنْتَهَى يَنْتَهِي إِنْتِهَاءٌ مِنْ 542
end	fin	٤٣ نِهَايَةٌ 543
weekend	week-end, fin de semaine	٤٣ عُطْلَةُ نِهَايَةِ الْأُسْبُوعِ 544
to have (a meal)	prendre (un repas)	٣٢ تَنَاوَلَ يَتَنَاوَلُ تَنَاوُلٌ هـ 545
November	novembre	٤٥ نُوفمبِرُ 546
to sleep	dormir	٣٩ نَامَ يَنَامُ نَوْمٌ 547
sleep	sommeil	٣٩ نَوْمٌ 548
April	avril	٤٥ نِيسَانُ 549

هـ

gift	cadeau	٣٠ هَدِيَّةٌ هَدَايَا 550
this, m.	celui-ci	١ هَذَا 551
this, f.	celle-ci	١ هَذِهِ 552
these, d.m.	ceux-ci, d.	٤٤ هَذَانِ 553
these, f.d.	celles-ci, d.	٤٤ هَاتَانِ 554

145

these, pl.	ceux-ci, celles-ci, pl.	٥٥٥ ٢٦ هَـؤُلَاءِ
is that	est-ce que	٥٥٦ ١١ هَلْ
they, their, them, m. pl.	eux, leur(s), les, pl.	٥٥٧ ١٠ هُمْ
they, their, them, d.	eux, leur(s), les, d.	٥٥٨ ١٤ هُمَا
they, their, them, f. pl.	elles, leur(s), les	٥٥٩ ١٠ هُنَّ
here	ici	٥٦٠ ٧ هُنَا
there, there is	là, il y a	٥٦١ ٧ هُنَاكَ
he, his, him	lui, son, sa, ses, le	٥٦٢ ١ هُوَ هُ
air	air	٥٦٣ ٣٤ هَوَاءٌ
she, her	elle, son, sa, ses, la	٥٦٤ ١ هَا هِيَ

و

and	et	٥٦٥ ٣ وَ
to be a duty, must	devoir, falloir	٥٦٦ ٢٤ وَجَبَ يَجِبُ وُجُوبٌ
meal	repas	٥٦٧ ٣٥ وَجْبَةٌ وَجَبَاتٌ
to find	trouver	٥٦٨ ٢٣ هـ وَجَدَ يَجِدُ وُجُودٌ
there is	il existe, il y a, il se trouve	٥٦٩ ١٥ يُوجَدُ
face	visage	٥٧٠ ٤٣ وَجْهٌ أَوْجُهٌ وُجُوهٌ
one	un, une	٥٧١ ١٢ وَاحِدٌ وَاحِدَةٌ
loneliness, solitude, unity	solitude, unité	٥٧٢ ٢٣ وَحْدَةٌ وَحَدَاتٌ
one o'clock	une heure	٥٧٣ ١٧ اَلْوَاحِدَةُ (اَلسَّاعَةُ)

146

would like	aimer (conditionnel)	٥٢٥ مَوَدَّةٌ وِدٌّ يَوَدُّ وَدَّ ٥٧٤
behind	derrière	١٠ وَرَاءَ ٥٧٥
paper	papier	٩ أَوْرَاقٌ وَرَقٌ ٥٧٦
sheet of paper, leaf	feuille	٩ أَوْرَاقٌ وَرَقَةٌ ٥٧٧
in the middle of, in the center of	au milieu de, au centre	١٥ وَسَطَ ٥٧٨
middle, center	milieu, centre	٤٠ أَوْسَطُ ٥٧٩
middling	moyen	٤٠ مُتَوَسِّطٌ ٥٨٠
to arrive	arriver	١٧ وُصُولٌ يَصِلُ وَصَلَ ٥٨١
clarity, clearness	clarté	٤١ وُضُوحٌ ٥٨٢
clearly	clairement	٤١ بِوُضُوحٍ ٥٨٣
to put down	poser, mettre	٣٧ هـ وَضْعٌ يَضَعُ وَضَعَ ٥٨٤
functionary, official, employee, m.	fonctionnaire, employé	١٢ مُوَظَّفُونَ مُوَظَّفٌ ٥٨٥
functionary, official, employee, f.	fonctionnaire, employée	١٢ مُوَظَّفَاتٌ مُوَظَّفَةٌ ٥٨٦
time	temps	٢٢ أَوْقَاتٌ وَقْتٌ ٥٨٧
to come to a stop, to stand still	s'arrêter, se tenir debout	١٨ وُقُوفٌ يَقِفُ وَقَفَ ٥٨٨
to stop, abstain	arrêter, s'abstenir de	١٨ تَوَقَّفَ عَنْ يَتَوَقَّفُ تَوَقَّفَ ٥٨٩
child, son, boy	enfant, fils, garçon	٢ أَوْلَادٌ وَلَدٌ ٥٩٠
father, parent	père, parent	١٠ وَالِدٌ ٥٩١
mother	mère	١٠ وَالِدَةٌ ٥٩٢
parents	les parents	١٠ الْوَالِدَانِ ٥٩٣

147

ي

hand	main	٥٩٤ يَدٌ أَيْدِي أَيَادِي ٣٢
January	janvier	٥٩٥ يَنَايِرُ ٤٥
July	juillet	٥٩٦ يُولِيُو ٤٥
day	jour	٥٩٧ يَوْمٌ أَيَّامٌ ١٢
today	aujourd'hui	٥٩٨ اَلْيَوْمَ ٦
June	juin	٥٩٩ يُونِيُو ٤٥

INDEX IN ENGLISH

153

INDEX EN FRANÇAIS

G

298/590 garçon, 37/2
150 gare, station, 15
355 généralement, 17
520 gens, 19
469 gentil, doux, 31
201 goûter, 43
434 grand, 10

H

463 s'habiller, 43
255 habiter, 10
364 habituellement, d'ordinaire, 35
588 faire halte, 18
400 en haut, 37
265 heure, montre, 17
573 une heure, 17
117 deux heures, 17
179 cinq heures, 27
114 huit heures, 27
38 hier, 15
275 hiver, 25
213 homme, 8
50 homme, être humain, 19
272 jeune homme, 44
287 hôpital, 33
112 huit, 26
114 huit heures, 27
113 huitième, 8

I

560 ici, 7
569 il y a, il se trouve, 15
161 immédiatement, 45
507 impossible, 21
466 instant, 42
183 intérieur, 42
235 interroger, 21
191 invitation, 42
190 inviter, 42

J

5 jamais, 29
458/595 janvier, 45
141 jardin, parc, 36

308/309 jaune, 35
180 jeudi, 31
384 jeune femme, jeune fille, 44
49 jeune fille, 44
272 jeune homme, 44
246 joie, plaisir, 14
128 joli(e), 16
470 jouer, 30
597 jour, 12
121 journal, 17
541 journée, 36
107/596 juillet, 45
145/599 juin, 45
345 jus, 32
139 jusqu'à ce que, afin de, même, 42

L

561 là, il y a, 7
97 laisser, quitter, 26
151/465 lait, 35
468 langue, 43
471 langue, langage, 7
373 laver, se laver, 43
186 laçon, 1
175 léger, 43
171 légumes, 39
77 lentement, 6
76 lenteur, 6
59 lequel, quel, laquelle, quelle, 18
218 lettre, 27
429 se lever, 18
431 se lever (du sommeil) 39
439 librairie, bibliothèque, 11
456 lieu, endroit, 22
410 lire, 9
385 lit, 39
440 livre, 9
81 lointain, 20
329 long, 23
330/492 longtemps, 42/26
361 lorsque, 19
562 lui, 1
118 lundi, 12

M

192 magasin, 20
60/518 mai, 45
594 main, 32
472 mais, 21
90/194/524 maison, 10
56 maintenant, 5
269 maître, Monsieur, 20
270 maîtresse, Madame, dame, 20
496 malade, 33
219 malgré, 34
197/503 malgré cela, 23
27 manger, 13
268 marché, 34
216 bon marché, 20
499 marcher, 34
111 mardi, 29
231 mari, époux, 12
233 marié(e), 12
19/517 mars, 45
297 matin, 13
314 médecin, 33
139 même 42
454 de même, 40
484 même si, 19
206 mercredi, 25
36/592 mère, 10
584 mettre, poser, 37
335 midi, 28
579 milieu, centre, 40
578 au milieu, au centre, 15
337 modéré, 39
43 moi, 1
293 mois, 41
144 le 1er mois de l'année musulmane, 45
307 le 2ème mois de l'année musulmane, 45
208 le 3ème mois de l'année musulmane, 45
209 le 4ème mois de l'année musulmane, 45
123 le 5ème mois de l'année musulmane, 45
124 le 6ème mois de l'année musulmane, 45
211 le 7ème mois de l'année musulmane, 45

157

158

عبد الله ناصر الدين

كتاب
مبادئ العربية

طبعة منقحة

AuthorHouse™
1663 Liberty Drive
Bloomington, IN 47403
www.authorhouse.com
Phone: 1-800-839-8640

First published by AuthorHouse   02/22/2011

ISBN: 978-1-4343-7173-7 (sc)

Library of Congress Control Number: 2008903769

Printed in the United States of America

Any people depicted in stock imagery provided by Thinkstock are models, and such images are being used for illustrative purposes only. Certain stock imagery © Thinkstock.

This book is printed on acid-free paper.

Part One

Première Partie

القسم الأول

TEACHING METHOD

The Fundamental Arabic Textbook, completed by the CD-ROM, Interactive Arabic, and the audio CD, allow easy access to the language, if strict discipline is observed:

— do not skip a page, do not (for example) try to find a synonym mentioned later, but follow each lesson of the Textbook, referring, whenever necessary, to the Glossary or to the Index (French / English) in Part Two. Helpful indications may be found by means of the numbers whose functions are specified in the Table of Contents.

— follow the same order with the audio CD on which the lessons are recorded. Precise references are given for each lesson.

— be satisfied with this progress (10 to 15 words per lesson) where each new sentence uses only the elements already acquired. This will enable the student to assimilate progressively the grammatical features and discover very many words derived from these basic words.

In this way, even if progress seems slow, it will be rapid. The various exercises on the interactive CD-ROM will thus serve as revision, and the student, who will be astonished to understand them without difficulty, will be strongly encouraged to continue his or her studies at a higher level using a similar method mainly based on logic.

i

METHODE D'ENSEIGNEMENT

Le Manuel d'arabe fondamental, complété par le CD-ROM, Arabe interactif, et le CD audio, permettent une approche facile de la langue si on observe une discipline stricte :

— ne pas sauter une page, ne pas chercher (par exemple) un synonyme qui figure plus loin, mais suivre chaque leçon du Manuel en se reportant au Glossaire ou à l'Index (français / anglais) dans la Deuxième Partie, chaque fois que c'est nécessaire, et cela en retrouvant les indications utiles grâce à des numéros dont les fonctions sont specifiées ci-après.

— suivre le meme ordre avec le CD audio où tous les cours sont enregistrés, des références précises accompagnant chaque leçon.

— se contenter d'une telle progression (10 à 15 mots par leçon) où toute phrase nouvelle n'utilise que des éléments acquis antérieurement, ce qui permet à l'élève d'acquérir progressivement les éléments de la grammaire et de découvrir de multiples dérivés à ces mots de base.

Ainsi, même si l'on croit n'avancer que lentement, les progrès seront très rapides. Les exercices variés figurant dans le CD-ROM interactif serviront de récapitulation et l'élève, étonné de les comprendre sans difficulté, sera fortement encouragé à poursuivre son étude dans les classes supérieures, selon une méthode analogue, fondée essentiellement sur la logique.

ii

TABLE OF CONTENTS

PART ONE: Vocabulary and Models of Sentences

a) 45 lessons, each beginning with a trilingual vocabulary list (Arabic, French, English) consisting of 10 to 15 new words, totalling in all 556 words. Here, the numbering is used only to count the number of words learnt. The aim is purely psychological. The numbering of the sentences and in Part Two has another purpose.

b) It is important to assimilate the meaning of each one of these words well. The Arabic word is sometimes translated by several synonyms in English or French; sometimes two Arabic synonyms appearing one after another have only one translation.

Nevertheless, the grouping of antonyms (large / small, etc.) or words of the same family (eat / drink, read / write, etc.) within the same lesson has been avoided, experience having shown that reflexes are acquired too quickly, with the risk of permanent confusion. As regards the antonyms, they are generally several lessons apart, so that only one word at a time is encountered, in order to assimilate it well.

c) 10 to 15 words per lesson may seem very few. However, many of them are basic words or roots from which many others are derived and which will be met with little by little, almost without noticing.

d) Following on the vocabulary list, each lesson presents between 60 and 75 Arabic sentences constructed with words already learnt, at the same time tackling different features of grammar, conjugation, etc. These sentences are numbered with the double intention of :

— counting the number of sentences learnt (very stimulating!),

— finding their translation in Part Two.

PART TWO: Alphabet, Exercises, Translations, Glossary, Indexes.

a) **The Arabic alphabet** presented with examples and phonetic

111

transcription.

b) **Revision exercises** .

c) **English and French translations of the sentences in Part One** .

d) **Trilingual glossary** (Arabic, English, French), filed in alphabetical order with double numbering:

— the number on the right giving the numerical order of the words,

— the number on the left referring to one of the 45 lessons in Part One, where the word is met for the first time.

e) Index in English and Index in French, where each word is again preceded and followed by a number:

— the number on the left for finding the Arabic translation in the glossary (the number is the same as the one on the right in the glossary),

— the number on the right referring to one of the lessons in Part One, where the word is met for the first time.

The inversion in the placing of the numbers (right or left) is due to the fact that Arabic is read from right to left (except for the numbers!), whereas European languages are read from left to right. These gymnastics, will, moreover, only help to acquire good reflexes for the study of Arabic.

Interactive Arabic CD-ROM

In addition to various exercises based on this book, the CD-ROM contains several other interactive applications, mainly the Arabic alphabet with text, pictures and sound, an introduction to Arabic grammar, an illustrated phrase book, a picture dictionary with sound, accompanied by a Quiz, and multiple drills and exercises for vocabulary and grammar skills testing (all levels).

Audio CD

Each lesson is recorded in Arabic, including the vocabulary.

TABLE DES MATIERES

a) 45 leçons commençant chacune par un vocabulaire trilingue (arabe, français, anglais) comprenant 10 à 15 mots nouveaux (au total 556 mots). — Ici, le numéro sert uniquement à compter le nombre des mots appris; sa fonction n'a qu'un but psychologique; les numéros des phrases et ceux de la Deuxième Partie ont des fonctions supplémentaires.

b) Il est important de bien assimiler la nature de chacun de ces mots : le mot arabe est parfois traduit par plusieurs synonymes en français ou en anglais; parfois deux mots arabes synonymes, figurant l'un après l'autre, n'ont qu'une seule traduction.

Par contre, on a évité de grouper dans la même leçon les mêmes antonymes (grand/petit, etc.) ou les mots d'une même famille (manger/boire, lire/écrire, etc.). L'expérience a montré que les automatismes se produisent trop hâtivement, avec le risque d'une confusion définitive. Dans le cas des antonynes, ils sont en général séparés par plusieurs leçons, de telle sorte qu'on ne pourra aborder qu'un seul mot à la fois afin de bien l'assimiler.

c) 10 à 15 mots par leçon, cela peut sembler très peu; en fait, beaucoup d'entre eux sont des mots de base ou des racines d'où dérivent de nombreux autres qu'on découvrira peu à peu, presque sans s'en apercevoir.

d) A la suite du vocabulaire, chaque leçon propose entre 50 à 60 phrases en arabe, construites avec les mots déjà connus, tout en abordant divers éléments de grammaire, la conjugaison, etc. Ces phrases sont numérotées avec une double intention:
— compter le nombre de phrases apprises (c'est très stimulant!)
— retrouver leur traduction dans la Deuxième Partie.

DEUXIEME PARTIE : Alphabet, Exercices, Traductions, Glossaire, Index

a) **Alphabet arabe** , présenté avec des exemples et une transcription phonétique.
b) **Exercices de revision** .
c) **Traduction des phrases de la Première Partie, en français et**

en anglais.

d) **Glossaire trilingue** (arabe, français, anglais), classé par ordre alphabétique et doublement numéroté :

— le numéro placé à droite donnant l'ordre numérique des mots,

— le numéro placé à gauche reportant à l'une des 45 leçons de la Première Partie, là où est abordé pour la première fois le mot en question.

e) Index en français et Index en anglais, où chaque mot est à nouveau précédé et suivi d'un numéro :

— le numéro de gauche servant à retrouver la traduction arabe du Glossaire (c'est le même numéro que celui qui est placé à droite dans le Glossaire),

— le numéro de droite reportant à l'une des 45 leçons de la Première Partie, là où est abordé pour la première fois le mot en question.

Cette interversion de l'emplacement des numéros (droite ou gauche) est motivée par le fait qu'on lit l'arabe de droite à gauche (sauf les chiffres !), alors que les langues européennes sont lues de gauche à droite. Une telle gymnastique ne fera d'ailleurs que contribuer à l'acquisition de bons automatismes pour l'étude de l'arabe.

CD-ROM Arabe interactif

En plus des différents exercices basés sur ce livre, le CD-ROM contient plusieurs autres applications interactives, principalement l'alphabet arabe, une introduction à la grammaire arabe, un livre de phrases illustré, un dictionnaire d'images, accompagné d'un Quiz, et des exercices variés pour tester les connaissances en vocabulaire et en grammaire (tous les niveaux).

CD-Audio

Chaque leçon est enregistré en arabe, y compris le vocabulaire.

Lesson 1		اَلدَّرْسُ الْأَوَّلُ	1ère Leçon
Vocabulary		اَلْمُفْرَدَاتُ	Vocabulaire

lesson	leçon	دَرْسٌ دُرُوسٌ	1
teacher, m.	enseignant	مُعَلِّمٌ مُعَلِّمُونَ	2
teacher, f.	enseignante	مُعَلِّمَةٌ مُعَلِّمَاتٌ	3
pupil, m.	élève, m.	تِلْمِيذٌ تَلَامِيذُ	4
pupil, f.	élève, f.	تِلْمِيذَةٌ تِلْمِيذَاتٌ	5
first, m.	premier	أَوَّلُ أَوَّلُونَ	6
first, f.	première	أُولَى أُوَلُ أَوَائِلُ	7
I	moi	أَنَا	8
you, m.s.	toi, m.	أَنْتَ	9
you, f.s.	toi, f.	أَنْتِ	10
he	lui	هُوَ	11
she	elle	هِيَ	12
this, m.	celui-ci	هَذَا	13
this, f.	celle-ci	هَذِهِ	14

Text - اَلنَّصُّ - Texte

1   هَذَا مُعَلِّمٌ.

2   هَذِهِ مُعَلِّمَةٌ.

3   هَذَا تِلْمِيذٌ.

4   هَذِهِ تِلْمِيذَةٌ.

5   هَذَا هُوَ الْمُعَلِّمُ.

6   هَذِهِ هِيَ الْمُعَلِّمَةُ.

7   هَذَا هُوَ التِّلْمِيذُ.

8   هَذِهِ هِيَ التِّلْمِيذَةُ.

9   أَنَا مُعَلِّمٌ.

10   أَنَا مُعَلِّمَةٌ.

11   أَنَا تِلْمِيذٌ.

12   أَنَا تِلْمِيذَةٌ.

13   أَنْتَ مُعَلِّمٌ.

14   أَنْتِ مُعَلِّمَةٌ.

2

15	أَنْتَ تِلْميذٌ.
16	أَنْتِ تِلْميذَةٌ.
17	هُوَ مُعَلِّمٌ.
18	هِيَ مُعَلِّمَةٌ.
19	هُوَ تِلْميذٌ.
20	هِيَ تِلْميذَةٌ.
21	أَنَا هُوَ الْمُعَلِّمُ.
22	أَنَا هِيَ الْمُعَلِّمَةُ.
23	أَنَا هُوَ التِّلْميذُ.
24	أَنَا هِيَ التِّلْميذَةُ.
25	أَنْتَ هُوَ الْمُعَلِّمُ.
26	أَنْتِ هِيَ الْمُعَلِّمَةُ.
27	أَنْتَ هُوَ التِّلْميذُ.
28	أَنْتِ هِيَ التِّلْميذَةُ.
29	هُوَ الْمُعَلِّمُ.

30	هِيَ الْمُعَلِّمَةُ.
31	هُوَ التِّلْميذُ.
32	هِيَ التِّلْميذَةُ.
33	أَنَا أَنَا.
34	أَنْتَ أَنْتَ.
35	أَنْتِ أَنْتِ .
36	هُوَ هُوَ.
37	هِيَ هِيَ.

Lesson 2		اَلدَّرْسُ الثَّاني	2ème Leçon
Vocabulary		اَلْمُفْرَداتُ	Vocabulaire

to open	ouvrir	فَتَحَ يَفْتَحُ فَتْحُ	15
not to be	ne pas être	لَيْسَ	16
boy	garçon	وَلَدٌ أَوْلَادٌ	17
girl	fille	بِنْتٌ بَنَاتٌ	18
door	porte	بَابٌ أَبْوَابٌ	19
key	clef	مِفْتَاحٌ مَفَاتِيحُ	20
open, adj.	ouvert	مَفْتُوحٌ	21
second, m.	second	ثَانِي، ثَانٍ	22
second, f.	seconde	ثَانِيَةٌ	23
yes	oui	نَعَمْ	24
no	non	لَا	25
with	avec	بِ	26

5

اَلنَّصُّ - Texte - Text

38	هَذَا وَلَدٌ.
39	هَذِهِ بِنْتٌ.
40	هَذَا بَابٌ.
41	هَذَا مِفْتَاحٌ.
42	هَذَا بَابٌ مَفْتُوحٌ.
43	هَذَا الْبَابُ مَفْتُوحٌ.
44	بَابٌ مَفْتُوحٌ.
45	الْبَابُ مَفْتُوحٌ.
46	هَذَا الْبَابُ الْمَفْتُوحُ...
47	أَنَا أَفْتَحُ بَاباً.
48	أَنْتَ تَفْتَحُ الْبَابَ.
49	أَنْتِ تَفْتَحِينَ بَاباً.
50	هُوَ يَفْتَحُ الْبَابَ.
51	هِيَ تَفْتَحُ بَاباً.
52	نَعَمْ، اَلْبَابُ مَفْتُوحٌ.
53	لَا، لَيْسَ الْبَابُ مَفْتُوحاً.

نَعَمْ، هَذَا الْبَابُ مَفْتُوحٌ. 54

لَا لَيْسَ هَذَا الْبَابُ مَفْتُوحاً. 55

يَفْتَحُ الْوَلَدُ الْبَابَ. 56

يَفْتَحُ وَلَدٌ بَاباً. 57

تَفْتَحُ بِنْتٌ بَاباً. 58

تَفْتَحُ الْبِنْتُ الْبَابَ. 59

يَفْتَحُ الْوَلَدُ الْبَابَ بِالْمِفْتَاحِ. 60

تَفْتَحُ بِنْتٌ بَاباً بِمِفْتَاحٍ. 61

لَا يَفْتَحُ الْوَلَدُ الْبَابَ. 62

لَا تَفْتَحُ الْبِنْتُ الْبَابَ. 63

الْوَلَدُ يَفْتَحُ الْبَابَ. 64

أَنَا مُعَلِّمٌ، لَسْتُ تِلْميذاً. 65

أَنَا تِلْميذَةٌ، لَسْتُ مُعَلِّمَةً. 66

أَنَا تِلْميذٌ، لَسْتُ مُعَلِّماً. 67

أَنْت مُعَلِّمَةٌ، لَسْت تِلْميذَةً. 68

هُوَ مُعَلِّمٌ، لَيْسَ تِلْميذاً. 69

هِيَ تِلْميذَةٌ، لَيْسَتْ مُعَلِّمَةً. 70

71   هَذَا وَلَدٌ، لَيْسَ بِنْتاً.

72   هَذِهِ بِنْتٌ، لَيْسَتْ وَلَداً.

73   هَذَا مِفْتَاحٌ، لَيْسَ بَاباً.

74   هَذَا بَابٌ، لَيْسَ مِفْتَاحاً.

to write	écrire	كَتَبَ يَكْتُبُ كِتَابَةٌ هـ	27
pen, pencil	stylo, crayon	قَلَمٌ أَقْلَامٌ	28
class, classroom	classe, salle de classe	فَصْلٌ فُصُولٌ	29
third, m.	troisième, m.	ثَالِثٌ	30
third, f.	troisième, f.	ثَالِثَةٌ	31
also	aussi	أَيْضاً	32
and	et	وَ	33
in	dans	فِي	34

Lesson 3   اَلدَّرْسُ الثَّالِثُ   3ème Leçon
Vocabulary   اَلْمُفْرَدَاتُ   Vocabulaire

اَلنَّصُّ - Texte - Text

يَكْتُبُ دَرْساً.	75
اَلْمُعَلِّمُ يَكْتُبُ.	76
يَكْتُبُ الْمُعَلِّمُ دَرْساً.	77
يَكْتُبُ الْمُعَلِّمُ الدَّرْسَ بِقَلَمٍ.	78
تَكْتُبُ التِّلْميذَةُ دَرْساً بِالْقَلَمِ.	79
هَذَا قَلَمٌ وَهَذَا بَابٌ.	80
هَذَا أَيْضاً قَلَمٌ.	81
لَيْسَ هَذَا قَلَماً، هَذَا مِفْتَاحٌ.	82
اَلْمُعَلِّمُ في الْفَصْلِ.	83
اَلتِّلْميذُ أَيْضاً في الْفَصْلِ.	84
نَعَمْ، هُوَ في الْفَصْلِ.	85
لَا، لَيْسَ في الْفَصْلِ.	86
تَفْتَحُ الْبِنْتُ الْبَابَ بِالْمِفْتَاحِ.	87
يَكْتُبُ الْوَلَدُ الدَّرْسَ بِالْقَلَمِ.	88
لَا تَفْتَحُ الْبَابَ بِقَلَمٍ.	89
لَا يَكْتُبُ الدَّرْسَ بِمِفْتَاحٍ.	90

ليْسَ هَذَا مِفْتَاحاً، هَذَا قَلَمٌ. 91

يَكْتُبُ الْمُعَلِّمُ الدَّرْسَ الأَوَّلَ. 92

يَكْتُبُ التِّلْميذُ الدَّرْسَ الثَّانيَ. 93

تَفْتَحُ التِّلْميذَةُ الثَّالِثَةُ الْبَابَ. 94

أَنَا أَكْتُبُ الدَّرْسَ الأَوَّلَ. 95

وَأَنْتَ تَكْتُبُ الدَّرْسَ الثَّانيَ. 96

تَكْتُبينَ بِقَلَمِ الْمُعَلِّمَة. 97

تَفْتَحينَ بَابَ الْفَصْلِ. 98

ليْسَ هَذَا الْقَلَمُ قَلَمَ الْمُعَلِّمِ. 99

نَعَمْ، هَذَا قَلَمُ الْمُعَلِّمِ. 100

ليْسَ هَذَا قَلَمَ الْمُعَلِّمِ. 101

ليْسَ هَذَا الْبَابُ بَابَ الْفَصْلِ. 102

هَذَا الْبَابُ بَابُ الْفَصْلِ. 103

هَذَا هُوَ بَابُ الْفَصْلِ. 104

في الْفَصْلِ مُعَلِّمٌ. 105

ليْسَ في الْفَصْلِ مُعَلِّمٌ. 106

ليْسَ في الْفَصْلِ تَلَاميذُ. 107

11

108	فِي الْفَصْلِ مُعَلِّمٌ وَتَلَامِيذُ.
109	فِي الْفَصْلِ مُعَلِّمَةٌ وَتِلْمِيذَاتٌ.
110	لَيْسَ فِي الْفَصْلِ مُعَلِّمُونَ وَمُعَلِّمَاتٌ.
111	هَذَا هُوَ مِفْتَاحُ الْبَابِ.

Lesson 4
Vocabulary

اَلدَّرْسُ الرَّابِعُ

اَلْمُفْرَدَاتُ

4ème Leçon
Vocabulaire

secretary, writer, m.	secrétaire, écrivain, m.	كَاتِبٌ كُتَّابٌ 35
secretary, writer, f.	secrétaire, écrivaine	كَاتِبَةٌ كَاتِبَاتُ 36
black, m.	noir	أَسْوَدُ سُودٌ 37
black, f.	noire	سَوْدَاءُ سُودٌ 38
fourth	quatrième	رَابِعٌ، رَابِعَةٌ 38b
my, me	mon, ma, mes, me	ـِي ، نِي 39
your, you, m.s.	ton, ta, tes, te, m.	ـكَ 40
your, you, m.f.	ton, ta, tes, te, f.	ـكِ 41
his, him	son, sa, ses, le, m.	ـهُ 42
her	son, sa, ses, la, f.	ـهَا 43

اَلنَّصُّ – Text - Texte

112	هَذَا قَلَمٌ أَسْوَدُ.
113	تَكْتُبُ الْكَاتِبَةُ بِقَلَمٍ أَسْوَدَ.
114	يَكْتُبُ التِّلْمِيذُ أَيْضاً بِالْقَلَمِ الْأَسْوَدِ.
115	لَيْسَ هَذَا الْقَلَمُ أَسْوَدَ.
116	لَيْسَ هَذَا قَلَماً أَسْوَدَ.
117	هُوَ يَكْتُبُ بِقَلَمِهِ.
118	هِيَ تَفْتَحُ بَابَهَا.
119	أَنَا أَكْتُبُ بِقَلَمِي.
120	أَنْتِ أَيْضاً تَكْتُبِينَ بِقَلَمِكِ.
121	أَنْتَ تَفْتَحُ الْبَابَ بِمِفْتَاحِكَ.
122	اَلْمُعَلِّمَةُ فِي فَصْلِهَا.
123	اَلْمُعَلِّمُ أَيْضاً فِي فَصْلِهِ.
124	أَنَا مُعَلِّمُكَ وَأَنْتَ تِلْمِيذِي.
125	أَنَا مُعَلِّمَتُكِ وَأَنْتِ تِلْمِيذَتِي.
126	هِيَ تِلْمِيذَتُهُ وَهُوَ مُعَلِّمُهَا.
127	هَذَا قَلَمُكَ وَهَذَا مِفْتَاحُكَ.

14

تَكْتُبِينَ دَرْسَكِ الثَّالِثَ. 128

تَكْتُبُ بِقَلَمِهَا الْأَسْوَدِ. 129

لَا يَكْتُبُ دَرْسَهُ الثَّالِثَ، يَكْتُبُ دَرْسَهُ الرَّابِعَ. 130

هَذَا الْوَلَدُ تِلْمِيذٌ وَهُوَ وَلَدُ الْمُعَلِّمِ. 131

لَا، لَيْسَ وَلَدَ الْمُعَلِّمِ، هُوَ وَلَدُ الْمُعَلِّمَةِ. 132

هَذِهِ الْبِنْتُ أَيْضاً بِنْتُ الْمُعَلِّمَةِ، وَهِيَ تِلْمِيذَةٌ. 133

هَذَا الْقَلَمُ الْأَسْوَدُ قَلَمِي، وَلَيْسَ قَلَمَكَ. 134

هَذَا هُوَ قَلَمُكَ. 135

لَيْسَ هَذَا الْمِفْتَاحُ مِفْتَاحَ بَابِهَا. 136

هَذَا هُوَ مِفْتَاحُ بَابِهَا. 137

لَيْسَ هَذَا قَلَمَ مُعَلِّمِهِ. 138

هَذَا الْقَلَمُ قَلَمُ مُعَلِّمَتِهِ. 139

(أَنْتَ) فَتَحْتَ الْبَابَ وَكَتَبْتَ الدَّرْسَ. 140

(هِيَ) فَتَحَتِ الْبَابَ وَكَتَبَتِ الدَّرْسَ. 141

(أَنَا) فَتَحْتُ الْبَابَ وَكَتَبْتُ الدَّرْسَ. 142

(هُوَ) فَتَحَ الْبَابَ وَكَتَبَ الدَّرْسَ. 143

15

144   (أَنْتِ) فَتَحْتِ الْبَابَ وكَتَبْتِ الدَّرْسَ.

145   اَلْفَصْلُ مَفْتُوحٌ.

146   لَيْسَ الْفَصْلُ مَفْتُوحاً.

147   بَابُ الْفَصْلِ مَفْتُوحٌ.

148   لَيْسَ بَابُ الْفَصْلِ مَفْتُوحاً.

16

| Lesson 5 | | اَلدَّرْسُ الْخَامِسُ | 5ème Leçon |
| Vocabulary | | اَلْمُفْرَدَاتُ | Vocabulaire |

to sit down	s'asseoir	جَلَسَ يَجْلِسُ جُلُوسٌ	44
chair	chaise	كُرْسِيٌّ كَرَاسِي، كَرَاسٍ	45
sofa	canapé	كَنَبَةٌ كَنَبَاتٌ	46
new	neuf, nouveau	جَدِيدٌ جُدُدٌ، جُدُدٌ	47
fifth, m.	cinquième, m.	خَامِسٌ	48
time	temps	آنٌ	49
now	maintenant	اَلْآنَ	50
in front of	devant	أَمَامَ	51
or	ou, ou bien	أَوْ	52
on	sur	عَلَى	53

Text - اَلنَّصُّ – Texte

149	يَكْتُبُ التَّلَامِيذُ أَلْآنَ.
150	يَكْتُبُ التَّلَامِيذُ الدَّرْسَ الْخَامِسَ.
151	يَكْتُبُ التَّلَامِيذُ الدَّرْسَ الْخَامِسَ أَلْآنَ.
152	تَجْلِسُ التِّلْمِيذَةُ عَلَى كُرْسِيٍّ.
153	تَجْلِسُ التِّلْمِيذَةُ أَمَامَ الْمُعَلِّمِ.
154	تَجْلِسُ التِّلْمِيذَةُ عَلَى كُرْسِيٍّ جَدِيدٍ.
155	تَجْلِسُ التِّلْمِيذَةُ أَلْآنَ.
156	تَجْلِسُ التِّلْمِيذَةُ أَلْآنَ عَلَى الْكُرْسِيِّ الْجَدِيدِ أَمَامَ الْمُعَلِّمِ.
157	لَا تَجْلِسِينَ عَلَى كُرْسِيٍّ، تَجْلِسِينَ عَلَى كَنَبَةٍ.
158	هَذِهِ كَنَبَةٌ جَدِيدَةٌ.
159	هَذِهِ كَنَبَةٌ جَدِيدَةٌ وَسَوْدَاءُ.
160	هَذِهِ الْكَنَبَةُ جَدِيدَةٌ.
161	هَذِهِ الْكَنَبَةُ الْجَدِيدَةُ سَوْدَاءُ.
162	هَذِهِ الْكَنَبَةُ السَّوْدَاءُ جَدِيدَةٌ.
163	هَذِهِ الْكَنَبَةُ سَوْدَاءُ وَلَيْسَتْ جَدِيدَةً.
164	الْكُرْسِيُّ جَدِيدٌ وَلَيْسَ أَسْوَدَ.

18

165 اَلْكُرْسِيُّ أَسْوَدُ وَلَيْسَ جَدِيداً.

166 اَلدَّرْسُ الْخَامِسُ جَدِيدٌ.

167 لَيْسَ الدَّرْسُ الرَّابِعُ جَدِيداً.

168 اَلْمُعَلِّمُ جَدِيدٌ وَالتَّلَامِيذُ أَيْضاً جُدُدٌ.

169 لَيْسَ الْمُعَلِّمُ جَدِيداً.

170 اَلْمُعَلِّمُ الْجَدِيدُ فِي الْفَصْلِ.

171 فِي الْفَصْلِ مُعَلِّمٌ جَدِيدٌ.

172 اَلْمُعَلِّمَةُ فِي فَصْلِهَا الْجَدِيد.

173 اَلتَّلَامِيذُ فِي الْفَصْلِ اَلْآنَ.

174 لَيْسَ فِي الْفَصْلِ تَلَامِيذُ اَلْآنَ.

175 يَفْتَحُ التِّلْمِيذُ الْبَابَ بِمِفْتَاحٍ وَيَجْلِسُ عَلَى كُرْسِيٍّ جَدِيدٍ أَوْ

176 كَنَبَةٍ جَدِيدَةٍ أَمَامَ مُعَلِّمِهِ أَوْ مُعَلِّمَتِهِ وَيَكْتُبُ دَرْسَهُ الثَّالِثَ

177 أَوِ الرَّابِعَ أَوِ الْخَامِسَ.

178 هَذَا كُرْسِيٌّ يَجْلِسُ عَلَيْهِ الْمُعَلِّمُ.

179 وَهَذِهِ كَنَبَةٌ يَجْلِسُ أَيْضاً عَلَيْهَا الْمُعَلِّمُ أَوِ الْمُعَلِّمَةُ.

180 أَنَا أَجْلِسُ اَلْآنَ أَمَامَكَ وَأَنْتَ تَجْلِسُ اَلْآنَ أَمَامِي.

181 أَنْتِ تَجْلِسِينَ أَمَامَهَا وَهِيَ تَجْلِسُ أَمَامَكِ.

19

أَنَا أَجْلِسُ أَمَامَهُ أَوْ أَمَامَهَا . 182

أَنَا جَلَسْتُ عَلَى كُرْسِيِّ وَأَنْتَ جَلَسْتَ عَلَى كَنَبَتِكَ . 183

أَنْتِ جَلَسْتِ أَمَامَ بَابِ فَصْلِكِ وَهِيَ أَيْضاً جَلَسَتْ أَمَامَهُ . 184

هُوَ أَيْضاً جَلَسَ عَلَى كُرْسِيِّهِ الْجَدِيدِ . 185

هَذَا أَوَّلُ كُرْسِيٍّ أَجْلِسُ عَلَيْهِ . 186

لَيْسَتْ هَذِهِ أَوَّلَ كَنَبَةٍ جَلَسْتُ عَلَيْهَا . 187

هَذَا رَابِعُ دَرْسٍ تَكْتُبِينَهُ . 188

لَيْسَ هَذَا أَوَّلَ بَابٍ تَفْتَحِينَهُ . 189

هَذَا أَوَّلُ تِلْمِيذٍ فِي الْفَصْلِ . 190

هِيَ أَيْضاً أَوَّلُ تِلْمِيذَةٍ فِي الْفَصْلِ . 191

لَيْسَ هَذَا التِّلْمِيذُ جَدِيداً . 192

لَيْسَ الدَّرْسُ الثَّالِثُ جَدِيداً أَيْضاً . 193

Lesson 6		اَلدَّرْسُ السَّادِسُ	6ème Leçon
Vocabulary		اَلْمُفْرَدَاتُ	Vocabulaire
to speak	parler	تَكَلَّمَ يَتَكَلَّمُ تَكَلَّمْ كَلَامٌ عَنْ	54
friend, m.	ami	صَدِيقٌ أَصْدِقَاءُ	55
friend, f.	amie	صَدِيقَةٌ صَدِيقَاتٌ	56
earth	terre	أَرْضٌ أَرَاضِي، أَرَاضٍ	57
table	table	طَاوِلَةٌ طَاوِلَاتٌ	58
sixth, m.	sixième, m.	سَادِسٌ	59
slowness	lenteur	بُطْءٌ	60
slowly	lentement	بِبُطْءٍ	61
today	ajourd'hui	اَلْيَوْمَ	62
neither...nor	ni...ni	لَا...وَلَا	63
with	avec	مَعَ	64
to, for	à, pour	لِ	65
on, about	sur, au sujet de	عَنْ	66
we	nous	نَحْنُ	67
our, us.	notre, nos, nous	نَا	68

21

Text - اَلنَّصُّ - Texte

194   يَتَكَلَّمُ الْمُعَلِّمُ.

195   يَتَكَلَّمُ بِبُطْءٍ.

196   يَتَكَلَّمُ الْمُعَلِّمُ بِبُطْءٍ.

197   يَتَكَلَّمُ الْمُعَلِّمُ بِبُطْءٍ مَعَ التِّلْمِيذِ.

198   نَحْنُ تَلَامِيذُ وَنَتَكَلَّمُ بِبُطْءٍ.

199   نَحْنُ أَيْضاً تِلْمِيذَاتٌ وَنَتَكَلَّمُ بِبُطْءٍ.

200   تَتَكَلَّمُ مُعَلِّمَتُنَا مَعَنَا بِبُطْءٍ.

201   أَنْتَ لَكَ صَدِيقٌ تَتَكَلَّمُ مَعَهُ الْآنَ.

202   هُوَ لَهُ دَرْسٌ يَكْتُبُهُ الْيَوْمَ.

203   نَحْنُ أَيْضاً لَنَا دَرْسٌ جَدِيدٌ نَكْتُبُهُ الْيَوْمَ.

204   لَيْسَ لَكَ كُرْسِيٌّ تَجْلِسُ عَلَيْهِ.

205   لَيْسَ لَهَا كُرْسِيٌّ وَلَا كَنَبَةٌ.

206   أَنْتِ لَيْسَ لَكِ بَابٌ تَفْتَحِينَهُ الْيَوْمَ.

207   أَنَا أَيْضاً لَيْسَ لِي كُرْسِيٌّ أَجْلِسُ عَلَيْهِ.

208   أَجْلِسُ عَلَى الْأَرْضِ.

209   لَا نَجْلِسُ عَلَى الْأَرْضِ وَلَا عَلَى الطَّاوِلَةِ.

22

نَجْلِسُ عَلَى الْكَرَاسِي أَوِ الْكَنَبَاتِ. 210

لِلتَّلَامِيذِ مُعَلِّمٌ جَدِيدٌ. 211

لِلْمُعَلِّمِ تَلَامِيذُ وَتِلْمِيذَاتٌ جُدُدٌ. 212

لِلْمُعَلِّمَةِ بِنْتٌ وَوَلَدٌ. 213

لَيْسَ لِلْمُعَلِّمَةِ أَوْلَادٌ. 214

لَيْسَ لِلتَّلَامِيذِ دَرْسُ الْيَوْمَ. 215

أَنَا وَأَنْتَ صَدِيقَانِ. 216

أَنَا وَأَنْتِ صَدِيقَتَانِ. 217

نَحْنُ صَدِيقَانِ. 218

نَحْنُ صَدِيقَتَانِ. 219

أَنَا وَأَنْتَ وَهُوَ أَصْدِقَاءُ. 220

نَحْنُ أَصْدِقَاءُ. 221

أَنَا وَأَنْتِ وَهِيَ صَدِيقَاتٌ. 222

نَحْنُ صَدِيقَاتٌ. 223

يَتَكَلَّمُ مُعَلِّمُنَا الْجَدِيدُ مَعَنَا. 224

نَتَكَلَّمُ مَعَ مُعَلِّمَتِنَا الْجَدِيدَةِ. 225

23

226	تَتَكَلَّمِينَ بِبُطْءٍ وَتَكْتُبِينَ أَيْضاً بِبُطْءٍ.
227	لَنَا دَرْسٌ جَدِيدٌ اَلْيَوْمَ.
228	دَرْسُ هَذَا اَلْيَوْمِ جَدِيدٌ.
229	لَيْسَ دَرْسُ هَذَا اَلْيَوْمِ جَدِيداً.
230	يَتَكَلَّمُ الْمُعَلِّمُ الْجَدِيدُ مَعَ تَلَامِيذِهِ الْجُدَدِ.
231	اَلْوَلَدُ مَعَ صَدِيقِهِ فِي الْفَصْلِ اَلْآنَ.
232	اَلْمُعَلِّمَةُ مَعَ التَّلَامِيذِ فِي الْفَصْلِ اَلْيَوْمَ.
233	لَا مُعَلِّمَ وَلَا تَلَامِيذَ فِي الْفَصْلِ اَلْيَوْمَ.
234	لَيْسَتِ الْبِنْتُ مَعَ صَدِيقَتِهَا فِي الْفَصْلِ اَلْآنَ.
235	اَلْقَلَمُ اْلأَسْوَدُ عَلَى الطَّاوِلَةِ الْجَدِيدَةِ.
236	لَا قَلَمَ عَلَى الطَّاوِلَةِ اَلْآنَ.
237	يَتَكَلَّمُ الْوَلَدُ مَعَ صَدِيقِهِ أَمَامَ الْبَابِ.
238	لَا يَتَكَلَّمُ فِي الْفَصْلِ.
239	نَعَمْ، يَتَكَلَّمُ مَعَهُ فِي الْفَصْلِ.
240	تَكَلَّمْ بِبُطْءٍ.
241	تَكَلَّمِي أَنْتِ أَيْضاً بِبُطْءٍ.
242	لَا تَتَكَلَّمِي مَعَهَا فِي الْفَصْلِ.

243   لَا تَتَكَلَّمْ مَعَهُ الْآنَ.

244   اِفْتَحِي الْبَابَ

245   اِجْلِسِي عَلَى هَذَا الْكُرْسِيِّ.

246   أُكْتُبْ دَرْسَكَ الْآنَ.

247   لَا تَفْتَحْ بَابَ الْفَصْلِ.

248   لَا تَكْتُبِي بِهَذَا الْقَلَمِ الْأَسْوَدِ.

Lesson 7 Vocabulary	اَلدَّرْسُ السَّابِعُ اَلْمُفْرَدَاتُ	7ème Leçon Vocabulaire

to learn	apprendre	تَعَلَّمَ يَتَعَلَّمُ تَعَلُّمٌ هـ	69
student, m.	étudiant	طَالِبٌ طُلَّابٌ طَلَبَةٌ	70
student, f.	étudiante	طَالِبَةٌ طَالِبَاتٌ	71
school	école	مَدْرَسَةٌ مَدَارِسُ	72
city	ville	مَدِينَةٌ مُدُنٌ	73
country	pays	بَلَدٌ بِلَادٌ	74
country	pays	بِلَادٌ بُلْدَانٌ	75
language	langue	لُغَةٌ لُغَاتٌ	76
foreign, foreigner, m.	étranger	أَجْنَبِيٌّ أَجَانِبُ	77
foreign, foreigner, f.	étrangère	أَجْنَبِيَّةٌ أَجْنَبِيَّاتٌ	78
seventh, m.	septième, m.	سَابِعٌ	79
here	ici	هُنَا	80
there, there is	là, il y a	هُنَاكَ	81
who, rel. pr., m.s.	qui, pr. rel., m.s.	اَلَّذِي	82
who, rel. pr., f.s.	qui, pr. rel., f.s.	اَلَّتِي	83
from	de	مِنْ	84

26

اَلنَّصُّ – Texte - Text

249   هُوَ طَالِبٌ.

250   هَذَا طَالِبٌ أَجْنَبِيٌّ.

251   هَذَا الطَّالِبُ أَجْنَبِيٌّ.

252   صَدِيقَتُهُ أَيْضاً طَالِبَةٌ أَجْنَبِيَّةٌ.

253   يَتَعَلَّمُ الطَّالِبُ لُغَةً أَجْنَبِيَّةً.

254   لَيْسَ هَذَا الطَّالِبُ مِنْ هُنَا، هُوَ أَجْنَبِيٌّ.

255   هُوَ مِنْ بَلَدٍ أَجْنَبِيٍّ.

256   لَيْسَ هَذَا بَلَدَهُ.

257   لَيْسَ مِنْ هَذَا الْبَلَدِ.

258   هَذِهِ هِيَ الْمَدْرَسَةُ الَّتِي يَتَعَلَّمُ فِيهَا.

259   لَيْسَتْ هَذِهِ أَوَّلَ لُغَةٍ يَتَعَلَّمُهَا.

260   هَذَا هُوَ الطَّالِبُ الَّذِي يَتَعَلَّمُ لُغَةً أَجْنَبِيَّةً.

261   هُوَ أَجْنَبِيٌّ فِي هَذَا الْبَلَدِ.

262   لَيْسَتِ الْمَدْرَسَةُ هُنَا،

263   اَلْمَدْرَسَةُ هُنَاكَ.

264   هُنَاكَ مَدْرَسَةٌ جَدِيدَةٌ فِي هَذِهِ الْمَدِينَةِ.

27

هُنَاكَ مُدُنٌ جَدِيدَةٌ فِي هَذَا الْبَلَد. 265

لَيْسَ هُنَاكَ مَدْرَسَةٌ جَدِيدَةٌ فِي هَذِهِ الْمَدِينَة. 266

اَلطُّلَّابُ فِي الْمَدْرَسَة. 267

هُنَاكَ طُلَّابٌ فِي الْمَدْرَسَة مَعَ الْمُعَلِّمِ. 268

يَتَكَلَّمُ الْمُعَلِّمُ مَعَ الطُّلَّاب فِي الْمَدْرَسَة. 269

فِي الْمَدْرَسَة الْجَدِيدَة طُلَّابٌ وَطَالِبَاتٌ. 270

لَيْسَ فِي هَذِهِ الْمَدِينَة مَدْرَسَةٌ جَدِيدَةٌ. 271

فِي الْمَدْرَسَة فُصُولٌ مَفْتُوحَةٌ. 272

الْمَدْرَسَةُ مَفْتُوحَةٌ اَلْيَوْمَ. 273

لَيْسَت الْمَدْرَسَةُ مَفْتُوحَةً اَلْآنَ. 274

اللُّغَةُ الَّتِي نَتَعَلَّمُهَا اَلْآنَ جَدِيدَةٌ. 275

يَتَكَلَّمُ الْمُعَلِّمُ بِلُغَةٍ أَجْنَبِيَّةٍ مَعَ الطُّلَّابِ وَالطَّالِبَاتِ. 276

اَلْمُعَلِّمُ أَجْنَبِيٌّ. 277

لَيْسَ الطَّالِبُ الَّذِي يَتَعَلَّمُ لُغَةً أَجْنَبِيَّةً أَجْنَبِيّاً. 278

نَحْنُ أَجَانِبُ فِي هَذِهِ الْمَدِينَةِ. 279

نَحْنُ أَيْضاً أَجْنَبِيَّاتٌ فِي هَذَا الْبَلَد. 280

28

281 اَلْوَلَدُ وَالْبِنْتُ هُنَا أَيْضاً.

282 لَيْسَ الْمُعَلِّمُ وَلَا التَّلَامِيذُ هُنَا.

283 نَحْنُ هُنَا وَأَنْتَ هُنَاكَ.

284 هُنَاكَ قَلَمٌ عَلَى الطَّاوِلَةِ.

285 لَيْسَ هُنَاكَ أَجَانِبُ فِي هَذِهِ الْمَدِينَةِ.

286 أَنَا تَعَلَّمْتُ لُغَتَهُ فِي بِلَادِكَ.

287 أَنْتَ تَعَلَّمْتَ لُغَتِي فِي مَدِينَتِهَا.

288 نَحْنُ تَعَلَّمْنَا لُغَتَنَا مَعَ صَدِيقَتِكِ.

289 تَعَلَّمْ لُغَةً أَجْنَبِيَّةً.

290 تَعَلَّمِي لُغَةً جَدِيدَةً.

291 أَنْتَ تَعَلَّمْتَ الْكِتَابَةَ.

292 هِيَ أَيْضاً تَعَلَّمَتِ الْكَلَامَ.

293 تَعَلَّمْنَا الْكِتَابَةَ وَالْكَلَامَ بِلُغَةٍ أَجْنَبِيَّةٍ.

294 يَتَكَلَّمُ الطَّالِبُ اللُّغَةَ الَّتِي يَتَعَلَّمُهَا.

295 تَتَعَلَّمُ الطَّالِبَةُ الدَّرْسَ الَّذِي تَكْتُبُهُ.

296 نَتَعَلَّمُ الْآنَ الدَّرْسَ السَّابِعَ.

297 اَلدَّرْسُ السَّابِعُ دَرْسٌ جَدِيدٌ.

29

هَذَا هُوَ الْكُرْسِيُّ الَّذِي يَجْلِسُ عَلَيْهِ الْمُعَلِّمُ.   298

لَيْسَتْ هَذِهِ هِيَ الْكَنَبَةَ الَّتِي نَجْلِسُ عَلَيْهَا.   299

اَلْكَنَبَةُ الَّتِي نَجْلِسُ عَلَيْهَا هُنَاكَ.   300

اِجْلِسْ وَاكْتُبْ دَرْسَكَ الْآنَ هُنَا.   301

اِجْلِسِي مَعَ الطَّالِبَةِ وَتَكَلَّمِي مَعَهَا.   302

تَتَعَلَّمِينَ لُغَةَ الْبِلَادِ الَّتِي أَنْتِ فِيهَا.   303

هَذَا هُوَ مُعَلِّمُ الْمَدْرَسَةِ الْجَدِيدُ.   304

Lesson 8   اَلدَّرْسُ الثَّامِنُ   8ème Leçon
Vocabulary   اَلْمُفْرَدَاتَ   Vocabulaire

to know	savoir, connaître	عَرَفَ يَعْرِفُ مَعْرِفَةٌ هـ	85
man	homme	رَجُلٌ رِجَالٌ	86
woman	femme	إِمْرَأَةٌ نِسَاءٌ	87
colleague, m.	collègue. m.	زَمِيلٌ زُمَلَاءُ	88
colleague, f.	collègue, f.	زَمِيلَةٌ زَمِيلَاتٌ	89
Arab, m.	arabe, m	عَرَبِيٌّ عَرَبٌ	90
Arab, f.	arabe, f.	عَرَبِيَّةٌ عَرَبِيَّاتٌ	91
difficult	difficile	صَعْبٌ صِعَابٌ (عَلَى)	92
eighth, m.	huitième	ثَامِنٌ	93
well, adv.	bien	جَيِّداً	94
fluently	couramment	بِطَلَاقَةٍ	95
because	parce que	لِأَنَّ	96
where, interr.	où, interr.	أَيْنَ	97
who, interr.	qui, interr.	مَنْ	98
you, m.pl.	vous, m.pl.	أَنْتُمْ	99
your, yours, you, m.pl.	votre, vos, vous, m.pl.	كُمْ	100

اَلنَّصُّ - Texte - Text

305	يَعْرِفُ الطَّالِبُ زَمِيلَهُ.
306	يَعْرِفُ الطَّالِبُ زَمِيلَهُ جَيِّداً.
307	تَعْرِفُ هَذِه الْمَرْأَةُ لُغَةً أَجْنَبِيَّةً.
308	هَذَا الرَّجُلُ أَجْنَبِيٌّ.
309	لَيْسَتْ هَذِه الْمَرْأَةُ مِنْ هَذَا الْبَلَدِ.
310	هَذَا الرَّجُلُ عَرَبِيٌّ.
311	هَذِه الْمَرْأَةُ أَيْضاً عَرَبِيَّةٌ.
312	نَحْنُ عَرَبٌ وَأَنْتُمْ أَيْضاً عَرَبٌ.
313	هُوَ عَرَبِيٌّ وَيَتَكَلَّمُ الْعَرَبِيَّةَ بِطَلَاقَةٍ.
314	أَنْتُمْ أَيْضاً عَرَبٌ وَهَذَا بَلَدُكُمْ،
315	وَتَتَكَلَّمُونَ الْعَرَبِيَّةَ أَيْضاً بِطَلَاقَةٍ.
316	لَا تَتَعَلَّمُونَ الْعَرَبِيَّةَ لِأَنَّكُمْ تَعْرِفُونَهَا جَيِّداً.
317	تَعَلَّمْتُمُ اللُّغَةَ الْعَرَبِيَّةَ فِي بَلَدِكُمْ.
318	اَللُّغَةُ الْعَرَبِيَّةُ صَعْبَةٌ.
319	لَيْسَتِ الْعَرَبِيَّةُ لُغَةً صَعْبَةً.
320	يَتَكَلَّمُ الْعَرَبِيَّةَ بِبُطْءٍ لِأَنَّهُ لَا يَعْرِفُهَا جَيِّداً.

321 تَتَكَلَّمُونَ مَعَ صَدِيقِكُمُ الْأَجْنَبِيِّ بِبُطْءٍ لِأَنَّهُ لَا يَعْرِفُ لُغَتَكُمْ جَيِّداً.

322 هُوَ أَيْضاً يَتَكَلَّمُ مَعَكُمْ بِبُطْءٍ.

323 لَا تَعْرِفُونَ هَذِهِ الْمَدِينَةَ جَيِّداً لِأَنَّكُمْ أَجَانِبُ فِيهَا.

324 نَحْنُ نَعْرِفُ هَذِهِ الْمَدِينَةَ جَيِّداً لِأَنَّنَا لَسْنَا أَجَانِبَ فِيهَا.

325 تَتَكَلَّمُ هَذِهِ الْمَرْأَةُ مَعَ هَذَا الرَّجُلِ لِأَنَّهَا تَعْرِفُهُ جَيِّداً.

326 هُوَ زَمِيلُهَا فِي الْفَصْلِ.

327 نَحْنُ وَأَنْتُمْ أَصْدِقَاءُ وَزُمَلَاءُ فِي الْفَصْلِ.

328 لَا أَعْرِفُ مَنْ هُوَ هَذَا الرَّجُلُ وَمَنْ هِيَ هَذِهِ الْمَرْأَةُ.

329 أَعْرِفُ جَيِّداً مِنْ أَيْنَ هُوَ لِأَنَّنِي تَكَلَّمْتُ مَعَهُ.

330 تَعْرِفُ هَذِهِ اللُّغَةَ جَيِّداً لِأَنَّكَ تَعَلَّمْتَهَا فِي بَلَدِكَ.

331 لَا تَعْرِفِينَ زَمِيلَتَكِ جَيِّداً لِأَنَّكِ لَا تَتَكَلَّمِينَ مَعَهَا.

332 اَلدَّرْسُ الثَّامِنُ صَعْبٌ.

333 لَيْسَ هَذَا الدَّرْسُ صَعْباً.

334 نَعْرِفُ الْآنَ مَنْ أَنْتُمْ: أَنْتُمْ طُلَّابٌ أَجَانِبُ.

335 أَنْتُمْ أَيْضاً تَعْرِفُونَ مَنْ نَحْنُ: نَحْنُ زُمَلَاؤُكُمْ.

336 أَنَا أَعْرِفُكَ وَأَنْتَ لَا تَعْرِفُنِي.

337 اِجْلِسُوا مَعَ زَمِيلِكُمْ وَتَكَلَّمُوا مَعَهُ.

لَا تَكْتُبُوا هَذَا الدَّرْسَ الْآنَ. 338

لَا تَعْرِفُ جَيِّداً الْمَرْأَةَ الَّتِي تَتَكَلَّمُ مَعَهَا. 339

اَلْمَرْأَةُ الَّتِي تَتَكَلَّمُ مَعَنَا الْآنَ تَعْرِفُنَا جَيِّداً. 340

يَعْرِفُ زُمَلَاءَهُ. 341

يَعْرِفُهُ زُمَلَاؤُهُ جَيِّداً. 342

نَحْنُ زُمَلَاؤُكُمْ وَلَا تَعْرِفُونَنَا جَيِّداً. 343

لَا تَعْرِفُونَنَا جَيِّداً لِأَنَّنَا أَجَانِبُ. 344

أَنْتُمْ لَسْتُمْ أَجَانِبَ فِي هَذَا الْبَلَدِ. 345

هَذَا بَلَدُكُمْ. 346

يَجْلِسُ عَلَى كُرْسِيِّ زَمِيلِهِ لِأَنَّ زَمِيلَهُ لَيْسَ هُنَا الْيَوْمَ. 347

لَيْسَ لَكُمْ دَرْسُ الْيَوْمَ لِأَنَّ مُعَلِّمَكُمْ لَيْسَ هُنَا. 348

أَنْتُمْ لَسْتُمْ أَجَانِبَ فِى هَذَا الْبَلَدِ. 349

نَحْنُ أَيْضاً لَسْنَا أَجْنَبِيَّاتٍ فِي هَذَا الْبَلَدِ. 350

أَنْتُمْ طُلَّابٌ، لَسْتُمْ مُعَلِّمِينَ. 351

نَحْنُ لَسْنَا عَرَبِيَّاتٍ، وَنَعْرِفُ الْعَرَبِيَّةَ جَيِّداً لِأَنَّنَا تَعَلَّمْنَاهَا. 352

يَتَعَلَّمُ الْعَرَبِيَّةَ بِبُطْءٍ لِأَنَّ الْعَرَبِيَّةَ لُغَةٌ صَعْبَةٌ. 353

هَذِهِ ثَالِثُ لُغَةٍ يَتَعَلَّمُهَا. 354

34

355 أَعَرِفُ الرَّجُلَ الَّذِي تَتَكَلَّمُ مَعَهُ جَيِّداً لِأَنَّهُ زَمِيلِي.

356 اَلْمَرْأَةُ الَّتِي تَتَكَلَّمِينَ مَعَهَا نَعْرِفُهَا.

357 هِيَ أَيْضاً تَعْرِفُنَا وَتَعْرِفُ مَدْرَسَتَنَا وَمُعَلِّمَتَنَا.

358 لا تَجْلِسِينَ لِأَنَّك لا تَعْرِفِينَ أَيْنَ تَجْلِسِينَ.

359 اِجْلِسِي هُنَا عَلَى هَذَا الْكُرْسِيِّ الْجَدِيدِ أَمَامَنَا.

| Lesson 9 | اَلدَّرْسُ التَّاسِعُ | 9ème Leçon |
| Vocabulary | اَلْمُفْرَدَاتُ | Vocabulaire |

to read	lire	قَرَأَ يَقْرَأُ قِرَاءَةً هـ	101
to know	savoir, connaître	عَلِمَ يَعْلَمُ عِلْمٌ هـ ب	102
book	livre	كِتَابٌ كُتُبٌ	103
paper	papier	وَرَقٌ أَوْرَاقٌ	104
sheet of paper, leaf	feuille	وَرَقَةٌ أَوْرَاقٌ	105
white, m.	blanc	أَبْيَضُ بِيضٌ	106
white, f.	blanche	بَيْضَاءُ بِيضٌ	107
pleased, glad, m.	content	مَسْرُورٌ مَسْرُورُونَ بـ	108
pleased, glad, f.	contente	مَسْرُورَةٌ مَسْرُورَاتٌ بـ	109
ninth, m.	neuvième, m.	تَاسِعٌ	110
a little, a few	peu, un peu	قَلِيلٌ قَلِيلاً	111
that, dem. pr., m.	celui-là, pr. dém.	ذَلِكَ	112
how	comment	كَيْفَ	113
in-, il-, non, other than	in-, il-, des-, ir- autre que	غَيْرُ	114
you, f.pl.	vous, f.pl.	أَنْتُنَّ	115
your, you, f.pl.	votre, vos, vous, f.pl.	كُنَّ	116

اَلنَّصُّ – Text – Texte

360	يَقْرَأُ الطَّالِبُ كِتَاباً.
361	يَقْرَأُ الطَّالِبُ كِتَاباً بِاللُّغَةِ الْعَرَبِيَّةِ.
362	يَعْرِفُ كَيْفَ يَقْرَأُ وَيَكْتُبُ وَيَتَكَلَّمُ الْآنَ بِالْعَرَبِيَّةِ.
363	لَا أَعْلَمُ ذَلِكَ.
364	لَسْتُ عَلَى عِلْمٍ بِذَلِكَ.
365	يَكْتُبُ عَلَى وَرَقٍ أَبْيَضَ.
366	تَكْتُبِينَ عَلَى وَرَقَةٍ بَيْضَاءَ بِقَلَمٍ أَسْوَدَ.
367	أَنْتَ مَسْرُورٌ لِأَنَّكَ تَعْرِفُ كَيْفَ تَتَكَلَّمُ بِالْعَرَبِيَّةِ.
368	أَنْتُنَّ أَيْضاً مَسْرُورَاتٌ لِأَنَّكُنَّ تَعْرِفْنَ كَيْفَ تَقْرَأْنَ وَتَكْتُبْنَ
369	وَتَتَكَلَّمْنَ بِالْعَرَبِيَّةِ قَلِيلاً الْآنَ.
370	أَنْتُنَّ تَعْرِفْنَ اللُّغَةَ الْعَرَبِيَّةَ لِأَنَّكُنَّ عَرَبِيَّاتٌ وَلِأَنَّكُنَّ تَعَلَّمْتُنَّ هَذِهِ
371	اللُّغَةَ أَيْضاً.
372	لَيْسَ لَكُنَّ دَرْسٌ تَتَعَلَّمْنَهُ الْآنَ.
373	أَنْتُنَّ لَسْتُنَّ أَجْنَبِيَّاتٍ فِي هَذَا الْبَلَدِ.
374	تَعَلَّمْتُنَّ لُغَتَكُنَّ فِي بَلَدِكُنَّ.

37

هُوَ غَيْرُ مَسْرُورٍ لِأَنَّهُ لَايَعْرِفُ كَيْفَ يَقْرَأُ جَيِّداً. 375

اَلْمُعَلِّمُ مَسْرُورٌ بِتَلَامِيذِهِ وَالتَّلَامِيذُ أَيْضاً مَسْرُورُونَ بِالْمُعَلِّمِ. 376

لَكُمْ كِتَابٌ تَقْرَؤُونَهُ. 377

لَيْسَت الطَّالِبَةُ مَسْرُورَةً اَلْيَوْمَ لِأَنَّ دَرْسَهَا صَعْبٌ قَلِيلاً. 378

لَا يَكْتُبُ لِأَنَّهُ لَا يَعْرِفُ الْكِتَابَةَ. 379

لَا يَقْرَأُ لِأَنَّهُ لَا يَعْرِفُ الْقِرَاءَةَ. 380

تَقْرَأَانَ الدَّرْسَ الَّذِي كَتَبْتُنَّهُ. 381

تَكْتُبِينَ عَلَى وَرَقَةٍ بَيْضَاءَ بِقَلَمٍ أَسْوَدَ. 382

يَقْرَأُ الْمُعَلِّمُ كِتَاباً فِي الْفَصْلِ. 383

لَيْسَ لِهَذَا الطَّالِبِ كِتَابٌ. 384

اَلطَّالِبُ مَسْرُورٌ بِكِتَابِهِ الْجَدِيدِ. 385

الْكِتَابُ فِي الْفَصْلِ. 386

فِي الْفَصْلِ كِتَابٌ. 387

هُنَاكَ كِتَابٌ عَلَى الطَّاوِلَةِ. 388

لَيْسَ هُنَاكَ كُتُبٌ فِي الْفَصْلِ. 389

لَهُ كُتُبٌ قَلِيلَةٌ بِالْعَرَبِيَّةِ اَلْآنَ. 390

اجْلِسْنَ، افْتَحْنَ كُتُبَكُنَّ، اقْرَأْنَ، أُكْتُبْنَ دُرُوسَكُنَّ وَتَكَلَّمْنَ 391

قَلِيلاً مَعَ زَمِيلاتِكُنَّ وَزُمَلاَئِكُنَّ وَمُعَلِّمِكُنَّ أَوْ مُعَلِّمَتِكُنَّ. 392

لا تَجْلِسْنَ عَلَى هَذَا الْكُرْسِيِّ؛ اجْلِسْنَ عَلَى الْكَنَبَة. 393

لا تَتَكَلَّمْنَ مَعَ هَذَا الزَّمِيل بِالْعَرَبِيَّة لِأَنَّهُ لا يَعْرِفُ الْعَرَبِيَّة جَيِّداً. 394

لا يَقْرَأُ هَذَ الْكِتَاب لِأَنَّهُ صَعْبٌ عَلَيْه قَلِيلاً. 395

لا أَعْرِفُ (لَمْ أَكُنْ أَعْرِفُ) أَنَّهُ يَعْرِفُنِي. 396

تَعْرِفِينَ أَنَّ لَهَا صَدِيقَةً أَجْنَبِيَّةً. 397

نَعْرِفُ جَيِّداً أَنَّ صَدِيقَكَ عَرَبِيٌّ. 398

تَعْرِفْنَ أَنَّ مُعَلِّمَتَنَا لَيْسَتْ مِنْ هَذَا الْبَلَد. 399

تَعْرِفُونَ أَنَّ زَمِيلَهُ يَتَكَلَّمُ الْعَرَبِيَّة بِطَلاَقَةٍ. 400

يَتَكَلَّمُ الطَّالِبُ عَنْ دَرْسِه مَعَ زَمِيله. 401

يَتَكَلَّمُ الطَّالِبُ مَعَ الْمُعَلِّم عَنْ دُرُوسِه. 402

أَعْرِفُ أَنَّكِ تَتَكَلَّمِينَ عَنِّي وَعَنْهُ. 403

لا تَعْرِفُ مُعَلِّمَةُ الْمَدْرَسَةِ الْجَدِيدَةُ أَنَّ تِلْمِيذاتِهَا عَرَبِيَّاتٌ وَأَنَّهُنَّ 404

لا يَعْرِفْنَ الْعَرَبِيَّةَ جَيِّداً. 405

تَتَكَلَّمُ نِسَاءُ الْمَدِينَة عَنْ مُعَلِّمَةِ الْعَرَبِيَّةِ الْجَدِيدَة. 406

407 لَا (لَمْ أَكُنْ) أَعْرِفُ أَنَّ هُنَاكَ مَدَارِسَ جَدِيدَةً في هَذِهِ الْمَدِينَةِ.

408 تَتَكَلَّمُ الْكَاتِبَةُ قَلِيلاً مَعَ زَمِيلَاتِهَا.

409 يَعْرِفُ الطُّلَّابُ جَيِّداً أَنَّ الْعَرَبِيَّةَ صَعْبَةٌ قَلِيلاً.

410 يَتَكَلَّمُ الْمُعَلِّمُ عَنْ تَلَامِيذِه مَعَ زُمَلَائِه.

411 لَا تَعْرِفُونَ (لَمْ تَعْرِفُوا) أَنَّ هُنَاكَ قَلِيلاً مِنَ الْأَجَانِبِ في هَذِهِ الْمَدِينَةِ.

412 يَعْرِفُ الطُّلَّابُ أَنَّ هُنَاكَ قَلِيلاً مِنَ الْمُعَلِّمِينَ الْجُدَدِ في هَذِهِ الْمَدْرَسَةِ.

| Lesson 10 | اَلدَّرْسُ الْعَاشِرُ | 10ème Leçon |
| Vocabulary | اَلْمُفْرَدَاتُ | Vocabulaire |

to reside, live in	habiter	سَكَنَ يَسْكُنُ سَكَنٌ هـ فِي ب	117
mother	mère	أُمٌّ أُمَّهَاتٌ	118
mother	mère	وَالِدَةٌ وَالِدَاتٌ	119
father	père	أَبٌ آبَاءٌ	120
father	père	وَالِدٌ وَالِدُونَ	121
parents	parents	اَلْوَالِدَانِ	122
house, home	maison	مَنْزِلٌ مَنَازِلُ	123
house, home	maison	بَيْتٌ بُيُوتٌ	124
house, home	maison	دَارٌ دُورٌ، دِيَارٌ	125
office	bureau	مَكْتَبٌ مَكَاتِبُ	126
near, close	proche	قَرِيبٌ (مِنْ)	127
large, big	grand	كَبِيرٌ كِبَارٌ	128
tenth, m.	dixième, m.	عَاشِرٌ	129
behind	derrière	خَلْفَ	130
they, their, them, m.pl.	eux, leur(s), les, m.pl.	هُمْ	131
they, their, them, f.pl	elles, leur(s), les, f.pl	هُنَّ	132

41

Text - اَلنَّصُّ – Texte

413   هَذَا مَنْزِلٌ كَبِيرٌ وَجَدِيدٌ.

414   هَذَا مَنْزِلٌ يَسْكُنُ فِيهِ أَبُوهُ وَأُمُّهُ.

414b   يَسْكُنُ وَالِدَاهُ خَلْفَ مَكْتَبِهِ.

415   مَنْزِلُهُ قَرِيبٌ مِنَ الْمَكْتَبِ.

416   لَهُمْ مَنْزِلٌ جَدِيدٌ يَسْكُنُونَ فِيهِ.

417   هُنَّ أَيْضاً لَهُنَّ مَنْزِلٌ جَدِيدٌ يَسْكُنَّ فِيهِ.

418   مَنْزِلُكُنَّ قَرِيبٌ مِنْ مَنْزِلِهِمْ.

419   بَيْتُكُمْ أَيْضاً قَرِيبٌ مِنْ دَارِهِمْ.

420   لِوَالِدَيْهِ مَنْزِلٌ كَبِيرٌ فِى الْمَدِينَةِ.

421   لَا يَسْكُنُ الْآنَ مَعَ أُمِّهِ وَأَبِيهِ.

422   تَتَكَلَّمُ مَعَ نِسَاءٍ تَعْرِفُهُنَّ أُمُّهَا جَيِّداً.

423   تَتَكَلَّمُ مَعَ نِسَاءٍ يَعْرِفْنَ أُمَّهَا جَيِّداً.

424   لَيْسَ أَبُوهُ وَأُمُّهُ فِي الْمَنْزِلِ الْآنَ.

425   يَعْرِفْنَ الْمَدِينَةَ الَّتِي يَسْكُنَّ فِيهَا جَيِّداً.

426   يَسْكُنُونَ فِي مَدِينَةٍ يَعْرِفُونَهَا جَيِّداً.

427   مَدْرَسَتُهُمْ قَرِيبَةٌ مِن مَكْتَبِهِنَّ.

٤٢٨ اَلْمَدْرَسَةُ قَرِيبَةٌ مِنْ هُنَا .

٤٢٩ اَلْمَدْرَسَةُ أَقْرَبُ إِلَى هُنَا مِنَ الْمَكْتَبِ .

٤٣٠ سَكَنُوا قَلِيلاً مَعَ زُمَلاَئِهِمْ فِي الْمَدِينَةِ .

٤٣١ يَعْرِفْنَ الْمُعَلِّمَةَ جَيِّداً .

٤٣٢ اَلْمُعَلِّمَةُ أَيْضاً تَعْرِفُهُنَّ جَيِّداً لِأَنَّهُنَّ تِلْمِيذَاتُهَا .

٤٣٣ هُنَّ لَسْنَ فِي الْمَكْتَبِ الْآنَ .

٤٣٤ هُمْ لَيْسُوا فِى الْمَنْزِلِ اَلْيَوْمَ .

٤٣٥ يَعْرِفُ أَبُوهُ الْعَرَبِيَّةَ جَيِّداً لِأَنَّهُ عَرَبِيٌّ .

٤٣٦ لا تَعْرِفُ أُمُّهُ الْعَرَبِيَّةَ لِأَنَّهَا لَيْسَتْ عَرَبِيَّةً .

٤٣٧ تَعْرِفُ أُمُّهُ الْعَرَبِيَّةَ قَلِيلاً لِأَنَّهَا تَعَلَّمَتْهَا .

٤٣٨ يَعْرِفُ أَبَاهُ جَيِّداً لِأَنَّهُ مُعَلِّمُهُ .

٤٣٩ لَيْسَ مَنْزِلُ أَبِيهِ قَرِيباً مِنَ الْمَدْرَسَةِ .

٤٤٠ يَجْلِسُ الطَّالِبُ خَلْفَ زَمِيلِهِ أَمَامَ الْمُعَلِّمِ .

٤٤١ يَعْرِفُونَ صَدِيقَهُمْ جَيِّداً لِأَنَّهُمْ يَسْكُنُونَ مَعَهُ .

٤٤٢ يَعْرِفُهُمْ صَدِيقُهُمْ لِأَنَّهُ يَسْكُنُ مَعَهُمْ .

٤٤٣ نَعْرِفُ أَنَّهُنَّ سَكَنَّ فِي هَذِهِ الْمَدِينَةِ قَلِيلاً .

43

444	بَيْتُهُنَّ أَكْبَرُ مِنْ مَنْزِلِكُمْ.
445	مَدِينَتُهُمْ أَكْبَرُ مِنْ مَدِينَتِنَا.
446	مَدَارِسُنَا وَمَكَاتِبُنَا أَيْضاً أَكْبَرُ مِنْ مَدَارِسِكُمْ وَمَكَاتِبِكُمْ.
447	لَا نَعْرِفُ مِنْ أَيْنَ هُمْ وَلَا أَيْنَ يَسْكُنُونَ.
448	نَعْرِفُ مَنْ هُمْ: هُمْ مُعَلِّمُونَ.
449	هُمْ مُعَلِّمُو الْمَدْرَسَةِ.
450	هُنَّ أَيْضاً مُعَلِّمَاتُ الْمَدْرَسَةِ.
451	اَلْأُمَّهَاتُ مَسْرُورَاتٌ بِبَنَاتِهِنَّ.
452	اَلْبَنَاتُ أَيْضاً مَسْرُورَاتٌ بِأُمَّهَاتِهِنَّ.
453	لِوَالِدَيْهِ مَنْزِلٌ كَبِيرٌ فِي الْمَدِينَةِ.
454	يَعْرِفُ زَمِيلِي وَالِدِي.
455	لَا يَعْرِفُ وَالِدِي زَمِيلِي الْجَدِيدَ.
456	لَيْسَ الْمَكْتَبُ مَفْتُوحاً الْيَوْمَ.
457	هَذَا الْمَنْزِلُ الْكَبِيرُ مَنْزِلُهُمْ.
458	لَيْسَتْ هَذِهِ الْمَدْرَسَةُ الْجَدِيدَةُ مَدْرَسَتَكُنَّ.
459	لَا يَسْكُنُونَ فِي هَذِهِ الْمَدِينَةِ الْآنَ.
460	لَهُنَّ مكْتَبٌ فِي الْمَدِينَةِ.

44

461   هَذِهِ الْمَدْرَسَةُ الْجَدِيدَةُ لَهُمْ.

462   أَعْرِفُ أَنَّهُنَّ لَسْنَ فِي الْمَدْرَسَةِ.

463   هُنَّ فِي الْمَنْزِلِ الْآنَ.

464   لَا مَنْزِلَ لَهُمْ فِي الْمَدِينَةِ لِأَنَّهُمْ لَا يَسْكُنُونَ هُنَا.

465   لَهُمْ قَلِيلٌ مِنَ الْأَوْلَادِ.

466   يَتَكَلَّمُ الْعَرَبِيَّةَ بِطَلَاقَةٍ لِأَنَّهَا لُغَتُهُ الْأُمُّ.

467   لَا يَتَكَلَّمُونَ الْعَرَبِيَّةَ بِطَلَاقَةٍ لِأَنَّهَا لَيْسَتْ لُغَتَهُمُ الْأُمُّ.

45

Lesson 11		اَلدَّرْسُ الْحَادِيَ عَشَرَ	11ème Leçon
Vocabulary		اَلْمُفْرَدَاتُ	Vocabulaire

to live	vivre	عَاشَ يَعِيشُ عَيْشٌ	133
family	famille	أُسْرَةٌ أُسَرٌ	134
name	nom	إِسمٌ أَسْمَاءُ	135
address	adresse	عُنْوَانٌ عَنَاوِينُ	136
library, bookshop	bibliothèque, librairie	مَكْتَبَةٌ مَكْتَبَاتٌ	137
countryside	campagne	رِيفٌ أَرْيَافٌ	138
near, prep.	près, prép.	قُرْبَ	139
why	pourquoi	لِمَاذَا	140
is that, interr.	est-ce que	هَلْ	141
or (in an interr. sentence)	ou (dans une phrase interr.)	أَمْ	142

اَلنَّصُّ - Texte - Text

468   تَعيشُ الْبِنْتُ مَعَ أُسْرَتِهَا.

469   أُسْرَتُهَا كَبيرَةٌ.

470   لَهَا أُسْرَةٌ كَبيرَةٌ.

471   يَجْلِسُ التِّلْميذُ قُرْبَ الْبَابِ.

472   لَا تَعْرِفينَ أَيْنَ يَسْكُنُ الْآنَ.

473   لَا أَعْرِفُ لِمَاذَا يَجْلِسُ خَلْفَ الْبَابِ.

474   لَا أَعْرِفُ هَلْ هُوَ فِي الْمَنْزِلِ الْآنَ أَمْ لَا.

475   أَنْتَ تَعْرِفُ إِسْمَهُ.

476   نَعْرِفُ إِسْمَهُ وَعُنْوَانَهُ.

477   يَسْكُنُ فِي الرِّيفِ الْآنَ.

478   لَهُنَّ مَكْتَبَةٌ كَبيرَةٌ.

479   لِوَالِدَيْهِ مَنْزِلٌ كَبيرٌ فِي الرِّيفِ قَريبٌ مِنَ الْمَدينَةِ.

480   لَهُ عُنْوَانٌ جَديدٌ الْآنَ وَلَا أَعْرِفُهُ.

481   أَكْتُبُ إِلَى صَديقِي إِلَى عُنْوَانِهِ الْجَديدِ.

482   لَيْسَتِ الْمَكْتَبَةُ مَفْتُوحَةً الْيَوْمَ.

483   لَا تَعْرِفينَ عُنْوَانَ صَديقَتِكِ فِي الرِّيفِ.

484	هِيَ تَعْرِفُ عُنْوانَكَ وَأَنْتِ لَا تَعْرِفِينَ عُنْوانَهَا .
485	هَذَا إِسْمٌ جَدِيدٌ لَا أَعْرِفُهُ .
486	لَا نَعْرِفُ هَلْ يَسْكُنُونَ فِي هَذِهِ الْمَدِينَةِ أَمْ لَا .
487	لَيْسَ هَذَا عُنْوانَهُ، هَذَا عُنْوانُ أَبِيهِ .
488	لَا أَعْرِفُ (لَمْ أَكُنْ أَعْرِفُ) أَنَّ هَذَا لَيْسَ عُنْوانَهُ .
489	تَكْتُبِينَ إِلَى صَدِيقَتِكِ الَّتِي تَعْرِفِينَ عُنْوانَهَا .
490	تَعْرِفُونَ الْآنَ إِسْمَهُ جَيِّداً .
491	هُوَ مِنْ هَذِهِ الْمَدِينَةِ وَيَعِيشُ فِي بَلَدٍ أَجْنَبِيٍّ .
492	يَعِيشُ قَلِيلٌ مِنَ الْأَجَانِبِ فِي هَذَا الْبَلَدِ .
493	يَعِيشُ الْأَوْلَادُ وَالْبَنَاتُ مَعَ وَالِدَيْهِمْ .
494	هُوَ يَسْكُنُ فِي الْمَدِينَةِ وَلَهُ صَدِيقٌ يَسْكُنُ فِي الرِّيفِ .
495	(أَنْتَ) عِشْتَ فِي هَذِهِ الْمَدِينَةِ .
496	(هِيَ) عَاشَتْ فِي هَذَا الْبَلَدِ .
497	(نَحْنُ) عِشْنَا مَعَ أُسْرَتِنَا .
498	(أَنْتُنَّ) عِشْتُنَّ مَعَ صَدِيقَاتِكُنَّ .
499	(أَنَا) عِشْتُ مَعَ أَوْلَادِي .
500	(هُمْ) عَاشُوا فِي الرِّيفِ .

501 (هُنَّ) عِشْنَ مَعَ بَنَاتِهِنَّ.

502 (أَنْتِ) عِشْتِ قَرِيباً مِنْهَا.

503 (أَنْتُمْ) عِشْتُمْ مَعَّنَا.

504 (هُوَ) عَاشَ مَعَهُمْ.

505 (أَنْتَ) عِشْ فِي هَذَا الْبَلَد.

506 (أَنْتُمْ) عِيشُوا فِي هَذِهِ الْمَدِينَةِ.

507 (أَنْتِ) عِيشِي مَعَ أُمِّكِ.

508 (أَنْتُنَّ) عِشْنَ مَعَ أُسَرِكُنَّ.

509 نَحْنُ مِنَ الْبَلَد الَّذِي نَعِيشُ فِيهِ.

510 لَسْتِ مِنَ الْمَدِينَةِ الَّتِي تَعِيشِينَ فِيهَا.

511 لَا يَعْرِفُ الطُّلَّابُ إِسْمَ الْمُعَلِّمِ الْعَرَبِيِّ الْجَدِيد.

512 تَسْكُنُ الْمُعَلِّمَةُ الْعَرَبِيَّةُ الْجَدِيدَةُ قُرْبَ الْمَدْرَسَةِ.

513 لَهَا مَنْزِلٌ كَبِيرٌ قُرْبَ الْمَدْرَسَةِ.

514 لَيْسَ هَذَا الْمَنْزِلُ لَهَا، هُوَ لِأُمِّهَا.

515 هِيَ لَيْسَ لَهَا مَنْزِلٌ الْآنَ.

516 لَيْسَتْ هِيَ، أُمُّهَا هِيَ الَّتِي تَعْرِفُ عُنْوَانَهُمْ.

517 لَا نَعْرِفُ عُنْوَانَ الْمَكْتَبَةِ.

٥١٨ لَا يَعْرِفُ كَيْفَ يَعِيشُ فِي هَذَا الْبَلَدِ لِأَنَّهُ أَجْنَبِيٌّ فِيهَا.

٥١٩ تَعْرِفُونَ إِسْمَ الرَّجُلِ الَّذِى تَتَكَلَّمُونَ مَعَهُ الْآنَ.

٥٢٠ نَعَمْ، أَعْرِفُ إِسْمَهُ جَيِّداً وَأَعْرِفُ أَيْضاً عُنْوَانَهُ.

٥٢١ عُنْوَانُهُ الَّذِي أَعْرِفُهُ هُوَ عُنْوَانُهُ فِي الْمَدِينَةِ وَلَيْسَ عُنْوَانَهُ فِي الرِّيفِ.

٥٢٢ لَا تَعْرِفِينَ (لَمْ تَعْرِفِي) أَنَّ لَهَا عُنْوَاناً فِي الرِّيفِ أَيْضاً.

Lesson 12	اَلدَّرْسُ الثَّانِيَ عَشَرَ	12ème Leçon
Vocabulary	اَلْمُفْرَدَاتُ	Vocabulaire

to work,	travailler	عَمِلَ يَعْمَلُ عَمَلٌ	143
employee, m.	fonctionnaire, employé	مُوَظَّفٌ مُوَظَّفُونَ	144
employee, f.	fonctionnaire, employée	مُوَظَّفَةٌ مُوَظَّفَاتٌ	145
husband	époux, mari	زَوْجٌ أَزْوَاجٌ	146
wife	épouse	زَوْجَةٌ زَوْجَاتٌ	147
day	jour	يَوْمٌ أَيَّامٌ	148
Monday	lundi	يَوْمُ الْإِثْنَيْنِ	149
Friday	vendredi	يَوْمُ الْجُمْعَةِ	150
married	marié, mariée	مُتَزَوِّجٌ، مُتَزَوِّجَةٌ	151
one	un, une	وَاحِدٌ، وَاحِدَةٌ	152
two	deux	إِثْنَانِ، إِثْنَتَانِ	153
every, each, all	chaque, tout(e) tous, toutes	كُلٌّ	154
to (direction)	vers, à	إِلَى	155

Text - اَلنَّصُّ – Texte

523	يَعْمَلُ الْمُوَظَّفُ.
524	يَعْمَلُ الْمُوَظَّفُ فِي الْمَكْتَبِ.
525	يَعْمَلُ الْمُوَظَّفُ فِي الْمَكْتَبِ كُلَّ يَوْمٍ.
526	الْمُوَظَّفُونَ يَعْمَلُونَ مِنْ يَوْمِ الْإِثْنَيْنِ إِلَى يَوْمِ الْجُمْعَةِ.
527	هُوَ مُوَظَّفٌ وَزَوْجَتُهُ أَيْضاً مُوَظَّفَةٌ.
528	لَهُمْ مُعَلِّمٌ وَاحِدٌ.
829	لَهُمْ مُعَلِّمَانِ إِثْنَانِ.
530	هُوَ مُتَزَوِّجٌ وَلَهُ أَوْلَادٌ.
531	هِيَ لَيْسَتْ مُتَزَوِّجَةً وَلَيْسَ لَهَا أَوْلَادٌ.
532	هُنَّ يَعْمَلْنَ فِي الْمَدْرَسَةِ يَوْمَ الْجُمْعَةِ.
533	أَنْتِ لَا تَعْمَلِينَ اَلْيَوْمَ.
534	نَحْنُ نَعْمَلُ يَوْمَ الْإِثْنَيْنِ فِي الْمَكْتَبِ.
535	أَنْتُمْ تَعْمَلُونَ يَوْماً وَاحِداً.
536	أَنْتُنَّ تَعْمَلْنَ فِي هَذِهِ الْمَدِينَةِ.
537	أَنَا أَعْمَلُ فِي مَكْتَبَةٍ.

538	تَعْمَلُ الْمَرْأَةُ مَعَ زَوْجِهَا فِي الْمَكْتَبِ.
539	يَعْمَلُ الرَّجُلُ مَعَ زَوْجَتِهِ فِي الْمَنْزِلِ.
540	لِكُلِّ وَاحِدٍ مِنَّا يَوْمٌ يَعْمَلُ فِيهِ فِي الْمَكْتَبَةِ.
541	أَبُوهُ مُوَظَّفٌ.
542	أَبُوهُ مُوَظَّفٌ كَبِيرٌ.
543	أُمُّهُ أَيْضاً مُوَظَّفَةٌ
544	يَتَعَلَّمُ كُلٌّ مِنَ الْمُوَظَّفِينَ لُغَةً أَجْنَبِيَّةً.
545	أَصْدِقَاؤُهُ لَيْسُوا مُوَظَّفِينَ.
546	صَدِيقَاتُهَا لَسْنَ مُوَظَّفَاتٍ.
547	يَعْرِفُ كُلَّ زُمَلَائِهِ.
548	يَعْرِفُهُ كُلُّ زُمَلَائِهِ فِي الْمَكْتَبِ.
549	تَكْتُبِينَ إِلَيْهَا.
550	تَكْتُبُ إِلَيْكِ.
551	يَكْتُبُونَ إِلَيَّ.
552	أَكْتُبُ إِلَيْهِمْ.
553	لَا أَعْرِفُ هَلْ يَكْتُبُ إِلَيْكُمْ أَمْ لَا.

لَا أَعْرِفُ لِمَاذَا لَا يَكْتُبُ إِلَيْهِ. 554

لَا تَكْتُبُ إِلَيْهَا أُمُّهَا الْآنَ لِأَنَّهُ لَيْسَ لَهَا عُنْوَانُهَا الْجَدِيدُ. 555

نَعْمَلُ كُلُّنَا فِي هَذَا الْمَكْتَبِ. 556

تَتَعَلَّمُونَ كُلُّكُمْ هَذِه اللُّغَةَ. 557

يَسْكُنُونَ كُلُّهُمْ فِي هَذِه الْمَدِينَةِ. 558

يَقْرَأْنَ كُلُّهُنَّ كِتَاباً. 559

تَعِشْنَ كُلُّكُنَّ فِي هَذَا الْبَلَدِ. 560

يَجْلِسُ كُلُّ وَاحِدٍ مِنْكُمْ عَلَى كُرْسِيٍّ. 651

إِثْنَانِ مِنْ أَصْدِقَائِه هُنَا. 652

يَسْكُنُونَ كُلُّهُمْ فِي مَنْزِلٍ وَاحِدٍ. 653

لِكُلِّ وَاحِدٍ مِنْكُمْ مَنْزِلٌ يَسْكُنُ فِيه. 564

لَيْسَتْ كُلُّ الْمَنَازِلِ الَّتِي يَسْكُنُونَ فِيهَا كَبِيرَةً. 565

لَهُمْ كُلُّهُمْ مَنْزِلٌ وَاحِدٌ. 566

لَكُمْ كُلُّكُمْ مَنْزِلٌ وَاحِدٌ. 567

لِكُلٍّ مَنْزِلُهُ. 568

يَعْمَلُ زَوْجُ صَدِيقَتِهَا مَعَ زَوْجِهَا. 569

تَعْمَلُ زَوْجَةُ صَدِيقِه مَعَ زَوْجَتِه. 570

54

571 لَا تَعْرِفُ زَوْجَتُهُ الْعَرَبِيَّةَ لِأَنَّهَا أَجْنَبِيَّةٌ.

572 لَا يَعْرِفُ زَوْجُهَا الْعَرَبِيَّةَ لِأَنَّهُ أَجْنَبِيٌّ.

573 لَيْسَ الْمُوَظَّفُونَ كُلُّهُمْ مِنْ بَلَدٍ وَاحِدٍ.

574 اَلْمُوَظَّفُونَ لَا يَتَكَلَّمُونَ كُلُّهُمْ لُغَةً وَاحِدَةً.

575 لَيْسَ يَوْمُ الْجُمُعَةِ هُوَ الْيَوْمَ الَّذِي يَعْمَلُ فِيهِ فِي الْمَكْتَبِ.

576 اَلْيَوْمُ الَّذِي تَعْمَلُ فِيهِ فِي الْمَكْتَبَةِ هُوَ يَوْمُ الْإِثْنَيْنِ.

577 لَا أَعْرِفُ (لَمْ أَكُنْ أَعْرِفُ) أَنَّ زَوْجَتَهُ تَتَكَلَّمُ الْعَرَبِيَّةَ بِطَلَاقَةٍ.

55

Lesson 13
Vocabulary

اَلدَّرْسُ الثَّالثَ عَشَرَ
اَلْمُفْرَدَاتُ

13ème Leçon

Vocabulaire

to eat	manger	أَكَلَ يَأْكُلُ أَكْلٌ	156
organization	organisation	مُنَظَّمَةٌ مُنَظَّمَاتٌ	157
restaurant	restaurant	مَطْعَمٌ مَطَاعِمُ	158
Sunday	dimanche	يَوْمُ الْأَحَدِ	159
morning	matin	صَبَاحٌ أَصْبَاحٌ	160
holiday, vacation	congé, vacances	عُطْلَةٌ عُطْلَاتٌ	161
very	très	جِدّاً	162
sometimes	parfois	أَحْيَاناً	163
only	seulement	فَقَطْ	164
who, rel. pr., m.pl.	qui, pr. rel., m.pl.	اَلَّذِينَ	165

اَلنَّصُّ Texte - Text

578 يَأْكُلُ الْمُوَظَّفُ فِي مَطْعَمٍ.

579 يَأْكُلُ الْمُوَظَّفُ فِي مَطْعَمٍ كُلَّ يَوْمٍ.

580 الْمُوَظَّفُ يَأْكُلُ فِي مَطْعَمٍ قَرِيبٍ مِنْ مَكْتَبِهِ.

581 تَأْكُلُونَ أَحْيَاناً فِي الْمَطْعَمِ.

582 اَلْيَوْمَ يَوْمُ الْأَحَدِ.

583 تَعْمَلِينَ فَقَطْ فِي الصَّبَاحِ.

584 يَوْمُ الْأَحَدِ يَوْمُ عُطْلَةٍ.

585 مَنْزِلُكُمْ قَرِيبٌ جِدّاً مِن مَكْتَبِهِمْ.

586 يَعْمَلُونَ فِي مُنَظَّمَةٍ كَبِيرَةٍ.

587 لَيْسَ يَوْمُ الْأَحَدِ يَوْمَ عُطْلَةٍ فِي بَلَدِهِ.

588 يَوْمُ الْعُطْلَةِ فِي بَلَدِهِ هُوَ يَوْمُ الْجُمْعَةِ.

589 أُمُّهُ أَيْضاً تَعْمَلُ فِي مُنَظَّمَةٍ جَدِيدَةٍ.

590 اَلْمُنَظَّمَةُ الَّتِي تَعْمَلِينَ فِيهَا جَدِيدَةٌ.

591 لَيْسَتْ هَذِهِ الْمُنَظَّمَةُ جَدِيدَةً.

592 لَا يَعْمَلُ الْمُوَظَّفُونَ فِي بَلَدِهِ يَومَ الْجُمْعَةِ لِأَنَّهُ يَوْمُ عُطْلَةٍ.

593 لَيْسَ يَوْمُ الْأَحَدِ يَوْمَ عُطْلَةٍ فِي كُلِّ الْبُلْدَانِ.

594 يَعْمَلُونَ أَحْيَاناً فِي الصَّبَاحِ.

595 يَعْمَلُونَ كُلُّهُمْ فِي مُنَظَّمَةٍ وَاحِدَةٍ.

596 لِلْمُنَظَّمَةِ مَطْعَمٌ يَأْكُلُ فِيهِ الْمُوَظَّفُونَ.

597 يَأْكُلُ الْمُوَظَّفُونَ فِي مَطْعَمِ الْمُنَظَّمَةِ.

598 لَايَأْكُلُ الْمُوَظَّفُونَ كُلُّهُمْ فِي مَطْعَمِ الْمُنَظَّمَةِ.

599 لَا يَعْمَلُ الْآنَ لِأَنَّهُ فِي عُطْلَةٍ.

600 تَأْكُلُ الْأُسْرَةُ أَحْيَاناً فِي الْمَطْعَمِ يَوْمَ الْأَحَدِ.

601 لَا تَأْكُلُ الْأُسْرَةُ كُلَّ يَوْمِ الْأَحَدِ فِي الْمَطْعَمِ.

602 اَلْمَطْعَمُ الَّذِي تَأْكُلِينَ فِيهِ جَدِيدٌ.

603 لِصَدِيقِي مَطْعَمٌ كَبِيرٌ فِي الْمَدِينَةِ.

604 يَأْكُلُونَ فِي هَذَا الْمَطْعَمِ لِأَنَّهُ قَرِيبٌ مِن مَّكْتَبِهِمْ.

605 تَأْكُلُ الْمَرْأَةُ أَحْيَاناً مَعَ زَوْجِهَا فِي هَذَا الْمَطْعَمِ.

606 تَأْكُلُ النِّسَاءُ أَحْيَاناً مَعَ أَزْوَاجِهِنَّ فِي الْمَدِينَةِ.

607 يَأْكُلْنَ فَقَطْ فِي هَذَا الْمَطْعَمِ.

608 لَيْسَ لِهَذَا الْمَطْعَمِ إِسْمٌ.

609 هُنَاكَ قَلِيلٌ مِنَ الْمَطَاعِمِ فِي الرِّيفِ.

610 لَا تَعْرِفْنَ عُنْوَانَ الْمَطْعَمِ الَّذِي تَأْكُلْنَ فِيهِ.

611 أَعْرِفُ عُنْوَانَ الْمَطْعَمِ الَّذِي أَكَلْتُ فيهِ مَعَ زَوْجِي.

612 أَعْرِفُ مَطْعَماً قَرِيباً جِدّاً مِنْ هُنَا.

613 لَيْسَ مُوَظَّفُو هَذِهِ الْمُنَظَّمَةِ كُلُّهُمْ أَجَانِبَ.

614 لَيْسَ كُلُّ مُوَظَّفِي هَذِهِ الْمُنَظَّمَةِ مِنْ بَلَدٍ واحِدٍ.

615 هُنَاكَ قَلِيلٌ مِنَ الْمُوَظَّفِينَ الْأَجَانِبِ فِي هَذِهِ الْمُنَظَّمَةِ.

616 لَا يَعْرِفُ كُلَّ زُمَلَائِهِ الَّذِينَ يَعْمَلُونَ مَعَهُ.

617 تَأْكُلُ زَوْجَاتُ الْمُوَظَّفِينَ أَحْيَاناً فِي مَطْعَمِ الْمُنَظَّمَةِ الْجَدِيدِ مَعَ أَزْوَاجِهِنَّ.

618 لَيْسَتْ هَذِهِ أَوَّلَ مُنَظَّمَةٍ تَعْمَلُ فِيهَا زَوْجَتُهُ.

619 تَعَلَّمَ الْآنَ كَيْفَ يَعْمَلُ وَكَيْفَ يَعِيشُ فِي هَذَا الْبَلَدِ.

620 لَيْسَ مَطْعَمُ الْمُنَظَّمَةِ مَفْتُوحاً أَيَّامَ الْعُطَلَاتِ.

621 لَا يَعْرِفُ الْمُوَظَّفُونَ مُنَظَّمَتَهُمْ جَيِّداً لِأَنَّهُمْ يَتَكَلَّمُونَ عَنْهَا قَلِيلاً.

622 تَتَكَلَّمُ الْمُوَظَّفَاتُ قَلِيلاً عَنْ مُنَظَّمَتِهِنَّ. لِهَذَا لَا يَعْرِفْنَهَا جَيِّداً.

623 يَتَكَلَّمُ الْمُوَظَّفُ فَقَطْ مَعَ الزُّمَلَاءِ الَّذِينَ يَعْمَلُونَ مَعَهُ.

624 تَكَلَّمَ أَبُو الْبِنْتِ هَذَا الصَّبَاحَ مَعَ الْمُعَلِّمَةِ فِي الْمَدْرَسَةِ.

625 الْمُعَلِّمَةُ صَدِيقَةُ أُمِّهَا.

59

626   صَدِيقَةُ أُمِّهَا مُعَلِّمَةٌ.

627   هُوَ وَاحِدٌ مِنَ الْمُعَلِّمِينَ الَّذِينَ أَعْرِفُهُمْ.

628   نَعْرِفُ إِثْنَيْنِ مِنَ الْمُعَلِّمِينَ الَّذِبنَ يَأْكُلُونَ فِي هَذَا الْمَطْعَمِ كُلَّ يَوْمٍ.

Lesson 14	اَلدَّرْسُ الرَّابِعَ عَشَرَ	14ème Leçon
Vocabulary	اَلْمُفْرَدَاتُ	Vocabulaire

to go	aller	ذَهَبَ يَذْهَبُ ذَهَابٌ	166
to travel	voyager	سَافَرَ يُسَافِرُ مُسَافَرَةً، سَفَرٌ	167
train	train	قِطَارُ قِطَارَاتٌ قُطُرٌ	168
year	année	سَنَةٌ سَنَوَاتٌ سِنُونَ	169
year	année, an	عَامٌ أَعْوَامٌ	170
much	beaucoup	كَثِيرٌ، كَثِيراً	171
late	en retard	مُتَأَخِّرٌ، مُتَأَخِّرَةٌ	172
pleasure, joy	joie, plaisir, contentement	سُرُورٌ	173
with pleasure	avec plaisir	بِكُلِّ سُرُورٍ	174
once	une fois	مَرَّةً	175
three	trois	ثَلَاثَةٌ، ثَلَاثُ	176
that, dem. pr., f.	celle-là	تِلْكَ	177
you, d.	vous, d.	أَنْتُمَا	178
you, your, d.	vous, votre, vos, d.	كُمَا	179
they, them, their, d.	eux, elles, les, leur(s), d.	هُمَا	180

61

اَلنَّصُّ Texte - Text

630	يَذْهَبُ الْوَلَدُ إِلَى الْمَدْرَسَةِ كُلَّ يَوْمٍ.
631	يُسَافِرُ الْمُوَظَّفُ بِالْقِطَارِ.
632	تُسَافِرُونَ كُلَّ سَنَةٍ.
633	يُسَافِرُونَ مَرَّةً فِي السَّنَةِ.
634	نَأْكُلُ ثَلَاثَ مَرَّاتٍ فِي الْيَوْمِ.
635	تَذْهَبْنَ إِلَى الْمَدِينَةِ مَعَ صَدِيقَتِكُنَّ بِكُلِّ سُرُورٍ.
636	تَتَكَلَّمُ تِلْكَ الْمُعَلِّمَةُ ثَلَاثَ لُغَاتٍ أَجْنَبِيَّةٍ.
637	تَذْهَبُونَ أَحْيَانًا إِلَى تِلْكَ الْمَكْتَبَةِ صَبَاحَ يَوْمِ الْجُمْعَةِ.
638	تَأْكُلِينَ فِي ذَلِكَ الْمَطْعَمِ الْجَدِيدِ الْقَرِيبِ مِنَ الْمَكْتَبِ.
639	أَنْتُمَا صَدِيقَانِ، لَسْتُمَا زَمِيلَيْنِ فِي الْمَكْتَبِ.
640	أَنْتُمَا زَمِيلَانِ وَتَعْمَلَانِ فِي هَذَا الْمَكْتَبِ.
641	ذَلِكَ مَكْتَبُكُمَا.
642	أَنْتُمَا أَيْضًا زَمِيلَتَانِ وَتَعْمَلَانِ فِي تِلْكَ الْمَكْتَبَةِ.
643	هُوَ مُتَأَخِّرٌ الْيَوْمَ. لَا أَعْرِفُ مَا بِهِ.
644	هُمَا طَالِبَانِ فِي تِلْكَ الْمَدْرَسَةِ.
645	هُمَا مُوَظَّفَتَانِ وَتَعْمَلَانِ فِي تِلْكَ الْمُنَظَّمَةِ.

لَا يَتَكَلَّمُ كَثيراً مَعَ زَميله لِأَنَّهُ لَا يَعْرِفُهُ جَيِّداً. 646

لَا تَعْرِفينَ زَميلَتَكِ جَيِّداً لِأَنَّكِ لَا تَتَكَلَّمينَ مَعَهَا. 646b

يَعْمَلُ كَثيراً وَيَتَكَلَّمُ قَليلاً. 647

نَعْمَلُ قَليلاً وَنَتَكَلَّمُ كَثيراً. 648

يَوْمُ الْجُمُعَة هُوَ الْيَوْمُ الَّذي يَعْمَلُ فيه كَثيراً. 649

يَوْمُ الْإِثْنَيْنِ هُوَ الْيَوْمُ الَّذي يَعْمَلُ فيه قَليلاً. 650

سَافَرْتُمْ كَثيراً هَذه السَّنَةَ. 651

يُسَافِرُ الْمُوَظَّفُونَ كَثيراً. 652

في الْقِطَار مَطْعَمٌ. 653

هُنَاكَ مَطْعَمٌ في الْقِطَار. 654

هُنَاكَ كَثيرٌ مِنَ الْمَطَاعِمِ في هَذه الْمَدينَة. 655

أَكَلْتُ ثَلَاثَ مَرَّاتٍ في ذَلكَ الْمَطْعَمِ. 656

عَمِلْتُمَا سَنَةً في تِلكَ الْمُنَظَّمَة. 657

عَمِلْتُنَّ فَقَطْ سَنَةً في تِلكَ الْمَدينَة. 658

تِلكَ الْمَدينَةُ كَبيرَةٌ جداً. 659

سَكَنَّا فَقَطْ في تِلكَ الْمَدينَة. 660

لَهُمَا مَنْزِلٌ جَديدٌ في الرِّيف. 661

63

662	اُكْتُبَا لِي عُنْوَانَكُمَا عَلَى وَرَقَةٍ.
663	اُكْتُبَا لِي أَيْضاً اِسْمَ مُنَظَّمَتِهِمَا عَلَى وَرَقَةٍ.
664	عِشْتُمَا فِي هَذِهِ الْمَدِينَةِ أَكْثَرَ مِنْ سَنَةٍ.
665	تَتَكَلَّمَانِ مَعَ صَدِيقَتِهِمَا كُلَّ يَوْمٍ.
666	أَنْتَ مُتَأَخِّرٌ الْيَوْمَ. مَا بِكَ؟
667	نَعَمْ، أَنَا مُتَأَخِّرٌ الْيَوْمَ.
668	يُسَافِرُ كَثِيراً.
669	يُسَافِرُ عَلَى الْأَكْثَرِ ثَلَاثَ مَرَّاتٍ فِي السَّنَةِ.
670	يَعْرِفُ قَلِيلاً مِنَ اللُّغَاتِ.
671	يَعْرِفُ عَلَى الْأَقَلِّ ثَلَاثَ لُغَاتٍ.
672	أَنْتُمَا مَسْرُورَانِ لِأَنَّ لَكُمَا كَثِيراً مِنَ الْأَصْدِقَاءِ.
673	أَنْتُمَا مَسْرُورَتَانِ لِأَنَّكُمَا تَعَلَّمْتُمَا الْعَرَبِيَّةَ. أَلَيْسَ كَذَلِكَ؟
674	هُمَا زَمِيلَاكُمَا فِي الْمَكْتَبِ.
675	هُمَا أَيْضاً زَمِيلَتَاكُمَا فِي الْمَكْتَبِ.
676	نَحْنُ كُلُّنَا زُمَلَاءُ.
677	لَيْسَ لَهُ أَكْثَرُ مِنْ ثَلَاثَةِ زُمَلَاءَ.

678   لَا تَعْرِفِينَ أَقَلَّ مِنْ ثَلَاثِ لُغَاتٍ.

679   يُسَافِرُ كَثِيرٌ مِنَ النَّاسِ بِالْقِطَارِ فِي أَيَّامِ الْعُطُلَاتِ.

680   تَعْمَلْنَ كَثِيراً فِي الصَّبَاحِ.

681   يَعْمَلْنَ قَلِيلاً صَبَاحاً.

682   عَمِلْتُمَا أَكْثَرَ مِنِّي هَذَا الصَّبَاحَ

683   تَعْرِفُهُمَا زَوْجَتُهُ أَكْثَرَ مِنْهُ

684   عِشْتُمَا أَقَلَّ مِنْهُمَا فِي هَذَا الْبَلَدِ.

65

to like, to love	aimer	أَحَبَّ يُحِبُّ إِحْبَابٌ، حُبٌّ، مَحَبَّةٌ هـ أَنْ	181
to mount, ride, (take a car)	monter (prendre une voiture)	رَكِبَ يَرْكَبُ رُكُوبٌ هـ عَلَى	182
there is, there are	il y a	يُوجَدُ	183
to be	être	كَانَ يَكُونُ كَوْنٌ كَيْنُونَةٌ	184
station	gare, station	مَحَطَّةٌ مَحَطَّاتٌ	185
traveler	voyageur	مُسَافِرٌ مُسَافِرُونَ	186
apartment	appartement	شِقَّةٌ، شِقَّةٌ شُقَقٌ	187
middle, center	milieu, centre	وَسَطَ	188
yesterday	hier	أَمْسِ	189
in order to	afin de, pour que	كَيْ، لِكَيْ	190
is it (not)	est-ce-que (ne pas)	أَ	191
isn't it	n'est-ce pas	أَلَيْسَ كَذَلِكَ	192
that, subj. part.	que, part. du subj.	أَنْ	193

Lesson 15
Vocabulary

اَلدَّرْسُ الْخَامِسَ عَشَرَ
اَلْمُفْرَدَاتُ

15ème Leçon
Vocabulaire

اَلنَّصُّ Texte - Text

685	تُحِبُّ الْبِنْتُ أُمَّهَا كَثِيراً.
686	نُحِبُّ أَنْ نُسَافِرَ بِالْقِطَارِ.
687	يَرْكَبُ الْمُسَافِرُ الْقِطَارَ.
688	تَسْكُنُ الْأُسْرَةُ فِي شِقَّةٍ جَمِيلَةٍ.
689	مَا أَكْثَرَ الْأَجَانِبَ فِي هَذَا الْبَلَدِ !
690	يَذْهَبُ الطَّالِبُ إِلَى الْمَدْرَسَةِ لِكَيْ يَتَعَلَّمَ لُغَةً أَجْنَبِيَّةً.
691	تُوجَدُ الْمَحَطَّةُ وَسَطَ الْمَدِينَةِ.
692	أَحْبَبْتُ أَنْ أَتَكَلَّمَ مَعَهُ قَلِيلاً أَمْسِ.
693	تُحِبِّينَ أَنْ تَعْمَلِي مَعَهَا فِي الْمَكْتَبَةِ.
694	تُحِبُّ أَنْ تَسْكُنَ مَعَ وَالِدَيْكَ فِي شِقَّتِهِمَا الْكَبِيرَةِ.
695	تُحِبِّينَ أُمَّكُنَّ كَثِيراً. أَلَيْسَ كَذَلِكَ؟
696	يُحِبُّونَ أَنْ يَعْمَلُوا فِي هَذِهِ الْمُنَظَّمَةِ الْجَدِيدَةِ.
697	أَحْبَبْتُمُ السَّفَرَ إِلَى بَلَدٍ أَجْنَبِيٍّ.
698	أَحْبَبْتِ أَنْ تَتَعَلَّمِي لُغَةً أَجْنَبِيَّةً.
699	تُحِبِّينَ أَنْ تَتَعَلَّمِي اللُّغَةَ الْعَرَبِيَّةَ لِكَيْ تَتَكَلَّمِي مَعَ
700	صَدِيقَتِكِ الْعَرَبِيَّةِ بِالْعَرَبِيَّةِ.

701 يُحْبِبْنَ أَنْ يَذْهَبْنَ إِلَى الْمَدِينَةِ مَعَ صَدِيقَتِهِنَّ.

702 لَا يُحِبُّ أَبُوهُ رُكُوبَ الْقِطَارِ.

703 تُحِبَّانِ أَنْ تَذْهَبَا إِلَى تِلْكَ الْمَدْرَسَةِ أَحْيَاناً صَبَاحَ

704 يَوْمِ الْجُمُعَةِ.

705 يُحِبَّانِ أَنْ يَقْرَآ كِتَاباً فِي الْمَكْتَبَةِ كُلَّ يَوْمٍ.

706 تُحِبُّ أَنْ تَجْلِسَ هُنَا قَلِيلاً مَعَ صَدِيقِكَ.

707 يُحْبِبْنَ أَنْ يَكْتُبْنَ أَحْيَاناً إِلَى أَبِيهِنَّ وَأُمِّهِنَّ.

708 أَحْبَبْنَا أَنْ نَأْكُلَ فِي ذَلِكَ الْمَطْعَمِ الْجَدِيدِ الْقَرِيبِ مِنَ الْمَكْتَبِ.

709 لَا أَعْرِفُ لِمَاذَا يُحِبُّ أَنْ يَتَكَلَّمَ كَثِيراً.

710 يَتَكَلَّمُ كَثِيراً لِأَنَّهُ يُحِبُّ الْكَلَامَ.

711 تَتَكَلَّمُ قَلِيلاً لِأَنَّكَ لَا تُحِبُّ الْكَلَامَ. أَلَيْسَ كَذَلِكَ؟

712 يَرْكَبُ الْمُوَظَّفُ الْقِطَارَ كُلَّ يَوْمٍ لِكَيْ يَذْهَبَ إِلَى الْمَكْتَبِ.

713 يُحِبُّ الْمُوَظَّفُونَ الْمُنَظَّمَةَ الَّتِي يَعْمَلُونَ فِيهَا.

714 تُحِبُّ الْأُسْرَةُ الشَّقَّةَ الَّتِي تَسْكُنُ فِيهَا.

715 يُحِبُّ الْمُعَلِّمُونَ تَلَامِيذَهُمْ.

716 يُحِبُّ التَّلَامِيذُ مُعَلِّمِيهِمْ.

68

717 يُحِبُّ الْمُوَظَّفُ كُلَّ الزُّمَلَاءِ وَالزَّمِيلَاتِ الَّذِينَ يَعْمَلُونَ مَعَهُ .

718 يُحِبُّ الْمُسَافِرُ أَنْ يَذْهَبَ إِلَى الْمَحَطَّةِ لِكَي يَرْكَبَ الْقِطَارَ.

719 أَحْبَبْتُ أَنْ أَذْهَبَ مَعَ صَدِيقِي أَمْسِ إِلَى الْمَحَطَّةِ.

720 لَا أَعْرِفُ أَيْنَ تُوجَدُ الْمَحَطَّةُ.

721 لَهُ صَدِيقٌ يَعْمَلُ فِي الْمَحَطَّةِ.

722 تِلْكَ هِيَ شَقَّتُهُ الْجَدِيدَةُ.

723 تُوجَدُ شَقَّتُهُ وَرَاءَ الْمَحَطَّةِ.

724 يَسْكُنُ مَعَ أُسْرَتِهِ فِي شَقَّةٍ جَدِيدَةٍ قُرْبَ الْمَحَطَّةِ.

725 كَانَ الدَّرْسُ الرَّابِعَ عَشَرَ صَعْباً جِدّاً أَمْسِ.

726 تُحِبِّينَ أَنْ تَكُونِي مَعَ صَدِيقَتِكِ فِي مَنْزِلِهَا يَوْمَ الْأَحَدِ.

727 يَرْكَبُ الْمُسَافِرُ الْقِطَارَ الْآنَ.

728 كُنْتُ أُحِبُّ أَنْ أُسَافِرَ بِالْقِطَارِ كَثِيراً.

729 لَا أَعْرِفُ الرَّجُلَ الَّذِي كُنْتَ تَتَكَلَّمُ مَعَهُ.

730 كَانَتْ أُمُّكَ تُسَافِرُ كَثِيراً.

731 كُنَّا نَعِيشُ فِي بَلَدٍ أَجْنَبِيٍّ.

732 كُنْتُمْ تَذْهَبُونَ كُلَّ يَوْمٍ إِلَى الْمَدْرَسَةِ.

733 كُنْتُنَّ تَأْكُلْنَ فِي ذَلِكَ الْمَطْعَمِ.

734   كَانُوا يَعْمَلُونَ فِي هَذِه الْمُنَظَّمَة.

735   كَانَا يَعْرِفَانِ ذَلِكَ الرَّجُلَ جَيِّداً.

736   كَانَتَا تَجْلِسَانِ هُنَا مَعَ وَالِدَيْهِمَا.

737   كُنْتُ أَكْتُبُ إِلَيْهِ.

738   كُنْتِ تَقْرَئِينَ كِتَاباً فِي الْمَكْتَبَة.

Lesson 16		اَلدَّرْسُ السَّادِسَ عَشَرَ	16ème Leçon
Vocabulary		اَلْمُفْرَدَاتُ	Vocabulaire

to drink	boire	شَرِبَ يَشْرَبُ شُرْبٌ هُـ	194
to close, shut	fermer	أَغْلَقَ يُغْلِقُ إِغْلَاقٌ هـ	195
water	eau	مَاءٌ مِياهٌ	196
weather	temps (qu'il fait)	طَقْسٌ طُقُوسٌ	197
weather, atmosphere	temps, atmosphère	جَوٌّ أَجْوَاءٌ	198
window	fenêtre	شُبَّاكٌ شَبَابِيكُ	199
north	nord	شَمَالٌ	200
closed, shut	fermé	مُغْلَقٌ	201
pretty, beautiful, m.	joli, beau	جَمِيلٌ	202
pretty, beautiful, f.	jolie, belle	جَمِيلَةٌ	203
cold, adj.	froid, adj.	بَارِدٌ	204

71

اَلنَّصُّ Text - Texte

739   نَشْرَبُ مَاءً.

740   هَذَا مَاءٌ بَارِدٌ.

741   هَذَا الْمَاءُ بَارِدٌ.

742   تَشْرَبِينَ مَاءً بَارِداً.

743   اَلطَّقْسُ بَارِدٌ.

744   اَلطَّقْسُ بَارِدٌ جِدّاً اَلْيَوْمَ.

745   كَانَ الطَّقْسُ بَارِداً أَمْسِ.

746   كَانَ الْجَوُّ بَارِداً قَلِيلاً أَمْسِ.

747   اَلْجَوُّ جَمِيلٌ اَلْيَوْمَ.

748   لَيْسَ الْجَوُّ بَارِداً فِي هَذَا الْبَلَدِ.

749   لَيْسَ الطَّقْسُ بَارِداً فِي هَذِهِ الْمَدِينَةِ.

750   اَلْبَابُ مُغْلَقٌ اَلْآنَ.

751   شُبَّاكُ الْفَصْلِ مَفْتُوحٌ.

752   يُغْلِقُ الشُّبَّاكَ لِأَنَّ الطَّقْسَ بَارِدٌ قَلِيلاً اَلْيَوْمَ.

753   أَغْلِقِ الشُّبَّاكَ.

754   لَا تُغْلِقْ بَابَ الْمَكْتَبِ.

الطَّقْسُ بَارِدٌ جِدّاً فِي الشَّمَال. 755

يَسْكُنُ الآنَ فِي شَمَالِ الْمَدِينَة. 756

اَلْمَكَاتِبُ مُغْلَقَةٌ اَلْيَوْمَ لِأَنَّهُ يَوْمُ الْأَحَد. 757

كَانَتِ الْمَدْرَسَةُ مُغْلَقَةً أَيْضاً أَمْس لِأَنَّهُ كَانَ يَوْمَ الْأَحَد. 758

اَلْمَكَاتِبُ وَالْمَدَارِسُ مُغْلَقَةٌ أَيَّامَ الْعُطْلَات. 759

لَا أُحِبُّ أَنْ أَشْرَبَ هَذَ الْمَاءَ لِأَنَّهُ بَارِدٌ جِدّاً. 760

تُحِبِّينَ شُرْبَ الْمَاءِ الْبَارِد. 761

كُلُّ الشَّبَابِيك مُغْلَقَةٌ. 762

مَدِينَتُكُمْ جَمِيلَةٌ جِدّاً. 763

مَدِينَتُهُمْ أَجْمَلُ مِنْ مَدِينَتِنَا بِكَثِير. 764

لَهُ شَقَّةٌ جَمِيلَةٌ يَسْكُنُ فِيهَا. 765

يَشْرَبُ قَلِيلاً مِنَ الْمَاءِ فِي الصَّبَاح. 766

لَيْسَتِ الْمَطَاعِمُ مُغْلَقَةً يَوْمَ الْأَحَد. 767

اَلْيَوْمُ الَّذِي يَكُونُ فِيهِ الْمَطْعَمُ مُغْلَقاً هُوَ يَوْمُ الْإِثْنَيْن، 768
وَلَيْسَ يَوْمَ الْأَحَد.

يَأْكُلُ يَوْمَ الْإِثْنَيْن فِي الْمَنْزِل لِأَنَّ الْمَطْعَمَ مُغْلَقٌ يَوْمَ 769
الْإِثْنَيْن.

73

يُوجَدُ كَثِيرٌ مِنَ الْمَطَاعِمِ الْمَفْتُوحَة وَسَطَ الْمَدِينَة. 770

لَا أَعْرِفُ هَلْ يُحِبُّ أَنْ يَشْرَبَ قَلِيلاً مِنَ الْمَاءِ الْآنَ أَمْ لَا. 771

لَكَ إِسْمٌ جميلٌ. 772

أُحِبُّ أَنْ أَتَعَلَّمَ لُغَتَكَ لِأَنَّهَا جَميلَةٌ. 773

مَا هَذه اللُّغَةُ الْجَمِيلَةُ الَّتي تَتَكَلَّمِينَهَا ؟ 774

يُحِبُّ أَنْ يَعِيشَ فِي تِلْكَ الْمَدِينَة لِأَنَّهَا مَدِينَةٌ جَميلَةٌ. 775

لِوَالِدَيْه مَنْزِلٌ جَميلٌ فِي الرِّيف. 776

لِهَذه الْمَدينَة مَحَطَّةٌ جَميلَةٌ. 777

لَهَا بَنَاتٌ جَميلَاتٌ. 778

أُمُّكِ إِمْرَأَةٌ جَميلَةٌ جِدّاً. 779

كُنْ جَميلاً. 780

كُونِي جَميلَةً. 781

كُونُوا مَسْرُورِينَ. 782

كُنَّ أَنْتُنَّ أَيْضاً مَسْرُورات. 783

كُونُوا هُنَا مَعَنَا. 784

لَا تَكُنْ مُتَأَخِّراً عَنِ الدَّرْس. 785

لَا تَكُونِي مُتَأَخِّرَةً كَثِيراً الْيَوْمَ. 786

74

787 الطَّقْسُ بارِدٌ لِأَنَّ الشُّبَّاكَ مَفْتُوحٌ.

788 لَيْسَ الطَّقْسُ بارِداً كُلَّ يَوْمٍ.

789 يَكُونُ الطَّقْسُ أَحْيَاناً بارِداً في هَذا الْبَلَدِ.

790 يُحِبُّ الطَّقْسَ الْبارِدَ لِأَنَّهُ مِنَ الشَّمَالِ.

791 نَذْهَبُ الْآنَ إِلَى الْمَطْعَمِ لِكَيْ نَأْكُلَ وَنَشْرَبَ قَلِيلاً.

Lesson 17	اَلدَّرْسُ السَّابِعَ عَشَرَ	17ème Leçon
Vocabulary	اَلْمُفْرَدَاتُ	Vocabulaire

to start	commencer	بَدَأَ يَبْدَأُ بَدْءٌ ب في هـ	205
to arrive	arriver	وَصَلَ يَصِلُ وُصُولٌ إِلَى	206
to be able	pouvoir	اِسْتَطَاعَ يَسْتَطِيعُ اسْتِطَاعَةٌ هـ أَنْ	207
to work	travailler	عَمِلَ يَعْمَلُ عَمَلٌ	208
hour, watch	heure, montre	سَاعَةٌ سَاعَاتٌ	209
newspapaer	journal	جَرِيدَةٌ جَرَائِدُ	210
one o'clock	une heure	اَلسَّاعَةُ الْوَاحِدَةُ	211
two o'clock	deux heures	السَّاعَةُ الثَّانِيَةُ	212
generally	généralement	عَامَّةً	213
early, adj.	tôt, adj.	مُبَكِّرٌ، مُبَكِّرَةٌ	214
early, adv.	tôt, adv.	مُبَكِّراً، مُبَكِّرَةً	215
between	entre	بَيْنَ	216
how many, how much	combien	كَمْ	217

اَلنَّصُّ Texte - Text

793 يَبْدَأُ الْمُعَلِّمُ الدَّرْسَ الْآنَ.

794 يَصِلُ الطَّالِبُ إِلَى الدَّرْسِ مُبَكِّراً.

795 يَقْرَأُ جَرِيدَةً عَرَبِيَّةً.

796 لَا يَسْتَطِيعُ أَنْ يُسَافِرَ بِالْقِطَارِ هَذَا الصَّبَاحَ لِأَنَّهُ لَيْسَ

797 هُنَاكَ قِطَارُ صَبَاحَ يَوْمِ الْأَحَد.

798 لَا أَعْرِفُ كَمِ السَّاعَةُ الْآنَ لِأَنَّهُ لَيْسَ لِي سَاعَةٌ.

799 اَلسَّاعَةُ الْآنَ الْوَاحِدَةُ.

800 يَصِلُ الْقِطَارُ كُلَّ يَوْمٍ فِي السَّاعَةِ الثَّانِيَةِ.

801 لَهُ عَمَلٌ جَدِيدٌ الْآنَ.

802 لَا عَمَلَ لِي الْيَوْمَ.

803 لَا يَعْمَلُ الْمُوَظَّفُونَ بَيْنَ السَّاعَةِ الْوَاحِدَةِ وَالسَّاعَةِ الثَّانِيَةِ.

804 يَذْهَبُ عَامَّةً إِلَى الرِّيفِ مَعَ أُسْرَتِهِ يَوْمَ الْأَحَدِ.

805 أَعْرِفُ أَنَّ لَهُ أَوْلَاداً.

806 لَا أَعْرِفُ كَمْ وَلَداً لَهُ.

807 لَيْسَ لَهُنَّ عَمَلٌ كَثِيرٌ الْيَوْمَ.

808 لَيْسَ هَذَا عَمَلَكُمْ.

77

بَدَأَ يَتَكَلَّمُ الْعَرَبِيَّةَ قَلِيلاً. 809

يَبْدَأُ الْمُوَظَّفُ عَمَلَهُ. 810

يَبْدَأُ الْمُوَظَّفُ عَمَلَهُ مُبَكِّراً. 811

وَصَلَ إِلَى الْمَكْتَبِ مُبَكِّراً. 812

يَسْتَطِيعُ الطَّالِبُ أَنْ يَكْتُبَ الْآنَ إِسْمَهُ بِالْعَرَبِيَّةِ. 813

يَعْمَلُ سَاعَةً وَاحِدَةً فِى الصَّبَاحِ. 814

يَعْمَلُ أَحْيَاناً سَاعَتَيْنِ إِثْنَتَيْنِ. 815

نَبْدَأُ الْيَوْمَ عَمَلَنَا فِي السَّاعَةِ الْوَاحِدَةِ. 816

تَبْدَؤُونَ عَمَلَكُمْ أَحْيَاناً فِى السَّاعَةِ الثَّانِيَةِ. 817

يَأْكُلُونَ عَامَّةً فِي الْمَطْعَمِ يَوْمَ الْإِثْنَيْنِ. 818

تَقْرَئِينَ الْجَرِيدَةَ كُلَّ يَوْمٍ. 819

تَجْلِسُ التِّلْمِيذَةُ بَيْنَ زَمِيلٍ وَزَمِيلَةٍ. 820

يَأْكُلُ فِي الْمَطْعَمِ بَيْنَ السَّاعَةِ الْوَاحِدَةِ وَالسَّاعَةِ الثَّانِيَةِ. 821

يَسْتَطِيعُونَ أَنْ يَتَعَلَّمُوا هَذِهِ اللُّغَةَ لِأَنَّهَا لَيْسَتْ صَعْبَةً. 822

تَسْتَطِعْنَ أَنْ تَذْهَبْنَ إِلَى الْمَدْرَسَةِ كُلَّ يَوْمٍ. 823

يُحِبُّ عَمَلَهُ كَثِيراً. 824

78

825 تَسْتَطِيعَانِ أَنْ تَقْرَآ هَذِهِ الْكُتُبَ لِأَنَّهَا لَيْسَتْ صَعْبَةً عَلَيْكُمْ.

826 وَصَلَ إِلَى هَذَا الْبَلَدِ فَقَطْ أَمْسِ.

827 بَدَأْتُمْ تَقْرَؤُونَ كِتَابَكُمُ الْجَدِيدَ.

828 بَدَأْتُنَّ تَعْمَلْنَ فِى الْمَكْتَبَةِ.

829 بَدَأْنَا نُسَافِرُ هَذِهِ السَّنَةَ.

830 بَدَأَتِ تَأْكُلِينَ فِي ذَلِكَ الْمَطْعَمِ الْقَرِيبِ مِن مَكْتِبِكِ.

831 بَدَؤُوا يَتَعَلَّمُونَ الْعَرَبِيَّةَ هُنَا.

832 بَدَأْنَ يَعِشْنَ فِي هَذَا الْبَلَدِ مَعَ أَزْوَاجِهِنَّ.

833 بَدَأْتَ تَكْتُبُ إِلَى صَدِيقِكَ.

834 بَدَأْتُ أَعْرِفُ زُمَلَائِي قَلِيلاً.

835 اِبْدَأْ بِهَذَا الْكِتَاب الْجَدِيد.

836 اِبْدَئِي فِي تَعَلُّم هَذِهِ اللُّغَة أَوَّلاً.

837 اَلطَّقْسُ أَبْرَدُ فِي الرِّيف مِنْهُ فِى الْمَدِينَةِ.

838 اَلطَّقْسُ أَبْرَدُ الْيَوْمَ مِنْهُ أَمْسِ.

839 اَلْبِنْتُ جَمِيلَةٌ وَأُمُّهَا أَجْمَلُ مِنْهَا.

840 لِكُلٍّ عَمَلُهُ.

841 لِكُلِّ وَاحِدٍ مِنَّا عَمَلٌ.

79

842   لَا يَسْتَطِيعُ الطَّالِبُ أَنْ يَقْرَأَ الْجَرِيدَةَ بِالْعَرَبِيَّةِ الْيَوْمَ

843   لِأَنَّهُ بَدَأَ يَتَعَلَّمُ الْعَرَبِيَّةَ فَقَطْ صَبَاحَ أَمْسِ.

844   لَا أَعْرِفُ كَمْ سَاعَةً يَعْمَلُ الْمُوَظَّفُونَ فِي الْيَوْمِ فِي هَذَا الْبَلَدِ.

Lesson 18	اَلدَّرْسُ الثَّامِنَ عَشَرَ	18ème Leçon
Vocabulary	اَلْمُفْرَدَاتُ	Vocabulaire

to stand up	se mettre debout	قَامَ يَقُومُ قِيَامٌ	218
to do, undertake	faire, entreprendre	قَامَ يَقُومُ قِيَامٌ ب	219
to study	étudier	دَرَسَ يَدْرُسُ دِرَاسَةٌ هـ	220
to be standing up, stop	se tenir debout, s'arrêter	وَقَفَ يَقِفُ وُقُوفٌ	221
to stop	arrêter	تَوَقَّفَ يَتَوَقَّفُ تَوَقُّفٌ عَنْ	222
to give	donner	أَعْطَى يُعْطِي إِعْطَاءٌ، عَطَاءٌ هـ ل	223
four	quatre	أَرْبَعَةٌ، أَرْبَعٌ	224
tomorrow	demain	غَدًا	225
which	lequel, laquelle, lesquel(le)s	أَيٌّ	226
what, which, interr.	quel, interr.	مَا	227
what	qu'est-ce que	مَاذَا	228
negative and future subjunctive particle	particule du subjonctif, négatif et futur	لَنْ	229

81

Texte اَلنَّصُّ - Text

845 يَقُومُ كُلٌّ مِنَّا بِعَمَلِهِ.

846 لِكُلٍّ مِنَّا عَمَلٌ يَقُومُ بِهِ.

847 لَهُ عَمَلٌ يَقُومُ بِهِ.

848 لَا يَسْتَطِيعُ أَنْ يَقُومَ بِعَمَلِهِ.

849 لَن نَعْمَلَ غَداً لِأَنَّهُ يَوْمُ الْأَحَدِ.

850 يَبْدَأُ عَمَلَهُ الْجَدِيدَ غَداً.

851 يَدْرُسُ الطَّالِبُ اللُّغَةَ الْعَرَبِيَّةَ.

852 يُعْطِي الْمُعَلِّمُ الطَّالِبَ كِتَاباً.

853 يَقِفُ الْمُعَلِّمُ أَمَامَ التَّلَامِيذِ.

854 يَتَوَقَّفُ الْمُوَظَّفُ عَنِ الْعَمَلِ لِكَي يَأْكُلَ.

855 لَا أَعْرِفُ فِي أَيِّ سَاعَةٍ يَصِلُ الْقِطَارُ.

856 يَعْرِفُ فِي أَيِّ سَاعَةٍ يَصِلُ الْقِطَارُ لِأَنَّهُ يَعْمَلُ فِي الْمَحَطَّةِ.

857 عَمِلَ فَقَطْ أَرْبَعَ سَاعَاتٍ أَمْسِ.

858 يَتَكَلَّمُ عَلَى الْأَقَلِّ أَرْبَعَ لُغَاتٍ.

859 لَا أَعْرِفُ مَاذَا يُحِبُّ أَنْ يَقْرَأَ (مَا يُحِبُّ أَنْ يَقْرَأَهُ).

860 لَا أَعْرِفُ مَاهُوَ الْكِتَابُ الَّذِي يَقْرَأُهُ الْآنَ.

861 لَا تَعْرِفُونَ مَا هُوَ الْعَمَلُ الَّذِى يَقُومُونَ بِهِ الْيَوْمَ.

862 يُعْطِي الْمُعَلِّمُ دُرُوساً في اللُّغَةِ الْعَرَبِيَّةِ لِتَلَامِيذَ أَجَانِبَ.

863 أَعْرِفُ أَنَّ صَدِيقِي يَعْمَلُ أَحْيَاناً سَاعَتَيْنِ وَأَحْيَاناً ثَلَاثَ
أَوْ أَرْبَعَ سَاعَاتٍ صَبَاحَ يَوْمِ السَّبْتِ.

864 لَنْ أَسْتَطِيعَ أَنْ أَقُومَ بِهَذَا الْعَمَلِ.

865 لَنْ تَبْدَئِي عَمَلَكِ في السَّاعَةِ الْوَاحِدَةِ.

866 لَنْ تَصِلُوا غَداً في السَّاعَةِ الثَّانِيَةِ.

867 لَنْ تَشْرَبِينَ هَذَا الْمَاءَ لِأَنَّهُ بَارِدٌ جِداً.

868 لَنْ تُغْلِقَا الْبَابَ وَلَا الشُّبَّاكَ لِأَنَّ الطَّقْسَ لَيْسَ بَارِداً.

869 لَنْ يَكُونُوا في الْمَنْزِلِ يَوْمَ الْجُمْعَةِ.

970 لَنْ تَرْكَبَ الْقِطَارَ لِأَنَّكَ لَا تُحِبُّ رُكُوبَ الْقِطَارِ.

971 لَنْ يَسْكُنَا في هَذِهِ الشَّقَّةِ لِأَنَّهَا لَيْسَتْ جَمِيلَةً.

872 لَنْ يُسَافِرْنَ هَذِهِ السَّنَةَ مَعَ زَمِيلَاتِهِنَّ.

873 تَوَقَّفْتُ عَنِ الذَّهَابِ إِلَى الْمَدْرَسَةِ هَذِهِ السَّنَةَ.

874 يَتَوَقَّفُ التَّلَامِيذُ عَنِ الْقِرَاءَةِ وَالْكِتَابَةِ قَلِيلاً.

875 يَتَوَقَّفُ الْمُوَظَّفُ عَنْ عَمَلِهِ وَيَبْدَأُ يَتَكَلَّمُ مَعَ زَمِيلِهِ.

876 قُمْ بِهَذَا الْعَمَلِ الْيَوْمَ.

877 لَا تَقُمْ بِهَذَا الْعَمَلِ الْآنَ.

878 لَيْسَ الْعَمَلُ الَّذِي يَقُومُ بِهِ صَعْباً.

879 لَيْسَ الْعَمَلُ الَّذِي نَقُومُ بِهِ جَدِيداً عَلَيْنَا.

880 يَعْمَلُ كَثِيراً لِأَنَّهُ يُحِبُّ الْعَمَلَ الَّذِي يَقُومُ بِهِ.

881 تُعْطِينِي دَرْساً جَدِيداً.

882 أُعْطِيكَ قَلَماً تَكْتُبُ بِهِ.

883 يُعْطِيهَا عَمَلاً تَقُومُ بِهِ.

884 تُعْطِيهِ كُرْسِيّاً يَجْلِسُ عَلَيْهِ.

885 نُعْطِيكُمْ جَرِيدَةً تَقْرَؤُونَهَا.

886 تُعْطُونَنَا سَاعَةً فِي الْيَوْمِ.

887 يُعْطُونَكُمَا كُلَّ هَذَا.

888 تُعْطِيَانِهِم مَاءً لِكَيْ يَّشْرَبُوا.

889 تُعْطِينَهُنَّ مَكْتَباً لِكَي يَّعْمَلْنَ فيه.

890 يُعْطِينَكَ مَنْزِلاً لِتَسْكُنِي فيه مَعَ أُسْرَتِك.

891 يُعْطِيَانِكُنَّ بَاباً تَفْتَحْنَهُ.

84

892 (أَنْتُنَّ) تُعْطِينَهُمَا مِفْتَاحاً يَفْتَحَانِ بِهِ الْمَكْتَبَ.

893 لَيْسَتْ هَذِهِ الْجَرِيدَةُ صَعْبَةً لِلْقِرَاءَةِ.

894 اَلدَّرْسُ الثَّامِنَ عَشَرَ أَصْعَبُ بِقَلِيلٍ مِنَ الدَّرْسِ السَّابِعَ عَشَرَ.

895 يَقُومُ الْمُوَظَّفُونَ بِعَمَلِهِمْ بِكُلِّ سُرُورٍ.

896 لا يَقُومُ كُلُّ مُوَظَّفٍ بِعَمَلِهِ بِكُلِّ سُرُورٍ.

897 يُوجَدُ فِي الْفَصْلِ أَرْبَعَةُ طُلَّابٍ وَأَرْبَعُ طَالِبَاتٍ.

| Lesson 19 | اَلدَّرْسُ التَّاسِعَ عَشَرَ | 19ème Leçon |
| Vocabulary | اَلْمُفْرَدَاتُ | Vocabulaire |

to understand	comprendre	فَهِمَ يَفْهَمُ فَهْمٌ هـ أَنَّ	230
to be afraid	avoir peur	خَافَ يَخَافُ خَوْفٌ مِنْ، عَلَى	231
to laugh	rire	ضَحِكَ يَضْحَكُ ضَحِكٌ مِنْ، عَلَى	232
to make a mistake	se tromper	أَخْطَأَ يُخْطِئُ إِخْطَاءٌ، خَطَأٌ فِي	233
to go out	sortir	خَرَجَ يَخْرُجُ خُرُوجٌ	234
to think, believe	penser, croire (que)	ظَنَّ يَظُنُّ ظَنٌّ هـ أَنَّ	235
people	gens	نَاسٌ أُنَاسٌ، اَلنَّاسُ	236
man, human being	homme, être humain	إِنْسَانٌ	237
to be mistaken	être dans l'erreur	مُخْطِئٌ	238
error, mistake	erreur, faute	خَطَأٌ	239
when	lorsque, quand	عِنْدَمَا	240
if	si	لَوْ	241
even if	même si	وَلَوْ	242

اَلنَّصُّ Text - Texte

898	يَفْهَمُ التِّلْميذُ الدَّرْسَ.
899	لَا يَتَكَلَّمُ لِأَنَّهُ يَخَافُ أَنْ يُخْطِئَ.
900	يَظُنُّ أَنَّهُ يُخْطِئُ عِنْدَمَا يَتَكَلَّمُ.
901	يَظُنُّ أَنَّهُ عِنْدَمَا يُخْطِئُ يَضْحَكُ مِنْهُ النَّاسُ.
902	يَخْرُجُ الْوَلَدُ مِنَ الْمَدْرَسَةِ.
903	لَوْ يَتَكَلَّمُ يُخْطِئُ.
904	مِنَ الصَّعْبِ أَنْ لَا يُخْطِئَ الْإِنْسَانُ.
905	لَيْسَ مِنَ الصَّعْبِ أَنْ يُخْطِئَ الْإِنْسَانُ.
906	أَفْهَمُكَ جَيِّداً الْآنَ لِأَنَّكَ تَتَكَلَّمُ بِبُطْءٍ.
907	عِنْدَمَا تَتَكَلَّمُ بِبُطْءٍ أَفْهَمُكَ جَيِّداً.
908	لَا أَفْهَمُكَ جَيِّداً عِنْدَمَا لَا تَتَكَلَّمُ بِبُطْءٍ.
909	عِنْدَمَا يَتَكَلَّمُ يُخْطِئُ كَثِيراً لِأَنَّهُ لَا يَعْرِفُ اللُّغَةَ جَيِّداً.
910	كُلُّنَا نُخْطِئُ.
911	مَنْ مِنَّا لَا يُخْطِئُ ؟
912	عِنْدَمَا يَتَكَلَّمُ الْمُعَلِّمُ بِبُطْءٍ يَفْهَمُهُ التَّلَامِيذُ جَيِّداً.

87

أَظُنُّ أَنَّهُ خَرَجَ هذَا الصَّبَاحَ. 913

لَا يُحِبُّ أَنْ يَضْحَكَ مِنْهُ النَّاسُ وَلَا يُحِبُّ أَنْ يَضْحَكَ 914
مِنَ النَّاسِ.

لَوْ يَكُونُ الْبَابُ مُغْلَقاً أَخْرُجْ مِنَ الشُّبَّاك. 915

لَا تَخْرُجْ مِنَ الشُّبَّاك وَلَوْ كَانَ الْبَابُ مُغْلَقاً. 916

يَخْرُجُ مُبَكِّراً فِي الصَّبَاح. 917

أَظُنُّ أَنَّ الطَّقْسَ بَارِدٌ جِداً فِي هذَا الْبَلَد. 918

لَيْستِ اللُّغَةُ الْعَرَبِيَّةُ أَصْعَبَ مِمَّا (مِن مَّا) تَظُنُّ. 919

عِنْدَمَا يَخْرُجُ الْوَلَدُ مِنَ الْمَدْرَسَةِ يَذْهَبُ إِلَى الْمَنْزِل. 920

يُحِبُّ الْوَلَدُ أَنْ يَخْرُجَ مَعَ أُمِّهِ كُلَّ يَوْمٍ. 921

تُحِبُّ الْبِنْتُ أَنْ تَخْرُجَ كُلَّ يَوْمٍ مَعَ صَدِيقَتِهَا. 922

يَخْرُجُ الْمُوَظَّفُ يَوْمَ الْأَحَدِ لِأَنَّهُ يَوْمُ عُطْلَةٍ. 923

يَخْرُجُ النَّاسُ أَيَّامَ الْعُطْلَات. 924

لَا تَخْرُجِينَ عِنْدَمَا يَكُونُ الطَّقْسُ بَارِداً. 925

تَخْرُجُونَ كَثِيراً هذِهِ الْأَيَّامَ لِأَنَّ الطَّقْسَ جَمِيلٌ جِداً. 926

لَا تَسْتَطِيعُونَ أَنْ تَخْرُجُوا كُلَّ يَوْمٍ. 927

928 لَا نَسْتَطِيعُ أَن نَّخْرُجَ فِي أَيِّ سَاعَةٍ.

929 يَكْتُبُ الدَّرْسَ الْمُعَلِّمَ. أَنْتَ عَلَى خَطَأٍ، لَيْسَ الدَّرْسُ

930 هُوَ الَّذِي يَكْتُبُ الْمُعَلِّمَ، الْمُعَلِّمُ هُوَ الَّذِي يَكْتُبُ

931 الدَّرْسَ. نَعَمْ، أَنَا عَلَى خَطَأٍ.

932 لَا أَظُنُّ أَنَّكَ عَلَى خَطَأٍ.

933 لَسْتَ عَلَى خَطَأٍ.

934 يُخْطِئُ أَحْيَاناً عِنْدَمَا يَتَكَلَّمُ.

935 لَا يُخْطِئُ لِأَنَّهُ لَا يَتَكَلَّمُ.

936 عِنْدَمَا لَا يَتَكَلَّمُ لَا يُخْطِئُ.

937 لَا أُحِبُّهُ أَنْ يَضْحَكَ مِنِّي.

938 لَا تُحِبُّنِي أَنْ أَضْحَكَ مِنْكَ.

939 يَعْرِفُهُ كُلُّ النَّاسِ فِي هَذِهِ الْمَدِينَةِ.

940 يَعْرِفُ كُلَّ النَّاسِ فِي هَذِهِ الْمَدِينَةِ.

941 لَيْسَ فِي الْمَنْزِلِ، هُوَ مُسَافِرٌ عَلَى مَا أَظُنُّ.

942 لَا أَظُنُّ أَنَّهُ فِي الْمَكْتَبِ الْآنَ.

943 ظَنَنْتُ أَنَّكَ تَسْتَطِيعُ أَنْ تَقُومَ بِهَذَا الْعَمَلِ.

944	لَا تَظُنَّ أَنَّ هَذه اللُّغَةَ صَعْبَةٌ.
945	لَا تَظُنُّوا أَنَّكُمْ لَا تَسْتَطيعُونَ الْقيَامَ بِهَذَا الْعَمَلِ.
946	لَا تَظُنِّي أَنَّ أُمَّكِ لَا تُحبُّكِ.
947	لَا تَخَفْ مِنْهُ.
948	لَا تَخَافي مِنْهَا.
949	لَا تَضْحَكْ عَلَيَّ.
950	لَا تَضْحَكُوا عَلَيْنَا.
951	يَخْرُجُ مُبَكِّراً مِنَ الْمَكْتَبِ الْيَوْمَ لِأَنَّهُ عَلَيْهِ أَنْ يَذْهَبَ إِلَى
952	الْمَحَطَّةِ لِكَي يَرَّكَبَ الْقطَارَ.

Lesson 20 Vocabulary	اَلدَّرْسُ الْعِشْرُونَ اَلْمُفْرَدَاتُ	20ème Leçon Vocabulaire

to buy	acheter	اِشْتَرَى يَشْتَرِي اشْتِرَاءٌ هـ ب	243
master, Mr.	maître, Monsieur	سَيِّدٌ أَسْيَادٌ، سَادَةٌ	244
mistress, lady, Mrs.	maîtresse, dame, Madame	سَيِّدَةٌ سَيِّدَاتٌ	245
store, shop	magasin	دُكَّانٌ دَكَاكِينُ	246
car	voiture	سَيَّارَةٌ سَيَّارَاتٌ	247
dress (woman's)	robe	فُسْتَانٌ فَسَاتِينُ	248
far, distant	loin, éloigné	بَعِيدٌ بُعَدَاءُ عَنْ	249
old، ancient	vieux, ancien	قَدِيمٌ قُدَامَى، قُدَمَاءُ	250
cheap	bon marché	رَخِيصٌ	251
if (with the verb in the past tense)	si (avec le verbe au passé)	لَو ... لَ	252
if (with the second verb in the past tense)	si (avec le deuxième verbe au passé)	لَو ... لَمَا	253

اَلنَّصُّ Text - Texte

953   تَشْتَري السَّيِّدَةُ فُسْتَاناً جَميلاً.

954   اِشْتَرَتْهُ مِنْ دُكَّانٍ كَبيرٍ في الْمَدينَةِ الْقَديمَةِ.

955   اِشْتَرَى هَذَا الْفُسْتَانَ لِزَوْجَتِهِ مِنْ دُكَّانٍ كَبيرٍ.

956   اِشْتَرَيْتُ سَيَّارَةً جَديدَةً.

957   هَذَا فُسْتَانٌ جَميلٌ جِدّاً.

958   لَيْسَ الدُّكَّانُ الَّذي اشْتَرَتْ مِنْهُ فُسْتَانَهَا بَعيداً عَنِ الْمَحَطَّةِ.

959   لَا أَعْرِفُ مِنْ أَيْنَ اشْتَرَتْ هَذَا الْفُسْتَانَ الْجَميلَ.

960   لَا تَعْرِفينَ بِكَمِ اشْتَرَى أَبوكِ سَيَّارَتَهُ.

961   يَذْهَبُ إِلَى الْمَكْتَبِ بِالسَّيَّارَةِ.

962   لَا أَعْرِفُ السَّيِّدَ الَّذي كُنْتَ تَتَكَلَّمُ مَعْهُ أَمْسِ.

963   أَظُنُّ أَنَّ هَذَا السَّيِّدَ يَعْمَلُ في مُنَظَّمَةٍ كَبيرَةٍ.

934   يَعْرِفُ هَذَا السَّيِّدَ كُلُّ النَّاسِ، يَعْرِفُهُ كُلُّ النَّاسِ.

965   يَعْرِفُ هَذَا السَّيِّدُ كُلَّ النَّاسِ، يَعْرِفُ كُلَّ النَّاسِ.

966   أَتَكَلَّمُ مَعَ هَذَا السَّيِّدِ لِأَوَّلِ مَرَّةٍ.

967   اَلْمَنْزِلُ بَعيدٌ عَنِ الْمَحَطَّةِ.

لَيْسَت الْمَحَطَّةُ بَعيدَةً عَنِ الْمَدْرَسَة. 968

هَذَا الْفُسْتَانُ رَخيصٌ. 969

لَيْسَ الدُّكَّانُ الَّذي اشْتَرَيْتُ مِنْهُ هَذَا الْفُسْتَانَ الرَّخيصَ 970
بَعيداً عَنِ الْمَنْزِل.

اَلْفَسَاتينُ رَخيصَةٌ في هَذَا الدُّكَّان. 971

لَيْسَت الْفَسَاتينُ رَخيصَةً في كُلِّ الدَّكَاكين. 972

لَوْ عَرَفْتُ أَنَّ هَذَا الْفُسْتَانَ رَخيصاً لاشْتَرَيْتُهُ (لَاشْتَرَيْتُهُ). 973

لَوْ عَرَفْتُ أَنَّ هَذَا الْفُسْتَانَ لَمْ يَكُنْ رَخيصاً لَمَا اشْتَرَيْتُهُ. 974

لَوْ عَرَفْتُ أَنَّهُ هُوَ لَتَكَلَّمْتُ مَعَهُ قَليلاً. 975

لَوْ ظَنَنْتُ أَنَّ الْعَرَبيَّةَ لَيْسَتْ لُغَةً صَعْبَةً لَتَعَلَّمْتُهَا. 976

لَوْ ظَنَنْتُ أَنَّهُ يَسْكُنُ قَريباً لَمَا ذَهَبْتُ إِلَيْهِ بِالسَّيَّارَة. 977

لَا تَشْتَرِ هَذَا الْكِتَابَ لِأَنَّهُ لَيْسَ رَخيصاً. 978

لَا تَشْتَري (أَنْتِ) هَذَا الْفُسْتَانَ اَلْيَوْمَ. 979

لَا تَشْتَرِيَا سَيَّارَتَكُمَا هَذِهِ السَّنَةَ. 980

لَا تَشْتَرُوهُ مِنْ هَذَا الدُّكَّان. 981

لَا تَشْتَرِينَ (أَنْتُنَّ) كَثيراً مِنَ الْوَرَق. 982

اِشْتَرِهِ لَهُ. 983

93

984	اِشْتَرِيهَا لَهَا.
985	اِشْتَرِيَا فَقَطْ إِثْنَيْنِ أَوْ ثَلَاثَةً.
986	اِشْتَرُوا أَكْثَرَ مِنْ أَرْبَعَةٍ.
987	اِشْتَرِينَهَا (أَنْتُنَّ) مِنْ هَذِه الْمَدِينَة.
988	تَذْهَبُ الْأُسْرَةُ إِلَى الرِّيفِ أَحْيَاناً بِالسَّيَّارَة
989	وَأَحْيَاناً بِالْقِطَارِ.
990	لَوْ كَانَ الْبَابُ مَفْتُوحاً لَمَا خَرَجْتُ مِنَ الشُّبَّاك.
991	لَا تَخْرُجْ مِنَ الشُّبَّاكِ وَلَوْ كَانَ الْبَابُ مُغْلَقاً.
992	اَلدَّكَاكِينُ مُغْلَقَةٌ يَوْمَ الْأَحَد.
993	لَيْسَتِ الدَّكَاكِينُ مَفْتُوحَةً يَومَ الْأَحَد.
994	لَا يُوجَدُ دُكَّانٌ وَاحِدٌ مَفْتُوحٌ يَومَ الْأَحَد.
995	تَذْهَبُ الْبِنْتُ مَعَ أُمِّهَا إِلَى الدُّكَّانِ مَسَاءَ يَومِ السَّبْت بِالسَّيَّارَة.
996	لَوْ كَانَ هَذَ الْمَنْزِلُ رَخِيصاً أَشْتَرِيه هَذِه السَّنَة.
997	تَشْتَرُونَ كُتُباً كَثِيرَةً مِنْ هَذِه الْمَكْتَبَة.
998	تَشْتَرِينَ كُلَّ كُتُبِك مِنْ هَذِه الْمَكْتَبَة.
999	تَشْتَرِينَ كُلَّ فَسَاتِينِكُنَّ مِنْ هَذِه الدَّكَاكِين.

تَشْتَرِيَانِ جَرِيدَتَكُمَا كُلَّ صَبَاحٍ. 1000

يَشْتَرِينَ طَاوِلَاتٍ كَثِيرَةً لِمَدْرَسَتِهِنَّ الْيَوْمَ. 1001

لَيْسَتْ هَذِهِ هِيَ الْكَرَاسِيَ الَّتِي يَشْتَرُونَهَا لِفَصْلِهِمْ. 1002

تَشْتَرِيَانِ كَنَبَةً جَمِيلَةً لِأُمِّهِمَا. 1003

لَا نَشْتَرِي كُلَّ هَذَا الْيَوْمَ، وَلَا نَظُنُّ أَنَّنَا نَشْتَرِيهِ غَدًا. 1004

لَنْ نَّشْتَرِيَهُ غَدًا لِأَنَّنَا لَنْ نَذْهَبَ إِلَى الْمَدِينَةِ غَدًا. 1005

to ask, question	demander, interroger	سَأَلَ يَسْأَلُ سُؤَالٌ هـ عَنْ	254
to drive	conduire (une voiture)	سَاقَ يَسُوقُ سَوْقٌ، سِيَاقَةٌ هـ	255
to want	vouloir	أَرَادَ يُرِيدُ إِرَادَةٌ هـ أَنْ	256
to be possible (unipersonal verb)	être possible (verbe unipersonnel)	أَمْكَنَ يُمْكِنُ إِمْكَانٌ هـ أَنْ	257
question	question	سُؤَالٌ أَسْئِلَةٌ	258
driver	chauffeur, conducteur	سَائِقٌ سَائِقُونَ، سَاقَةٌ	259
east	est	شَرْقٌ	260
Eastern, Oriental	oriental	شَرْقِيٌّ	261
possible	possible	مُمْكِنٌ	262
speed	vitesse, rapidité	سُرْعَةٌ	263
quickly, fast	rapidement, vite	بِسُرْعَةٍ	264
but	mais	لَكِنَّ، لَكِنْ	265
if	si	إِذَا	266

Lesson 21
Vocabulary

اَلدَّرْسُ الْحَادِي وَالْعِشْرُونَ
اَلْمُفْرَدَاتُ

21ème Leçon
Vocabulaire

96

اَلنَّصُّ Texte - Text

1006	أُرِيدُ أَنْ أَسْأَلَهُ سُؤَالاً لَكِنَّنِي لَا أَعْرِفُهُ جَيِّداً.
1007	أُرِيدُ أَنْ أَسْأَلَ هَذَا السَّيِّدَ أَيْنَ توجَدُ الْمَحَطَّةُ.
1008	يَعْرِفُ كَيْفَ يَسُوقُ سَيَّارَةً.
1009	أُرِيدُ أَنْ أَتَكَلَّمَ مَعَكَ قَلِيلاً هَذَا الصَّبَاحَ إِذَا أَمْكَنَ.
1010	لَا أَظُنُّ ذَلِكَ مُمْكِناً.
1011	يَسْكُنُ في شَرْقِ الْمَدِينَة.
1012	يُحِبُّ أَنْ يَأْكُلَ في الْمَطَاعِمِ الشَّرْقِيَّةِ لِأَنَّهُ شَرْقِيٌّ.
1013	لَا يَسُوقُ النَّاسُ بِسُرْعَةٍ في الْمَدِينَة.
1014	لَا يَعْرِفُ كَيْفَ يَسُوقُ وَلَكِنَّ لَهُ سَيَّارَةً.
1015	سَائِقُهُ هُوَ الَّذِي يَسُوقُ السَّيَّارَةَ.
1016	تَشْتَرِي زَوْجَتُهُ كُلَّ فَسَاتِينِهَا مِنْ دُكَّانٍ شَرْقِيٍّ.
1017	لَا يَسْتَطِيعُونَ أَنْ يَسُوقُوا بِسُرْعَة.
1018	يُرِيدُونَ أَنْ يَسُوقُوا بِسُرْعَةٍ وَلَكِنَّهُمْ لَا يَسْتَطِيعُونَ ذَلِكَ.
1019	يَسْأَلُ الْمُعَلِّمُ التِّلْمِيذَ.
1020	يَسْأَلُ الْمُعَلِّمُ التِّلْمِيذَ عَنْ زَمِيلِه الْجَدِيد.
1021	يَسْأَلُ الْمُعَلِّمُ التَّلَامِيذَ مَا إِذَا كَانَ الدَّرْسُ الْجَدِيدُ صَعْباً عَلَيْهِمْ.

إِذَا كَانَ الْبَابُ مُغْلَقاً أَخْرُجْ مِنَ الشُّبَّاك. 1022

هُوَ مِنْ هَذَا الْبَلَدِ وَلَكِنَّهُ لَيْسَ مِنْ هَذِهِ الْمَدِينَة. 1023

هَذَا مُمْكِنٌ. 1024

هُوَ مِنْ هَذِهِ الْمَدِينَة وَلَكِنَّهُ لَيْسَ مِنْ هَذَا الْبَلَدِ. 1025

هَذَا غَيْرُ مُمْكِنٍ. 1026

لَيْسَ لِمَكْتَبِهِ بَابٌ وَلَا شُبَّاكٌ. 1027

هَذَا غَيْرُ مُمْكِنٍ أَيْضاً. 1028

عِنْدَمَا يَتَكَلَّمُ الْمُعَلِّمُ بِسُرْعَة لَا يَفْهَمُهُ التَّلَامِيذُ. 1029

لَا يَفْهَمُ التَّلَامِيذُ مُعَلِّمَهُمْ لِأَنَّهُ يَتَكَلَّمُ بِسُرْعَةٍ. 1030

اَلْبَابُ مَفْتُوحٌ لَكِنَّ الشُّبَّاكَ مُغْلَقٌ. 1031

سَيَّارَتُهُ قَدِيمَةٌ لَكِنَّهَا جَمِيلَةٌ. 1032

اَلْمَدْرَسَةُ بَعِيدَةٌ لَكِنَّ الْمَكْتَبَ قَرِيبٌ. 1303

يُمْكِنُكَ أَنْ تَذْهَبَ مَعِي بِالسَّيَّارَةِ إِلَى الْمَدِينَة صَبَاح 1034

يَوْمِ الْجُمُعَة إِذَا أَرَدتَّ. 1035

سَأَلَت الْبِنْتُ أُمَّهَا مَا إِذَا كَانَ الْفُسْتَانُ الَّذِي اشْتَرَتْهُ 1036

لَهَا يَوْمَ الْإِثْنَيْنِ جَمِيلاً.

سَأَلَ الْأَبُ ابْنَهُ مَا إِذَا كَانَ مَسْرُوراً بِالسَّيَّارَةِ الَّتِي 1037

اِشْتَرَاهَا لَهُ.

1038 لَا يَسْتَطِيعُ أَنْ يَسُوقَ سَيَّارَةَ أَبِيهِ لِأَنَّهُ لَيْسَ سَائِقاً.

1039 أَيُّ سَائِقٍ يَسْتَطِيعُ أَنْ يَسُوقَ هَذِهِ السَّيَّارَةَ.

1040 بَدَأَ يَتَعَلَّمُ كَيْفَ يَسُوقُ.

1041 يُرِيدُ شِرَاءَ سَيَّارَةٍ هَذِهِ السَّنَّةَ.

1042 تُرِيدِينَ فَهْمَ الدَّرْسِ بِسُرْعَةٍ.

1043 لَا تُرِيدُ أَنْ يَضْحَكَ مِنْهَا النَّاسُ عِنْدَمَا تُخْطِئُ.

1044 نُرِيدُ أَن نَخْرُجَ مِنَ الْمَكْتَبِ مُبَكِّرِينَ الْيَوْمَ، إِذَا أَمْكَنَ.

1045 لَا يُرِيدَانِ أَنْ يَخَافَ أَوْلَادُهُمَا مِن مُعَلِّمَتِهِمْ.

1046 تُرِيدُونَ أَنْ نُعْطِيَكُمْ هَذِهِ الْكُتُبَ.

1047 لَا يُرِيدُونَ أَنْ يُخْطِئُوا عِنْدَمَا يَتَكَلَّمُونَ مَعَ النَّاسِ.

1048 لَا تُرِدْنَ أَنْ تَظُنَّ أُمُّكُنَّ أَنَّكُنَّ لَا تُحْبِبْنَهَا.

1049 لَا يُرِدْنَ أَنْ يَكُنَّ عَلَى خَطَأٍ.

1050 تُرِيدَانِ أَنْ تَتَوَقَّفَا عَنْ عَمَلِكُمَا قَلِيلاً لِكَيْ تَشْرَبَا.

1051 تُرِيدَانِ أَنْ تَقُومَا بِعَمَلِكُمَا الْيَوْمَ، إِذَا أَمْكَنَ.

1052 لَا أُرِيدُ أَنْ أَعْمَلَ أَكْثَرَ مِنْ ثَلَاثِ أَوْ أَرْبَعِ سَاعَاتٍ

1053 مَسَاءَ يَوْمِ الْجُمُعَةِ وَصَبَاحَ يَوْمِ السَّبْتِ.

99

نُرِيدُ أَنْ نَصِلَ مُبَكِّرِينَ إِلَى الْمَكْتَبِ كُلَّ يَوْمٍ. 1054

يُمْكِنُكَ أَنْ تَبْدَأَ عَمَلَكَ الْآنَ إِذَا أَرَدْتَ. 1055

لَا يُمْكِنُهُ الْوُصُولُ إِلَى الْمَكْتَبِ كُلَّ يَوْمٍ مُبَكِّرًا 1056

لِأَنَّهُ يَسْكُنُ بَعِيدًا وَلَيْسَ لَهُ سَيَّارَةٌ. عَلَيْهِ أَنْ يَرْكَبَ الْقِطَارَ 1057

صَبَاحًا وَمَسَاءً. 1058

لَا أَعْرِفُ لِمَاذَا يَسْأَلُنِي هَذَا السُّؤَالَ أَحْيَانًا. 1059

اِسْأَلْ صَدِيقَكَ. 1060

سَأَلْتُهُ وَلَكِنَّهُ لَا يَعْرِفُ. 1061

اِسْأَلِي زَمِيلَتَكِ فِي الْعَمَلِ. 1062

اِسْأَلُوا مُعَلِّمَكُمْ. 1063

اِسْأَلْنَ أُمَّكُنَّ. 1064

اِسْأَلَا وَالِدَيْكُمَا. 1065

لَا تَسْأَلْهُ الْآنَ. 1066

لَا تَسْأَلِيهِمُ الْيَوْمَ. 1067

سَأَلْنَاهُمْ أَمْسِ عَنْ دُرُوسِهِمْ. 1068

سَأَلْتُمُوهُمْ عَنْ عَمَلِهِمْ فِي الْمُنَظَّمَةِ. 1069

سَأَلُونَا عَن سَيَّارَتِنَا الْجَدِيدَةِ الَّتِي اشْتَرَيْنَاهَا. 1070

سَأَلْنَنَا عَنِ الْمَنْزِلِ الَّذِي تَسْكُنُ فِيهِ صَدِيقَتُهُنَّ. 1071

100

سَأَلْتُنَّهَا عَنْ مُعَلِّمَتِهَا الْجَدِيدَة. 1072

يُمْكِنُكُمْ رُكُوبُ الْقِطَارِ إِذَا أَرَدْتُمْ للذَّهَاب إِلَيْهِ. 1073

يُمْكِنُكِ أَنْ تُغْلِقِي الْبَابَ إِذَا أَرَدتِّ. 1074

يُمْكِنُ لِكُلٍّ مِنَّا أَنْ يَدْرُسَ فِي هَذِه الْمَدْرَسَة لَوْ أَرَادَ. 1075

لَا يُمْكِنُهَا أَنْ تَعْمَلَ فِي هَذِه الْمُنَظَّمَة لِأَنَّهَا أَجْنَبِيَّةٌ. 1076

يُمْكِنُهُمْ أَنْ يَعِيشُوا فِي هَذِه الْمَدِينَة فَقَطْ ثَلَاثَ سَنَوَاتٍ. 1077

| Lesson 22 | اَلدَّرْسُ الثَّانِي وَالْعِشْرُونَ | 22ème Leçon |
| Vocabulary | اَلْمُفْرَدَاتُ | Vocabulaire |

to do	faire	فَعَلَ يَفْعَلُ فِعْلٌ هـ ب	267
thing	chose	شَيْءٌ أَشْيَاءُ	268
place	endroit	مَكَانٌ أَمْكِنَةٌ	269
soul, self, same	âme, soi-même	نَفْسٌ أَنْفُسٌ	270
time	temps	وَقْتٌ أَوْقَاتٌ	271
always	toujours	دَائِماً	272
in fact	effectivement, en effet	فِعْلاً	273
some, certain	certain(e)s, quelques	بَعْضٌ	274
one (of), m.	un (de)	أَحَدٌ	275
one (of), f.	une (de)	إِحْدَى	276

اَلنَّصُّ Text - Texte

1078	يَتَكَلَّمُ مَعَ أَحَدٍ.
1079	لَا يَتَكَلَّمُ مَعَ أَحَدٍ.
1080	يَفْعَلُ شَيْئاً.
1081	لَا يَفْعَلُ شَيْئاً.
1082	يَفْعَلُ كُلَّ شَيْءٍ.
1083	يَفْعَلُ دَائِماً نَفْسَ الشَّيْءِ.
1084	يَعْرِفُ بَعْضَ النَّاسِ.
1085	يَعْرِفُهُ بَعْضُ النَّاسِ.
1086	يَجْلِسُ في هَذَا الْمَكَانِ.
1087	لَيْسَ لَهُ مَكَانٌ يَجْلِسُ فِيهِ.
1088	يَذْهَبُ إِلَى أَيِّ مَكَانٍ.
1089	لَا يُرِيدُ أَنْ يَذْهَبَ إِلَى أَيِّ مَكَانٍ.
1090	يُوجَدُ في كُلِّ مَكَانٍ.
1091	لَهُ كَثِيرٌ مِنَ الْوَقْتِ.
1092	لَيْسَ لَهُ وَقْتٌ.
1093	لَا وَقْتَ لَهُ.

يَصِلُ الْقِطَارُ فِي الْوَقْتِ. 1094

يَعْمَلُ فِي أَيِّ وَقْتٍ. 1095

يَبْدَأُ الْعَمَلَ دَائِماً فِي نَفْسِ الْوَقْتِ. 1096

يَصِلُ الْمُوَظَّفُونَ إِلَى الْمَكْتَبِ فِي الْوَقْتِ. 1097

يَسُوقُ دَائِماً سَيَّارَتَهُ بِنَفْسِهِ. 1098

يَعْرِفُ كَيْفَ يَسُوقُ وَلَكِنَّهُ لَا يَسُوقُ سَيَّارَتَهُ بِنَفْسِهِ. 1099

يَسْأَلُ أَحَداً. 1099b

سَأَلَنِي أَحَدٌ عَنْكَ. 1100

أُرِيدُ أَنْ أَسْأَلَكَ عَنْ شَيْءٍ. 1101

لَا أَسْأَلُهُ عَنْ شَيْءٍ. 1102

يَسْأَلُ دَائِماً نَفْسَ السُّؤَالِ. 1103

لَا أَحَدَ فِى الْمَكْتَبِ اَلْآنَ. 1104

لَا شَيْءَ هُنَا. 1105

يَتَكَلَّمُ مَعَ أَحَدِ زُمَلَائِه. 1106

تَتَكَلَّمُ مَعَ إِحْدَى زَمِيلَاتِهَا. 1107

يَشْتَرِينَ فَسَاتِينَ لِأَنْفُسِهِنَّ. 1108

يَضْحَكُونَ مِنْ أَنْفُسِهِمْ. 1109

لَيْسَ لَهُ شَيْءٌ يَفْعَلُهُ الْآنَ. 1110

فِعْلاً، هَذَا الْفُسْتَانُ جَمِيلٌ وَلَكِنَّهُ لَيْسَ رَخِيصاً. 1111

هُمْ أَصْدِقَاءُ وَلَكِنَّهُمْ لَيْسُوا زُمَلَاءَ فِي الْعَمَلِ لِأَنَّهُمْ لَا 1112
يَعْمَلُونَ كُلُّهُمْ فِي نَفْسِ الْمُنَظَّمَةِ.

يَتَعَلَّمُ نَفْسَ اللُّغَةِ الَّتِي يَتَعَلَّمُهَا زَمِيلُهُ فِي الْعَمَلِ. 1113

نَسْكُنُ فِي نَفْسِ الْمَدِينَةِ الَّتِي يَسْكُنُ فِيهَا صَدِيقُنَا. 1114

تَكْتُبُونَ نَفْسَ الدَّرْسِ الَّذِي نَكْتُبُهُ. 1115

يَأْكُلُونَ أَحْيَاناً فِي نَفْسِ الْمَطْعَمِ الَّذِي تَأْكُلُ فِيهِ. 1116

تَرْكَبِينَ نَفْسَ الْقِطَارِ الَّذِي تَرْكَبُهُ أُمُّكِ. 1117

يُسَافِرْنَ إِلَى نَفْسِ الْبَلَدِ الَّذِي يُسَافِرُ إِلَيْهِ أَبُوهُنَّ. 1118

يَعْمَلَانِ فِي نَفْسِ الْمُنَظَّمَةِ الَّتِي أَعْمَلُ فِيهَا. 1119

تَذْهَبَانِ إِلَى نَفْسِ الدُّكَّانِ الَّذِي يَذْهَبُونَ إِلَيْهِ. 1120

تَقْرَأَانِ نَفْسَ الْكِتَابِ الَّذِى نَقْرَأُهُ. 1121

أَبْدَأُ الْعَمَلَ فِي نَفْسِ السَّاعَةِ الَّتِي يَبْدَأُ فِيهَا زَمِيلِي. 1122

تَخَافُ مِنْ نَفْسِ الشَّيْءِ الَّذِي يَخَافُ مِنْهُ الْأَوْلَادُ. 1123

لَهَا نَفْسُ السَّيَّارَةِ الَّتِي لِأُمِّهَا. 1124

105

لَهُمَا نَفْسُ الْعُنْوَانِ لِأَنَّهُمَا يَسْكُنَانِ فِي نَفْسِ الْمَنْزِلِ. 1125

يَدْرُسُونَ وَيَعْمَلُونَ فِي نَفْسِ الْوَقْتِ. 1126

تَأْكُلُونَ وَتَتَكَلَّمُونَ فِي نَفْسِ الْوَقْتِ. 1127

قُمْتُ بِنَفْسِ الْعَمَلِ الَّذِي قُمْتَ بِهِ. 1128

لَا يُحِبُّ أَنْ يَجْلِسَ عَامَّةً دَائِماً فِي نَفْسِ الْمَكَانِ. 1129

تَتَكَلَّمْنَ نَفْسَ اللُّغَةِ لِأَنَّكُنَّ مِنْ نَفْسِ الْبَلَدِ. 1130

أَظُنُّ أَنَّهُمَا يُسَافِرَانِ فِي نَفْسِ الْيَوْمِ. 1131

اَلدَّرْسُ الثَّالِثُ وَالْعِشْرُونَ

اَلْمُفْرَدَاتُ

to say, tell	dire	قَالَ يَقُولُ قَوْلٌ هـ ل إِنَّ، أَنَّ	277
to feel	sentir, éprouver	شَعَرَ يَشْعُرُ شُعُورٌ بِ، أَنْ	278
to find	trouver	وَجَدَ يَجِدُ وُجُودٌ هـ	279
to hope	espérer	أَمَلَ يَأْمُلُ أَمَلٌ أَنْ	280
to hope	espérer	رَجَا يَرْجُو رَجَاءٌ أَنْ	281
unity, solitude, loneliness	unité, solitude	وَحْدَةٌ وَحَدَاتٌ	282
truth, right, n.	vérité, droit, n.	حَقٌّ حُقُوقٌ	283
long	long	طَوِيلٌ طِوَالٌ	284
truly, really	vraiment	حَقّاً	285
who, rel. pr. f.pl	qui, pr. rel, f.pl.	اَللَّاتِي، اَللَّوَاتِي	286
what, rel.	ce que, rel.	مَا ... ـهُ	287
in spite of that.	malgré cela	مَعَ ذَلِكَ	288

اَلنَّصُّ Texte - Text

1132	أَفْهَمُ جَيِّداً مَا يَقُولُهُ.
1133	لَا أَفْهَمُ دَائِماً كُلَّ مَا يَقُولُهُ.
1134	أَفْهَمُ عَامَّةً كُلَّ مَا يَقُولُهُ.
1135	يَشْعُرُ بِالْوَحْدَة لِأَنَّهُ يَسْكُنُ لِوَحْدِه.
1136	لَا يَشْعُرُ بِالْوَحْدَة لِأَنَّهُ يَسْكُنُ مَعَ أُسْرَتِهِ الْكَبِيرَة.
1137	اَلدَّرْسُ طَوِيلٌ اَلْيَوْمَ.
1138	أَنْتَ عَلَى حَقٍّ، اَلدَّرْسُ طَوِيلٌ جِدّاً اَلْيَوْمَ.
1139	أَنَا أَيْضاً أَجِدُهُ طَوِيلاً.
1140	حَقّاً اَلدَّرْسُ طَوِيلٌ قَلِيلاً اَلْيَوْمَ.
1141	لَا أُحِبُّ الدُّرُوسَ الطَّوِيلَةَ.
1142	آمُلُ أَنْ لَا يَكُونَ الدَّرْسُ أَيْضاً طَوِيلاً غَداً.
1143	اَلدَّرْسُ الْجَدِيدُ طَوِيلٌ.
1144	مَا أَطْوَلَ الدَّرْسَ اَلْيَوْمَ !
1145	لَا أَظُنُّ أَنَّ الدَّرْسَ الثَّامِنَ طَوِيلٌ.
1146	بَعْضُ الدُّرُوسِ طَوِيلَةٌ.
1147	لَيْسَتْ كُلُّ الدُّرُوسِ طَوِيلَةً.

108

لا أَعْرِفُ السَّيِّدَات اللَّاتِي تَتَكَلَّمُ مَعَهُنَّ. 1148

أَتَكَلَّمُ بِسُرْعَةٍ وَلَكِنَّهُ يَفْهَمُنِي مَعَ ذَلِكَ. 1149

لَا أَعْرِفُ مَنْ قَالَ لَهُ أَنَّنِي كُنْتُ مُسَافِراً. 1150

أَنَا الَّذِي قُلْتُ لَهُ ذَلِكَ. 1151

قُلْتَ لَنَا أَنَّكَ ذَهَبْتَ مَعَ أُمِّكَ إِلَى الْمَدِينَةِ الْيَوْمَ. 1152

هُمُ الَّذِينَ قَالُوا لَكُمْ أَنَّهُمْ يُسَافِرُونَ هَذِهِ السَّنَةَ. 1153

قَالَتْ لِي أَنَّهَا تُرِيدُ أَنْ تَتَعَلَّمَ لُغَةً جَدِيدَةً. 1154

فَهِمْتُ جَيِّداً مَا قُلْتُمُوهُ لِي. 1155

قُلْتُنَّ لِي أَنَّكُنَّ تُحِبِّنَ الْقِيَامَ بِهَذَا الْعَمَلِ. 1156

قَالَا لَنَا أَنَّهُمَا لَا يُحِبَّانِ أَنْ يَضْحَكَ مِنْهُمَا النَّاسُ. 1157

قَالَتَا لَكُمْ أَنَّهُمَا لَا تُحِبَّانِ أَنْ تُخْطِئَا عِنْدَمَا تَتَكَلَّمَانِ. 1158

هَذَا كُلُّ مَا قُلْتُمَاهُ لِي. 1159

فَعَلَ كُلَّ مَا قُلْنَاهُ لَهُ. 1160

قُلْنَ لَكُنَّ أَنَّهُنَّ وَصَلْنَ مُبَكِّرَاتٍ إِلَى الْمَكْتَبِ الْيَوْمَ. 1161

كُلُّ النِّسَاءِ اللَّاتِي يَعْمَلْنَ مَعَهَا هُنَّ مِن نَفْسِ الْبَلَدِ وَلَكِنَّهُنَّ 1162
لَا يَتَكَلَّمْنَ كُلُّهُنَّ نَفْسَ اللُّغَةِ.

1163 لَا يَسْتَطِيعُ أَنْ يَذْهَبَ لِوَحْدِهِ إِلَى مَنْزِلِ صَدِيقِهِ لِأَنَّهُ
لَا يَعْرِفُ عُنْوَانَهُ. يَذْهَبُ زَمِيلُهُ مَعَهُ.

1164 لَا يُحِبُّونَ أَنْ يَأْكُلُوا لِوَحْدِهِمْ.

1165 لَا يُحْبِبْنَ أَنْ يَعِشْنَ لِوَحْدِهِنَّ فِي هَذَا الْمَنْزِلِ الْكَبِيرِ.

1166 وَجَدْتُهُمْ مَرَّةً يَأْكُلُونَ لِوَحْدِهِمْ فِي الْمَطْعَمِ.

1167 يَجِدُونَنَا عَامَّةً فِي الْمَكْتَبِ الَّذِي نَعْمَلُ فِيهِ.

1168 وَجَدْنَاهُمْ يَتَكَلَّمُونَ مَعَ صَدِيقِهِمْ

1169 وَجَدْنَنَا نَعْمَلُ عِنْدَمَا وَصَلْنَ إِلَى الْمَكْتَبِ.

1170 وَجَدُونَا فِي الْمَكْتَبَةِ نَشْتَرِي بَعْضَ الْكُتُبِ.

1171 وَجَدْتُمُوهُمْ يَدْرُسُونَ فِي الْمَكْتَبَةِ مَعَ زُمَلَائِهِمْ.

1172 وَجَدْتُهَا تَقْرَأُ جَرِيدَةً فِي مَنْزِلِهَا.

1173 وَجَدْتُهُ يَكْتُبُ دُرُوسَهُ فِي الْفَصْلِ.

1174 ظَنَنْتُ أَنَّ هَذِهِ اللُّغَةَ صَعْبَةٌ عِنْدَمَا بَدَأْتُ أَدْرُسُهَا.

1175 عِنْدَمَا بَدَأْتُ أَدْرُسُ هَذِهِ اللُّغَةَ وَجَدْتُهَا صَعْبَةً قَلِيلاً.

1176 لَيْسَتْ هَذِهِ أَكْبَرَ مَدِينَةٍ فِي الْبَلَدِ.

1177 لَا يُوجَدُ كَثِيرٌ مِنَ الْمَدَارِسِ الْكَبِيرَةِ فِي هَذِهِ الْمَدِينَةِ.

1178 يَسْكُنُ (يَعِيشُ) لِوَحْدِهِ وَمَعَ ذَلِكَ لَا يَشْعُرُ بِالْوَحْدَةِ.

110

1179 لَا يَشْعُرُ أَبَداً بِالْوَحْدَة.

1180 نَعَمْ، تَشْعُرُونَ أَحْيَاناً بِالْوَحْدَة.

1181 وَجَدْتُ كِتَابَكَ فِي هَذَا الْمَكَان.

1182 قُل لِّي شَيْئاً.

1183 قُولِي لَهَا مَا تُرِيدِينَ.

1184 قُولَا لَهُمَا أَنَّكُمَا مَسْرُورَانِ بِهِمَا.

1185 قُولُوا لَهُمْ أَنَّكُمْ لَا تُرِيدُونَ الْعَمَلَ فِي هَذِهِ الْمُنَظَّمَة.

1186 قُلْنَ لَهُنَّ أَنَّكُنَّ لَا تُرِدْنَ شِرَاءَ هَذِهِ الْفَسَاتِينِ اَلْيَوْمَ.

1187 لَا تَقُل لِّي أَنَّكَ لَا تُرِيدُ أَنْ تُسَافِرَ هَذِهِ السَّنَةَ.

1188 لَا تَقُولِي هَذَا الْكَلَامَ.

1189 لَا تَقُولَا لَهُ مَا لَا يُحِبُّهُ.

1190 لَا تَقُولُوا أَنَّكُمْ لَا تُحِبُّونَ دِرَاسَةَ هَذِهِ اللُّغَةِ الْجَمِيلَة.

1191 لَا تَقُلْنَ لَنَا أَنَّكُنَّ لَا تُحِبْنَ أَنْ نُعْطِيَكُنَّ هَذَا الْكِتَابَ.

1192 أَرْجُو أَنْ يَكُونَ فِي الْمَنْزِل اَلْيَوْمَ.

1193 نَرْجُو أَنْ تَكُونِي مَسْرُورَةً بِالْفُسْتَان الَّذِي اشْتَرَيْنَاهُ لَك.

1194 تَأْمَلِينَ أَنْ يَكُونَ الطَّقْسُ جَمِيلاً غَداً لِكَيْ تَذْهَبِي مَعَ

أُمَّكِ إِلَى الرِّيفِ بِسَيَّارَتِهَا. 1195

أَرْجُو أَنْ لَا أَكُونَ مُخْطِئاً فِي حَقِّهِ. 1196

هَذَا حَقُّكَ وَهَذَا حَقِّي. 1197

لِكُلٍّ حَقُّهُ. 1198

يَتَكَلَّمُونَ عَنْ حُقُوقِ الْإِنْسَانِ. 1199

يُعْطِي كُلَّ إِنْسَانٍ حَقَّهُ. 1200

قُولُوا لَنَا شَيْئاً عَنْ حُقُوقِ الْمَرْأَةِ. 1201

قُلْنَ لَنَا كُلَّ مَا تَعْرِفْنَهُ عَنِ الْمُنَظَّمَةِ وَعَنِ الْمُوَظَّفِينَ 1202
الَّذِينَ يَعْمَلُونَ فِيهَا.

إِذَا وَجَدْتَهُ قُلْ لَهُ أَنَّنِي فِي الْمَكْتَبِ الْيَوْمَ. 1203

Lesson 24	اَلدَّرْسُ الرَّابِعُ وَالْعِشْرُونَ	24ème Leçon	
Vocabulary	اَلْمُفْرَدَاتُ	Vocabulaire	

to be a duty, must	devoir, falloir	وَجَبَ يَجِبُ وُجُوبٌ عَلَى، أَنْ	289
to finish	finir, terminer	اِنْتَهَى يَنْتَهِي اِنْتِهَاءٌ مِنْ	290
to have a right to	avoir le droit de	حَقَّ يَحِقُّ حَقٌّ لَ أَنْ	291
evening	soir	مَسَاءٌ أَمْسَاءٌ أُمْسِيَاتٌ	292
week	semaine	أُسْبُوعٌ أَسَابِيعُ	293
bus	autobus	حَافِلَةٌ حَافِلَاتٌ حَوَافِلُ	294
Saturday	samedi	يَوْمُ السَّبْتِ	295
five	cinq	خَمْسَةٌ، خَمْسٌ	296
when, interr.	quand, interr.	مَتَى	297

113

اَلنَّصُّ Text - Texte

1204	يَعْمَلُ أَحْيَاناً صَبَاحَ يَوْمِ السَّبْتِ.
1205	لَا يَعْمَلُ مَسَاءَ يَوْمِ السَّبْتِ.
1206	يَعْمَلُ خَمْسَةَ أَيَّامٍ فِي الْأُسْبُوعِ.
1207	يَجِبُ عَلَى الْإِنْسَانِ أَنْ يَعْمَلَ لِكَيْ يَعِيشَ.
1208	يَنْتَهِي مِنْ عَمَلِهِ فِي الْمَسَاءِ.
1209	لَا يَحِقُّ لَهُ أَنْ يَعْمَلَ فِي هَذَا الْبَلَدِ لِأَنَّهُ أَجْنَبِيٌّ.
1210	تَذْهَبُونَ إِلَى الْعَمَلِ بِالْحَافِلَةِ.
1211	لَا نَعْرِفُ مَتَى سَافَرَ.
1212	قَالَ لِي أَنَّهُ سَافَرَ أَمْسِ بِالْقِطَارِ.
1213	لَا، أَظُنُّ أَنَّهُ سَافَرَ بِالْحَافِلَةِ.
1214	لَيْسَ الْمَكَانُ الَّذِي سَافَرَ إِلَيْهِ بَعِيداً عَنْ هُنَا.
1215	آمُلُ أَنْ يَصِلَ الْقِطَارُ فِي الْوَقْتِ اَلْيَوْمَ.
1216	أَرْجُو أَنْ تَكْتُبُوا إِلَيَّ عِنْدَمَا تُسَافِرُونَ.
1217	يَجِبُ عَلَيْنَا أَنْ نُسَافِرَ مَسَاءَ يَوْمِ السَّبْتِ.
1218	لَا يَعْمَلُ هَذَا الْأُسْبُوعَ لِأَنَّهُ فِي عُطْلَةٍ.
1219	هُوَ دَائِماً فِي عُطْلَةٍ.

يَعْمَلُ النَّاسُ مِنَ الصَّبَاحِ إِلَى الْمَسَاءِ. 1220

انْتَهَى الدَّرْسُ الْآنَ. 1221

يَجِبُ أَنْ تَقُولَ لَهُ كُلَّ شَيْءٍ. 1222

يَجِبُ أَنْ تَجِدُوهُ الْيَوْمَ. 1223

يَجِبُ أَنْ تَسُوقِي سَيَّارَتَكِ بِنَفْسِكِ. 1224

يَجِبُ أَنْ تَسْأَلْنَهَا عَنْ أُمِّهَا. 1225

يَجِبُ أَنْ تَشْتَرِيَا لَهُمْ شَيْئاً مِنْ هَذَا الدُّكَّانِ الْجَدِيدِ. 1226

يَجِبُ أَنْ لَا نَضْحَكَ مِنْ أَحَدٍ. 1227

لَا يَجِبُ أَنْ يُخْطِئُوا عِنْدَمَا يَتَكَلَّمُونَ. 1228

يَجِبُ أَنْ لَا يَخَفْنَ مِنْ شَيْءٍ. 1229

يَجِبُ أَنْ أَخْرُجَ مِنَ الْمَكْتَبِ مُبَكِّراً الْيَوْمَ لِأَنَّهُ يَجِبُ عَلَيَّ 1130

أَنْ أَذْهَبَ إِلَى الْمَحَطَّةِ هَذَا الْمَسَاءَ. 1231

يَجِبُ أَنْ يَفْهَمَا مَا تَقُولُهُ لَهُمَا. 1232

يَجِبُ أَنْ نَقُومَ بِعَمَلِنَا الْآنَ. 1233

يَجِبُ أَنْ أُعْطِيَهُ هَذَا الْكِتَابَ غَداً. 1234

كَتَبْنَا هَذَ الدَّرْسَ وَانْتَهَيْنَا مِنْهُ. 1235

لَا نَعْرِفُ فِي أَيِّ سَاعَةٍ يَنْتَهُونَ مَنْ عَمَلِهِمْ 1236

115

تَنْتَهِينَ مِنَ الْعَمَلِ فِي نَفْسِ الْوَقْتِ الَّذِي تَنْتَهِي مِنْهُ 1237
زَمِيلَتُكِ. أَلَيْسَ كَذَلِكَ؟

يَنْتَهِيَانِ مِنْ عَمَلِهِمَا يَوْمَ السَّبْتِ. 1238

يَنْتَهِينَ مِنَ الْأَكْلِ عَامَّةً فِي السَّاعَةِ الثَّانِيَةِ. 1239

لَا يَحِقُّ لَهُ أَنْ يَعْمَلَ فِي نَفْسِ الْمُنَظَّمَةِ الَّتِي تَعْمَلُ 1240
فِيهَا زَوْجَتُهُ.

لَا يَحِقُّ لَكُمْ أَنْ تَقُولُوا لَهُ هَذَا الْكَلَامَ. 1241

يَحِقُّ لِلْمُوَظَّفِ أَنْ يَدْرُسَ أَيَّ لُغَةٍ يُرِيدُهَا. 1242

يَجِبُ أَنْ تَنْتَهُوا مِنَ الْعَمَلِ الَّذِي تَقُومُونَ بِهِ الْآنَ. 1243

اَلْمَكَاتِبُ مُغْلَقَةٌ يَوْمَيِ السَّبْتِ وَالْأَحَدِ. 1244

اَلدَّكَاكِينُ مَفْتُوحَةٌ يَوْمَ السَّبْتِ. 1245

بَعْضُ الدَّكَاكِينِ مُغْلَقَةٌ يَوْمَ الْأَحَدِ وَصَبَاحَ يَوْمِ الْإِثْنَيْنِ. 1246

يَجِبُ عَلَيْهِ أَنْ يَعْمَلَ صَبَاحَ يَوْمِ السَّبْتِ ثَلَاثَ سَاعَاتٍ 1247

لِأَنَّهُ عَمِلَ يَوْمَ الْجُمْعَةِ فَقَطْ خَمْسَ سَاعَاتٍ. 1248

فِي الْفَصْلِ خَمْسَةُ طُلَّابٍ وَخَمْسُ طَالِبَاتٍ. 1249

أَكَلْنَا فِي هَذَا الْمَطْعَمِ الشَّرْقِيِّ خَمْسَ مَرَّاتٍ. 1250

عَاشَتْ فِي هَذَا الْبَلَد أَكْثَرَ مِنْ خَمْسِ سَنَوَاتٍ. 1251

لَا يَحِقُّ لِلطُّلَّابِ الْأَجَانِب أَنْ يَعْمَلُوا فِي هَذَا الْبَلَد. 1252

لَا يَحِقُّ لَهُمْ أَنْ يَعْمَلُوا أَكْثَرَ مِنْ سَاعَتَيْنِ أَوْ ثَلَاثِ 1253
سَاعَاتٍ فِي الْيَوْمِ.

يَرْكَبُ النَّاسُ الْحَافِلَةَ كُلَّ يَوْمٍ لِلذَّهَابِ إِلَى أَعْمَالِهِمْ. 1254

لَا يَرْكَبُ بَعْضُ النَّاسِ الْحَافِلَةَ لِأَنَّ لَهُمْ سَيَّارَات. 1255

لَهُ سَيَّارَةٌ كَبِيرَةٌ وَجَمِيلَةٌ وَلَكِنَّهُ يَرْكَبُ الْحَافِلَةَ أَحْيَاناً. 1256

to prefer	préférer	فَضَّلَ يُفَضِّلُ تَفْضِيلٌ هـ، عَلَى أَنْ	298
would like	aimer (conditionnel)	وَدَّ يَوَدُّ وُدٌّ، مَوَدَّةٌ أَنْ	299
to smoke	fumer	دَخَنَ يُدَخِّنُ تَدْخِينٌ هـ	300
coffee	café	قَهْوَةٌ	301
tea	thé	شَايٌ	302
cup	tasse	فِنْجَانٌ فَنَاجِينُ	303
café	café	مَقْهًى مَقَاهِي	304
cold, n.	froid, subst.	بَرْدٌ	305
cigarette	cigarette	سِيكَارَةٌ سَكَائِرُ	306
season	saison	فَصْلٌ فُصُولُ (السَّنَة)	307
winter	hiver	شِتَاءٌ	308
Wednesday	mercredi	يَوْمُ الْأَرْبَعَاءِ	309
easy	facile	سَهْلٌ	310

اَلنَّصُّ Texte - Text

يُفَضِّلُ الْحَافِلَةَ عَلَى الْقِطَارِ.	1257
تُفَضِّلِينَ الْقَهْوَةَ عَلَى الشَّايِ.	1258
أَوَدُّ أَنْ أَشْرَبَ فِنْجَاناً مِنَ الْقَهْوَةِ الْآنَ.	1259
يَقُولُونَ أَنَّهُمْ يُفَضِّلُونَ أَنْ يَشْرَبُوا الْقَهْوَةَ فِي الصَّبَاحِ وَالشَّايَ فِي الْمَسَاءِ.	1260
نَوَدُّ أَنْ تَشْرَبُوا مَعَنَا فِنْجَاناً مِنَ الْقَهْوَةِ أَوِ الشَّايِ.	1261
اَلطَّقْسُ بَارِدٌ جِدّاً فِي فَصْلِ الشِّتَاءِ فِي هَذَا الْبَلَدِ.	1262
اَلدَّرْسُ الْجَدِيدُ سَهْلٌ.	1263
كَانَ الدَّرْسُ سَهْلاً أَيْضاً أَمْسِ.	1264
يَذْهَبُ إِلَى الْمَدِينَةِ كُلَّ يَوْمِ الْأَرْبَعَاءِ.	1265
يَجِبُ عَلَيْهِ أَنْ يَعْمَلَ صَبَاحَ يَوْمِ السَّبْتِ لِأَنَّهُ عَمِلَ يَوْمَ الْأَرْبَعَاءِ فَقَطْ أَرْبَعَ أَوْ خَمْسَ سَاعَاتٍ عَلَى مَا أَظُنُّ.	1266 / 1267
نَشْرَبُ الْقَهْوَةَ ثَلَاثَ مَرَّاتٍ فِي الْيَوْمِ.	1268
شَرِبْتُ ثَلَاثَةَ فَنَاجِينَ مِنَ الْقَهْوَةِ هَذَا الصَّبَاحَ.	1269
لَا أَسْتَطِيعُ شُرْبَ هَذِهِ الْقَهْوَةِ لِأَنَّهَا بَارِدَةٌ قَلِيلاً.	1270
لَا يُحِبُّ النَّاسُ السَّفَرَ فِي فَصْلِ الشِّتَاءِ لِأَنَّ الْجَوَّ بَارِدٌ.	1271

119

1272   يُحبُّ بَعْضُ النَّاسِ السَّفَرَ أَيْضاً في فَصْلِ الشِّتَاءِ.

1273   يُحبُّ أَنْ يُدَخِّنَ سيكارةً وَهُوَ يَشْرَبُ الْقَهْوَةَ في الْمَقْهَى.

1274   لَا يَحقُّ لَنَا أَنْ نُدَخِّنَ في الْحَافِلَة.

1275   لَا يَحقُّ للطُّلَّابِ وَلَا لِلْمُعَلِّمِ أَنْ يُدَخِّنُوا في الْفَصْلِ.

1276   يَوْمُ الْأَرْبِعَاءِ هُوَ الْيَوْمُ الَّذي يَعْمَلُ فيهِ كَثِيراً.

1277   نَحْنُ في فَصْلِ الشِّتَاءِ.

1278   لَا، لَسْنَا اَلْآنَ في فَصْلِ الشِّتَاءِ.

1279   أَوَدُّ أَنْ أَتَوَقَّفَ عَنِ التَّدْخِينِ.

1280   تَوَقَّفْتُ عَنِ التَّدْخِينِ هَذَا الْأُسْبُوعَ.

1281   أَوَدُّ أَنْ أَتَوَقَّفَ عَنِ التَّدْخِينِ وَلَكِنَّ ذَلِكَ لَيْسَ سَهْلاً.

1282   مِنَ الصَّعْبِ جِدّاً التَّوَقُّفُ عَنِ التَّدْخِينِ.

1283   لَيْسَ مِنَ السَّهْلِ التَّوَقُّفُ عَنِ التَّدْخِينِ عَلَى كُلِّ إِنْسَانٍ.

1284   هَذِهِ الْفَنَاجِينُ الَّتِي تَشْرَبُونَ فيهَا الْقَهْوَةَ جَمِيلَةٌ جِدّاً.

1285   لَا يُحبُّ النَّاسُ فَصْلَ الشِّتَاءِ كَثِيراً.

1286   يُحبُّ بَعْضُ النَّاسِ فَصْلَ الشِّتَاءِ.

1287   يَشْعُرُ النَّاسُ بِالْبَرْدِ في فَصْلِ الشِّتَاءِ.

1288   لَا أَشْعُرُ بِالْبَرْدِ لِأَنَّ الطَّقْسَ لَيْسَ بَارِداً.

1289 قَالُوا لِي أَنَّ الطَّقْسَ لَيْسَ بَارِداً فِي فَصْلِ الشِّتَاءِ فِي بَلَدِهِمْ.

1290 يُوجَدُ كَثِيرٌ مِنَ الْمَقَاهِي فِي هَذِهِ الْمَدِينَةِ الصَّغِيرَةِ.

1291 لَيْسَ هَذَا هُوَ الْمَقْهَى الَّذِي أَشْرَبُ فِيهِ الْقَهْوَةَ عَامَّةً.

1292 هَذَا الْمَقْهَى مَفْتُوحٌ يَوْمَ الْأَحَدِ. يَوْمُ الْإِثْنَيْنِ هُوَ الْيَوْمُ الَّذِي

1293 يَكُونُ فِيهِ مُغْلَقاً.

1294 أَشْرَبُ الْقَهْوَةَ فِي هَذَا الْمَقْهَى عِنْدَمَا يَكُونُ الْمَقْهَى الَّذِي

1295 أَشْرَبُ فِيهِ الْقَهْوَةَ عَامَّةً مُغْلَقاً.

1296 لَا يُدَخِّنُ أَكْثَرَ مِنْ أَرْبَعِ أَوْ خَمْسِ سَكَائِرَ فِي الْيَوْمِ.

1297 كَانَ يُدَخِّنُ كَثِيراً عِنْدَمَا كَانَ فِي بَلَدِه.

1298 تَوَدِّينَ أَنْ تَنْتَهِي مِنْ عَمَلِكِ مُبَكِّرَةً الْيَوْمَ.

1299 نَوَدُّ أَنْ نَتَكَلَّمَ مَعَهُ قَلِيلاً وَلَكِنَّهُ لَيْسَ لَنَا شَيْءٌ نَقُولُهُ لَهُ.

1300 تَوَدُّونَ أَنْ تَفْعَلُوا مَا تَسْتَطِيعُونَ لِكَيْ تَتَعَلَّمُوا هَذِهِ اللُّغَةَ الصَّعْبَةَ.

1301 تَوْدَدْنَ أَنْ تَسُقْنَ سَيَّارَاتِكُنَّ بِأَنْفُسِكُنَّ إِذَا أَمْكَنَ.

1302 يَوَدَّانِ أَنْ تَتَعَلَّمَ بَنَاتُهُمَا كَثِيراً مِنَ اللُّغَاتِ الْأَجْنَبِيَّةِ.

أَوَدُّ أَنْ أَسْأَلَكَ سُؤَالاً، هَلْ يُمْكِنُنِي ذَلِكَ ؟ 1303

يَوَدُّونَ أَنْ يَشْتَرُوا سَيَّارَةً لَوْ يَسْتَطِيعُونَ ذَلِكَ. 1304

تَوَدَّانِ أَنْ تَخْرُجَا قَلِيلاً اَلْيَوْمَ لَوْ كَانَ لَكُمَا وَقْتُ لِأَنَّ 1305
الطَّقْسَ جَمِيلٌ جِدّاً وَلَيْسَ بَارِداً. 1306

يَوْدَدْنَ أَنْ يَقُمْنَ بِهَذَا الْعَمَلِ لَوْ كَانَ سَهْلاً عَلَيْهِنَّ. 1307

نَوَدُّ أَنْ نَعْمَلَ فِي هَذِه الْمُنَظَّمَة لَوْ يَحِقُّ لَنَا ذَلِكَ. 1308

يَوَدُّ الطُّلَّابُ أَنْ يَقْرَؤُوا الْجَرِيدَةَ الْعَرَبِيَّةَ. 1309

تُفَضِّلِينَ أَنْ تَدْرُسِي هَذِه اللُّغَةَ عَلَى تِلْكَ اللُّغَة. 1310

تُفَضِّلُونَ الْعَمَلَ فِي الْمَكْتَبَة عَلَى الْعَمَلِ فِي الْمَكْتَب. 1311

يُفَضِّلَان السَّكَنَ فِي مَنْزِلٍ عَلَى السَّكَنِ فِي شَقَّةٍ. 1312

يُفَضِّلْنَ الرِّيفَ عَلَى الْمَدِينَة. 1313

يُفَضِّلُ النَّاسُ أَيَّامَ الْعُطَلَاتِ عَلَى أَيَّامِ الْعَمَل. 1314

يُفَضِّلُ دِرَاسَةَ هَذِه اللُّغَة لِأَنَّهَا أَسْهَلُ بِكَثِيرٍ عَلَى تِلْكَ اللُّغَة. 1315

لَوْ أَظُنَّ أَنَّ هَذِه اللُّغَةَ سَهْلَةٌ أَتَعَلَّمُهَا. 1316

لَوْ ظَنَنْتُ أَنَّ هَذِه اللُّغَةَ سَهْلَةٌ لَتَعَلَّمْتُهَا. 1317

كُنْتُ أَظُنُّ أَنَّ هَذِه اللُّغَةَ صَعْبَةٌ وَلَكِنْ عِنْدَمَا بَدَأْتُ 1318

أَتَعَلَّمُهَا وَجَدتُهَا سَهْلَةً. 1319

تَعَلُّمُ لُغَةٍ لَيْسَ شَيْئاً سَهْلاً. 1320

تَعَلُّمُ لُغَةٍ شَيْءٌ صَعْبٌ. 1321

لَيْسَ تَعَلُّمُ لُغَةٍ صَعْباً عَلَى كُلِّ النَّاسِ وَلَيْسَ سَهْلاً 1322
عَلَى كُلِّ النَّاسِ.

اشْتَرَيْنَا هَذِهِ الْفَنَاجِينَ مِنْ دُكَّانٍ قَدِيمٍ فِي الْمَدِينَةِ. 1323

اَلدَّرْسُ أَسْهَلُ الْيَوْمَ مِنْهُ أَمْس. 1324

يَجِدُ هَذِهِ اللُّغَةَ سَهْلَةً عَلَيْهِ. كُلُّ شَيْءٍ سَهْلٌ عَلَيْهِ. 1325

أَجِدُهُ دَائِماً يَشْرَبُ الْقَهْوَةَ فِي هَذَا الْمَقْهَى فِي الْمَسَاءِ. 1326

123

Vocabulary   Vocabulaire
اَلْمُفْرَدَاتُ

to let be, leave	laisser	تَرَكَ يَتْرُكُ تَرْكٌ هـ	311
to lose	perdre	فَقَدَ يَفْقِدُ فَقْدٌ فُقْدَانٌ هـ	312
life	vie	حَيَاةٌ	313
period	période	مُدَّةٌ مُدَدٌ	314
need	besoin	حَاجَةٌ حَاجَاتٌ	315
money	argent	نُقُودٌ (نَقْدٌ)	316
relative	relatif	نِسْبِيٌّ	317
relatively	relativement	نِسْبِيّاً	318
these, pl.	ceux-ci, celles-ci, pl.	هَؤُلَاءِ	319
where, rel.	où, rel.	حَيْثُ	320
since	depuis	مُنْذُ	321
eight	huit	ثَمَانِيَةٌ ثَمَانٍ، ثَمَانِي	322
for a long time	depuis longtemps	مُنْذُ مُدَّةٍ طَوِيلَةٍ	323

اَلنَّصُّ Text - Texte

1327	وَجَدْتُ كِتَابِي حَيْثُ تَرَكْتُهُ.
1328	اَلْحَيَاةُ صَعْبَةٌ فِي الرِّيفِ وَسَهْلَةٌ فِي الْمَدِينَةِ.
1329	اَلطَّقْسُ بَارِدٌ نِسْبِيّاً فِي هَذَا الْبَلَدِ.
1330	اَلْمَحَطَّةُ قَرِيبَةٌ نِسْبِيّاً.
1331	كُلُّ شَيْءٍ نِسْبِيٌّ.
1332	تَسْكُنُونَ فِي هَذِهِ الْمَدِينَةِ مُنْذُ مُدَّةٍ طَوِيلَةٍ.
1333	أَعْرِفُهُ مُنْذُ سَنَوَاتٍ.
1334	يَعْمَلُ الْمُوَظَّفُونَ ثَمَانِيَ سَاعَاتٍ فِي الْيَوْمِ.
1335	عَاشَ كُلَّ حَيَاتِهِ فِي هَذَا الْبَلَدِ.
1336	فَقَدَ مَفَاتِيحَهُ وَوَجَدَهَا.
1337	ظَنَّ أَنَّهُ فَقَدَهَا وَلَكِنَّهُ تَرَكَهَا فِي الْمَنْزِلِ.
1338	هُوَ فِي حَاجَةٍ إِلَى النُّقُودِ لِأَنَّهُ يُرِيدُ أَنْ يَشْتَرِيَ سَيَّارَةً.
1339	لَيْسَ فِي حَاجَةٍ إِلَى كَثِيرٍ مِنَ النُّقُودِ.
1340	تُعْطِي الْبِنْتُ أُمَّهَا قَلِيلاً مِنَ النُّقُودِ لِأَنَّهَا فِي حَاجَةٍ
1341	إِلَيْهَا لِكَيْ تَشْتَرِيَ فُسْتَاناً لِنَفْسِهَا.
1342	تَرَكَ الْكِتَابَ حَيْثُ وَجَدَهُ.

1343 لَا تَتْرُكُ الْأُمُّ بِنْتَهَا لِوَحْدِهَا فِي الْمَنْزِلِ لِأَنَّهَا مَرِيضَةٌ.

1344 عَاشَ فِي هَذَا الْبَلَدِ لِمُدَّةِ ثَمَانِي سَنَوَاتٍ.

1345 لَيْسَ فِي حَاجَةٍ إِلَى النُّقُودِ لِأَنَّهُ لَيْسَ لَهُ شَيْءٌ يَشْتَرِيهِ.

1346 اِشْتَرَيْتُمُ الْكِتَابَ الَّذِي كُنْتُمْ فِي حَاجَةٍ إِلَيْهِ.

1347 تَرَكَهُ فِي مَكَانِهِ.

1348 تَرَكَهُ يَعْمَلُ فِي مَكْتَبِهِ.

1349 هَذَا مَنْزِلٌ تَرَكَهُ لَهُ وَالِدَاهُ.

1350 وَجَدْتُمْ كُلَّ مَا فَقَدْتُمُوهُ.

1351 لَا نَجِدُ دَائِماً كُلَّ مَا نَفْقِدُهُ.

1352 لَا تَجِدِينَ أَحْيَاناً مَا تَفْقِدِينَهُ.

1353 فَقَدْتُ مَفَاتِيحِي لِلْمَرَّةِ الثَّانِيَةِ وَلَا أُرِيدُ أَنْ أَفْقِدَهَا لِلْمَرَّةِ الثَّالِثَةِ.

1354 أُتْرُكْ سَيَّارَتَكَ فِي هَذَا الْمَكَانِ.

1355 أُتْرُكِي لَهَا عُنْوَانَكِ.

1356 أُتْرُكَا لَهُ شَيْئاً.

1357 أُتْرُكُوهُ لَنَا.

1358 أُتْرُكْنَهَا الْآنَ.

1359 لَا تَتْرُكْهُ يَفْعَلُ ذَلِكَ.

1360 لَا تَتْرُكِي كُتُبَكِ فِي الْمَكْتَبِ.

1361 لَا تَتْرُكُوا الشُّبَّاكَ مَفْتُوحاً.

1362 لَا تَتْرُكْنَهُ عَلَى الطَّاوِلَةِ.

1363 حَيَاةُ الْإِنْسَانِ طَوِيلَةٌ نِسْبِيّاً.

1364 لَيْسَتْ حَيَاةُ الْإِنْسَانِ طَوِيلَةً نِسْبِيّاً.

1365 لَا أَجِدُ الْكِتَابَ الَّذِي تَرَكْتُهُ هُنَا أَمْسِ.

1366 كُنَّا فِي حَاجَةٍ إِلَى هَذَا الْعَمَلِ.

1367 نَحْنُ فِي حَاجَةٍ إِلَى السَّيَّارَةِ الْيَوْمَ.

1368 لَنْ نَكُونَ فِي حَاجَةٍ إِلَى السَّيَّارَةِ يَوْمَ الْأَحَدِ لِأَنَّنَا لَنْ

1369 نَذْهَبَ إِلَى أَيِّ مَكَانٍ.

1370 أَنْتَ فِي حَاجَةٍ إِلَى السَّكَائِرِ الْآنَ. هَذَا مَا قُلْتَهُ لِي.

1371 أَنْتُمْ فِي حَاجَةٍ إِلَى شُرْبِ فِنْجَانٍ مِنَ الْقَهْوَةِ الْآنَ.

1372 أَنْتِ فِي حَاجَةٍ إِلَى أَنْ تَكُونِي لِوَحْدِكِ قَلِيلاً.

1373 أَنْتُمْ فِي حَاجَةٍ إِلَى وَقْتٍ لِلْقِيَامِ بِهَذَا الْعَمَلِ الصَّعْبِ.

1374 أَنْتُمَا فِي حَاجَةٍ إِلَى وَلَدِكُمَا وَبِنْتِكُمَا لِيَذْهَبَا مَعَكُمَا

1375 إِلَى الْمَدِينَةِ صَبَاحَ يَوْمِ الْأَرْبَعَاءِ.

أَنْتُنَّ فِي حَاجَةٍ إِلَى هَذَا الْمَكَانِ لِتَجْلِسْنَ فِيهِ. 1376

هِيَ فِي حَاجَةٍ إِلَى شِرَاءِ فُسْتَانٍ جَدِيد. 1377

كُنْتُمْ فِي حَاجَةٍ إِلَى قِرَاءَةِ هَذِهِ الْجَرِيدَة. 1378

كَانَتْ فِي حَاجَةٍ إِلَى شَقَّةٍ لِلسَّكَنِ فِيهَا. 1379

كُنْتُنَّ فِي حَاجَةٍ إِلَى الذَّهَابِ إِلَى الْمَحَطَّةِ صَبَاحَ أَمْسِ. 1380

لَنْ تَكُونُوا فِي حَاجَةٍ إِلَى الْأَكْلِ فِي هَذَا الْمَطْعَمِ. 1381

أَنْتُمْ فِي حَاجَةٍ إِلَى نَفْسِ الْكِتَابِ الَّذِي نَحْنُ فِي حَاجَةٍ 1382

إِلَيْهِ لِأَنَّنَا نَدْرُسُ فِي نَفْسِ الْكِتَاب. 1383

اشْتَرَيْنَ كُلَّ مَا هُنَّ فِي حَاجَةٍ إِلَيْهِ. 1384

أَنَا فِي حَاجَةٍ إِلَى النُّقُودِ وَلَكِنْ لَا تُعْطِنِي أَكْثَرَ مِمَّا أَنَا 1385

فِي حَاجَةٍ إِلَيْهِ. 1386

قَالَ لَهُ أَنَا فِي حَاجَةٍ إِلَى هَذَا الْكِتَابِ وَلَكِنَّنِي لَا 1387

أَسْتَطِيعُ أَنْ أَشْتَرِيَهُ الْيَوْمَ لِأَنَّهُ لَيْسَ مَعِي نُقُودٌ. 1388

لَيْسَا فِي حَاجَةٍ إِلَى كُلِّ هَذَا. 1389

قَالَتِ الْأُمُّ لِابْنَتِهَا: لَا تَتْرُكِي الْبَابَ مَفْتُوحاً عِنْدَمَا 1390

تَخْرُجِينَ مِنَ الْمَنْزِلِ صَبَاحاً. 1391

هَؤُلَاءِ السَّيِّدَاتُ مَسْرُورَاتٌ لِأَنَّهُنَّ يَجِدْنَ كُلَّ مَا يُرِدْنَ 1392

أَنْ يَشْتَرِينَهُ فِي هَذَا الدُّكَّانِ الْكَبِيرِ.

1393

لَا يَسْتَطِيعُ السَّائِقُ أَنْ يُدَخِّنَ فِي الْحَافِلَةِ وَلَوْ كَانَ فِي

1394

حَاجَةٍ إِلَى التَّدْخِينِ لِأَنَّهُ لَا يَحِقُّ لَهُ أَيْضاً هُوَ أَنْ يُدَخِّنَ

1395

فِي الْحَافِلَةِ.

قَالَ لَهُ صَدِيقُهُ: يَجِبُ أَنْ تَتَوَقَّفَ عَنِ التَّدْخِينِ وَلَكِنَّهُ لَا

1396

يَسْتَطِيعُ وَلَا يُرِيدُ أَنْ يَتَوَقَّفَ عَنِ التَّدْخِينِ لِأَنَّ ذَلِكَ صَعْبٌ

1397

جِدّاً عَلَيْهِ. صَدِيقُهُ كَانَ يُدَخِّنُ أَيْضاً كَثِيراً وَلَكِنَّهُ اسْتَطَاعَ

1398

أَنْ يَتَوَقَّفَ عَنِ التَّدْخِينِ.

1399

Lesson 27		اَلدَّرْسُ السَّابِعُ وَالْعِشْرُونَ	27ème Leçon
Vocabulary		اَلْمُفْرَدَاتُ	Vocabulaire

to see	voir	رَأَى يَرَى رَأْيٌ رُؤْيَةٌ هـ، أَنَّ	324
to answer	répondre	أَجَابَ يُجِيبُ إِجَابَةٌ هـ، عَنْ عَلَى	325
to send	envoyer	أَرْسَلَ يُرْسِلُ إِرْسَالٌ هـ	326
to send	envoyer	بَعَثَ يَبْعَثُ بَعْثٌ هـ، ب	327
street	rue	شَارِعٌ شَوَارِعُ	328
brother	frère	أَخٌ إِخْوَةٌ إِخْوَانٌ	329
letter	lettre	رِسَالَةٌ رَسَائِلُ	330
stamp	timbre	طَابَعٌ طَوَابِعُ	331
post, mail	poste, courrier	بَرِيدٌ	332
postal	postal	بَرِيدِيٌّ	333
five o'clock	cinq heures	اَلسَّاعَةُ الْخَامِسَةُ	334
eight o'clock	huit heures	اَلسَّاعَةُ الثَّامِنَةُ	335

130

اَلنَّصُّ Text - Texte

1400 رَأَيْتُهُ أَمْسِ فِي الشَّارِعِ.

1401 يَرَى زَمِيلَهُ كُلَّ يَوْمٍ لِأَنَّهُ يَعْمَلُ مَعَهُ فِي نَفْسِ الْمَكْتَبِ.

1402 يُرْسِلُ الْوَلَدُ رِسَالَةً إِلَى أَخِيهِ.

1403 يُجِيبُ التِّلْمِيذُ الْمُعَلِّمَ.

1404 يُجِيبُ الطَّالِبُ عَنْ سُؤَالِ الْمُعَلِّمِ.

1405 أَذْهَبُ إِلَى مَكْتَبِ الْبَرِيدِ لِكَيْ أَشْتَرِيَ طَابَعاً بَرِيدِيّاً.

1406 يُفْتَحُ مَكْتَبُ الْبَرِيدِ مِنَ السَّاعَةِ الثَّامِنَةِ إِلَى السَّاعَةِ

1407 الْخَامِسَةِ وَلَكِنْ لَيْسَ كُلَّ يَوْمٍ.

1408 لَا أَسْتَطِيعُ أَنْ أُجِيبَ عَلَى هَذَا السُّؤَالِ لِأَنَّهُ صَعْبٌ.

1409 تَسْتَطِيعِينَ الْإِجَابَةَ عَلَى هَذَا السُّؤَالِ لِأَنَّكِ تَجِدِينَهُ

1410 سَهْلاً. أَلَيْسَ ذَلِكَ مَا قُلْتِهِ لِي؟

1411 لَا أَعْرِفُ لِمَاذَا لَا يُجِيبُنِي عِنْدَمَا أَسْأَلُهُ سُؤَالاً.

1412 تَكْتُبُ الْبِنْتُ رِسَالَةً طَوِيلَةً إِلَى أُمِّهَا.

1413 لَا أَعْرِفُ مَا إِذَا كَانَ لَهُ أَخٌ.

1414 نَعَمْ لَهُ أَخَوَانِ: أَحَدُهُمَا يَعْمَلُ مَعِي وَالثَّانِي يَعْمَلُ فِي

131

مَكْتَبُ الْبَرِيدِ عَلَى مَا أَظُنُّ.

هُوَ الَّذِي قَالَ لِي أَنَّ أَخَاهُ يَعْمَلُ فِي هَذِهِ الْمُنَظَّمَةِ.

وَصَلَتْهُ رِسَالَةٌ مِنْ أَخِيهِ أَمْسِ.

هَذِهِ أَوَّلُ رِسَالَةٍ تَصِلُهُ مِنْهُ مُنْذُ سَافَرَ.

أُجِيبُهُ دَائِماً عِنْدَمَا يَكْتُبُ إِلَيَّ.

ظَنَنْتُ أَنَّهُ لَا يُدَخِّنُ وَلَكِنَّنِي رَأَيْتُهُ يُدَخِّنُ أَمْسِ.

رَأَيْتُهَا تَسُوقُ سَيَّارَةً.

رَأَيْتُمُونَا نَشْتَرِي شَيْئاً مِنْ ذَلِكَ الدُّكَّانِ.

رَأَوْا زَمِيلَهُمْ وَهُوَ يَخْرُجُ مِنْ مَكْتَبِهِ.

رَأَيْنَ أُمَّهُنَّ تَتَكَلَّمُ وَتَضْحَكُ مَعَ صَدِيقَتِهَا.

رَأَيَانَا مَرَّةً أَوْ مَرَّتَيْنِ نَقُومُ بِعَمَلِنَا.

رَأَيْتُ الْحَافِلَةَ تَتَوَقَّفُ قُرْبَ الْمَحَطَّةِ.

رَأَيْنَا الْمُعَلِّمَ يَوْمَ الْأَرْبِعَاءِ يُعْطِي دَرْسَهُ.

رَأَتْ زَمِيلَتَهَا تَدْرُسُ فِي الْمَكْتَبَةِ.

رَأَيْتُنَّ بَنَاتِكُنَّ يَرْكَبْنَ الْقِطَارَ.

رَأَتَا الْقِطَارَ يَصِلُ إِلَى الْمَحَطَّةِ.

رَأَتْهَا تَبْدَأُ عَمَلَهَا مُبَكِّرَةً فِي الصَّبَاحِ. 1431

رَأَى زُمَلَاءَهُ يَشْرَبُونَ الْقَهْوَةَ فِي أَحَدِ الْمَقَاهِي فِي الْمَدِينَةِ. 1432

رَأَيْتُمَا وَالِدَكُمَا يُغْلِقَانِ الْبَابَ وَهُمَا يَخْرُجَانِ مِنَ الْمَنْزِلِ. 1433

تَرَيْنَهُ يَذْهَبُ بِالسَّيَّارَةِ إِلَى مَكْتَبِهِ كُلَّ يَوْمٍ. 1434

تَرَوْنَهُ يَأْكُلُ عَامَّةً فِي هَذَا الْمَطْعَمِ الْجَدِيدِ. 1435

تَرَيْنَهَا تَعْمَلُ فِي مَكْتَبِ الْبَرِيدِ هَذَا. 1436

(أَنْتِ/ أَنْتُنَّ) تَرَيْنَهَا تَقْرَأُ الْجَرِيدَةَ فِي الْمَسَاءِ. 1437

يَرَيْنَكُمْ تَجْلِسُونَ عَلَى كَنَبَةٍ جَمِيلَةٍ. 1438

تَرَوْنَهُ يَكْتُبُ رِسَالَةً إِلَى صَدِيقِهِ. 1439

أَجِبِ الْمُعَلِّمَ. 1440

أَجِيبِي عَلَى سُؤَالِ الْمُعَلِّمِ. 1441

أَجِيبَانِي عِنْدَمَا أَسْأَلُكُمَا. 1442

أَجِيبُوهُ إِذَا سَأَلَكُمْ. 1443

أَجِبْنَهَا إِذَا اسْتَطَعْتُنَّ. 1444

لَا تُجِبْ إِذَا وَجَدْتَّ السُّؤَالَ صَعْباً. 1445

لَا تُجِيبِي عَلَى هَذَا السُّؤَالِ إِذَا كَانَ صَعْباً عَلَيْكِ. 1446

لَا تُجِيبَا عِنْدَمَا يَسْأَلُكُمَا. 1447

١٤٤٨ لَا تُجِيبُوا عَلَى رِسَالَتِهِ هَذَا الْأُسْبُوعَ.

١٤٤٩ لَا تُجِبْنَهُ إِذَا كُنْتُنَّ لَا تَعْرِفْنَ عُنْوَانَهُ.

١٤٥٠ أَرْسِلْ رِسَالَةً إِلَى أَخِيكَ هَذَا الْأُسْبُوعَ.

١٤٥١ اِشْتَرِي فُسْتَاناً وَأَرْسِلِيهِ إِلَى أُمِّكِ بِالْبَرِيدِ الْجَوِّيِّ.

١٤٥٢ اِشْتَرِيَا شَيْئاً وَأَرْسِلَاهُ إِلَى وَالِدَيْكُمَا وَإِخْوَانِكُمَا الَّذِينَ

١٤٥٣ يَسْكُنُونَ كُلُّهُمْ فِي الرِّيفِ.

١٤٥٤ اِذْهَبُوا إِلَى مَكْتَبِ الْبَرِيدِ وَأَرْسِلُوا هَذِهِ الرِّسَالَةَ بِسُرْعَةٍ.

١٤٥٥ لَا نَسْتَطِيعُ أَنْ نُرْسِلَ هَذِهِ الرِّسَالَةَ لِأَنَّهُ لَيْسَ عَلَيْهَا طَابَعُ بَرِيدٍ.

١٤٥٦ يُوجَدُ مَكْتَبُ بَرِيدٍ فِي هَذَا الشَّارِعِ.

١٤٥٧ لَا يُوجَدُ مَكْتَبُ بَرِيدٍ فِي الشَّارِعِ الَّذِي تَسْكُنُ فِيهِ.

١٤٥٨ يَعْمَلُ كَثِيرٌ مِنَ الْمُوَظَّفِينَ فِي مَكْتَبِ الْبَرِيدِ هَذَا.

١٤٥٩ يَذْهَبُ إِلَى مَكْتَبِ الْبَرِيدِ بِالسَّيَّارَةِ لِأَنَّهُ بَعِيدٌ قَلِيلاً

١٤٦٠ عَنِ الْمَنْزِلِ.

١٤٦١ يُوجَدُ كَثِيرٌ مِن مَكَاتِبِ الْبَرِيدِ فِي هَذِهِ الْمَدِينَةِ لِأَنَّهَا

١٤٦٢ مَدِينَةٌ كَبِيرَةٌ.

١٤٦٣ مَكْتَبُ الْبَرِيدِ مَفْتُوحٌ صَبَاحَ يَوْمِ السَّبْتِ عَلَى مَا أَظُنُّ.

١٤٦٤ لَيْسَ مَكْتَبُ الْبَرِيدِ مَفْتُوحاً يَوْمَ الْأَحَدِ.

1465 لَيْسَ مَكْتَبُ الْبَرِيدِ مُغْلَقاً يَوْمَ الْأَحَد فِي بَلَدِه لِأَنَّ يَوْمَ الْأَحَد فِي

1466 بَلَدِه لَيْسَ يَوْمَ عُطْلَةٍ، وَلَكِنَّهُ مُغْلَقٌ يَوْمَ الْجُمُعَةِ لِأَنَّ يَوْمَ الْجُمُعَةِ يَوْمُ عُطْلَةٍ فِي بَلَدِه.

1467 ظَنَنْتُ أَنَّ أَحَدَ إِخْوَانِه يَعْمَلُ فِي مَكْتَبِ الْبَرِيدِ وَلَكِنَّ الَّذِي

1468 يَعْمَلُ فِي مَكْتَبِ الْبَرِيدِ هُوَ أَحَدُ أَصْدِقَائِه.

1469 لَا أَحَدَ مِنْ أَصْدِقَائِه وَلَا مِنْ إِخْوَانِه يَعْمَلُ فِي مَكْتَبِ الْبَرِيدِ هَذَا.

1470 أَقُولُ هَذَا لِأَنَّنِي أَعْرِفُ كُلَّ الَّذِينَ يَعْمَلُونَ فِي مَكْتَبِ الْبَرِيدِ هَذَا

1471 لِأَنَّنِي عَمِلْتُ فِيه بِنَفْسِي.

1472 لَا أَعْرِفُ مُنْذُ مَتَى بَدَأَ يَعْمَلُ فِي مَكْتَبِ الْبَرِيدِ هَذَا.

1473 قَالَ لِي أَنَّهُ بَعَثَ بِأَرْبَعِ أَوْ خَمْسِ رَسَائِلَ هَذَ الْأُسْبُوعَ.

to welcome	accueillir	اِسْتَقْبَلَ يَسْتَقْبِلُ اسْتِقْبَالٌ هـ	336
eye	oeil	عَيْنٌ عُيُونٌ أَعْيُنٌ	337
airplane	avion	طَائِرَةٌ طَائِرَاتٌ	338
airport	aéroport	مَطَارٌ مَطَارَاتٌ	339
noon	midi	ظُهْرٌ أَظْهَارٌ	340
red, m.	rouge, m.	أَحْمَرُ حُمْرٌ	341
red, f.	rouge, f.	حَمْرَاءُ حُمْرٌ	342
similar	semblable	مِثْلَ	343
after	après	بَعْدَ	344
like, as	comme	كَ	345
I saw him with my own eyes	je l'ai vu de mes propres yeux	رَأَيْتُهُ بِأُمِّ عَيْنَيَّ	345b

اَلنَّصُّ - Text - Texte

رَأَيْتُهُ بِأُمِّ عَيْنَيَّ.	1474
لِكُلٍّ مِنَّا عَيْنَان.	1475
يَذْهَبُ إِلَى الْمَطَارِ لِكَي يَسْتَقْبِلَ صَدِيقَهُ.	1476
أَرَاهُ كُلَّ يَوْمٍ بَعْدَ الظُّهْرِ.	1477
لَا يُفْتَحُ مَكْتَبُ الْبَرِيدِ يَوْمَ السَّبْت بَعْدَ الظُّهْرِ.	1478
لَنْ يَكُونَ فِي الْمَكْتَب غَداً بَعْدَ الظُّهْرِ.	1479
نَرْكَبُ الطَّائِرَةَ فِي الْمَطَارِ.	1480
تَعْمَلُ أُمُّهُ كَكَاتِبَةٍ فِي مُنَظَّمَةٍ كَبِيرَةٍ.	1481
يَذْهَبُ الْمُسَافِرُونَ إِلَى الْمَطَارِ لِكَي يَرْكَبُوا الطَّائِرَةَ.	1482
يُفَضِّلُ بَعْضُ الْمُسَافِرِينَ الطَّائِرَةَ عَلَى الْقِطَارِ.	1483
يَصِلُ الْمُوَظَّفُ إِلَى الْمَكْتَب كُلَّ يَوْمٍ بَعْدَ زَمِيلِهِ.	1484
يَتَكَلَّمُ أَخُوهُ مِثْلَهُ.	1485
قَالَ لِي أَنَّهُ يَشْرَبُ الْقَهْوَةَ فِي الصَّبَاحِ وَلَكِنَّهُ يُفَضِّلُ	1486
أَنْ يَشْرَبَ الشَّايَ بَعْدَ الظُّهْرِ.	1487
لَا يُوجَدُ مَطَارٌ فِي كُلِّ مَكَانٍ وَفِي كُلِّ مَدِينَةٍ.	1488
يُوجَدُ مَطَارٌ فِي تِلْكَ الْمَدِينَةِ الْكَبِيرَةِ.	1889

137

لَيْسَتْ هَذِهِ الْمَدِينَةُ كَبِيرَةً وَلَكِنَّ فِيهَا مَطَاراً كَبِيراً. 1490

نُسَافِرُ إِلَى الْبِلَادِ الْبَعِيدَةِ بِالطَّائِرَة. 1491

يُوجَدُ بَعْضُ الدَّكَاكِينِ فِي الْمَطَارِ. 1492

يُوجَدُ أَيْضاً مَكْتَبُ بَرِيدٍ فِي الْمَطَارِ. 1493

لَيْسَ الْمَطَارُ بَعِيداً نِسْبِيّاً عَنِ الْمَدِينَة. 1494

اَلطَّائِرَةُ أَكْبَرُ مِنَ الْحَافِلَةِ بِكَثِير. 1495

يُوجَدُ كَثِيرٌ مِنَ الْمُسَافِرِينَ فِي الْمَطَارِ. 1496

يَشْرَبُ الْمُسَافِرُ فِنْجَاناً مِنَ الْقَهْوَةِ قَبْلَ أَنْ يَرْكَبَ الطَّائِرَةَ. 1497

يُفَضِّلُ الْمُسَافِرُونَ أَنْ يَشْتَرُوا السَّكَائِرَ مِنَ الْمَطَارِ لِأَنَّهُمْ 1498

يَجِدُونَهَا أَرْخَص.

عِنْدَمَا سَأَلْتُهُ مَا إِذَا كَانَ يُدَخِّنُ عِنْدَمَا رَأَيْتُهُ يَشْتَرِي 1499

السَّكَائِرَ، أَجَابَنِي: لَا أُدَخِّنُ وَلَكِنَّنِي أَشْتَرِي هَذِهِ السَّكَائِرَ لِأَبِي. 1500

اِشْتَرَتْ فُسْتَاناً أَحْمَرَ جَمِيلاً مِنْ دُكَّانٍ لَيْسَ بَعِيداً عَنِ الْمَطَارِ. 1501

اِشْتَرَتْ فُسْتَاناً أَحْمَرَ كَفُسْتَانِ أُمِّهَا. 1502

أَظُنُّ أَنَّهَا مِثْلَ أُمِّهَا تُحِبُّ الْفَسَاتِينَ الْحَمْرَاءَ كَثِيراً. 1503

لَيْسَ الْمَطَارُ مُغْلَقاً يَوْمَ السَّبْتِ وَلَا يَوْمَ الْأَحَدِ مِثْلَ 1504

الْمَدَارِسِ وَالْمَكَاتِبِ. اَلْمَطَارُ مَفْتُوحٌ دَائِماً. 1505

لِي صَدِيقٌ يَعْمَلُ فِي الْمَطَارِ. يَوْمُ عُطْلَتِهِ هُوَ يَوْمُ الْأَرْبِعَاء وَلَيْسَ يَوْمَ الْأَحَد. 1506

قُلْتَ لِي أَنَّكَ تَشْعُرُ بِالْبَرْد. أَنَا أَيْضاً أَشْعُرُ بِالْبَرْد 1507

مِثْلَكَ لِأَنَّنَا فِي فَصْلِ الشِّتَاء. 1508

لَا يَشْعُرُ بِالْوَحْدَة مِثْلَ أَخِيهِ لِأَنَّ لَهُ كَثِيراً مِنَ الْأَصْدِقَاء. 1509

يَتَكَلَّمُ الْعَرَبِيَّة بِطَلَاقَة مِثْلَ أَخِيهِ لِأَنَّهُ دَرَسَهَا فِي بَلَدِه. 1510

تُحِبِّينَ أَنْ تَسْتَقْبِلِي صَدِيقَاتِك مَسَاءَ يَوْمِ السَّبْتِ فِي مَنْزِلِك. 1511

يَبْدَأُ عَمَلَهُ كُلَّ يَوْمٍ فِي السَّاعَة الثَّامِنَة صَبَاحاً وَيَنْتَهِي مِنْهُ 1512

عَامَّةً فِي السَّاعَة الْخَامِسَة بَعْدَ الظُّهْر. 1513

مِنَ الْوَاجِبِ عَلَى الْمُوَظَّف أَنْ يَبْدَأَ عَمَلَهُ فِي السَّاعَة 1514

الثَّامِنَة وَلَكِنَّهُ يَصِلُ أَحْيَاناً إِلَى الْمَكْتَب بَعْدَ الثَّامِنَة. 1515

لَا يَحِقُّ لِلْمُوَظَّف أَنْ يَصِلَ إِلَى الْمَكْتَب بَعْدَ الْوَقْتِ، إِذَا 1516

كَانَ يَجِبُ عَلَيْهِ أَنْ يَبْدَأَ عَمَلَهُ فِي الثَّامِنَة. 1517

انْتَهَى الْمُوَظَّفُ أَمْسِ مِنْ عَمَلِهِ فِي السَّاعَة الثَّامِنَة مَسَاءً 1518

لِأَنَّهُ كَانَ لَهُ عَمَلٌ كَثِيرٌ.

لَا يَنْتَهِي دَائِماً مِنْ عَمَلِهِ فِي السَّاعَة الثَّامِنَة مَسَاءً. 1519

اِسْتَقْبَلَ ثَمَانِيَة أَصْدِقَاءَ مَسَاءَ يَوْمِ الْأَرْبِعَاءِ فِي مَنْزِله 1520

الْكَبِيرِ فِي الرِّيف. مِنْهُم مَّنْ ذَهَبَ إِلَيْهِ بِالسَّيَّارَةِ، 1521

وَمِنْهُم مَّنْ ذَهَبَ بِالْقِطَارِ، وَ مِنْهُم مَّنْ ذَهَبَ بِالْحَافِلَةِ، 1522

وَلَكِنَّهُ لَا أَحَدَ مِنْهُم مَّنْ ذَهَبَ بِالطَّائِرَةِ. 1523

لَا نَسْتَطِيعُ أَنْ نَذْهَبَ إِلَى الرِّيفِ بِالطَّائِرَةِ. 1524

Lesson 29	اَلدَّرْسُ التَّاسِعُ وَالْعِشْرُونَ	29ème Leçon	
Vocabulary	اَلْمُفْرَدَاتُ	Vocabulaire	

to hear	entendre	سَمِعَ يَسْمَعُ سَمْعٌ سَمَاعٌ هـ ،ب، من	346
to smile	sourire	اِبْتَسَمَ يَبْتَسِمُ اِبْتِسَامٌ ل	347
child	enfant	طِفْلٌ أَطْفَالٌ	348
voice	voix	صَوْتٌ أَصْوَاتٌ	349
ear	oreille	أُذُنٌ آذَانٌ	350
person	personne	شَخْصٌ أَشْخَاصٌ	351
Tuesday	mardi	يَوْمُ الثُّلَاثَاءِ	352
personal	personnel	شَخْصِيٌّ	353
personally	personnellement	شَخْصِيّاً	554
small, little	petit	صَغِيرٌ صِغَارٌ	355
never	jamais	أَبَداً	356
past negative and jussive particle	particule du passé négatif et jussif	لَمْ	357

141

اَلنَّصُّ Text - Texte

1525 لَمْ أَرَهُ وَلَكِنَّنِي عِنْدَمَا سَمِعْتُهُ يَتَكَلَّمُ عَرَفْتُ أَنَّهُ صَدِيقِي

1526 لِأَنَّنِي أَعْرِفُ صَوْتَهُ جَيِّداً.

1527 يُحِبُّ الطِّفْلُ سَمَاعَ صَوْتِ أُمِّهِ.

1528 يَبْتَسِمُ الطِّفْلُ لِأُمِّهِ.

1529 نَسْمَعُ بِالْأُذُنَيْنِ.

1530 لِكُلٍّ مِنَّا أُذُنَانِ.

1531 لَيْسَ لِكُلٍّ مِنَّا أَكْثَرُ مِنْ أُذُنَيْنِ إِثْنَيْنِ.

1532 سَمِعْتُ شَخْصاً فِي الْمَقْهَى أَمْسِ يَقُولُ لِزُمَلَائِه أَنَّ لِأَحَد

1533 أَصْدِقَائِه ثَلاثَةَ آذَانٍ وَلَكِنَّنِي لَا أَظُنُّ أَنَّهُ يَقُولُ الْحَقَّ لِأَنَّ

1534 هَذَا غَيْرُ مُمْكِنٍ.

1535 سَمِعْتُ بِهَذَا الرَّجُلِ وَلَكِنَّنِي لَا أَعْرِفُهُ شَخْصِيّاً وَلَمْ أَرَهُ

فِي حَيَاتِي.

1536 أُذُنَا الطِّفْلِ صَغِيرَتَانِ.

1537 لَيْسَتْ أُذُنَا الطِّفْلِ مِثْلَ أُذُنَيِ الرَّجُلِ.

1538 لَمْ أَجِدْهُ عِنْدَمَا ذَهَبْتُ لِأَرَاهُ يَوْمَ الْجُمْعَةِ. لَمْ أَكُنْ أَعْرِفُ

أَنَّهُ سَافَرَ صَبَاحَ يَوْمِ الثُّلَاثَاء. 1539

أُحِبُّ هَذَا الصَّوْتَ الْجَمِيلَ الَّذِي أَسْمَعُهُ. 1540

سَمِعْتُكِ بِأُذُنَيَّ تَتَكَلَّمِينَ عَنِّي وَعَنْهَا فِي الْمَقْهَى. 1541

لَمْ تَرَهُ لِأَنَّكَ لَمْ تَكُنْ فِي الْمَطَارِ عِنْدَمَا وَصَلَ. 1542

لَمْ تُجِيبُوهُ عَلَى سُؤَالِهِ لِأَنَّكُمْ لَمْ تَفْهَمُوهُ جَيِّداً. 1543

لَمْ تُرْسِلْنَ إِلَيْهَا رِسَالَةً لِأَنَّهُ لَمْ يَكُنَّ لَكُنَّ عُنْوَانُهَا. 1544

لَمْ تَتْرُكِ الْأُمُّ طِفْلَهَا فِي الْمَنْزِلِ لِأَنَّهُ لَمْ يَكُنْ هُنَاكَ 1545
أَحَدٌ تَتْرُكُهُ مَعَهُ. 1546

لَمْ يَدْرُسْ هَذِهِ اللُّغَةَ لِأَنَّهُ لَمْ يَكُنْ لَهُ وَقْتٌ. 1547

ظَنَنْتُ أَنَّكِ فَقَدْتِ مَفَاتِيحَكِ وَلَكِنَّكِ لَمْ تَفْقِدِيهَا. 1548

قُلْتُنَّ أَنَّكُنَّ لَمْ تُدَخِّنَّ فِي حَيَاتِكُنَّ أَبَداً. 1549

لَمْ تَنْتَهِيَا مِنْ عَمَلِكُمَا مَسَاءَ أَمْسِ. 1550

لَمْ أَشْعُرْ بِالْبَرْدِ مَسَاءَ أَمْسِ لِأَنَّ الْجَوَّ لَمْ يَكُنْ بَارِداً. 1551

ذَهَبْتُمَا إِلَى مَنْزِلِهِ لِتَرَيَاهُ وَلَكِنَّكُمَا لَمْ تَجِدَاهُ. 1552

لَمْ تَقُولَا إِلَى صَدِيقَتِهِمَا أَنَّهُمَا سَافَرَتَا يَوْمَ الثُّلَاثَاء. 1553

لَمْ نَفْعَلْ شَيْئاً أَمْسِ لِأَنَّهُ كَانَ يَوْمَ عُطْلَةٍ. 1554

ذَهَبْنَا لِكَيْ نَرَاهُ وَلَكِنَّهُ لَمْ يُرِدْ أَنْ يَسْتَقْبِلَنَا. 1555

لَوْ لَمْ يَتَكَلَّمْ مَعِي لَمَا رَأَيْتُهُ. 1556

لَمْ يَسْأَلَانِي مَا إِذَا كَانَ صَدِيقُهُمَا مُسَافِراً. 1557

أَعْرِفُ أَنَّكُنَّ لَمْ تَسُقْنَ هَذِهِ السَّيَّارَةَ لِأَنَّكُنَّ لَا تَعْرِفْنَ 1558

كَيْفَ تَسُقْنَ. 1559

لَمْ يَصِلْ إِلَى الْمَكْتَبِ مُبَكِّراً لِأَنَّهُ لَمْ يُمْكِنْهُ ذَلِكَ. 1560

لَمْ تَسْمَعْنَهُمْ يَقُولُونَ شَيْئاً لِأَنَّهُ لَمْ يَكُنْ لَهُمْ شَيْءٌ يَقُولُونَهُ. 1561

لَمْ تَشْتَرِي مِنْ ذَلِكَ الدُّكَّانِ مَا أَرَدتِّ أَنْ تَشْتَرِيهِ. 1562

لَمْ يَخَافُوا مِنْ شَيْءٍ وَلَا مِنْ أَحَدٍ. 1563

ضَحِكَتْ مِنْهُنَّ وَلَكِنَّهُنَّ لَمْ يَضْحَكْنَ مِنْهَا أَبَداً. 1564

قَرَأْتَ بِسُرْعَةٍ وَمَعَ ذَلِكَ لَمْ تُخْطِئْ. 1565

فَتَحَ رِسَالَةَ أَخِيهِ الشَّخْصِيَّةَ خَطَأً لِأَنَّهُ ظَنَّ أَنَّهَا لَهُ، 1566

وَلَكِنْ عِنْدَمَا وَجَدَ أَنَّهَا لَيْسَتْ لَهُ أَغْلَقَهَا وَلَمْ يَقْرَأْهَا. 1567

لَمْ تَشْرَبُوا وَلَمْ تَأْكُلُوا أَبَداً فِي هَذَا الْمَطْعَمِ. 1568

لَمْ نَفْهَمْ مَّا قُلْتُمَاهُ لَنَا. 1569

سَمِعْتُهُ يَتَكَلَّمُ وَلَكِنَّنِي لَمْ أَفْهَمْهُ لِأَنَّهُ كَانَ يَتَكَلَّمُ بِلُغَةٍ 1570

144

أَجْنَبِيَّةٍ مَعَ وَالِدَيْهِ.

1571 قُلْتَ أَنَّهُ اشْتَرَى لَهُ كِتَاباً وَلَكِنَّهُ لَمْ يُعْطِهِ أَيَّ شَيْءٍ.

1572 لَمْ تَصِلْهُ الرِّسَالَةُ الَّتِي أَرْسَلْتُهَا إِلَيْهِ.

1573 قَالَ لِي أَنَّهُ لَمْ يَسْتَطِعْ أَنْ يَقُومَ بِكُلِّ عَمَلِهِ هَذِهِ السَّنَةَ.

1574 لَمْ نَبْدَأْ عَمَلَنَا أَمْسِ مُبَكِّرِينَ لِأَنَّنَا لَمْ نَصِلْ مُبَكِّرِينَ.

1575 لَا يَحِقُّ لَنَا أَنْ نَفْتَحَ رَسَائِلَ أَصْدِقَائِنَا الشَّخْصِيَّةَ.

1576 كُنْتُ أَرَدْتُ أَنْ أَتَعَلَّمَ هَذِهِ اللُّغَةَ وَلَكِنَّنِي لَمْ أَتَعَلَّمْهَا.

1577 لَمْ تَكُونِي تَعْرِفِينَ أَنَّهَا لَمْ تَعِشْ فِى هَذِهِ الْمَدِينَةِ الصَّغِيرَةِ.

1578 لَمْ نَسْمَعْ مِنْهُ مُنْذُ مُدَّةٍ طَوِيلَةٍ. لَا نَعْرِفُ أَيْنَ هُوَ الْآنَ.

1579 عِنْدَمَا لَمْ أَرَهُ يُدَخِّنُ ظَنَنْتُ أَنَّهُ تَوَقَّفَ عَنِ التَّدْخِينِ وَلَكِنَّهُ

1580 قَالَ لِي أَنَّهُ لَمْ يَتَوَقَّفْ عَنِ التَّدْخِينِ.

1581 لَا أَظُنُّ أَنَّهُ يَسْتَطِيعُ أَنْ يَقُومَ بِمِثْلِ هَذَا الْعَمَلِ.

1582 هُوَ أَصْغَرُ مِنْ أَنْ يَقُومَ بِمِثْلِ هَذَا الْعَمَلِ الصَّعْبِ.

1583 لَهَا عَيْنَانِ سَوْدَاوَانِ صَغِيرَتَانِ مِثْلَ أُمِّهَا.

1584 هَذِهِ الْمَدِينَةُ صَغِيرَةٌ وَلَكِنَّ فِيهَا كُلَّ شَيْءٍ.

1585 يُعْطِي دُرُوساً فِي مَدْرَسَةٍ مَرَّةً كُلَّ أُسْبُوعٍ.

1586 يَوْمُ الثُّلَاثَاءِ هُوَ الْيَوْمُ الَّذِي يُعْطِي فِيهِ دُرُوساً فِي مَدْرَسَةٍ.

يَرَى بَعْضُهُمَا بَعْضاً أَحْياناً يَوْمَ الثُّلاثَاءِ في أَحَدِ الْمَقَاهِي. 1587

لَمْ يَرَ بَعْضُنَا بَعْضاً مُنْذُ مُدَّةٍ طَوِيلَةٍ. 1588

لَا يَخَافُ بَعْضُهُمَا مِنَ الْبَعْضِ. 1589

يَتَكَلَّمْنَ كَثِيراً وَلَكِنْ لَا يَفْهَمُ بَعْضُهُنَّ بَعْضاً. 1590

يَجِبُ أَنْ لَا يَضْحَكَ بَعْضُكُمَا مِنَ الْبَعْضِ. 1591

يَعْرِفُ بَعْضُكُمْ بَعْضاً لِأَنَّكُمْ تَعْمَلُونَ في نَفْسِ الْمُنَظَّمَةِ 1592

مُنْذُ أَكْثَرَ مِنْ ثَمَانِي سَنَوَات. 1593

لَا أَعْرِفُ لِمَاذَا لَا يَتَكَلَّمُ بَعْضُهُمْ مَعَ بَعْضٍ. 1594

يَكْتُبُ بَعْضُهُمَا إِلَى بَعْضٍ لِأَنَّهُمَا تُحِبّانِ بَعْضُهُمَا بَعْضاً 1595

كَثِيراً. تَدْرُسَانِ في نَفْسِ الْمَدْرَسَةِ مُنْذُ سَنَوَات. 1596

رَأَيْتُهُ بَعْدَ أَنِ انْتَهَيْتُ مِنْ عَمَلِي. 1597

Lesson 30	اَلدَّرْسُ الثَّلَاثُونَ	30ème Leçon
Vocabulary	اَلْمُفْرَدَاتُ	Vocabulaire

to play	jouer	لَعِبَ يَلْعَبُ لَعِبٌ	358
dog	chien	كَلْبٌ كِلَابٌ	359
color	couleur	لَوْنٌ أَلْوَانٌ	360
gift	cadeau	هَدِيَّةٌ هَدَايَا	361
shirt	chemise	قَمِيصٌ قُمْصَانٌ أَقْمِصَةٌ	362
relation	relation, rapport	نِسْبَةٌ نِسَبٌ	363
blue, m.	bleu	أَزْرَقُ زُرْقٌ	364
blue, f.	bleue	زَرْقَاءُ زُرْقٌ	365
expensive	cher, coûteux	غَالٍ غُلَاةٌ	366
under	sous	تَحْتَ	367
in respect to, for	par rapport à, pour	بِالنِّسْبَةِ لِ، إِلَى	368

اَلنَّصُّ Texte - Text

1598	لِلطِّفْل كَلْبٌ صَغِيرٌ.
1599	هَذَا كَلْبٌ صَغِيرٌ.
1600	هَذَا الْكَلْبُ صَغِيرٌ.
1601	هَذَا الْكَلْبُ الصَّغِيرُ أَبْيَضُ.
1602	يُحِبُّ الطِّفْلُ كَلْبَهُ الصَّغِيرَ كَثِيراً.
1603	اَلْكَلْبُ أَيْضاً يُحِبُّ الطِّفْلَ.
1604	يَلْعَبُ الطِّفْلُ مَعَ الْكَلْبِ.
1605	اَلْكَلْبُ تَحْتَ الطَّاوِلَة ألآنَ.
1606	مَاذَا يَفْعَلُ الْكَلْبُ تَحْتَ الطَّاوِلَة ألآنَ؟
1607	اِشْتَرَت الْبِنْتُ هَدِيَّةً لِأَخِيهَا الصَّغِيرِ.
1608	اِشْتَرَى قَمِيصاً أَزْرَقَ كَهَدِيَّةٍ لِأَبِيهِ.
1609	هَذَا قَمِيصٌ أَزْرَقُ.
1610	هَذَا الْقَمِيصُ أَزْرَقُ.
1611	هَذَا الْقَمِيصُ الْأَزْرَقُ غَالٍ.
1612	لَيْسَ هَذَا الْقَمِيصُ الْأَزْرَقُ غَالِياً جِدّاً.

هَذَا الْفُسْتَانُ أَزْرَقُ اللَّوْنِ. 1613

يُحِبُّ بَعْضُ السَّيِّدَاتِ اللَّوْنَ الْأَزْرَقَ. 1614

هَؤُلَاءِ السَّيِّدَاتُ يُفَضِّلْنَ اللَّوْنَ الْأَحْمَرَ عَلَى اللَّوْنِ الْأَزْرَقِ. 1615

أُرِيدُ أَنْ أَشْتَرِيَ هَذَا الْقَمِيصَ وَلَكِنَّهُ غَالٍ بِالنِّسْبَةِ لِي. 1616

لَمْ أَشْتَرِ هَذَا الْقَمِيصَ لِأَنَّنِي وَجَدْتُهُ غَالِياً. 1617

أَنْتَ عَلَى حَقٍّ، هَذَا الْقَمِيصُ غَالٍ جِدّاً. 1618

لَوْ لَمْ أَجِدْهُ غَالِياً لَاشْتَرَيْتُهُ (لَاشْتَرَيْتُهُ). 1619

كُلُّ شَيْءٍ غَالٍ فِي هَذِهِ الْمَدِينَةِ. 1620

هُوَ الَّذِي قَالَ لِي أَنَّهُ وَجَدَهُ غَالِياً. 1621

هَذَا سُؤَالٌ صَعْبٌ بِالنِّسْبَةِ لِي. 1622

لَيْسَ هَذَا السُّؤَالُ صَعْباً بِالنِّسْبَةِ لَكَ. 1623

اشْتَرَى الْأَبُ كَثِيراً مِنَ الْقُمْصَانِ لِأَوْلَادِهِ الثَّلَاثَةِ. 1624

يُحِبُّ الْأَطْفَالُ اللَّعِبَ كَثِيراً. 1625

لَمْ يَشْتَرِ سَيَّارَتَهُ غَالِيَةً لِأَنَّهَا قَدِيمَةٌ. 1626

لَوْ كَانَ لَهَا كَثِيرٌ مِنَ النُّقُودِ تَشْتَرِي هَذَا الْفُسْتَانَ وَلَوْ كَانَ 1627

غَالِياً لِأَنَّهَا تَجِدُهُ جَمِيلاً جِدّاً. 1628

149

ظَنَّ الطِّفْلُ الْمَاءَ أَزْرَقَ عِنْدَمَا رَآهُ فِي فِنْجَانٍ أَزْرَقَ لِأَنَّهُ ١٦٢٩

لَا يَعْرِفُ أَنَّ الْمَاءَ لَيْسَ لَهُ لَوْنٌ. ١٦٣٠

لَيْسَ لِلْمَاءِ لَوْنٌ. لَيْسَ الْمَاءُ أَحْمَرَ وَلَا أَبْيَضَ وَلَا أَزْرَقَ ١٦٣١
وَلَا أَسْوَدَ.

اَلنَّاسُ يَشْتَرُونَ كَثِيراً مِنَ الْهَدَايَا هَذِهِ الْأَيَّامَ. ١٦٣٢

ظَنَنْتُ أَنَّنِي فَقَدتُّ قَلَمِي وَلَكِنَّهُ كَانَ تَحْتَ الْكِتَابِ. ١٦٣٣

أَعْرِفُ أَنَّهُ اشْتَرَى هَذِهِ الْهَدِيَّةَ غَالِيَةً وَلَكِنَّنِي لَا أَعْرِفُ ١٦٣٤

بِكَمِ اشْتَرَاهَا لِأَنَّهُ لَمْ يَقُلْ لِي. سَأَلْتُهُ بِكَمِ اشْتَرَاهَا وَلَكِنَّهُ ١٦٣٥

لَمْ يُرِدْ أَنْ يَقُولَ لِي. ١٦٣٦

يَشْتَرِي الْأَصْدِقَاءُ الْهَدَايَا بَعْضُهُمْ لِبَعْضٍ. ١٦٣٧

يُوجَدُ كَثِيرٌ مِنَ الْقُمْصَانِ الزَّرْقَاءِ وَالْبَيْضَاءِ فِي هَذَا ١٦٣٨

الدُّكَّانِ وَلَكِنْ لَيْسَ فِيهِ قُمْصَانٌ سَوْدَاءُ أَوْ حَمْرَاءُ. ١٦٣٩

قَالَتِ الْأُمُّ لِطِفْلِهَا: اِلْعَبْ مَعَ كَلْبِكَ فِي الْمَنْزِلِ وَلَكِنْ ١٦٤٠

لَا تَلْعَبْ مَعَ الْكِلَابِ فِي الشَّارِعِ. ١٦٤١

لَا يَلْعَبُ الطِّفْلُ مَعَ الْكَلْبِ لِأَنَّهُ يَخَافُ مِنْهُ قَلِيلاً. وَلَكِنَّ ١٦٤٢

أُمَّهُ قَالَتْ لَهُ: اِلْعَبْ مَعَ الْكَلْبِ وَلَا تَخَفْ مِنْهُ. لَا أَظُنُّ ١٦٤٣

150

أَنَّهُ يَأْكُلُكَ عِنْدَمَا تَلْعَبُ مَعَهُ. 1644

يُوجَدُ كَثِيرٌ مِنَ الْكِلَابِ فِي هَذِهِ الْمَدِينَة. 1645

يُحِبُّ النَّاسُ الْكِلَابَ كَثِيراً فِي هَذَا الْبَلَد. 1646

لَا يُحِبُّ كُلُّ النَّاسِ الْكِلَابَ. 1647

اَلْحَيَاةُ أَغْلَى فِي الْمَدِينَة مِنْهَا فِي الرِّيف. 1648

اَلْقَمِيصُ الْأَزْرَقُ الَّذِي اشْتَرَيْتُهُ الْيَوْمَ أَغْلَى مِنَ الْقَمِيصِ 1649

الَّذِى اشْتَرَيْتُهُ أَمْس. 1650

لَا أَشْتَرِي كُلَّ قُمْصَانِي مِنْ هَذَا الدُّكَّان. 1651

لَا نَسْتَطِيعُ أَن نَّشْتَرِيَ الْقُمْصَانَ مِن أَيِّ دُكَّان. 1652

قَالَ الْأَبُ لِأَوْلَادِه: لَا تَلْعَبُوا فِي الشَّارِعِ مَعَ أَوْلَادٍ لَا 1653

تَعْرِفُونَهُمْ وَلَا يَعْرِفُونَكُمْ. 1654

اِذْهَبُوا إِلَى الشَّارِعِ وَالْعَبُوا مَعَ أَحَدٍ. 1655

لَا يَلْعَبُ مَعَ أَحَدٍ لِأَنَّهُ لَيْسَ لَهُ أَحَدٌ يَلْعَبُ مَعَهُ. 1656

يَلْعَبُ أَحْيَاناً مَعَ أَصْدِقَائِه. 1657

يَلْعَبُ مَعَهُ أَصْدِقَاؤُهُ عَامَّةً. 1658

يَذْهَبُ بَعْضُ الْأَوْلَادِ إِلَى الْمَدْرَسَة لَيْسَ لِكَي يَّدْرُسُوا 1659

وَلَكِنْ لِكَي يَّلْعَبُوا. لِهَذَا لَا يَتَعَلَّمُونَ شَيْئاً. 1660

151

1661 لَا تَلْعَبِي بِهَذَا الْكِتَابِ لِأَنَّ هَذَا الْكِتَابَ لِلْقِرَاءَةِ

1662 وَلَيْسَ لِلَّعِبِ.

1663 لَا يَحِقُّ لِلْمُوَظَّفِينَ أَنْ يَلْعَبُوا فِي الْمَكْتَبِ لِأَنَّ الْمَكْتَبَ

1664 لَيْسَ مَكَاناً لِلَّعِبِ.

1665 يَحِقُّ لَكُمْ أَنْ تَلْعَبُوا وَلَكِنَّ هَذَا لَيْسَ وَقْتاً لِلَّعِبِ، لِأَنَّ

1666 لَكُمْ كَثِيراً مِنَ الْعَمَلِ هَذَا الْأُسْبُوعَ.

1667 يَحِقُّ لَهُمْ أَنْ يَلْعَبُوا وَلَكِنْ بَعْدَ الْعَمَلِ وَلَيْسَ وَقْتَ الْعَمَلِ

1668 وَلَيْسَ فِي الْمَكْتَبِ.

1669 يَلْعَبُ بَعْضُهُم مَّعَ بَعْضٍ دَائِماً لِأَنَّهُمْ أَصْدِقَاءُ مُنْذُ مُدَّةٍ

1670 طَوِيلَةٍ وَيَعْرِفُ بَعْضُهُمْ بَعْضاً جَيِّداً.

1671 الْأُمُّ مَسْرُورَةٌ جِدّاً بِالْهَدِيَّةِ الْجَمِيلَةِ الَّتِي اشْتَرَتْهَا لَهَا بِنْتُهَا.

Lesson 31		اَلدَّرْسُ الْحَادِي وَالثَّلاَثُونَ	31ème Leçon
Vocabulary		اَلْمُفْرَدَاتُ	Vocabulaire

to forget	oublier	نَسِيَ يَنْسَى نِسْيَانٌ ه أَنْ، أَنَّ	369
to thank	remercier	شَكَرَ يَشْكُرُ شُكْرٌ ه عَلى	370
to search	chercher	بَحَثَ يَبْحَثُ بَحْثُ عَنْ	371
number	numéro	رَقْمٌ أَرْقَامٌ	372
Thursday	jeudi	يَوْمُ الْخَمِيسِ	373
kind, gentle	gentil, doux	لَطِيفٌ لُطَفَاءُ	374
naturally, of course	naturellement, bien sûr	طَبْعاً	375
seven	sept	سَبْعَةٌ، سَبْعٌ	376
perhaps	peut-être	رُبَّمَا	377
future particle	particule du futur	سَ، سَوْفَ	378

1672   قَالَ لِي إِسْمَهُ وَلَكِنَّنِي نَسِيتُهُ لِأَنَّنِي لَمْ أَكْتُبْهُ عَلَى وَرَقَةٍ.

1673   لَوْ كَتَبْتُهُ عَلَى وَرَقَةٍ لَمَا نَسِيتُهُ.

1674   أَشْكُرُكَ كَثِيراً عَلَى هَدِيَّتِكَ الْجَمِيلَة. أَنْتَ لَطِيفٌ جِدّاً.

1675   أُرِيدُ أَنْ أَكْتُبَ إِلَيْهِ وَلَكِنَّنِي لَا أَعْرِفُ رَقْمَ الشَّارِعِ الَّذِى

1676   يَسْكُنُ فِيهِ الْآنَ.

1677   سَأَبْحَثُ عَنْ رَقْمِ الشَّارِعِ الَّذِي يَسْكُنُ فِيهِ. وَإِذَا لَمْ أَجِدْهُ

1678   سَأَسْأَلُ صَدِيقَهُ عَنْهُ. رُبَّمَا هُوَ يَعْرِفُهُ لِأَنَّهُ يَعْمَلُ مَعَهُ فِي

1679   نَفْسِ الْمُنَظَّمَةِ عَلَى مَا أَظُنُّ.

1680   لَا يُمْكِنُ أَنْ أَنْسَى إِسْمَهُ أَبَداً فِي حَيَاتِي.

1681   يَقُولُ لِي إِسْمَهُ لِلْمَرَّةِ الثَّالِثَة وَلَكِنَّنِي أَنْسَاهُ دَائِماً.

1682   لَمْ يَكُنْ مَسْرُوراً عِنْدَمَا قُلْتُ لَهُ أَنَّنِي نَسِيتُ إِسْمَهُ.

1683   اَلْمَدْرَسَةُ مُغْلَقَةٌ يَوْمَ الْخَمِيسِ وَيَوْمَ الْأَحَدِ طَبْعاً.

1684   أَيَّامُ الْأُسْبُوعِ سَبْعَةٌ.

1685   لَا نَعْمَلُ سَبْعَةَ أَيَّامٍ فِي الْأُسْبُوعِ. نَعْمَلُ فَقَط خَمْسَةً.

1686   تَنْسَى دَائِماً مَا أَقُولُهُ لَكَ.

1687 تَنْسَى أَحْيَاناً كِتَابَهَا فِي الْمَنْزِلِ.

1688 نَسِيتُ أَنَّ مَكْتَبَ الْبَرِيدِ مُغْلَقٌ الْيَوْمَ لِأَنَّهُ طَبْعاً يَوْمُ الْأَحَدِ.

1689 لَا أَعْرِفُ كَيْفَ نَسِيتُ أَنَّ الْيَوْمَ يَوْمُ الْأَحَدِ.

1690 سَكَنَ فِي هَذِهِ الْمَدِينَةِ مُنْذُ سَبْعِ سَنَوَاتٍ – أَنْتَ مُخْطِئٌ.

1691 أَظُنُّ أَنَّهُ سَكَنَ فِيهَا عَلَى الْأَكْثَرِ خَمْسَ سَنَوَاتٍ.

1692 قَالَ لِي بِكَمِ اشْتَرَاهُ وَلَكِنَّنِي نَسِيتُ.

1693 لَا يَذْهَبُ الْأَوْلَادُ إِلَى الْمَدْرَسَةِ يَوْمَ الْخَمِيسِ.

1694 يَوْمُ الْخَمِيسِ عُطْلَةٌ بِالنِّسْبَةِ لِلْأَوْلَادِ.

1695 يُحِبُّ الْأَوْلَادُ يَوْمَ الْخَمِيسِ لِأَنَّهُ يَوْمُ عُطْلَةٍ.

1696 لَمْ أَجِدْهُ فِي الْمَنْزِلِ عِنْدَمَا ذَهَبْتُ لِأَرَاهُ. رُبَّمَا يَكُونُ

1697 مُسَافِراً. فِعْلاً، هُوَ مُسَافِرٌ. نَسِيتُ ذَلِكَ.

1698 اِسْأَلْ عَنْهُ فِي الْمَكْتَبِ، رُبَّمَا تَجِدُهُ هُنَاكَ.

1699 قَالَ لِي أَنَّهُ سَيُسَافِرُ غَداً، أَوْ رُبَّمَا بَعْدَ غَدٍ.

1700 مَكْتَبُ الْبَرِيدِ مَفْتُوحٌ يَوْمَ الْخَمِيسِ.

1701 لَيْسَ مَكْتَبُ الْبَرِيدِ مُغْلَقاً يَوْمَ الْخَمِيسِ مِثْلَ الْمَدْرَسَةِ.

1702 نَسِيتُ بِكَمِ اشْتَرَيْتُ هَذَا الْكِتَابَ لِأَنَّنِي اشْتَرَيْتُهُ

1703 مُنْذُ مُدَّةٍ طَوِيلَةٍ، مُنْذُ رُبَّمَا أَرْبَعِ أَوْ خَمْسِ سَنَوَاتٍ.

أُرِيدُ أَنْ أُرْسِلَ إِلَيْهِ رِسَالَةً وَلَكِنَّنِي نَسِيتُ عُنْوَانَهُ. 1704

لَوْ لَمْ أَنْسَ عُنْوَانَهُ لَكَتَبْتُ إِلَيْهِ اَلْيَوْمَ. 1705

يَعْمَلُ فِى الْمَكْتَبِ رَقْمِ أَرْبَعَةِ. 1706

نَسِيتُ أَنَّهُ لَا يَعْمَلُ اَلْآنَ فِي الْمَكْتَبِ رَقْمِ سَبْعَةِ. 1707

لَا نَجِدُ دَائِماً كُلَّ مَا نَبْحَثُ عَنْهُ. 1708

أَظُنُّ أَنَّنِي فَقَدتُ كِتَابِي. – ابْحَثْ عَنْهُ فِي الْمَكْتَبِ، 1709

رُبَّمَا تَرَكْتَهُ هُنَاكَ، وَإِذَا لَمْ تَجِدْهُ فِي الْمَكْتَبِ ابْحَثْ 1710

عَنْهُ فِى الْمَنْزِلِ أَوْ فِي الْمَدْرَسَةِ. 1711

نَسِيتُ أَنْ أَشْكُرَكِ عَلَى هَدِيَّتِكِ الْجَمِيلَةِ الَّتِي أَرْسَلْتِهَا 1712

إِلَيَّ بِالْبَرِيدِ أَمْسِ. 1713

لَا تَنْسَ أَنْ تَسْتَقْبِلَ صَدِيقَكَ فِي الْمَطَارِ هَذَا الْمَسَاءَ. 1714

لَا تَنْسَيْ كُتُبَكِ فِي الْمَنْزِلِ هَذِهِ الْمَرَّةَ. 1715

لَا تَنْسَيَا أَنْ تَتْرُكَا لِي عُنْوَانَكُمَا عِنْدَمَا تُسَافِرَانِ. 1716

لَا تَنْسَوْا أَنْ تَكْتُبُوا إِلَيَّ عِنْدَمَا تُسَافِرُونَ هَذِهِ السَّنَةَ. 1717

لَا تَنْسَيْنَ أَنْ تَقُلْنَ لَهَا أَنَّ مَطْعَمَ الْمُنَظَّمَةِ مُغْلَقٌ اَلْيَوْمَ. 1718

أَقُولُ لَكَ إِسْمَهُ وَلَا تَنْسَهُ هَذِهِ الْمَرَّةَ. 1719

لَا تَنْسَوْنَ عَادَةً أَنْ تُجِيبُوهُ عِنْدَمَا يَكْتُبُ إِلَيْكُمْ. 1720

تَنْسَيْنَ (أَنْتُنَّ) أَحْيَاناً أَنْ تُجِبْنَهَا عَلَى رَسَائِلِهَا.

نَسِينَ أَنْ يَتْرُكْنَ لِي عَنَاوِينَهُنَّ.

تَنْسَيْنَ أَحْيَاناً أَنْ تَشْرَبِي وَأَنْ تَأْكُلِي وَلَكِنَّكِ لَا تَنْسَيْنَ
أَبَداً أَنْ تُدَخِّنِي. أَلَيْسَ كَذَلِكَ؟

يَبْدَآنِ الْكَلَامَ وَيَنْسَيَانِ أَنَّ لَهُمَا عَمَلاً يَجِبُ أَنْ يَنْتَهِيَا
مِنْهُ فِى الصَّبَاحِ أَوْ بَعْدَ الظُّهْرِ.

تَنْسَيَانِ أَحْيَاناً مَفَاتِيحَكُمَا فِي الْمَكْتَبِ.

لَيْسَتْ هَذِه أَوَّلَ مَرَّةٍ يَنْسَوْنَ فِيهَا رَقْمَ مَكْتَبِه.

عِنْدَمَا يَرْكَبُونَ الْحَافِلَةَ يَبْدَؤُونَ فِي التَّدْخِينِ وَيَنْسَوْنَ
أَنَّهُ لَا يَحِقُّ لَهُمْ أَنْ يُدَخِّنُوا فِي الْحَافِلَةِ.

لَمْ نَنْسَ وَلَنْ نَنْسَى الْهَدَايَا الْجَمِيلَةَ الَّتِي اشْتَرَيْتُمُوهَا
لَنَا هَذِه السَّنَةَ.

لَمْ تَنْسَ وَلَنْ تَنْسَى الْمَنْزِلَ الْكَبِيرَ الَّذِي سَكَنَتْ فِيه
مَعَ أُسْرَتِهَا فِي الرِّيفِ عِنْدَمَا كَانَتْ طِفْلَةً.

لَمْ تَنْسَوْا وَلَنْ تَنْسَوْا أَبَداً الْمَدْرَسَةَ الَّتِي دَرَسْتُمْ فِيهَا.

لَمْ يَنْسَيَا وَلَنْ يَنْسَيَا ذَلِكَ الْيَوْمَ الَّذِي ذَهَبَا فِيه إِلَى
الْمَطَارِ لِاسْتِقْبَالِ صَدِيقِهِمَا الَّذِي لَمْ يَرَيَاهُ مُنْذُ مُدَّةٍ طَوِيلَةٍ.

لَمْ تَنْسَيْنَ وَلَنْ تَنْسَيْنَ كُلَّ مَا تَعَلَّمْتُنَّهُ مِنْ لُغَاتٍ أَجْنَبِيَّةٍ. 1737

لَمْ يَنْسَيْنَ وَلَنْ يَنْسَيْنَ كُلَّ الزُّمَلَاءِ وَالزَّمِيلَاتِ الَّذِينَ كَانُوا 1738

يَعْمَلُونَ مَعَهُنَّ عِنْدَمَا كُنَّ مُوَظَّفَاتٍ فِي تِلْكَ الْمُنَظَّمَةِ. 1739

لَمْ تَنْسَ وَلَنْ تَنْسَى الزَّمِيلَ الَّذِي عَمِلْتَ مَعَهُ فِي نَفْسِ 1740

الْمَكْتَبِ لِمُدَّةِ سَبْعٍ أَوْ ثَمَانِي سَنَوَاتٍ. 1741

لَمْ تَنْسَيَا وَلَنْ تَنْسَيَا ذَلِكَ الْمَطْعَمَ الَّذِي كُنْتُمَا تَأْكُلَانِ 1742

فِيهِ مَعَ صَدِيقِكُمَا الَّذِي سَافَرَ هَذَا الْأُسْبُوعَ. 1743

لَمْ يَنْسَوْا وَلَنْ يَنْسَوْا تِلْكَ الْأَيَّامَ الَّتِي سَكَنُوا فِيهَا مَعَ 1744

أَصْدِقَائِهِمْ فِي مَنْزِلِهِمِ الْجَمِيلِ عِنْدَمَا كَانُوا طُلَّاباً. 1745

Vocabulary   اَلْمُفْرَدَاتُ   Vocabulaire

to touch	toucher	لَمَسَ يَلْمُسُ لَمْسٌ هـ	379
to have (a meal)	prendre (un repas)	تَنَاوَلَ يَتَنَاوَلُ تَنَاوُلٌ هـ	380
hand	main	يَدُ أَيَادِي، أَيْدِي	381
bread	pain	خُبْزٌ	382
juice	jus	عَصِيرٌ، عُصَارَةٌ عُصَارَاتٌ	383
food	nourriture	طَعَامٌ أَطْعِمَةٌ	384
breakfast	petit-déjeuner	طَعَامُ الْفَطُورِ	385
animal	animal	حَيَوَانٌ حَيَوَانَاتٌ	386
almost, approximately	presque, approximativement	تَقْرِيباً	387
at, by	chez, à	عِنْدَ	388
without	sans	دُونَ، بِدُونِ	389

159

1746 نَلْمُسُ بِالْيَدَيْنِ.

1747 لِكُلٍّ مِنَّا يَدَانِ.

1748 لَيْسَ لِلْحَيَوَانِ أَيَادٍ.

1749 لَا نَسْتَطِيعُ أَنْ نَفْعَلَ أَيَّ شَيْءٍ بِدُونِ الْيَدَيْنِ.

1750 لَا نَسْتَطِيعُ أَنْ نَعِيشَ بِدُونِ الْمَاءِ.

1751 نَسْتَطِيعُ أَنْ نَعِيشَ بِدُونِ الْقَهْوَةِ.

1752 لَا يَسْتَطِيعُ بَعْضُ النَّاسِ أَنْ يَعِيشُوا بِدُونِ الْقَهْوَةِ.

1753 لَا يَسْتَطِيعُ بَعْضُ النَّاسِ أَنْ يَعِيشُوا بِدُونِ السَّكَائِرِ.

1754 السَّكَائِرُ بِالنِّسْبَةِ لَهُمْ كَالْخُبْزِ تَقْرِيباً.

1755 نَشْرَبُ الْقَهْوَةَ صَبَاحاً عِنْدَ طَعَامِ الْفَطُورِ.

1756 نَتَنَاوَلُ طَعَامَ الْفَطُورِ فِي الصَّبَاحِ.

1757 لَا نَتَنَاوَلُ دَائِماً طَعَامَ الْفَطُورِ فِي نَفْسِ الْوَقْتِ.

1758 تَشْرَبِينَ الْعَصِيرَ مَعَ الْقَهْوَةِ فِي الصَّبَاحِ.

1759 تَخْرُجُونَ مِنَ الْمَنْزِلِ بَعْدَ أَنْ تَتَنَاوَلُوا طَعَامَ الْفَطُورِ.

1760 لَا يَسْتَطِيعُ الْكَلْبُ أَنْ يَعِيشَ بِدُونِ صَدِيقِهِ الْإِنْسَانِ.

لَا يَسْتَطِيعُ بَعْضُ النَّاسِ أَنْ يَعِيشُوا بِدُونِ أَصْدِقَائِهِم 1761
الْكِلَابِ. اَلْكِلَابُ أَصْدِقَاءُ لِكُلِّ إِنْسَانٍ. 1762

اَلْكَلْبُ حَيَوَانٌ لَطِيفٌ. 1763

تَتَنَاوَلُونَ طَعَامَ الْفَطُورِ فِي الْمَنْزِلِ. 1764

تَتَنَاوَلِينَ أَحْيَاناً طَعَامَ الْفَطُورِ مَعَ زَمِيلَتِكِ فِي الْعَمَلِ. 1765

لَا تَنْسَى أَبَداً أَنْ تَتَنَاوَلَ طَعَامَ الْفَطُورِ. 1766

لَا يَتَنَاوَلْنَ طَعَامَ الْفَطُورِ عِنْدَمَا لَا يَكُونُ لَهُنَّ وَقْتٌ. 1767

لَمْ يَتَنَاوَلُوا طَعَامَ الْفَطُورِ أَمْسِ لِأَنَّهُ لَمْ يَكُنْ لَهُمْ وَقْتٌ. 1768

لَا تُحِبُّ الْأُمُّ أَنْ يَلْمِسَ اِبْنُهَا كُلَّ شَيْءٍ يَرَاهُ. 1769

لَا نَسْتَطِيعُ أَنْ نَلْمِسَ تِلْكَ السَّيَّارَةَ لِأَنَّهَا بَعِيدَةٌ عَنَّا. 1770

تَسْتَطِيعِينَ أَنْ تَلْمِسِي هَذِهِ الطَّاوِلَةَ لِأَنَّهَا قَرِيبَةٌ مِنْكِ. 1771

لَا تَلْمِسْ الْخُبْزَ بِيَدِكَ. لِأَنَّكَ إِذَا لَمَسْتَهُ بِيَدِكَ يَجِبُ 1772
عَلَيْكَ أَنْ تَأْكُلَهُ أَرَدْتَ أَمْ لَمْ تُرِدْ. 1773

نَشْرَبُ الْقَهْوَةَ فِي هَذَا الْمَقْهَى تَقْرِيباً كُلَّ يَوْمٍ. 1774

يَصِلُ زَمِيلُهُ إِلَى الْمَكْتَبِ تَقْرِيباً دَائِماً مُتَأَخِّراً. 1775

تَذْهَبِينَ تَقْرِيباً كُلَّ يَوْمِ الْخَمِيسِ إِلَى الْمَكْتَبَةِ. 1776

لَنْ نَأْكُلَ فِي الْمَطْعَمِ غَداً مَعَكُمْ لِأَنَّهُ لَنْ يَكُونَ عِنْدَنَا 1777

161

1778 وَقْتٌ. رُبَّمَا سَنُسَافِرُ مُبَكِّرِينَ فِي الصَّبَاحِ.

1779 يُحِبَّانِ أَنْ يَشْرَبَا الْعَصِيرَ بَارِداً.

1780 حَقّاً، يُحْبِبْنَ أَنْ يَشْرَبْنَ الْعَصِيرَ بَارِداً وَلَكِنْ لَيْسَ بَارِداً جِدّاً.

1781 كُلُّ النَّاسِ تَقْرِيباً يَأْكُلُونَ ثَلَاثَ مَرَّاتٍ فِي الْيَوْمِ: مَرَّةً فِي

1782 الصَّبَاحِ، مَرَّةً عِنْدَ الظُّهْرِ وَمَرَّةً فِي الْمَسَاءِ.

1783 لَا يَأْكُلُ كُلُّ النَّاسِ ثَلَاثَ مَرَّاتٍ فِي الْيَوْمِ.

1784 كَثِيرٌ مِنَ النَّاسِ لَيْسَ عِنْدَهُمْ شَيْءٌ يَأْكُلُونَهُ.

1785 قَالَتِ الْأُمُّ لِطِفْلِهَا: لَا تَلْمُسْ شَيْئاً فِي الْمَنْزِلِ.

1786 لَمْ أَنْسَ وَلَنْ أَنْسَى كُلَّ مَا قَالَهُ لِي عَنِ الْبَلَدِ الْبَعِيدِ

1787 الَّذِي سَافَرَ إِلَيْهِ هُوَ وَأُسْرَتُهُ.

1788 لَمْ تَنْسَيْ وَلَنْ تَنْسَيِ الْفُسْتَانَ الْجَمِيلَ الَّذِي اشْتَرَتْهُ

1789 لَكِ أُمُّكِ كَهَدِيَّةٍ هَذَا الْأُسْبُوعَ.

1790 لَمْ يَنْسَ وَلَنْ يَنْسَى كُلَّ مَا فَعَلَهُ لَهُ.

1791 لَمْ تَنْسَيَا وَلَنْ تَنْسَيَا تِلْكَ الرَّسَائِلَ الطَّوِيلَةَ الَّتِي

1792 أَرْسَلَتْهَا إِلَيْهِمَا أُمُّهُمَا.

1793 لَيْسَ لِي شَيْءٌ لِلشُّرْبِ غَيْرُ الْعَصِيرِ.

1794 شَرِبْتُ كَثِيراً مِنَ الْعَصِيرِ الْيَوْمَ.

1795 إِذَا لَمْ يَكُنْ عِنْدَكَ غَيْرُ الْعَصِيرِ لِلشُّرْبِ سَأَشْرَبُ الْعَصِيرَ.

1796 لِلْكَلْبِ أُذُنَانِ وَعَيْنَانِ كَالْإِنْسَانِ وَلَكِنْ لَيْسَ لَهُ يَدَانِ.

1797 نَفْعَلُ كَثِيراً مِنَ الْأَشْيَاءِ بِالْيَدَيْنِ.

1798 تُعْطِي الْأُمُّ بِنْتَهَا قَلِيلاً مِنَ النُّقُودِ وَتُرْسِلُهَا لِتَشْتَرِيَ

1799 الْخُبْزَ وَالْعَصِيرَ وَالْقَهْوَةَ وَالشَّايَ لِطَعَامِ الْفُطُورِ.

1800 لَا يَتَكَلَّمُ الْكَلْبُ وَلَكِنَّهُ يَفْهَمُ كَثِيراً مِنَ الْأَشْيَاءِ.

1801 لَا نَتَنَاوَلُ طَعَامَ الْفُطُورِ فِي نَفْسِ السَّاعَةِ كُلَّ يَوْمٍ.

Lesson 33	اَلدَّرْسُ الثَّالثُ وَالثَّلَاثُونَ	33ème Leçon
Vocabulary	اَلْمُفْرَدَاتُ	Vocabulaire

to enter, go in	entrer	دَخَلَ يَدْخُلُ دُخُولٌ ه، في، إِلى	390
son	fils	اِبْنٌ أَبْنَاءُ	391
physician, doctor	médecin, docteur	طَبِيبٌ أَطِبَّاءُ	392
university	université	جَامِعَةٌ جَامِعَاتٌ	393
hospital	hôpital	مُسْتَشْفَى مُسْتَشْفَيَاتٌ	394
health	santé	صِحَّةٌ	395
sick, ill	malade	مَرِيضٌ مَرْضَى	396
good	bon	جَيِّدٌ جِيَادٌ	397
healthy, correct	bien portant, correct	صَحِيحٌ صِحَاحٌ، أَصِحَّاءُ	398
nine	neuf	تِسْعَةٌ، تِسْعٌ	399
before, ago	avant, il y a	قَبْلَ	400

اَلنَّصُّ Texte - Text

يَدْرُسُ إِبْنُهُ فِي الْجَامِعَة.	1802
لَيْسَ هُوَ الَّذِي يَدْرُسُ فِي الْجَامِعَة.	1803
هُوَ طَبِيبٌ وكَانَ يَدْرُسُ فِي الْجَامِعَة.	1804
دَرَسَ فِي الْجَامِعَة قَبْلَ تِسْعِ سَنَوَاتٍ.	1805
يَعْمَلُ الْآنَ كَطَبِيبٍ فِي مُسْتَشْفًى.	1806
يَعْمَلُ فِي أَحَدِ الْمُسْتَشْفَيَات بِالْمَدِينَة.	1807
صَدِيقِي مَرِيضٌ ودَخَلَ إِلَى الْمُسْتَشْفَى.	1808
لَا يَعْمَلُ الْآنَ لِأَنَّهُ مَرِيضٌ.	1809
لَمْ يَعْمَلْ أَمْس لِأَنَّهُ كَانَ مَرِيضاً.	1810
لَنْ يَعْمَلَ غَداً لِأَنَّهُ رُبَّمَا سَيَكُونُ مَرِيضاً.	1811
لَيْسَ مَرِيضاً الْآنَ، هُوَ فِي صِحَّةٍ جَيِّدَة.	1812
لَا يَخْرُجُ مِنْ شَقَّته قَبْلَ أَنْ يَتَنَاوَلَ طَعَامَ الْفَطُور.	1813
لَمْ يَقُلْ لِي أَحَدٌ أَنَّهُ مَرِيضٌ ودَخَلَ إِلَى الْمُسْتَشْفَى.	1814
لَمْ أَكُنْ أَعْرِفُ أَنَّهُ دَخَلَ إِلَى الْمُسْتَشْفَى.	1815
لَا أَحَدَ يَعْلَمُ غَيْرِي أَنَّهُ دَخَلَ إِلَى الْمُسْتَشْفَى.	1816
يُوجَدُ كَثِيرٌ مِنَ الْمُسْتَشْفَيَاتِ فِي هَذِه الْمَدِينَة لِأَنَّهَا	1817

مَدِينَةٌ كَبِيرَةٌ جِدّاً. 1818

لَا أَظُنُّ أَنَّهُ يُوجَدُ كَثِيرٌ مِنَ الْمُسْتَشْفَيَاتِ فِي هَذِهِ الْمَدِينَةِ. 1819

يُوجَدُ قَلِيلٌ مِنَ الْمُسْتَشْفَيَاتِ فِي هَذِهِ الْمَدِينَةِ لِأَنَّهَا 1820
مَدِينَةٌ صَغِيرَةٌ جِدّاً.

يُوجَدُ جَامِعَاتٌ كَثِيرَةٌ فِي هَذَا الْبَلَدِ لِأَنَّهُ بَلَدٌ كَبِيرٌ. 1821

يُوجَدُ قَلِيلٌ مِنَ الْجَامِعَاتِ فِي هَذَا الْبَلَدِ لِأَنَّهُ بَلَدٌ 1822
صَغِيرٌ.

لَا أَعْرِفُ كَمْ جَامِعَةً يُوجَدُ فِي هَذَا الْبَلَدِ. أَظُنُّ أَنَّهُ يُوجَدُ 1823
ثَمَانِي أَوْ تِسْعُ جَامِعَاتٍ. 1824

رَأَيْتُهُ يَدْخُلُ وَلَكِنَّنِي لَمْ أَرَهُ يَخْرُجُ. 1825

يَصِلُ عَادَةً إِلَى الْمَكْتَبِ قَبْلَ زَمِيلِهِ، وَلَكِنَّهُ الْيَوْمَ 1826
وَصَلَ بَعْدَهُ.

لَا يَصِلُ إِلَى الْمَكْتَبِ قَبْلَ زَمِيلِهِ. 1827

يَصِلُ زَمِيلُهُ قَبْلَهُ تَقْرِيباً دَائِماً. 1828

رَأَيْتُهُ قَبْلَ أَنْ يَدْخُلَ إِلَى الْمَطْعَمِ. 1829

هَذَا مَطْعَمٌ جَيِّدٌ. 1830

هَذَا الْمَطْعَمُ جَيِّدٌ. 1831

هَذَا الْمَطْعَمُ الْجَدِيدُ جَيِّدٌ. 1832

اَلْمَطَاعِمُ فِي هَذِهِ الْمَدِينَةِ تَقْرِيباً كُلُّهَا جَيِّدَةٌ. 1833

صَحِيحٌ، كُلُّ الْمَطَاعِمِ فِي هَذِهِ الْمَدِينَةِ جَيِّدَةٌ. 1834

كَانَ مَرِيضاً قَبْلَ أُسْبُوعٍ وَلَا أَعْرِفُ كَيْفَ صِحَّتُهُ الْآنَ. 1835

أُرِيدُ أَنْ أَرَاهُ قَبْلَ أَنْ يُسَافِرَ، إِذَا أَمْكَنَ. 1836

يَشْرَبُ الْقَهْوَةَ قَبْلَ الظُّهْرِ وَبَعْدَهُ. 1837

يَصِلُ إِلَى مَكْتَبِهِ دَائِماً قَبْلَ الْوَقْتِ. 1838

لَا يُوجَدُ كَثِيرٌ مِنَ الْمَرْضَى فِي هَذَا الْمُسْتَشْفَى. 1839

يَدْرُسُ كَثِيرٌ مِنَ الطُّلَّابِ الْأَجَانِبِ فِي هَذِهِ الْجَامِعَةِ. 1840

دَرَسَ فِي الْجَامِعَةِ لِمُدَّةِ أَرْبَعٍ أَوْ خَمْسِ سَنَوَاتٍ. 1841

دَرَسَ كَثِيراً فِي هَذِهِ الْجَامِعَةِ، عَلَى الْأَقَلِّ سَبْعَ سَنَوَاتٍ. 1842

لَا تَدْخُلْ مِنَ الشُّبَّاكِ وَلَو وَجَدتَّ الْبَابَ مُغْلَقاً. 1843

لَا تَدْخُلُوا إِلَى هَذَا الْمَكْتَبِ لِأَنَّ فِيهِ أَحَداً. 1844

أُدْخُلُوا إِلَى الْمَدْرَسَةِ فِي السَّاعَةِ الثَّامِنَةِ صَبَاحاً. 1845

أُدْخُلِي إِلَى الْفَصْلِ إِذَا وَجَدتِّ الْبَابَ مَفْتُوحاً. 1846

لَوْ كَانَ الْبَابُ مَفْتُوحاً لَدَخَلْتُ إِلَى الْمَنْزِلِ. 1847

لَا يَدْخُلُ مِن نَفْسِ الْبَابِ الَّذِي يَخْرُجُ مِنْهُ لِأَنَّ لِلْمَنْزِلِ 1848

بَابَيْن: بَاباً أَمَامِيّاً وَبَاباً خَلْفِيّاً. 1849

يُرِيدُ أَنْ يَرَى طَبِيباً لِأَنَّهُ مَرِيضٌ قَلِيلاً. 1850

هُوَ فِي حَاجَةٍ إِلَى أَنْ يَرَى الطَّبِيبَ لِأَنَّهُ مَرِيضٌ. 1851

لَيْسَ فِي حَاجَةٍ إِلَى أَنْ يَرَى الطَّبِيبَ لِأَنَّهُ لَيْسَ مَرِيضاً. 1852

عِنْدَمَا نَكُونُ مَرْضَى نَذْهَبُ إِلَى الطَّبِيبِ. 1853

هَذَا الْبَلَدُ فِي حَاجَةٍ إِلَى كَثِيرٍ مِنَ الْأَطِبَّاءِ. 1854

هَذَا الْبَلَدُ فِيهِ كَثِيرٌ مِنَ الْمَرْضَى. لِهَذَا هُوَ فِي حَاجَةٍ 1855

إِلَى كَثِيرٍ مِنَ الْأَطِبَّاءِ. 1856

فِي هَذَا الْمُسْتَشْفَى كَثِيرٌ مِنَ الْأَطِبَّاءِ الْأَجَانِب. 1857

لَيْسَ كُلُّ الْأَطِبَّاءِ الَّذِينَ يَعْمَلُونَ فِي هَذَا الْمُسْتَشْفَى 1858

أَجَانِبَ. فِيهِم مَّنْ هُمْ أَجَانِبُ وَفِيهِم مَّنْ هُم مَّنْ هَذَا الْبَلَدِ. 1859

كُلُّ بَلَدٍ فِي حَاجَةٍ إِلَى أَطِبَّاءَ لِأَنَّ فِي كُلِّ بَلَدٍ مَرْضَى. 1860

لَيْسَ هُنَاكَ بَلَدٌ وَاحِدٌ لَيْسَ فِي حَاجَةٍ إِلَى أَطِبَّاءَ. 1861

لَا يَحِقُّ لِلْمُوَظَّفِ أَنْ يَخْرُجَ مِنَ الْمَكْتَبِ قَبْلَ الْوَقْتِ. 1862

لَا يَحِقُّ لِلْمُوَظَّفِينَ أَنْ يَتَوَقَّفُوا عَنِ الْعَمَلِ قَبْلَ الْوَقْتِ. 1863

عِنْدَمَا يَصِلُ مُبَكِّراً إِلَى الْمَكْتَبِ يُحِبُّ أَنْ يَقْرَأَ 1864

الْجَرِيدَةَ وَيَشْرَبَ فِنْجَاناً مِنَ الْقَهْوَةِ وَيُدَخِّنَ سِيكَارَةً 1865

قَبْلَ أَنْ يَبْدَأَ عَمَلَهُ.

1866 لَهُ أَخٌ يَعْمَلُ فِي الْمُسْتَشْفَى وَلَكِنْ لَيْسَ كَطَبِيبٍ.

1867 لَا أَعْرِفُ مَا الْعَمَلُ الَّذِي يَقُومُ بِهِ.

1868 سَأَلْتُهُ عَنِ الْعَمَلِ الَّذِي يَقُومُ بِهِ بِالْمُسْتَشْفَى وَلَكِنَّهُ

1869 لَمْ يُرِدْ أَنْ يَقُولَ لِي شَيْئاً عَنْ عَمَلِهِ.

1870 رَأَيْتُهُ فِي الشَّارِعِ قَبْلَ الذَّهَابِ إِلَى الْمَكْتَبِ.

1871 الْابْنُ أَيْضاً طَبِيبٌ مِثْلَ أَبِيهِ.

1872 هُمْ ثَلَاثَةٌ فِي الْأُسْرَةِ وَكُلُّهُمْ أَطِبَّاءُ: الْأُمُّ وَالْأَبُ وَالْابْنُ.

Lesson 34	اَلدَّرْسُ الرَّابِعُ وَالثَّلَاثُونَ	34ème Leçon	
Vocabulary	اَلْمُفْرَدَاتُ	Vocabulaire	

to breathe	respirer	تَنَفَّسَ يَتَنَفَّسُ تَنَفُّسٌ	401
to walk	marcher	مَشَى يَمْشِي مَشْيٌ	402
to smell	sentir (avec le nez)	شَمَّ يَشَمُّ، يَشُمُّ شَمٌّ	403
nose	nez	أَنْفٌ آنَافٌ	404
cat	chat	قِطٌّ قِطَطٌ، قِطَاطٌ	405
foot, leg	pied, jambe	رِجْلٌ أَرْجُلٌ	406
foot	pied	قَدَمٌ أَقْدَامٌ	407
market	marché	سُوقٌ أَسْوَاقٌ	408
air	air	هَوَاءٌ	409
busy	occupé	مَشْغُولٌ مَشْغُولُونَ	410
in spite of	malgré	رَغْمَ	411
in spite of him	malgré lui	رَغْمَ أَنْفِه	411b
on foot	à pied	مَشْياً عَلَى الْأَقْدَامِ	412

Text - اَلنَّصُّ Texte

نَشَمُّ (نَشُمُّ) بِالْأَنْف.	1873
نَتَنَفَّسُ أَيْضاً مِنَ الْأَنْف.	1874
لَا نَسْمَعُ وَلَا نَرَى بِالْأَنْفِ.	1875
لِكُلٍّ مِنَّا أَنْفٌ وَاحِدٌ.	1876
لَيْسَ لِكُلٍّ مِنَّا أَنْفَانِ.	1877
لِلطِّفْل قِطٌّ صَغِيرٌ.	1878
لِلْقِطِّ أَيْضاً أَنْفٌ.	1879
يُحِبُّ الطِّفْلُ قِطَّهُ كَثِيراً.	1880
نَمْشِي عَلَى أَرْجُلِنَا	1881
لِلْقِطِّ أَرْبَعُ أَرْجُلٍ.	1882
لَا نَسْتَطِيعُ أَنْ نَمْشِيَ بِدُونِ الْأَرْجُل.	1883
لَا يَرْكَبُ السَّيَّارَةَ لِلذَّهَابِ إِلَى السُّوق.	1884
يَذْهَبُ إِلَى السُّوقِ مَشْياً عَلَى الْأَقْدَامِ لِأَنَّ السُّوقَ	1885
قَرِيبٌ جِدّاً مِنَ الْمَنْزِل.	1886
لَمْ يَذْهَبْ إِلَى السُّوقِ أَمْسِ لِأَنَّهُ كَانَ مَشْغُولاً جِدّاً.	1887
نَذْهَبُ إِلَى الرِّيفِ يَوْمَ الْأَحَدِ لِنَشَمَّ (لِنَشُمَّ) الْهَوَاءَ.	1888

171

لَيْسَ الطَّقْسُ جَمِيلاً وَلَكِنَّنِي أَذْهَبُ إِلَى الرِّيفِ رَغْمَ ذَلِكَ. 1889

يَجِبُ عَلَى الْإِنْسَانِ أَنْ يَعْمَلَ رَغْمَ أَنْفِه لِكَي يَعِيشَ. 1890

لَسْتُ مَشْغُولاً كَثِيراً الْيَوْمَ. 1891

كُنْتُ مَشْغُولاً جِدّاً أَمْس. 1892

لَنْ أَكُونَ مَشْغُولاً غَداً. 1893

عِنْدَمَا أَكُونُ مَشْغُولاً جِدّاً أَتَنَاوَلُ طَعَامَ الْفَطُورِ بِسُرْعَةٍ. 1894

اَلْقِطُّ حَيَوَانٌ جَمِيلٌ. 1895

اَلْقِطُّ أَيْضاً حَيَوَانٌ كَالْكَلْبِ. 1896

يُحِبُّ بَعْضُ النَّاسِ الْكِلَابَ وَيُفَضِّلُ الْبَعْضُ الْقِطَاطَ 1897
عَلَى الْكِلَابِ. 1898

لَا يُحِبُّ الْعَمَلَ وَلَكِنَّهُ يَعْمَلُ رَغْمَ أَنْفِه. 1899

لَا يَسْتَطِيعُ الْإِنْسَانُ أَنْ يَعِيشَ بِدُونِ التَّنَفُّسِ. 1900

اَلْحَيَوَانُ أَيْضاً لَا يَسْتَطِيعُ أَنْ يَعِيشَ بِدُونِ التَّنَفُّسِ. 1901

اِمْشِ بِبُطْءٍ، لَا تَمْشِ بِسُرْعَةٍ. 1902

اِمْشِي (أَنْتِ) قَلِيلاً فِي الشَّارِعِ. لَا تَمْشِي كَثِيراً فِي الْمَدِينَةِ. 1903

اِمْشِيَا إِذَا كُنْتُمَا تُحِبَّانِ الْمَشْيَ. 1904

لَا تَمْشِيَا إِذَا كُنْتُمَا لَا تُحِبَّانِ الْمَشْيَ. 1905

172

امْشُوا مَعَ صَدِيقِكُمْ. لَا تَمْشُوا هُنَا. 1906

امْشِينَ إِلَى الْمَكْتَبِ مَعَ زَمِيلَتِكُنَّ. 1907

لَا تَمْشِينَ مَعَ هَذَا الشَّخْصِ لِأَنَّكُنَّ لَا تَعْرِفْنَهُ جَيِّداً. 1908

يَمْشِي لِأَنَّهُ يُحِبُّ الْمَشْيَ كَثِيراً. 1909

يَذْهَبُ مَشْياً عَلَى الْأَقْدَامِ إِلَى الْمَكْتَبِ لِأَنَّهُ أَوَّلاً يُحِبُّ الْمَشْيَ 1910

كَثِيراً، وَثَانِياً لِأَنَّهُ يَسْكُنُ قَرِيباً مِنَ الْمَكْتَبِ، 1911

وَثَالِثاً لَيْسَ لَهُ سَيَّارَةٌ. 1912

رَأَيْتُهُنَّ يَمْشِينَ فِي الشَّارِعِ أَمْسِ. 1913

تَمْشُونَ كُلَّ يَوْمٍ قَلِيلاً. 1914

تَمْشِينَ أَحْيَاناً مَعَ صَدِيقَتِكِ. 1915

تَمْشِيَانِ مَعَ إِبْنِكُمَا وَبِنْتِكُمَا فِي الْمَدِينَةِ. 1916

لَمْ تَمْشِ كَثِيراً هَذِه السَّنَةَ. 1917

لَمْ تَمْشِينَ أَمْسِ فِي الشَّارِعِ مَعَ أُمِّكُنَّ. 1918

لَمْ تَمْشِي مَعَ صَدِيقَتِكِ هَذَا الصَّبَاحَ. 1919

نُرِيدُ أَنْ نَمْشِيَ قَلِيلاً. 1920

لَا تُحِبُّونَ أَنْ تَمْشُوا بِسُرْعَةٍ. 1921

1922   تُحِبْنَ أَنْ تَمْشِينَ بِبُطْءٍ.

1923   لَا تَسْتَطِيعَانِ أَنْ تَمْشِيَا فِي أَيِّ وَقْتٍ.

1924   لَا يُمْكِنُهُمْ أَنْ يَمْشُوا فِي كُلِّ مَكَانٍ.

1925   تَذْهَبِينَ إِلَى السُّوقِ يَوْمَ الْأَرْبَعَاءِ وَأَحْيَاناً يَوْمَ الْخَمِيسِ.

1926   لَا تَذْهَبِينَ أَبَداً إِلَى السُّوقِ يَوْمَ الْجُمُعَةِ.

1927   يُوجَدُ كَثِيرٌ مِنَ الْأَسْوَاقِ فِي الْمَدِينَةِ.

1928   لَا نَذْهَبُ إِلَى السُّوقِ كُلَّ يَوْمٍ.

Vocabulary   اَلْمُفْرَدَاتُ   Vocabulaire

meat	viande	لَحْمٌ لُحُومٌ	413
milk	lait	لَبَنٌ أَلْبَانٌ	414
milk	lait	حَلِيبٌ	415
orange	orange	بُرْتْقَالٌ بُرْتْقَالَةٌ	416
meal	repas	وَجْبَةٌ وَجَبَاتٌ	417
fruit	fruit	فَاكِهَةٌ فَوَاكِهُ	418
summer	été	صَيْفٌ	419
yellow, m.	jaune, m.	أَصْفَرُ صُفْرٌ	420
yellow, f.	jaune, f.	صَفْرَاءُ صُفْرٌ	421
hot, adj.	chaud, adj.	حَارٌّ	422
usually	habituellement	عَادَةً	423

اَلنَّصُّ Texte - Text

1929	هَذه السَّيَّارَةُ صَفْرَاءُ اللَّوْن.
1930	رَأَيْتُهُ في السُّوق في سَيَّارَةٍ صَفْرَاءَ.
1931	لَيْسَتْ تلْكَ السَّيَّارَةُ الصَّفْرَاءُ سَيَّارَتَهُ لأَنَّ سَيَّارَتَهُ زَرْقَاءُ
1932	اللَّوْن. أَعْرفُ ذَلكَ جَيِّداً.
1933	تلْكَ السَّيَّارَةُ الصَّفْرَاءُ سَيَّارَةُ أَخيه.
1934	ذَهَبَ إلَى السُّوق بسَيَّارَةِ أَخيه ليَشْتَريَ لَحْماً.
1935	لَا يَأْكُلُ اللَّحْمَ عنْدَ طَعَام الْفَطُور.
1936	يَشْرَبُ الْقَهْوَةَ بالْحَليب أَو الشَّايَ عنْدَ طَعَام الْفَطُور.
1937	يَأْكُلُ قَليلاً منَ الْخُبْز عَادَةً عنْدَ طَعَام الْفَطُور.
1938	نَشْرَبُ دَائماً عَصيرَ الْبُرْتُقال في الصَّباح.
1939	تُحبِّينَ الْفَاكهَةَ كَثيراً.
1940	نَتَنَاوَلُ ثَلَاثَ وَجَبَاتٍ في الْيَوْم.
1941	يَشْرَبَان الْمَاءَ أَحْيَاناً وَيَشْرَبَان الْعَصيرَ أَحْيَاناً مَعَ وَجَبَاتهمَا.
1942	اَلطَّقْسُ حَارٌّ في فَصْل الصَّيْف.
1943	يُسَافرُ النَّاسُ كَثيراً في فَصْل الصَّيْف.
1944	تُسَافرُونَ دَائماً في فَصْل الصَّيْف.

نَتَنَاوَلُ عَادَةً طَعَامَ الْفُطُورِ فِي الْمَنْزِلِ. 1945

تَنْتَهُونَ مِنْ عَمَلِكُمْ عَادَةً فِي السَّاعَةِ الْخَامِسَةِ مَسَاءً. 1946

لَيْسَ الطَّقْسُ حَارّاً فِي فَصْلِ الشِّتَاءِ. 1947

لَيْسَ الطَّقْسُ بَارِداً فِي فَصْلِ الصَّيْفِ. 1948

اَلطَّقْسُ بَارِدٌ أَحْيَاناً فِي فَصْلِ الصَّيْفِ. 1949

لَيْسَ الطَّقْسُ حَارّاً دَائِماً فِي فَصْلِ الصَّيْفِ. 1950

اَلْمَدَارِسُ مُغْلَقَةٌ فِي فَصْلِ الصَّيْفِ. 1951

تُغْلِقُ الْمَدَارِسُ أَبْوَابَهَا فِي فَصْلِ الصَّيْفِ. 1952

اَلطَّقْسُ أَحَرُّ فِي الصَّيْفِ مِنْهُ فِي الشِّتَاءِ. 1953

اَلطَّقْسُ أَبْرَدُ فِي الشِّتَاءِ مِنْهُ فِي الصَّيْفِ. 1954

اَلطَّقْسُ أَحَرُّ فِي الصَّيْفِ فِي بَلَدِكَ مِنْهُ فِي بَلَدِي. 1955

لَيْسَ الطَّقْسُ حَارّاً فِي كُلِّ بَلَدٍ. 1956

تَشْرَبُونَ عَصِيرَ الْبُرْتُقَالِ عِنْدَ كُلِّ وَجْبَةٍ. 1957

يَأْكُلُ النَّاسُ كَثِيراً مِنَ الْفَاكِهَةِ فِي فَصْلِ الصَّيْفِ. 1958

نَذْهَبُ إِلَى الرِّيفِ يَوْمَ الْأَحَدِ عِنْدَمَا يَكُونُ الطَّقْسُ حَارّاً. 1959

يَذْهَبُ كَثِيرٌ مِنَ النَّاسِ إِلَى الرِّيفِ فِي فَصْلِ الصَّيْفِ. 1960

يُفَضِّلُ النَّاسُ الرِّيفَ عَلَى الْمَدِينَةِ فِي فَصْلِ الصَّيْفِ. 1961

177

للْأُسْرَةِ مَنْزِلٌ في الرِّيفِ تَذْهَبُ إِلَيْهِ في فَصْلِ الصَّيْفِ. 1962

كَانَ الطَّقْسُ أَمْسِ جَمِيلاً وَحَارّاً. 1963

نَتَنَاوَلُ وَجَبَاتِنَا عَادَةً في الْمَنْزِلِ. 1964

نَتَنَاوَلُ أَحْيَاناً وَجَبَاتِنَا في الْمَطْعَمِ مَعَ الْأَصْدِقَاءِ. 1965

لَا نُحِبُّ أَنْ نَتَنَاوَلَ وَجَبَاتِنَا لِوَحْدِنَا. 1966

نَتَنَاوَلَ وَجَبَاتِنَا لِوَحْدِنَا عِنْدَمَا لَا يَكُونُ هُنَاكَ أَحَدٌ نَأْكُلُ مَعَهُ. 1967

لَا أَحَدَ يُحِبُّ أَنْ يَتَنَاوَلَ وَجَبَاتِهِ لِوَحْدِهِ غَيْرُ الْحَيَوَانِ. 1968

الْحَيَوَانُ يُحِبُّ أَنْ يَأْكُلَ لِوَحْدِهِ. 1969

لَا تُحِبُّ كُلُّ الْحَيَوَانَاتِ أَنْ تَأْكُلَ لِوَحْدِهَا. 1970

عِنْدَمَا يَكُونُ الطَّقْسُ حَارّاً يُحِبُّ أَنْ يَشْرَبَ عَصِيرَ 1971
الْفَاكِهَةِ بَارِداً جِدّاً.

تُحِبُّ أَنْ تَشْتَرِيَ فُسْتَاناً أَصْفَرَ لِأُمِّهَا وَلَكِنَّهَا لَا تَعْرِفُ 1972

مَا إِذَا كَانَتْ أُمُّهَا تُحِبُّ اللَّوْنَ الْأَصْفَرَ. 1973

قَالَتْ لِي هَذِهِ السَّيِّدَةُ أَنَّهَا تُحِبُّ كُلَّ الْأَلْوَانِ: الْأَبْيَضَ 1974

وَالْأَزْرَقَ وَالْأَسْوَدَ وَالْأَحْمَرَ وَالْأَخْضَرَ وَلَكِنَّهَا تُفَضِّلُ الْأَصْفَرَ 1975

عَلَيْهَا كُلِّهَا وَلَا تَعْرِفُ لِمَاذَا. 1976

كُلُّ النَّاسِ تَقْرِيباً يُحِبُّونَ الصَّيْفَ وَيُفَضِّلُونَهُ عَلَى الشِّتَاءِ، 1977

178

1978 وَلَكِنَّ بَعْضَ النَّاسِ، وَهُمْ قَلِيلُونَ، يُحِبُّونَ الشِّتَاءَ

1979 وَيُفَضِّلُونَهُ عَلَى الصَّيْف.

1980 يَسْتَطِيعُ الْكَلْبُ أَنْ يَعْرِفَ سَيِّدَهُ بِالشَّمِّ بِدُونِ أَنْ يَرَاهُ.

1981 لَا يَأْكُلُ كُلُّ النَّاسِ اللَّحْمَ كُلَّ يَوْمٍ.

1982 لَا يَأْكُلُ بَعْضُ النَّاسِ اللَّحْمَ أَبَداً.

1983 تَذْهَبُ الْمَرْأَةُ إِلَى السُّوقِ لِتَشْتَرِيَ اللَّحْمَ وَالْفَاكِهَة وَالْحَلِيبَ

(اللَّبَنَ).

to descend, go down, come down	descendre	نَزَلَ يَنْزِلُ نُزُولٌ	424
to remain, stay	rester	بَقِيَ يَبْقَى بَقَاءٌ	425
to become	devenir	صَارَ يَصِيرُ صَيْرٌ صَيْرُورَةٌ	426
rain	pluie	مَطَرٌ أَمْطَارٌ	427
sky	ciel	سَمَاءٌ سَمَاوَاتٌ	428
daytime	journée	نَهَارٌ أَنْهُرٌ نُهُرٌ	429
garden, park	jardin, parc	حَدِيقَةٌ حَدَائِقُ	430
south	sud	جَنُوبٌ	431
lunch	déjeuner	طَعَامُ الْغَدَاءِ	432
short	court	قَصِيرٌ قِصَارٌ	433
six	six	سِتَّةٌ، سِتٌّ	434

اَلنَّصُّ Texte - Text

1984	يَنْزِلُ الْمَطَرُ في فصْلِ الشِّتَاءِ.
1985	اَلنَّهَارُ طَويلٌ في فصْلِ الصَّيْفِ.
1986	اَلسَّمَاءُ زَرْقَاءُ عَادَةً في فصْلِ الصَّيْفِ.
1987	اَلنَّهَارُ قَصيرٌ في فصْلِ الشِّتَاءِ.
1988	الطَّقْسُ حَارٌّ في الْجَنُوبِ.
1989	اَلدَّرْسُ قَصيرٌ اَلْيَوْمَ.
1990	لَا يَبْقَى النَّهَارُ دَائماً قَصيراً.
1991	صَارَ الطَّقْسُ بَارداً.
1992 1993	عِنْدَمَا يَكُونُ الطَّقْسُ حَارّاً نَتَنَاوَلُ طَعَامَ الْغَدَاءِ في الْحَديقَةِ عَادَةً.
1994 1995	لَا نَتَنَاوَلُ، طَبْعاً، طَعَامَ الْغَدَاءِ في الْحَديقَةِ عِنْدَمَا يَنْزِلُ الْمَطَرُ.
1996 1997	تَجْلِسُ الْأُسْرَةُ كَثيراً في الْحَديقَةِ عِنْدَمَا يَكُونُ الطَّقْسُ حَارّاً وَجَميلاً.
1998	اَلْأَكْلُ غَيْرُ مُمْكِنٍ في الْحَديقَةِ في فصْلِ الشِّتَاءِ.
1999	يَنْزِلُ الْمَطَرُ تَقْريباً كُلَّ يَوْمٍ في فصْلِ الشِّتَاءِ.

لَا يُحِبُّ النَّاسُ الْمَطَرَ كَثِيراً. 2000

عِنْدَمَا يَنْزِلُ الْمَطَرُ نَبْقَى فِي الْمَنْزِلِ. 2001

لَا نَخْرُجُ عِنْدَمَا يَنْزِلُ الْمَطَرُ. 2002

نُفَضِّلُ أَنْ نَبْقَى فِي الْمَنْزِلِ عِنْدَمَا يَنْزِلُ الْمَطَرُ. 2003

رَأَيْتُهُ يَنْزِلُ مِنَ الْحَافِلَةِ. 2004

رَأَيْتُهُمْ وَهُمْ يَنْزِلُونَ مِنَ الْقِطَارِ. 2005

اِنْزِلْ فِي الْمَحَطَّةِ. 2006

اِنْزِلِي هُنَا. 2007

اِنْزِلَا الْآنَ. 2008

اِنْزِلُوا عِنْدَمَا تَتَوَقَّفُ الْحَافِلَةُ. 2009

اِنْزِلْنَ بِسُرْعَةٍ. 2010

لَا تَنْزِلْ فِي الْمَحَطَّةِ الْأُولَى. 2011

لَا تَنْزِلِي قَبْلَ أَنْ تَتَوَقَّفَ الْحَافِلَةُ. 2012

لَا تَنْزِلَا قَبْلَ أَنْ تَصِلَا إِلَى الْمَحَطَّةِ. 2013

لَا تَنْزِلُوا قَبْلَ أَنْ يَنْزِلَ كُلُّ النَّاسِ. 2014

لَا تَنْزِلْنَ لِوَحْدِكُنَّ. 2015

اِبْقَ مَعَنَا قَلِيلاً. 2016

182

ابْقَيْ مَعَ صَديقَتِك.	2017
ابْقَيَا هُنَا.	2018
ابْقَيَا فِي الْمَدينَة.	2019
ابْقَوْا إِلَى السَّاعَة الْخَامِسَة.	2020
ابْقَيْنَ كُلُّكُنَّ.	2021
لَا تَبْقَ هُنَاكَ كَثيراً.	2022
لَا تَبْقَيْ فِي الْقطَارِ عِنْدَمَا يَنْزِلُ كُلُّ النَّاسِ.	2023
لَا تَبْقَيَا فِي الْمَكْتَبِ بَعْدَ أَنْ تَنْتَهِيَا مِنْ عَمَلِكُمَا.	2024
ابْقَوْا هُنَا إِذَا أَرَدْتُّمْ.	2025
لَا تَبْقَوْا هُنَا إِذَا لَمْ تُريدُوا.	2026
لَمْ يَبْقَ فِي الْفَصْل غَيْرُ سِتِّ تِلْميذَات وَسِتَّة تَلَاميذَ.	2027
تُريدُ السَّيِّدَةُ أَنْ تَشْتَرِيَ فُسْتَانَيْنِ وَلَكِنَّهُ لَمْ يَبْقَ غَيْرُ	2028
فُسْتَانٍ وَاحِدٍ.	2029
كَانَ الطَّقْسُ حَاراً وَصَارَ بَارداً.	2030
كَانَت السَّيَّارَةُ جَديدَةً وَصَارَتْ قَديمَةً.	2031
صَارَ كُلُّ شَيْءٍ غَالياً فِي هَذِه الْمَدينَة.	2032

صَارَتِ الْحَيَاةُ غَالِيَةً فِي أَيَّامِنَا. 2033

صَارَ الطِّفْلُ رَجُلاً. 2034

اَلطَّقْسُ أَحَرُّ فِي الْجَنُوبِ مِنْهُ فِي الشَّمَالِ. 2035

اَلطَّقْسُ أَبْرَدُ فِي الشَّمَالِ مِنْهُ فِي الْجَنُوبِ. 2036

لَا نَرَى السَّمَاءَ تَقْرِيباً أَبَداً فِي فَصْلِ الشِّتَاءِ. 2037

يَنْزِلُ الْمَطَرُ أَحْيَاناً فِي فَصْلِ الصَّيْفِ. 2038

لَا يَنْزِلُ الْمَطَرُ فِي كُلِّ مَكَانٍ فِي نَفْسِ الْوَقْتِ. 2039

يَخْرُجُونَ كُلُّهُمْ يَوْمَ الْأَحَدِ. لَا أَحَدَ يَبْقَى فِي الْمَنْزِلِ. 2040

لَا يُمْكِنُكَ أَنْ تَبْقَى هُنَا لِوَحْدِكَ. 2041

يَلْعَبُ الْأَوْلَادُ فِي الْحَدِيقَةِ. 2042

يُوجَدُ كَثِيرٌ مِنَ النَّاسِ فِي الْحَدِيقَةِ اَلْيَوْمَ. 2043

لَهُمْ حَدِيقَةٌ جَمِيلَةٌ. 2044

رَأَيْتُهُ أَمْسِ فِي الْحَدِيقَةِ يَتَكَلَّمُ مَعَ أَحَدِ أَصْدِقَائِهِ. 2045

لَا أَظُنُّ أَنَّهُ هُوَ الَّذِي رَأَيْتُهُ. رُبَّمَا يَكُونَ أَخُوهُ. 2056

لَا أَعْرِفُ مَا إِذَا كَانَ هُوَ أَمْ أَخُوهُ لِأَنَّنِي رَأَيْتُهُ مِنْ بَعِيدٍ. 2047

بَقِيَ لَهُ كَثِيرٌ مِنَ النُّقُودِ. 2048

لَمْ يَبْقَ لَهُ كَثِيرٌ مِنَ النُّقُودِ. 2049

هَذَا كُلُّ مَا بَقِيَ لِي. 2050

بَقِيَ لَهُ كُلُّ هَذَا. 2051

لَا أَظُنُّ أَنَّهُ يَحِقُّ لَنَا أَنْ نَدْخُلَ إِلَى هَذِهِ الْحَدِيقَةِ 2052

فِي مِثْلِ هَذِهِ السَّاعَةِ. 5053

يُمْكِنُكَ أَنْ تَرَاهُ فِي أَيِّ وَقْتٍ مِنَ النَّهَارِ. 2054

صَارَ يَكْتُبُ إِلَى صَدِيقِهِ الْآنَ. 2055

صَارَ عِنْدَهُ كَثِيرٌ مِنَ النُّقُودِ. 2056

صَارَ يَعْمَلُ فِي هَذِهِ الْمُنَظَّمَةِ مَعَ أَخِيهِ الْأَكْبَرِ. 2057

to lay, put down, on, off	poser, placer, déposer	وَضَعَ يَضَعُ وَضْعٌ هـ	435
to take	prendre	أَخَذَ يَأْخُذُ أَخْذٌ هـ	436
to remember	se rappeler	تَذَكَّرَ يَتَذَكَّرُ تَذَكُّرٌ هـ أَنَّ	437
boy	garçon	صَبِيٌّ صِيبَانٌ، صُبْيَانٌ	438
age	âge	عُمْرٌ أَعْمَارٌ	439
evening, adj.	soir (du), adj.	مَسَائِيٌّ	440
ten	dix	عَشَرَةٌ، عَشْرُ	441
up, above, over	sur, au-dessus	فَوْقَ	442
that is to say	c'est-à-dire	أَيْ	443

Text - اَلنَّصُّ Texte

2058   أَخَذَ الْقَلَمَ وَوَضَعَهُ فَوْقَ الْكِتَابِ.

2059   لَا أَتَذَكَّرُ كَمْ وَلَداً لَهُ.

2060   أَظُنُّ أَنَّ لَهُ أَرْبَعَةَ أَوْلَادٍ: بِنْتَانِ وَصَبِيَّانِ.

2661   اَلْبِنْتُ الْكُبْرَى عُمْرُهَا عَشْرُ سَنَوَاتٍ.

2062   اَلْبِنْتُ الصُّغْرَى عُمْرُهَا سِتُّ سَنَوَاتٍ.

2063   اَلصَّبِيُّ الْأَكْبَرُ عُمْرُهُ تِسْعُ سَنَوَاتٍ.

2064   اَلصَّبِيُّ الْأَصْغَرُ عُمْرُهُ سَبْعُ سَنَوَاتٍ.

2065   بَيْنَ الْبِنْتِ الْكُبْرَى وَالصَّبِيِّ الْأَصْغَرِ ثَلَاثُ سَنَوَاتٍ.

2066   بَيْنَ الْبِنْتِ الصُّغْرَى وَالصَّبِيِّ الْأَكْبَرِ أَيْضاً ثَلَاثُ سَنَوَاتٍ.

2067   بَيْنَ الصَّبِيَّيْنِ الْأَكْبَرِ وَالْأَصْغَرِ سَنَتَانِ.

2068   بَيْنَ الْبِنْتَيْنِ الْكُبْرَى وَالصُّغْرَى أَرْبَعُ سَنَوَاتٍ.

2069   يَذْهَبُونَ كُلُّهُمْ مَرَّتَيْنِ فِي الْأُسْبُوعِ إِلَى مَدْرَسَةٍ مَسَائِيَّةٍ،

2070   أَيْ يَوْمَيِ الثُّلَاثَاءِ وَالْخَمِيسِ.

2071   يَأْخُذُونَ كُلُّهُمْ دُرُوساً مَسَائِيَّةً.

2072   لَيْسَ هَؤُلَاءِ الصِّبْيَانُ الثَّلَاثَةُ الَّذِينَ يَذْهَبُونَ إِلَى الْمَدْرَسَةِ

كُلُّهُمْ أَوْلاَدَهُ. إِثْنَان مِنْهُمْ ابْنَا أَخِيهِ. 2073

لَيْسَتَ هَؤُلاَءِ الْبَنَاتُ الثَلاَثُ اللاَّتِي يَدْرُسْنَ فِى الْجَامِعَةِ 2074

كُلُّهُنَّ بَنَاتِهِ. إِثْنَتَان مِنْهُنَّ بِنْتَا أُخْتِهِ. 2075

قَالَ لِي أَسْمَاءَهُمْ وَلَكِنَّنِي لاَ أَتَذَكَّرُهَا. 2076

نَعَمْ، أَتَذَكَّرُ أَسْمَاءَهُنَّ جَيِّداً. 2077

لاَ أَتَذَكَّرُ أَنَّهُ قَالَ لِي اسْمَيْهِمَا. 2078

أَتَذَكَّرُ إِسْمَهُ جَيِّداً وَلَكِنَّنِي لاَ أَتَذَكَّرُ عُنْوَانَهُ. 2079

كُنْتُ أَعْرِفُ عُنْوَانَهُ وَلَكِنَّنِي لاَ أَتَذَكَّرُهُ لِأَنَّنِي لَمْ 2080

أَكْتُبْهُ عَلَى وَرَقَةٍ. 2081

يَضَعُ كُلَّ شَيْءٍ فِي مَكَانِهِ. 2182

كَمْ عُمْرُ إِبْنِكَ؟ 2083

قَالَ لِي عُمْرَهُ لَكِنَّنِي نَسِيتُ. 2084

لاَ أَتَذَكَّرُ عُمْرَهُ. 2085

سَأَلْتُهُ كَمْ عَمْرُهُ وَلَكِنَّهُ لَمْ يُرِدْ أَنْ يَقُولَ لِي. 2086

لاَ تُرِيدُ أَنْ تَقُولَ لِي كَمْ عَمْرُهَا، طَبْعاً. 2087

لَمْ يَأْخُذْ كِتَابَهُ إِلَى الْمَدْرَسَةِ اَلْيَوْمَ لِأَنَّهُ نَسِيَ. 2088

لَمْ تَكُنْ هَذِهِ أَوَّلَ مَرَّةٍ لَمْ يَأْخُذْ فِيهَا كُتُبَهُ إِلَى 2089

الْمَدْرَسَةِ. 2090

خُذْ هَذَا الْكِتَابَ مَعَكَ. 2091

خُذِي أُخْتَكِ الصُّغْرَى إِلَى الْمَدْرَسَةِ. 2092

خُذَا إِبْنَكُمَا إِلَى الْحَدِيقَةِ. 2093

خُذُوا كُلَّ مَا تُرِيدُونَهُ مِنَ الْكُتُبِ. 2094

خُذْنَ كُلَّ شَيْءٍ. 2095

أَخَذَنَا الْمَطَرُ عِنْدَمَا ذَهَبْنَا إِلَى الْمَطَارِ أَمْسِ. 2096

رَأَيْتُهُ أَمْسِ فِي الْمَطَارِ، عَلَى مَا أَتَذَكَّرُ. 2097

قَالَتْ لِي أَنَّهَا لَا تَتَذَكَّرُ كَمْ بَقِيَ لَهَا مِنَ النُّقُودِ الْآنَ. 2098

لَا تَتَذَكَّرِينَ أَنَّكِ سَمِعْتِها أَوْ رَأَيْتِها هَذِه الْأَيَّامَ. 2099

تَتَذَكَّرُونَ أَنَّكُمْ دَخَلْتُمْ إِلَى هَذِه الْحَدِيقَةِ هَذَا الصَّبَاحَ. 2100

تَتَذَكَّرْنَ أَنَّكُنَّ تَنَاوَلْتُنَّ طَعَامَ الْغَدَاءِ يَوْماً فِي هَذَا 2101

الْمَطْعَمِ الْكَبِيرِ.

تَتَذَكَّرَانِ أَنَّكُمَا وَجَدْتُمَاهُ عِنْدَمَا بَحَثْتُمَا عَنْهُ. 2102

تَتَذَكَّرُ أَنَّهَا اِسْتَقْبَلَتْ صَدِيقَتَهَا فِى الْمَطَارِ مَسَاءَ 2103

أَمْسِ في السَّاعَة الثَّامِنَة.

2104 نَتَذَكَّرُ أَنَّنَا لَمْ نَسْتَطِعْ أَنْ نُجِيبَ عَلَى سُؤَالِ الْمُعَلِّمِ

2105 لِأَنَّهُ كَانَ سُؤَالاً صَعْباً جِدّاً.

2106 يَتَذَكَّرُونَ أَنَّهُمْ أَرْسَلُوا إِلَيْهِ رِسَالَةً قَبْلَ ثَلَاثَةٍ أَوْ
أَرْبَعَةِ أَسَابِيعَ.

2107 هَلْ تَتَذَكَّرَان حَقّاً أَنَّهُمَا رَأَتَاهَا في الدُّكَّانِ؟

2108 يَتَذَكَّرُ دَائِماً أَيْنَ يَضَعُ كُتُبَهُ. لِهَذَا يَجِدُهَا بِسُرْعَةٍ.

2109 أَتَذَكَّرُ أَنَّنِي تَرَكْتُ سَيَّارَتِي في ذَلِكَ الشَّارِعِ.

2110 لَا يَتَذَكَّرَان أَنَّهُمَا فَقَدَا شَيْئاً.

2111 يُرِدْنَ أَنْ يَشْتَرِينَ سَكَائِرَ لِصَدِيقَتِهِنَّ وَلَكِنَّهُنَّ لَا يَتَذَكَّرْنَ

2112 مَا إِذَا كَانَتْ تُدَخِّنُ أَمْ لَا.

2113 لَا تَتَذَكَّرُ في أَيِّ وَقْتٍ انْتَهَى مِنْ عَمَلِهِ يَوْمَ الْخَمِيسِ.

2114 عِنْدَمَا دَخَلَ زَمِيلُهُ إِلَى الْمَكْتَبِ أَخَذَ يَتَكَلَّمُ مَعَهُ

2115 وَنَسِيَ عَمَلَهُ.

2116 عِنْدَمَا تَكَلَّمْتُ مَعَهُ أَخَذَ يَضْحَكُ مِنِّي.

2117 عِنْدَمَا لَمْ يَجِدْ كِتَابَهُ في الْمَكَانِ الَّذِي وَضَعَهُ فيهِ أَخَذَ

2118 يَسْأَلُ عَنْهُ كُلَّ زُمَلَائِهِ الْجُدُدِ وَالْقُدَامَى.

يَتَذَكَّرُ كُلَّ مَا تَعَلَّمَهُ عِنْدَمَا كَانَ صَغِيراً. 2119

أَلَا تَتَذَكَّرُ أَنَّنِي قُلْتُ لَكَ هَذَا؟ 2120

أَلَمْ تَتَذَكَّرْ مَا قُلْتُهُ لَكَ؟ 2121

ضَعْهُ فَوْقَ الطَّاوِلَة. 2122

لَا تَضَعْهُ فِي أَيِّ مَكَانٍ. 2123

لَا يُمْكِنُكَ أَنْ تَضَعَهُ تَحْتَ الطَّاوِلَةِ. 2124

ضَعِيهِ هُنَا. 2125

لَا تَضَعِيهِ فَوْقَ الْكُرْسِيِّ. 2126

ضَعَاهُ فِي السَّيَّارَةِ الْآنَ. 2127

ضَعُوهُ فِي الْمَكْتَبِ. 2128

ضَعْنَهُ قَرِيباً مِنْكُنَّ. 2129

Lesson 38	اَلدَّرْسُ الثَّامِنُ وَالثَّلَاثُونَ	38ème Leçon
Vocabulary	اَلْمُفْرَدَاتُ	Vocabulaire

to sell	vendre	بَاعَ يَبِيعُ بَيْعٌ هـ	444
to return, go back, come back	retourner, revenir	عَادَ يَعُودُ عَوْدٌ عَوْدَةٌ	445
to return, go back, come back	retourner, revenir	رَجَعَ يَرْجِعُ رُجُوعٌ	446
to leave	quitter	غَادَرَ يُغَادِرُ مُغَادَرَةٌ	447
to be tired	être fatigué	تَعِبَ يَتْعَبُ تَعَبٌ	448
to be in a hurry	être pressé	مُسْتَعْجِلٌ	449
tired	fatigué	مُتْعَبٌ	450
other, m.	autre, m.	آخَرُ آخَرُونَ، أُخَرُ	451
other, f.	autre, f.	أُخْرَى أُخْرَيَاتٌ	452
in principle, originally	en principe, à l'origine	مَبْدَئِيّاً	453
late, adv.	en retard, adv.	مُتَأَخِّراً، مُتَأَخِّرَةً	454
soon	prochainement	قَرِيباً	455
those, pl.	ceux-là, celles-là, pl.	أُولَئِكَ	456

اَلنَّصُّ Text - Texte

2130 بَاعَ مَنْزِلَهُ الْقَدِيمَ وَاشْتَرَى مَنْزِلاً آخَرَ جَدِيداً.

2131 لَا أَعْرِفُ بِكَمْ بَاعَهُ.

2132 لَمْ يَقُلْ لِي بِكَمْ بَاعَهُ لِأَنَّنِي لَمْ أَسْأَلْهُ.

2133 يَذْهَبُ إِلَى الْعَمَلِ فِي الصَّبَاحِ وَيَعُودُ إِلَى الْمَنْزِلِ فِي

2134 الْمَسَاءِ دَائِماً فِي نَفْسِ الْوَقْتِ.

2135 يُغَادِرُ مَنْزِلَهُ مُبَكِّراً.

2136 مَبْدَئِيّاً يَصِلُ إِلَى الْمَكْتَبِ دَائِماً مُبَكِّراً. اَلْيَوْمَ وَصَلَ

2137 مُتَأَخِّراً. لَا أَعْرِفُ مَا بِهِ.

2138 يُرِيدُ أَنْ يُغَادِرَ اَلْآنَ لِأَنَّهُ مُسْتَعْجِلٌ قَلِيلاً.

2139 غَادَرَ الْمَكْتَبَ مُبَكِّراً اَلْيَوْمَ لِأَنَّهُ كَانَ مُتْعَباً قَلِيلاً.

2140 يَتْعَبُ كَثِيراً لِأَنَّهُ يَعْمَلُ كَثِيراً.

2141 يَسْكُنُ اَلْآنَ فِي مَدِينَةٍ أُخْرَى وَفِي بَلَدٍ آخَرَ.

2142 هُمْ مُتْعَبُونَ لِأَنَّهُمْ يَعْمَلُونَ كَثِيراً.

2143 لَسْنَا مُسْتَعْجِلِينَ اَلْيَوْمَ.

2144 لَسْتُنَّ مُتْعَبَاتٍ هَذَا الْأُسْبُوعَ.

2145 اَلْمُوَظَّفَةُ الْأُخْرَى هِيَ الَّتِي تَعْمَلُ فِي الْمَكْتَبِ الْجَدِيدِ.

193

لَا أَعْرِفُ مَتَى عَادَ مِنَ السَّفَرِ. 2146

لَا أَظُنُّ أَنَّهُ رَجَعَ مِنَ السَّفَرِ لِأَنَّنِي لَمْ أَسْمَعْ مِنْهُ. 2147

لَمْ تَعُدْ تَشْتَرِي شَيْئاً مِنْ هَذَا الدُّكَّانِ لِأَنَّهَا تَجِدُ كُلَّ 2148

شَيْءٍ فِيهِ غَالِياً جِدّاً. 2149

لَمْ تَعُودِي تَذْهَبِينَ إِلَى الرِّيفِ لِأَنَّ الطَّقْسَ صَارَ بَارِداً 2150

هَذِهِ الْأَيَّامَ. 2151

لَمْ تَعُودُوا تَسْتَطِيعُونَ الْقِيَامَ بِهَذَا الْعَمَلِ لِأَنَّهُ صَارَ 2152

صَعْباً عَلَيْكُمْ. 2153

سَافَرَ بَعْدَهُ وَعَادَ قَبْلَهُ. 2154

بَاعَ كُلَّ مَافِي دُكَّانِهِ، يَجِبُ أَنْ يَشْتَرِيَ كُلَّ شَيْءٍ 2155

مِنْ جَدِيدٍ. 2156

لَمْ يَشْتَرِهِ لِنَفْسِهِ، اشْتَرَاهُ لِكَي يَبِيعَهُ. 2156

يَشْتَرِي بِالنُّقُودِ الَّتِي يَبِيعُ بِهَا. 2157

بِعْ لِي هَذَا الْكِتَابَ. - لَا أَسْتَطِيعُ أَنْ أَبِيعَهُ لَكَ 2158

لِأَنَّهُ لَيْسَ لِلْبَيْعِ. 2159

بِيعِي لِي سَيَّارَتَكِ إِذَا لَمْ تَكُونِي فِي حَاجَةٍ إِلَيْهَا. 2160

بِيعَا مَنْزِلَكُمَا إِذَا وَجَدْتُمَاهُ كَبِيراً بِالنِّسْبَةِ لَكُمَا. 2161

2162	بِيعُوا لَهُ هَذِهِ الْقُمْصَانَ رَخِيصَةً.
2163	بِعْنَ لَهُنَّ هَذِهِ الْفَسَاتِينَ.
2164	لَا تَبِعْ مَنْزِلَكَ لِأَنَّهُ مَنْزِلٌ جَمِيلٌ.
2165	لَوْ كُنْتُ مَكَانَكَ لَا أَبِيعُهُ.
2166	أَظُنُّ أَنَّهُ سَيَرْجِعُ قَرِيباً.
2167	لَا أَعْرِفُ كُلَّ أُولَئِكَ الْمُوَظَّفِينَ الَّذِينَ يَعْمَلُونَ مَعَكَ
2168	فِي هَذِهِ الْمُنَظَّمَةِ الْكَبِيرَةِ.
2169	مَنْ هُنَّ أُولَئِكَ السَّيِّدَاتُ اللَّاتِي رَأَيْتُكَ تَتَكَلَّمِينَ مَعَهُنَّ؟
2170	لَا يَصِلُ عَادَةً مُتَأَخِّراً إِلَى مَكْتَبِهِ.
2171	تِلْكَ كَانَتْ أَوَّلَ مَرَّةٍ يَصِلُ فِيهَا مُتَأَخِّراً.
2172	هَذِهِ ثَانِي مَرَّةٍ يَصِلُ فِيهَا مُتَأَخِّراً.
2173	غَادَرَ الْمُوَظَّفُ أَمْسِ مَكْتَبَهُ مُتَأَخِّراً لِأَنَّهُ كَانَ لَهُ عَمَلٌ كَثِيرٌ.
2174	غَادَرَ فِي نَفْسِ الْوَقْتِ الَّذِي وَصَلَ فِيهِ زَمِيلُهُ.
2175	لَا يَحِقُّ لِلْمُوَظَّفِ أَنْ يُغَادِرَ مَكْتَبَهُ قَبْلَ الْوَقْتِ.
2176	لَا يَبِيعُونَ الْفَسَاتِينَ فِي هَذِهِ الدَّكَاكِينِ الصَّغِيرَةِ.
2177	يَبِيعُونَ كُلَّ شَيْءٍ غَالِياً فِي هَذِهِ الدَّكَاكِينِ الْكَبِيرَةِ.
2178	بَاعَ سَيَّارَتَهُ لِأَنَّهُ كَانَ فِي حَاجَةٍ إِلَى النُّقُودِ.

195

باعَ سَيَّارَتَهُ لِأَنَّهُ لَمْ يَكُنْ فِي حَاجَةٍ إِلَيْهَا . 2179

بَاعَهَا فِي نَفْسِ السَّنَةِ الَّتِي اشْتَرَاهَا فِيهَا . 2180

بَاعَهَا إِلَى نَفْسِ الشَّخْصِ الَّذِي اشْتَرَاهَا مِنْهُ . 2181

لَمْ يَعُدْ يَدْرُسُ هَذِهِ اللُّغَةَ لِأَنَّهُ لَمْ يَعُدْ يُحِبُّهَا . 2182

لَمْ أَعُدْ أَكْتُبُ إِلَيْهِ لِأَنَّنِي فَقَدتُّ عُنْوَانَهُ . 2183

لَمْ نَعُدْ نَشْتَرِي شَيْئاً مِنْ هَذَا الدُّكَّانِ . 2184

عُدْ مُبَكِّراً . 2185

لَا تَعُدْ مُتَأَخِّراً . 2186

عُودِي فِي السَّاعَةِ الثَّانِيَةِ . 2187

لَا تَعُودِي قَبْلَ السَّاعَةِ الْخَامِسَةِ . 2188

عُودَا فِي الْوَقْتِ . 2189

لَا تَعُودَا مُتَأَخِّرَيْنِ . 2190

لَا تَعُودَا مُتَأَخِّرَتَيْنِ . 2191

عُودُوا مَعَهُ إِذَا اسْتَطَعْتُمْ . 2192

لَا تَعُودُوا قَبْلَ أَنْ يَقُولَ لَكُمْ . 2193

عُدْنَ فِي أَقْرَبِ وَقْتٍ مُمْكِنٍ . 2194

لَا تَعُدْنَ إِلَى هَذَا الدُّكَّانِ . 2195

2196 يَتْعَبُ لِأَنَّهُ يَعْمَلُ لَيْلَ نَهَارَ.

2197 لَا تَتْعَبْ كَثِيراً.

2198 يَعْمَلُ كَثِيراً وَلَكِنَّهُ لَا يَتْعَبُ رَغْمَ ذَلِكَ.

2199 يَشْعُرُ بِالتَّعَبِ لِأَنَّهُ يَعْمَلُ كَثِيراً.

2200 يَشْعُرُ بِقَلِيلٍ مِنَ التَّعَبِ عِنْدَمَا يَعْمَلُ كَثِيراً.

2201 تَوَقَّفْ عَنِ الْعَمَلِ إِذَا كُنْتَ تَشْعُرُ بِكَثِيرٍ مِنَ التَّعَبِ.

2202 أَمْشِي بِسُرْعَةٍ عِنْدَمَا أَكُونُ مُسْتَعْجِلاً.

2203 تَمْشِينَ بِبُطْءٍ عِنْدَمَا لَا تَكُونِينَ مُسْتَعْجِلَةً.

to come	venir	جَاءَ يَجِيءُ مَجِيءٌ 457
to come	venir	أَتَى يَأْتِي إِتْيَانٌ 458
to sleep	dormir	نَامَ يَنَامُ نَوْمٌ 459
to get up (from sleep)	se lever (du sommeil)	قَامَ مِنَ النَّوْمِ 460
sleep	sommeil	نَوْمٌ 461
bed	lit	فِرَاشٌ فُرُشٌ، أَفْرِشَةٌ 462
vegetables	légumes	خَضَارٌ، خَضْرَاوَاتٌ 463
sugar	sucre	سُكَّرٌ 464
dinner	dîner	طَعَامُ الْعَشَاءِ 465
spring	printemps	رَبِيعٌ 466
night	nuit	لَيْلٌ، لَيْلَةٌ لَيَالِي، لَيَالٍ 467
temperate, moderate	tempéré, modéré	مُعْتَدِلٌ 468
often (at the beginning of the sentence)	souvent (au début de la phrase)	كَثِيرًا مَا 468b

198

اَلنَّصُّ Text - Texte

2204 يَقُومُ مِنَ النَّوْمِ مُبَكِّراً.

2205 تَذْهَبُ إِلَى الْفِرَاشِ مُتَأَخِّراً.

2206 لَا نَنَامُ كَثِيراً.

2207 يَذْهَبُ إِلَى الْفِرَاشِ بَعْدَ أَنْ يَتَنَاوَلَ طَعَامَ الْعَشَاءِ.

2208 لَا نَذْهَبُ إِلَى الْفِرَاشِ قَبْلَ أَن نَّتَنَاوَلَ طَعَامَ الْعَشَاءِ.

2209 فَصْلُ الرَّبِيعِ فَصْلٌ جَمِيلٌ.

2210 نَحْنُ الْآنَ فِي فَصْلِ الرَّبِيعِ.

2211 لَمْ نَعُدْ فِي فَصْلِ الرَّبِيعِ، نَحْنُ الْآنَ فِي فَصْلِ الصَّيْفِ.

2212 يَجِيءُ فَصْلُ الرَّبِيعِ بَيْنَ فَصْلَيِ الشِّتَاءِ وَالصَّيْفِ.

2213 يَجِيءُ فَصْلُ الرَّبِيعِ بَعْدَ فَصْلِ الشِّتَاءِ وَقَبْلَ فَصْلِ الصَّيْفِ.

2214 لَيْسَ الطَّقْسُ حَارّاً وَلَا بَارِداً فِي فَصْلِ الرَّبِيعِ.

2215 اَلطَّقْسُ مُعْتَدِلٌ فِي فَصْلِ الرَّبِيعِ.

2216 لَا أَعْرِفُ مَتَى أَتَى إِلَى هُنَا.

2217 يَشْرَبُ الْقَهْوَةَ بِالْحَلِيبِ وَلَكِنْ بِدُونِ السُّكَّرِ.

2218 تَشْرَبِينَ الشَّايَ بِالسُّكَّرِ وَلَكِنْ بِدُونِ الْحَلِيبِ.

2219 تَشْرَبُونَ الْقَهْوَةَ وَالشَّايَ بِدُونِ السُّكَّرِ وَبِدُونِ الْحَلِيبِ.

نَذْهَبُ إِلَى السُّوقِ لِكَيْ نَشْتَرِيَ الْخُضَارَ وَالْفَوَاكِهَ وَاللَّحْمَ. 2220

هَذَا كُلُّ مَا اشْتَرَيْنَاهُ مِنَ الْخُضَارِ وَالْفَاكِهَة وَاللَّحْمِ وَالْخُبْزِ. 2221

كُلُّ النَّاسِ يُحِبُّونَ فَصْلَ الرَّبِيعِ. 2222

يُفَضِّلُونَ فَصْلَ الرَّبِيعِ عَلَى فَصْلِ الشِّتَاءِ. 2223

يُفَضِّلُ بَعْضُ النَّاسِ شُرْبَ الْقَهْوَةِ بِدُونِ السُّكَّرِ. 2224

وَيُفَضِّلُ الْبَعْضُ الْآخَرُ شُرْبَ الْقَهْوَةِ بِالسُّكَّرِ. 2225

نَتَنَاوَلُ طَعَامَ الْعَشَاءِ فِي الْمَسَاءِ. 2226

لَا نَأْكُلُ الْخَضْرَاوَاتِ وَاللَّحْمَ عِنْدَ طَعَامِ الْفُطُورِ. 2227

نَأْكُلُ الْخَضْرَاوَاتِ وَاللَّحْمَ عَامَّةً عِنْدَ طَعَامِ الْغَدَاءِ أَوْ عِنْدَ 2228

طَعَامِ الْعَشَاءِ . 2229

يُوجَدُ كَثِيرٌ مِنَ الْخَضْرَاوَاتِ فِي فَصْلِ الرَّبِيعِ. 2230

يَنْزِلُ الْمَطَرُ أَحْيَاناً فِي فَصْلِ الرَّبِيعِ. 2231

لَمْ أَجِئْ إِلَى الْمَكْتَبِ أَمْسِ لِأَنَّنِي كُنْتُ مَرِيضاً. 2232

لَنْ أَجِيءَ غَداً إِلَى الدَّرْسِ لِأَنَّنِي سَأَكُونُ مَشْغُولاً. 2233

أَنَا آتٍ. 2234

أَنَا آتِيَةٌ. 2235

نَمْ مُبَكِّراً وَقُمْ مِنَ النَّوْمِ مُبَكِّراً. 2236

يَذْهَبُ النَّاسُ مُتَأَخِّرِينَ إِلَى الْفِرَاشِ مَسَاءَ يَوْمِ السَّبْتِ 2237

وَيَقُومُونَ مِنَ النَّوْمِ مُتَأَخِّرِينَ يَوْمَ الْأَحَدِ. 2238

هُوَ مُتْعَبٌ قَلِيلاً لِأَنَّهُ لَمْ يَنَمْ كَثِيراً أَمْسِ. 2239

نَنَامُ فِي اللَّيْلِ وَنَعْمَلُ فِي النَّهَارِ. 2240

لَا تَنَمْ كَثِيراً. 2241

قَالَ لَهُ الطَّبِيبُ: أَنْتَ مَرِيضٌ لِأَنَّكَ تَنَامُ قَلِيلاً. 2242

يَنَامُ قَلِيلاً لِأَنَّهُ يَشْرَبُ كَثِيراً مِنَ الْقَهْوَةِ. 2243

عِنْدَمَا نَشْرَبُ كَثِيراً مِنَ الْقَهْوَةِ نَنَامُ قَلِيلاً. 2244

نَتَنَاوَلُ طَعَامَ الْفُطُورِ فِي الصَّبَاحِ وَطَعَامَ الْغَدَاءِ 2245

عِنْدَ الظُّهْرِ وَطَعَامَ الْعَشَاءِ فِي الْمَسَاءِ. 2246

نَتَنَاوَلُ طَعَامَ الْعَشَاءِ عَادَةً فِي السَّاعَةِ الثَّامِنَةِ مَسَاءً. 2247

لا تَتَنَاوَلُونَ طَعَامَ الْعَشَاءِ دَائِماً فِي نَفْسِ السَّاعَةِ. 2248

تَذْهَبُ الْبِنْتُ إِلَى السُّوقِ بِالسَّيَّارَةِ لِشِرَاءِ الْخَضْرَاوَاتِ 2249

وَالْفَاكِهَةِ وَاللَّحْمِ وَالْخُبْزِ وَالْقَهْوَةِ وَالشَّايِ، وَيَجِبُ أَنْ 2250

لَا تَنْسَى أَنْ تَشْتَرِيَ الْجَرِيدَةَ لِأَبِيهَا. 2251

يَنَامُ بَعْضُ النَّاسِ فِي النَّهَارِ وَيَعْمَلُونَ فِي اللَّيْلِ. 2252

يَنَامُ الْأَطْفَالُ كَثِيراً. 2253

2254 اَلْقِطَاطُ أَيْضاً تَنَامُ كَثِيراً كَالْأَطْفَال .

2255 اَلْأَطْفَالُ كَالْقِطَاطِ، كُلُّ مَا يَفْعَلُونَهُ هُوَ الْأَكْلُ وَالشُّرْبُ

2256 وَاللَّعِبُ وَالنَّوْمُ. لَا يَفْعَلُونَ شَيْئاً آخَرَ غَيْرَ هَذَا.

2257 كُلُّ إِنْسَانٍ فِي حَاجَةٍ إِلَى النَّوْمِ.

2258 يَنَامُ بَعْضُ النَّاسِ كَثِيراً وَيَنَامُ الْبَعْضُ الْآخَرُ قَلِيلاً.

2259 كُلُّ إِنْسَانٍ فِي حَاجَةٍ إِلَى سَبْعِ أَوْ ثَمَانِي سَاعَاتٍ مِنَ النَّوْمِ.

Lesson 40
Vocabulary

اَلدَّرْسُ الْأَرْبَعُونَ

اَلْمُفْرَدَاتُ

40ème Leçon

Vocabulaire

to go out for a walk	se promener	تَجَوَّلَ يَتَجَوَّلُ تَجَوُّلٌ	469
sun	soleil	شَمْسٌ	470
nature	nature	طَبِيعَةٌ	471
heat	chaleur	حَرٌّ، حَرَارَةٌ	472
green, m.	vert	أَخْضَرُ خُضْرٌ	473
green, f.	verte	خَضْرَاءُ خُضْرٌ	474
medium	moyen	مُتَوَسِّطٌ	475
middle, central	moyen, central	أَوْسَطُ	476
as, just as	comme, de même que	كَمَا	477

اَلنَّصُّ Text - Texte

2260 يُحِبُّ أَنْ يَتَجَوَّلَ فِي الْحَدِيقَةِ فِي فَصْلِ الرَّبِيعِ.

2261 لَيْسَ اللَّيْلُ وَالنَّهَارُ قَصِيرَيْنِ وَلَا طَوِيلَيْنِ فِي فَصْلِ

2262 الرَّبِيعِ، هُمَا مُتَوَسِّطَانِ.

2263 اَلطَّبِيعَةُ خَضْرَاءُ فِي فَصْلِ الرَّبِيعِ.

2264 لَيْسَ هَذَا الْفُسْتَانُ وَهَذَا الْقَمِيصُ غَالِيَيْنِ وَلَا رَخِيصَيْنِ،

2265 هُمَا مُتَوَسِّطَانِ.

2266 اَلشَّمْسُ لَطِيفَةٌ فِي فَصْلِ الرَّبِيعِ. لَيْسَتْ حَارَّةً كَمَا فِي

فَصْلِ الصَّيْفِ.

2267 لَهُ صَدِيقٌ مِنَ الشَّرْقِ الْأَوْسَطِ.

2268 كَثِيراً مَا يُسَافِرُ إِلَى الشَّرْقِ الْأَوْسَطِ حَيْثُ لَهُ كَثِيرٌ

2269 مِنَ الْأَصْدِقَاءِ.

2270 يَتَجَوَّلُ كَثِيرٌ مِنَ النَّاسِ فِي الْحَدِيقَةِ يَوْمَ الْأَحَدِ.

2271 عِنْدَمَا يَكُونُ الطَّقْسُ جَمِيلاً وَحَاراً يَخْرُجُ النَّاسُ إِلَى الْحَدِيقَةِ.

2272 رَأَيْنَاهُمْ أَمْسِ يَتَجَوَّلُونَ فِي الْحَدِيقَةِ.

2273 يَتَجَوَّلُ فِي الشَّارِعِ لِأَنَّهُ لَيْسَ لَهُ شَيْءٌ يَفْعَلُهُ.

2274 يَشْعُرُ النَّاسُ بِالْحَرَارَةِ فِي فَصْلِ الصَّيْفِ.

2275 لَا يَشْعُرُ النَّاسُ بِالْحَرَارَةِ فِي فَصْلِ الشِّتَاءِ.

2276 بَاعَ سَيَّارَتَهُ كَمَا اشْتَرَاهَا.

2277 لَا تُحِبُّ الْأُمُّ أَنْ يَتَجَوَّلَ إِبْنُهَا فِى الشَّارِعِ لَيْلاً.

2278 نَشْعُرُ أَحْيَاناً بِالْبَرْدِ فِي فَصْلِ الرَّبِيعِ وَنَشْعُرُ
أَحْيَاناً بِالْحَرِّ.

2279 أُولَئِكَ هُم مُعَلِّمُو الْمَدْرَسَةِ الْآخَرُونَ.

2280 سَأَلْتُهُ وَلَكِنَّهُ لَمْ يُجِبْنِي. ‑ اسْأَلْهُ مَرَّةً أُخْرَى.

2281 لَمْ أَكُنْ أَعْرِفُ أَنَّ لَهُ بِنْتَيْنِ أُخْرَيَيْنِ.

2282 يَتَجَوَّلُ مَعَ أَصْدِقَائِه فِي الْمَدِينَةِ.

2283 اَلنَّهَارُ قَصِيرٌ فِي فَصْلِ الشِّتَاءِ.

2284 اَلنَّهَارُ طَوِيلٌ فِي فَصْلِ الصَّيْفِ.

2285 اَلنَّهَارُ أَقْصَرُ فِي الشِّتَاءِ مِنْهُ فِي الصَّيْفِ.

2286 اَلنَّهَارُ أَطْوَلُ فِي الصَّيْفِ مِنْهُ فِي الشِّتَاءِ.

2287 يُحِبُّ النَّاسُ الطَّقْسَ الْمُعْتَدِلَ.

2288 لَيْسَ اللَّيْلُ وَالنَّهَارُ قَصِيرَيْنِ وَلَا طَوِيلَيْنِ فِي

2289 فَصْلِ الرَّبِيعِ، هُمَا مُتَوَسِّطَانِ.

2290 لَيْسَ الطَّقْسُ بَارِداً وَلَا حَارّاً فِي فَصْلِ الرَّبِيعِ،

205

هُوَ مُعْتَدِلٌ.

2291 اَلْجَوُّ لَطِيفٌ فِي فَصْلِ الرَّبِيعِ.

2292 نَمْ قَلِيلاً إِذَا كُنْتَ مُتْعَباً.

2293 نَامِي قَلِيلاً إِذَا كُنْتِ تَشْعُرِينَ بِالتَّعَبِ.

2294 يُحِبُّ أَنْ يَذْهَبَ إِلَى الْفِرَاشِ مُبَكِّراً كَمَا يُحِبُّ أَنْ يَقُومَ

2295 مِنَ النَّوْمِ مُبَكِّراً.

2296 يُحِبُّ أَنْ يَقُومَ مِنَ النَّوْمِ مُتَأَخِّراً كَمَا يُحِبُّ أَنْ يَذْهَبَ إِلَى

2297 الْفِرَاشِ مُتَأَخِّراً.

2298 لَا نَرَى الشَّمْسَ تَقْرِيباً أَبَداً فِي فَصْلِ الشِّتَاءِ فِي بَعْضِ

الْبِلَادِ.

2299 نَرَى الشَّمْسَ تَقْرِيباً دَائِماً فِي فَصْلِ الصَّيْفِ.

2300 اَلشَّمْسُ حَارَّةٌ جِدّاً فِي فَصْلِ الصَّيْفِ.

2301 لَيْسَتِ اَلشَّمْسُ حَارَّةً فِي فَصْلِ الشِّتَاءِ.

2302 اَلشَّمْسُ أَحَرُّ فِي فَصْلِ الصَّيْفِ مِنْهَا فِي فَصْلِ الشِّتَاءِ.

2303 لَا تَعْرِفِينَ أُولَئِكَ الطَّالِبَاتِ الْأُخْرَيَاتِ رَغْمَ أَنَّهُنَّ زَمِيلَاتُكِ

2304 فِي الْفَصْلِ لِأَنَّهُنَّ طَالِبَاتٌ جَدِيدَاتٌ.

2305 بَاعَ كُلَّ مَا عِنْدَهُ مِنَ الْفَسَاتِينِ فِي دُكَّانِهِ. بَقِيَ لَهُ

فُسْتَانٌ واحِدٌ أَخْضَرُ. لَا أَحَدَ يُرِيدُ أَنْ يَشْتَرِيَ هَذَا

الْفُسْتَانَ الْأَخْضَرَ.

لَوْ قُلْتِ لِي أَنَّكِ لَا تُحِبِّينَ اللَّوْنَ الْأَخْضَرَ لَمَا اشْتَرَيْتُ

لَكِ هَذَا الْقَمِيصَ الْأَخْضَرَ.

لَوْ أَجِدُ أَحَداً يَشْتَرِي هَذَا الْقَمِيصَ الْأَخْضَرَ أَبِيعُهُ لَهُ.

إِذَا لَمْ أَجِدْ أَحَداً يَشْتَرِيهِ أَتْرُكُهُ لِنَفْسِي أَوْ أُعْطِيهِ لِابْنِ أُخْتِي.

to look	regarder	نَظَرَ يَنْظُرُ نَظَرٌ مَنْظَرٌ إِلَى	478
pronounce	prononcer	نَطَقَ يَنْطُقُ نُطْقٌ ب	479
to speak, talk to	parler (à)	كَلَّمَ يُكَلِّمُ تَكْلِيمٌ هـ عن	480
word	mot	كَلِمَةٌ كَلِمَاتٌ	481
speech	parole	كَلَامٌ	482
month	mois	شَهْرٌ أَشْهُرٌ شُهُورٌ	483
easiness	facilité, aisance	سُهُولَةٌ	484
clarity	clarté	وُضُوحٌ	485
difficulty	difficulté	صُعُوبَةٌ	486
easily	facilement	بِسُهُولَةٍ	487
clearly	clairement	بِوُضُوحٍ	488
with difficulty	difficilement	بِصُعُوبَةٍ	489
a few, several (from 3 to 10)	quelques, un petit nombre (de 3 à 10)	بِضْعَةٌ، بِضْعُ	490
yet	encore	بَعْدُ	491
why not	pourquoi pas	لِمَ لَا	492

اَلنَّصُّ Texte - Text

2312	يَنْظُرُ الطِّفْلُ إِلَى أُمِّهِ وَيَبْتَسِمُ لَهَا.
2313	لَا يَقُولُ الطِّفْلُ شَيْئاً عِنْدَمَا تُكَلِّمُهُ أُمُّهُ وَلَكِنَّهُ يَفْهَمُهَا.
2314	يَقُولُ أَحْيَاناً كَلِمَةً أَوْ كَلِمَتَيْنِ.
2315	هُوَ بَعْدُ صَغِيرٌ.
2316	عُمْرُهُ فَقَطْ بِضْعَةُ أَشْهُرٍ.
2317	بَدَأَ يَنْطُقُ بِبَعْضِ الْكَلِمَاتِ.
2318	لَا يَجِدُ صُعُوبَةً فِي الْكَلَامِ.
2319	يَتَكَلَّمُ بِسُهُولَةٍ وَبِوُضُوحٍ.
2320	يَتَكَلَّمُ بِبُطْءٍ وَلَكِنْ بِدُونِ صُعُوبَةٍ.
2321	يَتَكَلَّمُ بِسُهُولَةٍ وَيَقْرَأُ بِصُعُوبَةٍ.
2322	لَا يَسْتَطِيعُ أَنْ يُسَافِرَ لِوَحْدِهِ. وَلِمَ لَا؟ لِأَنَّهُ بَعْدُ صَغِيرٌ.
2323	رَأَيْتُهُ وَلَكِنَّهُ هُوَ لَمْ يَرَنِي لِأَنَّهُ لَمْ يَكُنْ يَنْظُرُ إِلَيَّ.
2324	يَتَنَفَّسُ الْمَرِيضُ بِصُعُوبَةٍ.
2325	كَتَبَ إِلَيَّ وَلَكِنَّنِي لَمْ أُجِبْهُ بَعْدُ.
2326	يَعْمَلُ بِضْعَةَ أَيَّامٍ فِي الْأُسْبُوعِ وَبِضْعَ سَاعَاتٍ فِي الْيَوْمِ.
2327	عَاشَ فِي ذَلِكَ الْبَلَدِ بِضْعَ سَنَوَاتٍ وَبِضْعَةَ أَشْهُرٍ.

209

أُرِيدُ أَنْ أَقُولَ لَهُ كَلِمَةً أَوْ كَلِمَتَيْنِ. 2328

لَمْ يَعُدْ بَعْدُ مِنَ السَّفَرِ. 2329

لَمْ يَأْتِينَ بَعْدُ إِلَى الْمَكْتَبِ. 2330

لَمْ يَتَنَاوَلَا بَعْدُ طَعَامَ الْعَشَاءِ. 2331

لَمْ أَبِعْ سَيَّارَتِي بَعْدُ. 2332

لَمْ يَرْجِعْ بَعْدُ مِنَ السَّفَرِ. 2333

لَمْ تُغَادِرَا بَعْدُ الْمَدِينَةَ. 2334

لَمْ يَتْعَبُوا بَعْدُ. 2335

لَمْ تَأْخُذُوا بَعْدُ دَرْسَكُمُ الْيَوْمَ. 2336

لَمْ نَنْزِلْ بَعْدُ مِنَ الطَّائِرَةِ. 2337

لَمْ تَدْخُلْ بَعْدُ إِلَى الْجَامِعَةِ. 2338

لَمْ تَتَنَاوَلَا بَعْدُ طَعَامَ الْفُطُورِ. 2339

لَمْ تَشْكُرْنَهُ بَعْدُ عَلَى الْهَدَايَا الَّتِي أَرْسَلَهَا إِلَيْكُنَّ. 2340

لَمْ تَبْحَثِي بَعْدُ عَنْ كِتَابِكِ الَّذِي فَقَدْتِهِ أَمْسِ. 2341

لَمْ تَسْتَقْبِلْ بَعْدُ صَدِيقَكَ فِي مَنْزِلِكَ الْجَدِيدِ. 2342

لَمْ نُجِبْ بَعْدُ عَلَى سُؤَالِ الْمُعَلِّمِ. 2343

لَمْ تُرْسِلِ لَهُ شَيْئًا بَعْدُ. 2344

210

سَمِعْتُ أَنَّهُ وَصَلَ وَلَكِنَّنِي لَمْ أَرَهُ بَعْدُ. 2345

لَمْ تَدْرُسِي بَعْدُ هَذِهِ اللُّغَةَ. 2346

لَمْ تَنْتَهِينَ مِنْ عَمَلِكُنَّ بَعْدُ. 2347

لَمْ تَجِدَا بَعْدُ مَا تَبْحَثَانِ عَنْهُ. 2348

لَا أَعْرِفَ اللُّغَةَ الَّتِي يَتَكَلَّمُهَا زَمِيلِي فِي الْمَكْتَبِ مَعَ 2349

صَدِيقِه وَلَكِنَّنِي أَعْرِفُ أَنَّهُمَا يَتَكَلَّمَانِ عَنِّي لِأَنَّنِي أَسْمَعُهُمَا 2350

أَحْيَاناً يَنْطُقَانِ بِاسْمِي. وَعِنْدَمَا سَأَلْتُمُهُمَا مَا إِذَا كَانَا 2351

يَتَكَلَّمَانِ عَنِّي، أَجَابَانِي قَائِلَيْنِ: كُنَّا نَتَكَلَّمُ عَنْ شَخْصٍ 2352

لَهُ إِسْمٌ مِثْلَ إِسْمِكَ. لَا أَظُنُّ أَنَّهُمَا يَقُولَانِ الْحَقَّ. أَظُنُّ 2353

أَنَّهُمَا كَانَا يَتَكَلَّمَانِ فِعْلاً عَنِّي وَلَكِنَّنِي لَمْ أَسْتَطِعْ أَنْ 2354

أَفْهَمَ مَا كَانَا يَقُولَانِه. 2355

أُنْظُرْ إِلَيَّ. 2356

أُنْظُرِي إِلَيْهَا. 2357

أُنْظُرَا إِلَيْنَا. 2358

أُنْظُرُوا إِلَيْهِمْ. 2359

أُنْظُرْنَ إِلَيْهِنَّ. 2360

211

لَمْ أَنْظُرْ إِلَيْهِ وَلَكِنَّنِي رَأَيْتُهُ. 2361

لَا تَسْتَطِيعُ أَنْ تَرَانِي بِدُونَ أَنْ تَنْظُرَ إِلَيَّ. 2362

تَنْظُرِينَ إِلَيْهَا وَلَكِنَّكِ لَا تَرَيْنَهَا بِوُضُوحٍ لِأَنَّهَا بَعِيدَةٌ 2363
جِدّاً عَنْكِ.

تَسْتَطِيعُونَ أَنْ تُجِيبُوا عَلَى هَذَا السُّؤَالِ بِسُهُولَةٍ لِأَنَّهُ 2364
سُؤَالٌ سَهْلٌ.

تُجِبْنَ عَلَى هَذَا السُّؤَالِ بِصُعُوبَةٍ لِأَنَّهُ سُؤَالٌ صَعْبٌ. 2365

نَفْهَمُكُمْ بِوُضُوحٍ لِأَنَّكُمْ تَتَكَلَّمُونَ بِوُضُوحٍ. 2366

فِي الْفَصْلِ بِضْعَةُ طُلَّابٍ وَبِضْعُ طَالِبَاتٍ. 2367

لَهُ بِضْعَةُ أَصْدِقَاءَ فِي هَذِه الْمَدِينَةِ. 2368

يُوجَدُ بِضْعَةُ دَكَاكِينَ فِي هَذَا الشَّارِعِ. 2369

نَعْرِفُ بِضْعَةَ أَطِبَّاءَ فِي هَذَا الْمُسْتَشْفَى. 2370

اشْتَرَى بِضْعَ هَدَايَا لِزَوْجَتِه وَلِأَوْلَاده. 2371

أَنْتِ فِي حَاجَةٍ إِلَى بِضْعَةِ طَوَابِعَ بَرِيدِيَّةٍ. 2372

أَنْتَ فِي حَاجَةٍ إِلَى شِرَاءِ بِضْعَةِ فَنَاجِينَ. 2373

يُدَخِّنُ فَقَطْ بِضْعَ سَكَائِرَ فِي الْيَوْمِ. 2374

نَتَكَلَّمُ هَذِه اللُّغَةَ بِصُعُوبَةٍ لِأَنَّنَا لَا نَعْرِفُهَا جَيِّداً. 2375

212

2376	تَتَكَلَّمِينَ هَذِهِ اللُّغَةَ بِسُهُولَةٍ لِأَنَّهَا ، طَبْعاً ، لُغَتُكِ الْأُمُّ.
2377	نُطْقُكِ جَيِّدٌ.
2378	كَيْفَ نَنْطِقُ بِهَذِهِ الْكَلِمَةِ؟
2379	مِنَ الصَّعْبِ النُّطْقُ بِهَذِهِ الْكَلِمَةِ.
2380	لَيْسَ مِنَ السَّهْلِ النُّطْقُ بِهَذِهِ الْكَلِمَةِ.
2381	نَفْهَمُهُ بِسُهُولَةٍ لِأَنَّهُ يَنْطِقُ بِالْكَلِمَاتِ بِوُضُوحٍ.
2382	نُطْقُ بَعْضِ اللُّغَاتِ سَهْلٌ وَنُطْقُ الْبَعْضِ الْآخَرِ صَعْبٌ.
2383	أُنْظُرْ إِلَى الْأَمَامِ. لَا تَنْظُرْ إِلَى الْوَرَاءِ.
2384	أُنْظُرْ بَعْدَهُ.

213

Lesson 42		اَلدَّرْسُ الثَّاني وَالْأَرْبَعُونَ	42ème Leçon
Vocabulary		اَلْمُفْرَدَاتُ	Vocabulaire

to listen	écouter	اسْتَمَعَ يَسْتَمِعُ اسْتِمَاعٌ إلَى	493
to wait	attendre	اِنْتَظَرَ يَنْتَظِرُ انْتِظَارُ هـ	494
to invite, call	inviter, appeler	دَعَا يَدْعُو دُعَاءً، دَعْوَةٌ هـ	495
to accept	accepter	قَبِلَ يَقْبَلُ قَبُولٌ، قُبُولٌ هـ	496
moment	moment	لَحْظَةٌ لَحَظَاتٌ	497
room	salle	قَاعَةٌ قَاعَاتٌ	498
waiting room	salle d'attente	قَاعَةُ الْانْتِظَارِ	499
invitation	invitation	دَعْوَةٌ دَعَوَاتٌ	500
music	musique	مُوسيقَى	501
west, Occident	ouest, Occident	غَرْبٌ	502
kindness, surplus	bienfait, surplus	فَضْلٌ	503
Westerner	0ccidental	غَرْبِيٌّ	504
a long time	longtemps	طَوِيلاً	505
inside, within	à l'intérieur de	دَاخِلَ	506
outside	à l'extérieur de	خَارِجَ	507
until, even	jusqu'à, même	حَتَّى	508
please	s'il te plaît	مِنْ فَضْلِكَ	509

اَلنَّصُّ Text - Texte

2385 يُحِبُّ أَنْ يَسْتَمِعَ إِلَى الْمُوسِيقَى.

2386 يُحِبُّ الْمُوسِيقَى الْغَرْبِيَّةَ.

2387 هُوَ مِنَ الشَّرْقِ وَلَكِنَّهُ يُحِبُّ الْاِسْتِمَاعَ إِلَى الْمُوسِيقَى الْغَرْبِيَّةِ.

2388 يَنْتَظِرُ أَصْدِقَاءَهُ الَّذِينَ دَعَاهُمْ إِلَى تَنَاوُلِ طَعَامِ الْعَشَاءِ.

2389 أَقْبَلَ دَعْوَتَكَ إِلَى تَنَاوُلِ طَعَامِ الْغَدَاءِ بِكُلِّ سُرُورٍ.

2390 هَؤُلَاءِ هُنَّ صَدِيقَاتُهَا اللَّاتِي دَعَتْهُنَّ إِلَى طَعَامِ الْعَشَاءِ.

2391 اِنْتَظِرْنِي لَحْظَةً، مِنْ فَضْلِكَ.

2392 سَأَنْتَظِرُكَ هُنَا حَتَّى تَعُودَ.

2393 يُمْكِنُ لِلْمُسَافِرِينَ أَنْ يَنْتَظِرُوا فِي قَاعَةِ الْاِنْتِظَارِ أَوْ

2394 خَارِجَهَا، كَمَا يُرِيدُونَ.

2395 لَا يَسْتَطِيعُ الْاِنْتِظَارَ فِي الدَّاخِلِ لِأَنَّهُ لَيْسَ هُنَاكَ

مَكَانٌ يَجْلِسُ فِيهِ.

2396 يُحِبُّ بَعْضُهُنَّ الْمُوسِيقَى الشَّرْقِيَّةَ وَيُفَضِّلُ

2397 بَعْضُهُنَّ الْآخَرُ الْمُوسِيقَى الْغَرْبِيَّةَ.

2398 يَدْعُو بَعْضُهُمْ بَعْضًا أَحْيَانًا إِلَى الْمَطْعَمِ يَوْمَ الْأَحَدِ.

لَا أَسْتَطِيعُ الْانْتِظَارَ طَوِيلاً لِأَنَّنِي مُسْتَعْجِلٌ جِدّاً. 2399

أَنَا فِي انْتِظَارِكَ. 2400

يَسْتَمِعُ التِّلْمِيذُ إِلَى الْمُعَلِّمِ. 2401

يَسْتَمِعُ الطَّالِبُ إِلَى الدَّرْسِ. 2402

يَسْتَمِعُ الطِّفْلُ إِلَى مَا تَقُولُهُ لَهُ أُمُّهُ. 2403

تَسْتَمِعُ الْبِنْتُ إِلَى كَلَامِ أُمِّهَا. 2404

نَسْتَمِعُ إِلَيْكُمْ. 2405

تَسْتَمِعُونَ إِلَيْنَا. 2406

يَسْتَمِعَانِ إِلَيْهِ. 2407

تَسْتَمِعُ إِلَيْكُنَّ. 2408

تَسْتَمِعْنَ إِلَيْهَا. 2409

أَسْتَمِعُ إِلَيْكَ. 2410

تَسْتَمِعُ إِلَيَّ. 2411

تَسْتَمِعِينَ إِلَيْهِمْ. 2412

لَمْ يَسْتَمِعْ إِلَيْكِ. 2413

لَمْ تَسْتَمِعِي إِلَيْهَا. 2414

لَن نَّسْتَمِعَ إِلَيْهِمْ. 2415

216

لَنْ تَسْتَمِعَا إِلَيْنَا. 2416

أَسْتَمِعُ إِلَيْه. 2417

لَا تَسْتَمِعِي إِلَيْهِنَّ. 2418

لَا تَسْتَمِعُوا إِلَى مَا يَقُولُونَهُ. 2419

لَا يَسْمَعُ لِأَنَّهُ لَا يَسْتَمِعُ. 2420

عِنْدَمَا لَا يَسْتَمِعُ لَا يَسْمَعُ شَيْئاً طَبْعاً. 2421

هَذِه الْقَاعَةُ كَبِيرَةٌ جِدّاً. 2422

هَذِه قَاعَةٌ كَبِيرَةٌ. 2423

انْتَظَرْتُهُ فِي الْمَحَطَّة لِمُدَّة سَاعَةٍ تَقْرِيباً. 2424

لَا نَسْتَطِيعُ الْانْتِظَارَ أَكْثَرَ مِنْ سَاعَةٍ. 2425

سَتَنْتَظِرُ عَلَى الْأَقَلِّ سَاعَةً. 2426

سَتَنْتَظِرِينَ عَلَى الْأَكْثَر سَاعَتَيْن. 2427

سَتَنْتَظِرُونَ ثَلَاثَ سَاعَات لَيْسَ أَكْثَرَ وَلَا أَقَلَّ. 2428

يَنْتَظِرُونَ فِي قَاعَة الْانْتِظَار هَذِه. 2429

فِي الْمَحَطَّة قَاعَةٌ لِلْانْتِظَار. 2430

لَا يُوجَدُ أَكْثَرُ مِنْ قَاعَةٍ وَاحِدَةٍ لِلْانْتِظَارِ فِي الْمَحَطَّة. 2431

يُوجَدُ الْيَوْمَ خَارِجَ الْمَدِينَة. 2432

أَشْكُرُكَ عَلَى دَعْوَتِكَ لِي إِلَى طَعَامِ الْعَشَاءِ غَداً. 2433

أَنَا مَسْرُورٌ بِقَبُولِكَ دَعْوَتِي إِلَى الْغَدَاءِ. 2434

يُرْسِلُ دَعَوَاتٍ إِلَى أَصْدِقَائِهِ. 2435

بَعَثْتُ خَمْسَ دَعَوَاتٍ أَمْسِ. 2436

نَسِيتُ أَنْ أُرْسِلَ إِلَيْهِ دَعْوَةً. 2437

أُرِيدُ أَنْ أُرْسِلَ إِلَيْهِ دَعْوَةً وَلَكِنَّنِي لَا أَعْرِفُ عُنْوَانَهُ. 2438

وَصَلَتْنَا كَثِيرٌ مِنَ الدَّعَوَاتِ هَذَا الشَّهْرَ. 2439

أُرْسِلُ إِلَيْكَ هَذِهِ الدَّعْوَةَ وَأَرْجُو أَنْ تَقْبَلَهَا. 2440

نَنْتَظِرُ الْقِطَارَ. 2441

تَنْتَظِرِينَ الْحَافِلَةَ مَعَ زَمِيلَتِكِ. 2442

تَنْتَظِرُ رِسَالَةً مِنْ أُمِّهَا الَّتِي لَمْ تَكْتُبْ إِلَيْهَا مُنْذُ شَهْرٍ. 2443

نَسْمَعُ الْمُوسِيقَى فِي كُلِّ مَكَانٍ. 2444

أُحِبُّ هَذِهِ الْمُوسِيقَى وَلَكِنَّنِي لَا أَفْهَمُهَا جَيِّداً. 2445

وَجَدْتُهُ يَنْتَظِرُنِي عِنْدَ الْبَابِ. 2446

رَأَيْتُهُ يَنْتَظِرُ قُرْبَ الْمَحَطَّةِ. 2447

لَا يُحِبُّ الِانْتِظَارَ طَوِيلاً. 2448

218

2449 يَجِبُ أَنْ أَنْتَظِرَهُ حَتَّى يَنْتَهِيَ مِنْ عَمَلِهِ.

2450 اِنْتَظِرْ قَلِيلاً هُنَا.

2451 اِنْتَظِرِينِي فِي السَّاعَةِ الثَّامِنَةِ.

2452 اِنْتَظِرَانِي فِي هَذَا الْمَكَانِ.

2453 اِنْتَظِرُوهُ قُرْبَ مَكْتَبِكُمْ.

2454 اِنْتَظِرْنَ فِي قَاعَةِ الْاِنْتِظَارِ.

2455 نَنْتَظِرُ وُصُولَ الْقِطَارِ.

2456 رَأَيْنَاهَا تَنْتَظِرُ وَهِيَ تَقْرَأُ الْجَرِيدَةَ.

2457 إِلَى مَتَى نَنْتَظِرُ؟ تَعِبْنَا مِنَ الْاِنْتِظَارِ.

| Lesson 43 | اَلدَّرْسُ الثَّالثُ وَالْأَرْبَعُونَ | 43ème Leçon |
| Vocabulary | اَلْمُفْرَدَاتُ | Vocabulaire |

to wash	laver, se laver	غَسَلَ يَغْسِلُ غَسْلٌ هـ	510
to taste	goûter	ذَاقَ يَذُوقُ ذَوْقٌ هـ	511
to put on, wear clothes	se vêtir, porter un vêtement	لَبِسَ يَلْبَسُ لُبْسٌ هـ	512
to take a bath	se baigner, prendre un bain	اسْتَحَمَّ يَسْتَحِمُّ اسْتِحْمَامٌ	513
to rest	se reposer	اسْتَرَاحَ يَسْتَرِيحُ اسْتِرَاحَةٌ	514
clothes	vêtements	مَلْبَسٌ مَلابِسُ	515
head	tête	رَأْسٌ أَرْؤُسٌ رُؤُوسٌ	516
face	visage	وَجْهٌ أَوْجُهٌ وُجُوهٌ	517
tongue	langue	لِسَانٌ أَلْسِنَةٌ	518
bathroom	salle de bain	حَمَّامٌ حَمَّامَاتٌ	519
rest	repos	رَاحَةٌ	520
end	fin	نِهَايَةٌ	521
weekend	fin de semaine	عُطْلَةُ نِهَايَةِ الْأُسْبُوعِ	522
hot, warm	chaud	سُخْنٌ	523
clean	propre	نَظِيفٌ	524
light (in weight)	léger	خَفِيفٌ	525

220

اَلنَّصُّ Text - Texte

2458   نَغْسِلُ أَيْدِينَا قَبْلَ الْأَكْلِ وَبَعْدَهُ.

2459   نَغْسِلُ مَلَابِسَنَا بِأَنْفُسِنَا.

2460   يَلْبَسُ مَلَابِسَ نَظِيفَةً.

2461   لَا يَلْبَسُ شَيْئاً عَلَى رَأْسِه.

2462   تَسْتَحِمُّونَ كُلَّ يَوْمٍ.

2463   تَغْسِلُ وَجْهَكَ وَيَدَيْكَ بِالْمَاءِ السُّخْنِ.

2464   عِنْدَمَا يَكُونُ الطَّقْسُ حَارّاً تُفَضِّلِينَ أَنْ تَغْسِلِي بِالْمَاءِ الْبَارِدِ.

2465   نَذُوقُ بِاللِّسَانِ.

2466   نَتَكَلَّمُ أَيْضاً بِاللِّسَانِ.

2467   لِلْحَيَوَانَاتِ لِسَانٌ وَلَكِنَّهَا لَا تَتَكَلَّمُ.

2468   لَا تَسْتَرِيحِينَ كَثِيراً.

2469   يَسْتَرِيحُ النَّاسُ يَوْمَ الْأَحَد.

2470   لَا يُرِيدُ أَنْ يَسْتَرِيحَ لِأَنَّ لَهُ عَمَلاً كَثِيراً.

2471   لِكُلِّ شَقَّةٍ حَمَّامٌ.

2472   يَسْتَرِيحُ النَّاسُ فِي عُطْلَةِ نِهَايَةِ الْأُسْبُوعِ.

يَسْتَطِيعُونَ أَنْ يَسْتَرِيحُوا عِنْدَمَا يَنْتَهُونَ مِنْ عَمَلِهِمْ. 2473

نَلْبَسُ مَلَابِسَ خَفِيفَةً فِي فَصْلِ الصَّيْفِ. 2474

لَا نَتَكَلَّمُ فَقَطْ بِاللِّسَانِ؛ نَتَكَلَّمُ أَحْيَاناً بِالْيَدَيْنِ. 2475

يَسْتَحِمُّ أَحْيَاناً فِي الْمَسَاءِ قَبْلَ الذَّهَابِ إِلَى الْفِرَاشِ 2476

وَيَسْتَحِمُّ أَحْيَاناً فِي الصَّبَاحِ بَعْدَ الْقِيَامِ مِنَ النَّوْمِ. 2477

لُغَةُ الْيَدَيْنِ سَهْلَةُ الْفَهْمِ. 2478

لَيْسَتْ لُغَةُ الْيَدَيْنِ صَعْبَةَ الْفَهْمِ. 2479

كُلُّ النَّاسِ يَفْهَمُونَ لُغَةَ الْيَدَيْنِ. 2480

يُحِبُّ النَّاسُ أَنْ يَسْتَحِمُّوا كَثِيراً فِي فَصْلِ الصَّيْفِ. 2481

لَا نَلْبَسُ فِي فَصْلِ الصَّيْفِ نَفْسَ الْمَلَابِسِ الَّتِي 2482
نَلْبَسُهَا فِي فَصْلِ الشِّتَاءِ.

لَا يَلْبَسُ النَّاسُ نَفْسَ الْمَلَابِسِ فِي كُلِّ مَكَانٍ. 2483

لَا نَلْبَسُ دَائِماً نَفْسَ الْمَلَابِسِ. 2484

لَا تُبَاعُ الْمَلَابِسُ فِي كُلِّ مَكَانٍ. 2485

عِنْدَمَا يَكُونُ الطَّقْسُ حَارّاً نُحِبُّ أَنْ نَلْبَسَ مَلَابِسَ خَفِيفَةً. 2486

الشَّارِعُ الَّذِي نَسْكُنُ فِيهِ نَظِيفٌ جِدّاً. 2487

هَذَا الشَّارِعُ نَظِيفٌ لِأَنَّهُمْ يَغْسِلُونَهُ تَقْرِيباً كُلَّ يَوْمٍ. 2488

وَجَدَ الْمَكَانَ نَظِيفاً وَتَرَكَهُ نَظِيفاً كَمَا وَجَدَهُ.

بَعْضُ الشَّوَارِعِ أَنْظَفُ مِنَ الْأُخْرَى.

لَيْسَ هَذَا الشَّارِعُ أَنْظَفَ مِمَّا تَظُنُّ.

يَغْسِلُ الْفِنْجَانَ بَعْدَ أَنْ يَشْرَبَ فيه.

يَغْسِلُ الْفِنْجَانَ قَبْلَ أَنْ يَشْرَبَ فِيهِ لِأَنَّهُ لَيْسَ نَظِيفاً.

غَسَلَ قَمِيصَهُ وَلَكِنَّهُ يَجِبُ عَلَيْهِ أَنْ يَغْسِلَهُ مِنْ جَدِيدٍ الْيَوْمَ لِأَنَّهُ لَبِسَهُ.

كُلُّ السَّيِّدَات يُحْبِبْنَ أَنْ يَلْبَسْنَ الْمَلَابِسَ الْجَمِيلَةَ وَلَكِنَّ بَعْضَهُنَّ يُحِبُّ الْمَلَابِسَ الْقَصِيرَةَ، وَيُفَضِّلُ الْبَعْضُ الْآخَرُ الْمَلَابِسَ الطَّوِيلَةَ.

نَحْنُ فِي حَاجَةٍ إِلَى الرَّاحَةِ لِأَنَّنَا مُتْعَبُونَ قَلِيلاً.

لَسْنَا فِي حَاجَةٍ إِلَى الرَّاحَةِ لِأَنَّنَا غَيْرُ مُتْعَبِينَ.

عِنْدَمَا نَعْمَلُ كَثِيراً نَكُونُ فِي حَاجَةٍ إِلَى الرَّاحَةِ.

هُوَ فِي حَاجَةٍ إِلَى الرَّاحَةِ أَكْثَرَ مِنِّي لِأَنَّهُ، طَبْعاً، عَمِلَ أَكْثَرَ مِنِّي.

لَا أَظُنُّ أَنَّنِي فِي حَاجَةٍ إِلَى الرَّاحَةِ أَكْثَرَ مِنْهُ رَغْمَ أَنَّنِي عَمِلْتُ أَكْثَرَ مِنْهُ .

2489

2490

2491

2492

2493

2495

2496

2497

2498

2499

2500

2501

2502

2503

2504

2505

223

لَا أَعْرِفُ مَنْ هُوَ لِأَنَّنِي لَا أَرَى وَجْهَهُ. 2506

لَوْ رَأَيْتُ وَجْهَهُ لَعَرَفْتُ مَنْ هُوَ. 2507

رَأَيْتُ وَجْهَهُ وَلَكِنَّنِي لَمْ أَعْرِفْ مَنْ هُوَ رَغْمَ ذَلِكَ. 2508

لَيْسَ لَنَا كُلَّنَا نَفْسُ الرُّؤُوسِ. 2509

لِكُلٍّ مِنَّا يَدَانِ وَرِجْلَانِ وَعَيْنَانِ وَأُذُنَانِ، وَلَكِنْ لَيْسَ لِكُلٍّ 2510

مِنَّا غَيْرُ رَأْسٍ وَاحِدٍ. 2511

لَا يُحِبُّ أَنْ يَضَعَ شَيْئاً عَلَى رَأْسِه. 2512

نَذْهَبُ إِلَى الرِّيفِ فِي عُطْلَةِ نِهَايَةِ الْأُسْبُوعِ. 2513

لَا يَعْمَلُ النَّاسُ فِي عُطْلَةِ نِهَايَةِ الْأُسْبُوعِ. 2514

نَعْمَلُ نَهَاراً وَنَسْتَرِيحُ لَيْلاً. 2515

قَالَ لَهُ الطَّبِيبُ: يَجِبُ أَنْ تَسْتَرِيحَ قَلِيلاً لِأَنَّكَ مُتْعَبٌ. 2516

لَيْسَ مَرِيضاً وَلَكِنَّهُ مُتْعَبٌ قَلِيلاً. 2517

نَدْعُو أَصْدِقَاءَنَا فِي عُطْلَةِ نِهَايَةِ الْأُسْبُوعِ. 2518

يَرَى بَعْضُنَا بَعْضاً فِي عُطْلَةِ نِهَايَةِ الْأُسْبُوعِ. 2519

لَا أَسْتَطِيعُ أَنْ آكُلَ هَذَا الطَّعَامَ قَبْلَ أَنْ أَذُوقَهُ. 2520

اَلْوَرَقَةُ خَفِيفَةٌ جِدّاً. لَيْسَ هُنَاكَ شَيْءٌ أَخَفُّ مِنْهَا. 2521

يُحِبُّ أَنْ يَشْرَبَ الْقَهْوَةَ دَائِماً خَفِيفَةً. 2522

لِهَذِه الشَّقَّة حَمَّامَان لِأَنَّهَا شَقَّةٌ كَبِيرَةٌ. 2523

لَيْسَ لِكُلِّ شَقَّة حَمَّامٌ. 2524

لا أَحَدَ يَسْتَطِيعُ أَنْ يَسْكُنَ فِي شَقَّةٍ لَيْسَ فِيهَا حَمَّامٌ. 2525

لِهَذَا الْمَنْزِل حَمَّامٌ كَبِيرٌ وَجَمِيلٌ. 2526

اِسْتَرِحْ قَلِيلاً إِذَا كُنْتَ مُتْعَباً. 2527

اِسْتَرِيحِي لَحْظَةً إِذَا كُنْتِ تَشْعُرِينَ بِقَلِيلٍ مِنَ التَّعَب. 2528

اِسْتَرِيحُوا هُنَا. 2529

اِسْتَرِحْنَ قَبْلَ أَنْ تَبْدَأْنَ عَمَلَكُنَّ الْجَدِيدَ. 2533

لَوْ لَمْ يَكُنْ مُتْعَباً جِداً لَمَا أَرَادَ أَنْ يَسْتَرِيحَ. 2531

Lesson 44	اَلدَّرْسُ الرَّابِعُ وَالْأَرْبَعُونَ	44ème Leçon
Vocabulary	اَلْمُفْرَدَاتُ	Vocabulaire

to meet	rencontrer	قَابَلَ يُقَابِلُ مُقَابَلَةٌ هـ	526
to meet together	se rencontrer	تَقَابَلَ يَتَقَابَلُ تَقَابُلٌ	527
to introduce	présenter	قَدَّمَ يُقَدِّمُ تَقْدِيمٌ هـ ل	528
to change, vi	changer, vi	تَغَيَّرَ يَتَغَيَّرُ تَغَيُّرٌ	529
to change, vi	changer, vi	تَقَلَّبَ يَتَقَلَّبُ تَقَلُّبٌ	530
young woman	jeune femme	فَتَاةٌ فَتَيَاتٌ	531
young man	jeune homme	شَابٌّ شُبَّانٌ شَبَابٌ، شَبِيبَةٌ	532
sister	soeur	أُخْتٌ أَخَوَاتٌ	533
young lady, miss	jeune fille, demoiselle	آنِسَةٌ أَوَانِسُ	534
faculty (of a university)	faculté (d'université)	كُلِّيَّةٌ كُلِّيَّاتٌ	535
autumn, fall	automne	خَرِيفٌ	536
together	ensemble	مَعاً	537
while	pendant que, tandis que	بَيْنَمَا	538
these, m.d.	ceux-ci, d.	هَذَانِ	539
these, f.d.	celles-ci, d.	هَاتَانِ	540
who, rel., m.d.	qui, rel., m.d.	اَللَّذَانِ	541
who, rel., f.d.	qui, rel., f.d.	اَللَّتَانِ	542

226

اَلنَّصُّ Text - Texte

2532   تَعْرِفُ تِلْكَ الْفَتَاةُ ذلِكَ الشَّابَّ جَيِّداً.

2533   تَعْرِفُهُ لِأَنَّهُمَا يَدْرُسَانِ مَعاً.

2534   يَدْرُسَانِ مَعاً فِي الْجَامِعَةِ مُنْذُ تَقْرِيباً ثَلَاثِ أَوْ أَرْبَعِ سَنَوَاتٍ.

2535   تَقَابَلَا لِلْمَرَّةِ الْأُولَى فِي مَطْعَمِ الْجَامِعَةِ.

2536   تَقَابَلَا بَيْنَمَا كَانَا يَتَنَاوَلَانِ طَعَامَ الْغَدَاءِ. وَكَانَ ذلِكَ فِي

2537   فَصْلِ الْخَرِيفِ. أَتَذَكَّرُ ذلِكَ جَيِّداً.

2538   أُخْتُ الشَّابِّ أَيْضاً طَالِبَةٌ فِي الْجَامِعَةِ.

2539   هِيَ الَّتِي قَدَّمَتِ الْآنِسَةَ لِأَخِيهَا.

2540   الْآنِسَةُ زَمِيلَةُ أُخْتِ الشَّابِّ فِي الْكُلِّيَّةِ.

2541   نَعَمْ هِيَ زَمِيلَتُهَا فِي الْكُلِّيَّةِ وَيَعْرِفُ بَعْضُهُمَا بَعْضاً

2542   جَيِّداً مُنْذُ مُدَّةٍ طَوِيلَةٍ قَبْلَ أَنْ تَدْخُلَا إِلَى الْجَامِعَةِ.

2543   فِي كُلِّ فَصْلٍ مِنْ فُصُولِ السَّنَةِ ثَلَاثَةُ أَشْهُرٍ.

2544   فُصُولُ السَّنَةِ الْأَرْبَعَةُ هِيَ: الرَّبِيعُ وَالصَّيْفُ وَالْخَرِيفُ وَالشِّتَاءُ.

2545   هذَانِ الشَّابَّانِ طَالِبَانِ فِي الْجَامِعَةِ.

هَاتَانِ الْآنِسَتَانِ أَيْضاً طَالِبَتَانِ فِي الْجَامِعَة. 2546

اَلشَّابَّانِ اللَّذَانِ يَتَكَلَّمُ مَعَهُمَا طَالِبَانِ فِي الْجَامِعَة. 2547

اَلْفَتَاتَانِ اللَّتَانِ تَتَكَلَّمُ مَعَهُمَا أَيْضاً طَالِبَتَانِ فِي الْجَامِعَةِ. 2548

كَثِيراً مَا يَنْزِلُ الْمَطَرُ فِي فَصْلِ الْخَرِيف. 2549

يَتَقَلَّبُ الطَّقْسُ كَثِيراً فِي فَصْلِ الْخَرِيف. 2550

اَلْخَرِيفُ هُوَ الْفَصْلُ الَّذِي تَفْتَحُ فِيهِ الْجَامِعَاتُ 2551

وَالْمَدَارِسُ أَبْوَابَهَا وَيَبْدَأُ الطُّلَّابُ وَالطَّالِبَاتُ دِرَاسَتَهُمْ. 2552

لَا أَعْرِفُ هَذِهِ الْآنِسَةَ لِأَنَّهُ لَمْ يُقَدِّمْهَا لِي أَحَد. 2553

لَوْ قَدَّمَهَا لِي أَحَدٌ لَعَرَفْتُ مَنْ هِيَ. 2554

لَوْ لَمْ يُقَدِّمْهَا لِي أَحَدٌ لَمَا عَرَفْتُ مَنْ هِيَ. 2555

أُرِيدُ أَنْ أُقَدِّمَ لَكَ صَدِيقاً. 2556

أُرِيدُ أَنْ أُقَدِّمَكَ لِصَدِيق. 2557

أَشْكُرُكَ عَلَى تَقْدِيمِي لِصَدِيقِكَ. 2558

أَشْكُرُكَ عَلَى تَقْدِيمِكَ لِي صَدِيقَكَ. 2559

قَدِّمْنِي لِصَدِيقِكَ، مِنْ فَضْلِكَ. 2560

قَدِّمْ لِي صَدِيقَكَ، مِنْ فَضْلِكَ. 2561

يَتَقَابَلَانِ دَائِماً عِنْدَ الْبَابِ لِأَنَّهُمَا يَعْمَلَانِ فِي نَفْس 2562

2563   الْمُنَظَّمَة وَلَكِنَّهُمَا لَا يَعْرِفَانِ بَعْضُهُمَا بَعْضاً.

2564   لَا أَتَذَكَّرُ أَنَّنِي قَابَلْتُهُ.

2565   رُبَّمَا قَابَلْتُهُ مَرَّةً أَوْ مَرَّتَيْنِ وَلَكِنَّنِي لَا أَتَذَكَّرُ فِي أَيِّ مَكَانٍ.

2566   بِوُدِّي أَنْ أُقَابِلَ صَدِيقَكَ. هَلْ يُمْكِنُكَ أَنْ تُقَدِّمَهُ لِي؟

2567   يَتَقَابَلَانِ كُلَّ يَوْمٍ وَفِي نَفْسِ السَّاعَةِ لِأَنَّهُمَا يَرْكَبَانِ نَفْسَ

2568   الْحَافِلَة لِلذَّهَابِ إِلَى الْعَمَلِ فِي الصَّبَاحِ وَلِلْعَوْدَةِ إِلَى

2569   الْمَنْزِل فِي الْمَسَاءِ، وَلَكِنَّهُمَا لَا يَتَكَلَّمَانِ بَعْضُهُمَا مَعَ

2570   بَعْضٍ لِأَنَّهُمَا لَا يَعْرِفَانِ بَعْضُهُمَا بَعْضاً وَلَا يُرِيدَانِ أَنْ

2571   يَعْرِفَ بَعْضُهُمَا بَعْضاً، وَهَذَا لِمُدَّةَ سَنَوَاتٍ حَتَّى قَدَّمْتُهُمَا

2572   يَوْماً بَعْضُهُمَا إِلَى بَعْضٍ فِي مَكْتَبِي.

2573   يُوجَدُ كَثِيرٌ مِنَ الشُّبَّانِ الَّذِينَ يَدْرُسُونَ فِي هَذِهِ الْجَامِعَةِ.

2574   وَفِيهِمْ كَثِيرٌ مِنَ الْأَجَانِب.

2575   دَعَا كَثِيراً مِنَ الطُّلَّابِ إِلَى مَنْزِله الْكَبِيرِ، بِمَا فِيهِم

2576   الطَّلَبَةُ الَّذِينَ يَدْرُسُونَ فِي كُلِّيَّاتٍ أُخْرَى غَيْرِ كُلِّيَّتِه.

2577   قَدَّمَ كُلُّ وَاحِدٍ مِنْهُمْ نَفْسَهُ إِلَى الْآخَرِ.

2578   يُقَدِّمُونَ أَنْفُسَهُمْ بِأَنْفُسِهِمْ.

229

لَا يَسْتَطِيعُ أَنْ يُقَدِّمَهُمْ بَعْضَهُمْ إِلَى بَعْضٍ لِأَنَّهُ لَا 2579

يَعْرِفُهُمْ كُلَّهُمْ. لَيْسُوا كُلُّهُمْ أَصْدِقَاءَهُ. 2580

تَرَكَهُمْ يُقَدِّمُونَ أَنْفُسَهُمْ بِأَنْفُسِهِمْ. 2581

لَا يُرِيدُ أَنْ يُقَدِّمَ نَفْسَهُ لِأَنَّهُ لَا يُرِيدُ أَنْ يَعْرِفَهُ أَحَدٌ. 2582

يُقَدِّمُ نَفْسَهُ إِلَى أَيِّ وَاحِدٍ لِأَنَّهُ يُرِيدُ أَنْ يَعْرِفَهُ كُلُّ النَّاسِ. 2583

هَذَانِ هُمَا الْكِتَابَانِ اللَّذَانِ أَبْحَثُ عَنْهُمَا. 2584

وَجَدْتُ الْكِتَابَيْنِ اللَّذَيْنِ فَقَدْتُهُمَا أَمْسِ. 2585

أُقَدِّمُكَ لِصَدِيقِي بِكُلِّ سُرُورٍ. 2586

أُقَدِّمُ لَكَ صَدِيقِي بِكُلِّ سُرُورٍ. 2587

أُقَدِّمُهُمْ بَعْضَهُمْ إِلَى بَعْضٍ. 2588

قَدَّمْنَا بَعْضَنَا إِلَى بَعْضٍ. 2589

قَدَّمْتُهُنَّ بَعْضَهُنَّ إِلَى بَعْضٍ. 2590

يُقَدِّمُ بَعْضُهُمْ إِلَى بَعْضٍ. 2591

يَجِيءُ فَصْلُ الْخَرِيفِ بَيْنَ فَصْلَيِ الصَّيْفِ وَالشِّتَاءِ. 2592

يَجِيءُ فَصْلُ الْخَرِيفِ قَبْلَ فَصْلِ الشِّتَاءِ وَبَعْدَ فَصْلِ الصَّيْفِ. 2593

يَقْرَأُ الْمُسَافِرُ الْجَرِيدَةَ فِي قَاعَةِ الْانْتِظَارِ بَيْنَمَا يَنْتَظِرُ 2594

الْقِطَارَ.

يَكْتُبُ رِسَالَةً بَيْنَمَا يَسْتَمِعُ إِلَى الْمُوسِيقَى. 2595

لَا يَسْتَطِيعُ أَنْ يَقْرَأَ بَيْنَمَا يَسْتَمِعُ إِلَى الْمُوسِيقَى. 2596

لَهُ أُخْتَانِ: إِحْدَاهُمَا تَعْمَلُ فِي مَكْتَبِ الْبَرِيدِ، وَالْأُخْرَى 2597

تَعْمَلُ فِي الْمَكْتَبَة. 2598

تَقُومُ الْأُمُّ بِعَمَلِهَا الْمَنْزِلِيِّ بَيْنَمَا يَلْعَبُ طِفْلُهَا فِي 2599

الْحَدِيقَة مَعَ الْكَلْب. 2600

تَذْهَبُ الْأُمُّ إِلَى الْمَدْرَسَة لِكَيْ تُقَابِلَ مُعَلِّمَةَ إِبْنِهَا. 2601

لَا يَسْتَطِيعُ أَنْ يَأْخُذَ الْعُطْلَةَ وَزَمِيلُهُ (فِي نَفْسِ الْوَقْت)، 2602

لِأَنَّهُمَا يَعْمَلَانِ فِي نَفْسِ الْمَكْتَب. 2603

هَاتَانِ هُمَا الْآنِسَتَانِ اللَّتَانِ قُلْتُ لَكَ أَنَّهُمَا زَمِيلَتَايَ 2604

فِي الْكُلِّيَّة.

لَا أَظُنُّ أَنَّكَ قُلْت لِي شَيْئاً عَنْ هَاتَيْنِ الْآنِسَتَيْن. 2605

لَيْسَتْ هَاتَانِ الْآنِسَتَانِ هُمَا اللَّتَانِ تَدْرُسَانِ مَعِي 2606

فِي الْجَامِعَة.

لَمْ تَصِلْهُ بَعْدُ الرِّسَالَتَانِ اللَّتَانِ كَتَبْتُهُمَا إِلَيْه. 2607

تَكْتُبُ دَائِماً إِلَى الْفَتَاتَيْنِ اللَّتَيْنِ كَانَتَا تَدْرُسَانِ مَعَهَا. 2608

لَهَا كَثِيرٌ مِنَ الْأَخَوَات. لَيْسَ لَهَا إِخْوَةٌ. 2609

2610 يَتَغَيَّرُ الطَّقْسُ كَثِيراً هَذِهِ الْأَيَّامَ.

2611 نَحْنُ الْآنَ فِي فَصْلِ الْخَرِيفِ.

2612 لَسْنَا فِي فَصْلِ الْخَرِيفِ، نَحْنُ الْآنَ فِي فَصْلِ الشِّتَاءِ.

2613 أَيَّهُمَا تُفَضِّلُ: فَصْلَ الْخَرِيفِ أَمْ فَصْلَ الشِّتَاءِ؟

2614 لَا أُفَضِّلُ الْوَاحِدَ عَلَى الْآخَرِ.

2615 سَنَذْهَبُ مَعاً إِلَى الرِّيفِ، إِذَا أَرَدتَّ، فِي عُطْلَةِ نِهَايَةِ الْأُسْبُوعِ.

2616 يَأْكُلَانِ دَائِماً مَعاً فِي الْمَطْعَمِ لِأَنَّهُمَا زَمِيلَانِ فِي الْعَمَلِ.

2617 تَشْرَبَانِ الْقَهْوَةَ مَعاً فِي الصَّبَاحِ.

2618 لَيْسَ الطَّقْسُ بَارِداً فِي فَصْلِ الْخَرِيفِ بِالنِّسْبَةِ لِهَذَا الْبَلَدِ.

2619 يُفَضِّلُ بَعْضُ النَّاسِ أَنْ يَأْخُذُوا عُطْلَاتِهِمْ فِي فَصْلِ الْخَرِيفِ.

Lesson 45	اَلدَّرْسُ الْخَامِسُ وَالْأَرْبَعُونَ		45ème Leçon
Vocabulary	اَلْمُفْرَدَاتُ		Vocabulaire

to change, vt	changer, vt	غَيَّرَ يُغَيِّرُ تَغْيِيرُ هـ	543
to reside	résider	أَقَامَ يُقِيمُ إِقَامَةٌ ب، في	544
beginning	commencement	بِدَايَةٌ	545
time	temps	حِينٌ أَحْيَانٌ	546
immediately	immédiatement, de suite	حِيناً	547
from time to time	de temps en temps	بَنْنَ حِينٍ وَآخَرَ	548
from time to time	de temps à autre	مِنْ حِينٍ لِآخَرَ	549
seldom (*)	rarement (*)	نَادِراً (مَا)	550
often (*)	souvent (*)	كَثِيراً (مَا)	551
academic, school, adj.	scolaire	دِرَاسِيٌّ	552
university, adj.	universitaire	جَامِعِيٌّ	553
most	la plupart	مُعْظَمٌ	554
those, m.d.	ceux-là, d.	ذَانِكَ	555
those, f.d.	celles-là, d.	تَانِكَ	556

(*) at the beginning of a sentence   (*) au début d'une phrase

233

اَلنَّصُّ Text - Texte

2620   تَقَابَلَا فِي بِدَايَةِ هَذِهِ السَّنَةِ.

2621   يَأْكُلَانِ فِي الْمَطْعَمِ الْجَامِعِيِّ.

2622   يَشْرَبَانِ الْقَهْوَةَ فِي مَقْهًى مِنَ الْمَقَاهِي بَيْنَ حِينٍ وَآخَرَ.

2623   كَثِيراً مَا يَتَنَاوَلَانِ طَعَامَ الْغَدَاءِ مَعاً.

2624   نَادِراً مَا يَتَنَاوَلُونَ طَعَامَ الْعَشَاءِ فِي الْمَطْعَمِ.

2625   مُعْظَمُ الطُّلَّابِ وَالطَّالِبَاتِ يُقِيمُونَ فِي الْمَدِينَةِ الْجَامِعِيَّةِ.

2626   يُقِيمُونَ فِي الْمَدِينَةِ الْجَامِعِيَّةِ كَمَا يَأْكُلُونَ فِي الْمَطْعَمِ الْجَامِعِيِّ.

2627   تَبْدَأُ السَّنَةُ الدِّرَاسِيَّةُ فِي فَصْلِ الْخَرِيفِ.

2628   انْتَظِرْنِي قَلِيلاً، سَأَعُودُ حِيناً.

2629   هُوَ مِنْ هَذَا الْبَلَدِ وَلَكِنَّهُ عَاشَ مُعْظَمَ حَيَاتِهِ فِي الْخَارِجِ.

2630   أَرَى ذَيْنِكَ السَّيِّدَيْنِ لِأَوَّلِ مَرَّةٍ. مَنْ هُمَا؟

2631   ذَانِكَ السَّيِّدَانِ مُوَظَّفَانِ فِي هَذِهِ الْمُنَظَّمَةِ وَتَانِكَ

2632   السَّيِّدَتَانِ زَمِيلَتَاهُمَا فِي الْعَمَلِ.

2633   أَعْرِفُ تَيْنِكَ السَّيِّدَتَيْنِ جَيِّداً لِأَنَّهُمَا تَعْمَلَانِ فِي هَذِهِ

2634   الْمُنَظَّمَةِ مُنْذُ مُدَّةٍ طَوِيلَةٍ.

أَظُنُّ أَنَّ ذَيْنِكَ السَّيِّدَيْنِ مُوَظَّفَانِ جَدِيدَانِ. 2635

هَذِه هِيَ أَوَّلُ مَرَّةٍ أَرَاهُمَا فِيهَا. 2636

مُعْظَمُ الطُّلَّابِ فِي هَذِه الْجَامِعَةِ أَجَانِبُ. 2637

لَيْسَ كُلُّ الطُّلَّابِ الَّذِينَ يُقِيمُونَ فِي الْمَدِينَةِ الْجَامِعِيَّةِ 2638
أَجَانِبَ.

يَعْرِفُ الْمَدِينَةَ جَيِّداً لِأَنَّهُ يُقِيمُ فِيهَا مُنْذُ مُدَّةٍ طَوِيلَةٍ. 2639

نُقِيمُ فِي هَذِه الْمَدِينَةِ مُنْذُ أَرْبَعٍ أَوْ خَمْسٍ سَنَوَاتٍ. 2640

نَذْهَبُ نَادِراً إِلَى الرِّيفِ فِي فَصْلِ الشِّتَاءِ. 2641

نَادِراً مَا يَنْزِلُ الْمَطَرُ فِي هَذَا الْبَلَدِ فِي فَصْلِ الصَّيْفِ. 2642

نَدْعُو أَصْدِقَاءَنَا بَيْنَ حِينٍ وَآخَرَ. 2643

نَتَقَابَلُ بَيْنَ حِينٍ وَآخَرَ فِي الْمَقْهَى لِنَشْرَبَ الْقَهْوَةَ 2644
وَنَتَكَلَّمَ قَلِيلاً.

تَلْبَسُ هَذِه السَّيِّدَةُ مُعْظَمَ الْوَقْتِ مَلَابِسَ طَوِيلَةً. 2645

اَلطَّقْسُ حَارٌّ مُعْظَمَ الْوَقْتِ فِي فَصْلِ الصَّيْفِ. 2646

يَتَكَلَّمُ مُعْظَمُ النَّاسِ فِي هَذِه الْمَدِينَةِ لُغَتَيْنِ أَوْ ثَلَاثاً. 2647

يَتَنَاوَلُ الطُّلَّابُ تَقْرِيباً كُلَّ وَجَبَاتِهِمْ فِي الْمَطْعَمِ الْجَامِعِيِّ. 2648

235

الْمَطْعَمُ الْجَامِعِيُّ مَفْتُوحٌ كُلَّ يَوْمٍ مِنْ أَيَّامِ الْأُسْبُوعِ. 2649

لَيْسَ اَلْمَطْعَمُ الْجَامِعِيُّ مُغْلَقاً يَوْمَ الْأَحَدِ. 2650

لَا يَحِقُّ لِغَيْرِ الطُّلَّابِ أَنْ يَأْكُلُوا فِى اَلْمَطْعَمِ الْجَامِعِيِّ. 2651

لَيْسَ طَالِباً فِي الْجَامِعَةِ وَلَكِنَّهُ يَأْكُلُ بَيْنَ حِينٍ وَآخَرَ فِي 2652

الْمَطْعَمِ الْجَامِعِيِّ. يَدْعُوهُ إِلَيْهِ أَحَدُ أَصْدِقَائِهِ. 2653

لَا يَسْتَطِيعُ الْإِنْسَانُ أَنْ يُغَيِّرَ الطَّبِيعَةَ. 2654

يَسْتَطِيعُ الْإِنْسَانُ أَنْ يُغَيِّرَ الطَّبِيعَةَ قَلِيلاً، وَلَكِنْ لَيْسَ كَثِيراً. 2655

يُغَيِّرُ الطَّالِبُ مَكَانَهُ فِي الْفَصْلِ كُلَّ يَوْمٍ. 2656

يُرِيدُ أَنْ يُغَيِّرَ سَيَّارَتَهُ لِأَنَّهَا صَارَتْ قَدِيمَةً. 2657

لَنْ يَتَغَيَّرَ الطَّقْسُ غَداً. سَوْفَ يَبْقَى عَلَى مَا هُوَ عَلَيْهِ. 2658

لَمْ تَتَغَيَّرِ الْمَدِينَةُ كَثِيراً، بَقِيَتْ تَقْرِيباً عَلَى مَا كَانَتْ عَلَيْهِ. 2659

لَمْ يَتَغَيَّرْ شَيْءٌ فِي هَذَا الْمَكَانِ، بَقِيَ كُلُّ شَيْءٍ عَلَى مَا 2660

كَانَ عَلَيْهِ.

لَا تُغَيِّرْ شَيْئاً، أُتْرُكْ كُلَّ شَيْءٍ عَلَى مَا كَانَ عَلَيْهِ. 2661

صَارَ كُلُّ شَيْءٍ أَغْلَى بِكَثِيرٍ مِمَّا كَانَ عَلَيْهِ. 2662

اَلْمَعِيشَةُ أَغْلَى فِي الْمَدِينَةِ مِمَّا هِيَ عَلَيْهِ فِي الرِّيفِ. 2663

نُغَيِّرُ مَلَابِسَنَا كُلَّ يَوْمٍ. 2664

يَحِقُّ لِأَيِّ إِنْسَانٍ أَنْ يُغَيِّرَ عَمَلَهُ إِذَا أَرَادَ. 2265

تُغَيِّرُ الْمَرْأَةُ فُسْتَانَهَا لِأَنَّهُ صَارَ صَغِيراً عَلَيْهَا. 2666

لَا أَعْرِفُ أَيْنَ يَسْكُنُ صَدِيقِي لِأَنَّهُ غَيَّرَ عُنْوَانَهُ وَلَمْ يُرْسِلْ 2667

إِلَيَّ بَعْدُ عُنْوَانَهُ الْجَدِيدَ. 2668

نُغَيِّرُ سَاعَاتِ الْعَمَلِ فِي فَصْلِ الصَّيْفِ. 2669

تَغَيَّرَ كُلُّ شَيْءٍ هَذِهِ الْأَيَّامَ. لَمْ يَعُدْ شَيْءٌ عَلَى مَا كَانَ عَلَيْهِ. 2670

لَمْ أَعُدْ أَعْرِفُهُ لِأَنَّهُ تَغَيَّرَ كَثِيراً. 2672

تُرِيدُ الْأُمُّ أَنْ تُغَيِّرَ اِبْنَتَهَا لِكَيْ تَصِيرَ مِثْلَهَا. 2673

يَتَغَيَّرُ الطِّفْلُ كَثِيراً عِنْدَمَا يَصِيرُ رَجُلاً. 2674

وَصَلَ الْقِطَارُ الْأَوَّلُ بِثَلَاثِ سَاعَاتٍ عَلَى الْأَقَلِّ قَبْلَ 2675

الْقِطَارِ الثَّانِي.

غَادَرَ زَمِيلِي الْمَكْتَبَ بَعْدَ وُصُولِي بِسَاعَتَيْنِ تَقْرِيباً. 2676

يَجْلِسُ عَلَى الْأَرْضِ كَمَا لَوْ أَنَّهُ لَيْسَ هُنَاكَ كُرْسِيٌّ 2677

يَجْلِسُ عَلَيْهِ.

يَسْأَلُنِي عَنِ اِسْمِي كَمَا لَوْ أَنَّهُ لَا يَعْرِفُنِي. 2678

هَذَا حَقّاً مَطْعَمٌ غَالٍ، وَلَكِنَّهُ لَيْسَ أَغْلَى مَطْعَمٍ 2679

فِي الْمَدِينَةِ.

237

هَذَا قِطَارٌ طَوِيلٌ وَلَكِنَّهُ لَيْسَ أَطْوَلَ قِطَارٍ رَأَيْتُهُ. رَأَيْتُ 2680

مَا هُوَ أَطْوَلُ مِنْهُ بِكَثِيرٍ. 2681

عِنْدَمَا رَأَى الطَّائِرَةَ مِنْ بَعِيدٍ ظَنَّهَا صَغِيرَةً جِدّاً. وَلَكِنْ 2682

عِنْدَمَا رَآهَا مِنْ قَرِيبٍ فَهِمَ أَنَّهَا كَبِيرَةٌ نِسْبِيّاً. 2683

اَلطَّبِيعَةُ نَفْسُهَا تَتَغَيَّرُ وَلَكِنْ جِدُّ بُطْءٍ. 2684

لَيْسَتِ الطَّبِيعَةُ الْآنَ عَلَى مَا كَانَتْ عَلَيْهِ قَبْلَ سَنَوَاتٍ كَثِيرَةٍ. 2685

لَيْسَتِ الطَّبِيعَةُ وَاحِدَةً فِي كُلِّ مَكَانٍ. لَيْسَتِ الطَّبِيعَةُ فِي 2686

الشَّمَالِ عَلَى مَا هِيَ عَلَيْهِ فِي الْجَنُوبِ. 2687

قَالَ الْأَبُ لِإِبْنِهِ الْأَصْغَرِ: اُتْرُكِ السَّيَّارَةَ لِأَخِيكَ الْأَكْبَرِ. 2688

هُوَ أَكْثَرُ حَاجَةً إِلَيْهَا مِنْكَ. 2689

لَا أَسْتَطِيعُ أَنْ أَشْتَرِيَ كُلَّ شَيْءٍ تَسْتَطِيعُ أَنْتَ أَنْ 2690

تَشْتَرِيَهُ لِأَنَّنِي أَقَلُّ مِنْكَ نُقُوداً. 2691

أَنْتَ لَكَ، عَادَةً، عَمَلٌ كَثِيرٌ، وَلَكِنَّ هَذِهِ الْأَيَّامَ أَنَا 2692

أَكْثَرُ مِنْكَ عَمَلاً. 2693

تُحِبِّينَ أَنْ تَأْكُلِي فِى أَغْلَى مَطْعَمٍ وَتَلْبَسِينَ أَجْمَلَ 2694

الْمَلَابِسِ وَتَسْكُنِينَ فِي أَكْبَرِ مَنْزِلٍ. أَلَيْسَ كَذَلِكَ؟ 2695

يَذْهَبُونَ كُلُّهُمْ صَبَاحَ يَوْمِ الْأَحَدِ إِلَى الْحَدِيقَةِ، بِمَا 2696

فيهِمِ الْكَلْبُ. لَا يَبْقَى أَحَدٌ مِنْهُمْ فِي الْمَنْزِلِ. 2697

عِنْدَمَا عَادَ إِلَى بِلَاده بَاعَ كُلَّ مَا عِنْدَهُ، بِمَا فِي ذَلكَ 2698

سَيَّارَتَهُ لِأَنَّهَ أَوَّلاً لَا يَسْتَطِيعُ أَنْ يَأْخُذَهَا مَعَهُ وَثَانِياً 2699

لَنْ يَكُونَ فِي حَاجَةٍ إِلَيْهَا فِي بَلَده. 2700

لَهُ يَدٌ وَاحِدَةٌ وَلَكِنَّهُ يَفْعَلُ كُلَّ شَيْءٍ بِهَا كَمَا لَوْ أَنَّ لَهُ يَدَيْنِ. 2701

يَتَكَلَّمُ الْعَرَبِيَّةَ بِطَلَاقَةٍ كَمَا لَوْ أَنَّهَا كَانَتْ لُغَتَهُ الْأُمَّ. 2702

يَتَكَلَّمُ عَنْ هَذِه الْبِلَاد كَمَا لَوْ أَنَّهُ رَآهَا بِنَفْسِه. 2703

لَمْ أَرَهُ لِأَنَّهُ غَادَرَ قَبْلَ أَنْ أَصِلَ بِقَلِيلٍ. 2704

لَا أَعْرِفُ إِلَى أَيْنَ ذَهَبَ. أَظُنُّ أَنَّهُ رَجَعَ مِنْ حَيْثُ أَتَى. 2705

مَا أَجْمَلَ الطَّبِيعَةَ فِي فَصْلِ الرَّبِيعِ ! 2706

Revision of Verbs

مُرَاجَعَةُ الأَفْعَالِ

Révision des Verbes

		أَفْعَالٌ (مُرَتَّبَةٌ كَمَا وَرَدَتْ فِي الْكِتَابِ) – مُرَاجَعَةٌ		

شَرِبَ يَشْرَبُ شُرْبٌ	18		فَتَحَ يَفْتَحُ فَتْحٌ هـ	1
أَغْلَقَ يُغْلِقُ إِغْلَاقٌ هـ	19		كَتَبَ يَكْتُبُ كِتَابَةٌ هـ	2
بَدَأَ يَبْدَأُ بَدْءٌ ب هـ في	20		جَلَسَ يَجْلِسُ جُلُوسٌ	3
وَصَلَ يَصِلُ وُصُولٌ إِلَى	21		تَكَلَّمَ يَتَكَلَّمُ تَكَلُّمٌ عَنْ	4
اسْتَطَاعَ يَسْتَطِيعُ اسْتِطَاعَةٌ هـ أَنْ	22		تَعَلَّمَ يَتَعَلَّمُ تَعَلُّمٌ هـ	5
قَامَ يَقُومُ قِيَامٌ	23		عَرَفَ يَعْرِفُ مَعْرِفَةٌ هـ أَنَّ	6
قَامَ يَقُومُ قِيَامٌ ب	24		قَرَأَ يَقْرَأُ قِرَاءَةٌ هـ	7
دَرَسَ يَدْرُسُ دِرَاسَةٌ	25		عَلِمَ يَعْلَمُ عِلْمٌ هـ، ب	8
وَقَفَ يَقِفُ وُقُوفٌ	26		سَكَنَ يَسْكُنُ سَكَنٌ فِي ب هـ	9
تَوَقَّفَ يَتَوَقَّفُ تَوَقُّفٌ	27		عَاشَ يَعِيشُ عَيْشٌ، مَعِيشَةٌ	10
تَوَقَّفَ يَتَوَقَّفُ تَوَقُّفٌ عَنْ	28		عَمِلَ يَعْمَلُ عَمَلٌ	11
أَعْطَى يُعْطِي إِعْطَاءٌ، عَطَاءٌ هـ ل	29		أَكَلَ يَأْكُلُ أَكْلٌ	12
فَهِمَ يَفْهَمُ فَهْمٌ هـ أَنَّ	30		ذَهَبَ يَذْهَبُ ذَهَابٌ	13
خَافَ يَخَافُ خَوْفٌ مِنْ، عَلَى	31		سَافَرَ يُسَافِرُ مُسَافَرَةٌ، سَفَرٌ	14
ضَحِكَ يَضْحَكُ ضَحْكٌ مِنْ، عَلَى	32		أَحَبَّ يُحِبُّ إِحْبَابٌ، حُبٌّ، مَحَبَّةٌ	15
أَخْطَأَ يُخْطِىءُ إِخْطَاءٌ، خَطَأٌ فِي	33		رَكِبَ يَرْكَبُ رُكُوبٌ هـ عَلَى	16
خَرَجَ يَخْرُجُ خُرُوجٌ	34		كَانَ يَكُونُ كَوْنٌ	17

أَفْعَالٌ (مُرَتَّبَةٌ كَمَا وَرَدَتْ فِي الْكِتَابِ) – مُرَاجَعَةٌ					

شَرِبَ يَشْرَبُ شُرْبٌ	18	فَتَحَ يَفْتَحُ فَتْحٌ هـ	1
أَغْلَقَ يُغْلِقُ إِغْلَاقٌ هـ	19	كَتَبَ يَكْتُبُ كِتَابَةٌ هـ	2
بَدَأَ يَبْدَأُ بَدْءٌ بِ هـ فِي	20	جَلَسَ يَجْلِسُ جُلُوسٌ	3
وَصَلَ يَصِلُ وُصُولٌ إِلَى	21	تَكَلَّمَ يَتَكَلَّمُ تَكَلُّمٌ عَنْ	4
اسْتَطَاعَ يَسْتَطِيعُ اسْتِطَاعَةٌ هـ أَنْ	22	تَعَلَّمَ يَتَعَلَّمُ تَعَلُّمٌ هـ	5
قَامَ يَقُومُ قِيَامٌ	23	عَرَفَ يَعْرِفُ مَعْرِفَةٌ هـ أَنَّ	6
قَامَ يَقُومُ قِيَامٌ بِ	24	قَرَأَ يَقْرَأُ قِرَاءَةٌ هـ	7
دَرَسَ يَدْرُسُ دِرَاسَةٌ	25	عَلِمَ يَعْلَمُ عِلْمٌ هـ، بِ	8
وَقَفَ يَقِفُ وُقُوفٌ	26	سَكَنَ يَسْكُنُ سَكَنٌ فِي بِ هـ	9
تَوَقَّفَ يَتَوَقَّفُ تَوَقُّفٌ	27	عَاشَ يَعِيشُ عَيْشٌ، مَعِيشَةٌ	10
تَوَقَّفَ يَتَوَقَّفُ تَوَقُّفٌ عَنْ	28	عَمِلَ يَعْمَلُ عَمَلٌ	11
أَعْطَى يُعْطِي إِعْطَاءٌ، عَطَاءٌ هـ ل	29	أَكَلَ يَأْكُلُ أَكْلٌ	12
فَهِمَ يَفْهَمُ فَهْمٌ هـ أَنَّ	30	ذَهَبَ يَذْهَبُ ذَهَابٌ	13
خَافَ يَخَافُ خَوْفٌ مِنْ، عَلَى	31	سَافَرَ يُسَافِرُ مُسَافَرَةٌ، سَفَرٌ	14
ضَحِكَ يَضْحَكُ ضَحِكٌ مِنْ، عَلَى	32	أَحَبَّ يُحِبُّ إِحْبَابٌ، حُبٌّ، مَحَبَّةٌ	15
أَخْطَأَ يُخْطِئُ إِخْطَاءٌ، خَطَأٌ فِي	33	رَكِبَ يَرْكَبُ رُكُوبٌ هـ عَلَى	16
خَرَجَ يَخْرُجُ خُرُوجٌ	34	كَانَ يَكُونُ كَوْنٌ	17

242

شَمَّ يَشَمُّ شَمٌّ هـ	71	نَطَقَ يَنْطِقُ نُطْقٌ ب	89
نَزَلَ يَنْزِلُ نُزُولٌ	72	كَلَّمَ يُكَلِّمُ تَكْلِيمٌ هـ، عَنْ	90
بَقِيَ يَبْقَى بَقَاءٌ	73	اسْتَمَعَ يَسْتَمِعُ اسْتِمَاعٌ إِلَى	91
صَارَ يَصِيرُ صَيْرٌ، صَيْرُورَةٌ	74	انْتَظَرَ يَنْتَظِرُ انْتِظَارٌ هـ	92
وَضَعَ يَضَعُ وَضْعٌ هـ	75	دَعَا يَدْعُو دَعْوَةً، دُعَاءٌ هـ	93
أَخَذَ يَأْخُذُ أَخْذٌ هـ	76	قَبِلَ يَقْبَلُ قُبُولٌ، قَبُولٌ هـ ب	94
تَذَكَّرَ يَتَذَكَّرُ تَذَكُّرٌ هـ، أَنَّ	77	غَسَلَ يَغْسِلُ غَسْلٌ هـ	95
بَاعَ يَبِيعُ بَيْعٌ هـ	78	ذَاقَ يَذُوقُ ذَوْقٌ هـ	96
عَادَ يَعُودُ عَوْدٌ، عَوْدَةٌ	79	لَبِسَ يَلْبَسُ لُبْسٌ هـ	97
رَجَعَ يَرْجِعُ رُجُوعٌ	80	اسْتَحَمَّ يَسْتَحِمُّ اسْتِحْمَامٌ	98
غَادَرَ يُغَادِرُ مُغَادَرَةً	81	اسْتَرَاحَ يَسْتَرِيحُ اسْتِرَاحَةٌ	99
تَعِبَ يَتْعَبُ تَعَبٌ	82	قَابَلَ يُقَابِلُ مُقَابَلَةً هـ	100
جَاءَ يَجِيءُ مَجِيءٌ	83	تَقَابَلَ يَتَقَابَلُ تَقَابُلٌ	101
أَتَى يَأْتِي إِتْيَانٌ	84	قَدَّمَ يُقَدِّمُ تَقْدِيمٌ هـ ل	102
نَامَ يَنَامُ نَوْمٌ	85	تَغَيَّرَ يَتَغَيَّرُ تَغَيُّرٌ	103
قَامَ مِنَ النَّوْمِ	86	تَقَلَّبَ يَتَقَلَّبُ تَقَلُّبٌ	104
تَجَوَّلَ يَتَجَوَّلُ تَجَوُّلٌ	87	غَيَّرَ يُغَيِّرُ تَغْيِيرٌ هـ	105
نَظَرَ يَنْظُرُ نَظَرٌ إِلَى	88	أَقَامَ يُقِيمُ إِقَامَةٌ فِي ب	106

244

Verbs (classified in the same order as in the book)

1	to open	27	to stop
2	to write	28	to stop doing s.th
3	to sit down	29	to give
4	to speak	30	to understand
5	to learn	31	to be afraid
6	to know	32	to laugh
7	to read	33	to make a mistake
8	to know (be aware)	34	to go out
9	to live (reside)	35	to think, believe
10	to live	36	to buy
11	to work	37	to ask
12	to eat	38	to drive
13	to go	39	to want
14	to travel	40	to be possible
15	to love, like	41	to do
16	to take (a bus, etc.)	42	to say, tell
17	to be	43	to feel
18	to drink	44	to find
19	to close	45	to hope (1)
20	to start	46	to hope (2)
21	to arrive	47	must
22	to be able	48	to finish, end
23	to stand up	49	to have the right
24	to undertake, to do	50	to prefer
25	to study	51	would like
26	to stop, be standing	52	to smoke

53	to leave, let	80	to return (2)
54	to lose	81	to leave
55	to see	82	to tire
56	to answer	83	to come (1)
57	to send (1)	84	to come (2)
58	to send (2)	85	to sleep
59	to welcome	86	to get up (from sleep)
60	to hear	87	to go for a walk
61	to smile	88	to look
62	to play	89	to pronounce
63	to forget	90	to talk (to)
64	to thank	91	to listen
65	to search	92	to wait
66	to go down	93	to invite
67	to remain, stay	94	to accept
68	to become	95	to wash
69	to breathe	96	to taste
70	to walk	97	to wear clothes
71	to smell	98	to take a bath
72	to enter	99	to rest
73	to touch	100	to meet
74	to take (food, etc.)	101	to meet together
75	to put	102	to introduce
76	to take	103	to change o.s (1)
77	to remember	104	to change o.s (2)
78	to sell	105	to change s.th
79	to return (1)	106	to reside, stay

Verbes (classés dans le même ordre que dans le livre)

1	ouvrir	27	s'arrêter
2	écrire	28	s'arrêter de
3	s'asseoir	29	donner
4	parler	30	comprendre
5	apprendre	31	avoir peur
6	savoir, connaître	32	rire
7	lire	33	se tromper
8	savoir, connaître	34	sortir
9	habiter	35	penser, croire que
10	vivre	36	acheter
11	travailler	37	demander
12	manger	38	conduire (voiture)
13	aller	39	vouloir
14	voyager	40	être possible
15	aimer	41	faire
16	prendre (une voiture)	42	dire
17	être	43	sentir, éprouver
18	boire	44	trouver
19	fermer	45	espérer (1)
20	commencer	46	espérer (2)
21	arriver	47	falloir, devoir
22	pouvoir	48	finir, terminer
23	se lever	49	avoir le droit de
24	entreprendre, effectuer	50	préférer
25	étudier	51	aimerait
26	se tenir debout	52	fumer

247

53	laisser	80	retourner, revenir (2)
54	perdre	81	quitter
55	voir	82	se fatiguer
56	répondre	83	venir (1)
57	envoyer (1)	84	venir (2)
58	envoyer (2)	85	dormir
59	accueillir	86	se lever (du sommeil)
60	entendre	87	se promener
61	sourire	88	regarder
62	jouer	89	prononcer
63	oublier	90	parler (à)
64	remercier	91	écouter
65	chercher	92	attendre
66	toucher	93	inviter
67	prendre (un repas)	94	accepter
68	entrer	95	laver, se laver
69	respirer	96	goûter
70	marcher	97	s'habiller
71	sentir (avec le nez)	98	prendre un bain
72	descendre	99	se reposer
73	rester	100	rencontrer
74	devenir	101	se rencontrer
75	poser, mettre	102	présenter
76	prendre	103	changer, intr (1)
77	se rappeler	104	changer, intr. (2)
78	vendre	105	changer, tr.
79	retourner, revenir (1)	106	résider

Days of the week	Les jours de la semaine	أَيَّامُ الْأُسْبُوعِ
Sunday	Dimanche	يَوْمُ الْأَحَد
Monday	Lundi	يَومُ الْإِثْنَيْن
Tuesday	Mardi	يومُ الثُّلَاثَاء
Wednesday	Mercredi	يومُ الْأَرْبِعَاء
Thursday	Jeudi	يَومُ الْخَمِيس
Friday	Vendredi	يَومُ الْجُمُعَة
Saturday	Samedi	يَومُ السَّبْت

The four seasons	Les quatre saisons	اَلْفُصُولُ الْأَرْبَعَةُ
Spring	Le printemps	فَصْلُ الرَّبِيعِ
Summer	L'été	فَصْلُ الصَّيْف
Autumn	L'automne	فَصْلُ الْخَرِيف
Winter	L'hiver	فَصْلُ الشِّتَاءِ

اَلشُّهُور الْإِفْرَنْجِيَّة	اَلشُّهُور الْعَرَبِيَّة الشَّمْسِيَّة	اَلشُّهُور الْعَرَبِيَّة الْقَمَرِيَّة
Gregorian months	Arabic solar months	Arabic lunar months
Les mois grégoriens	Les mois solaires arabes	Les mois lunaires arabes
يَنَايِرُ	كَانُونَ الثَّانِي	اَلْمُحَرَمُ
فِبْرَايِرُ	شُبَاطُ	صَفَرُ
مَارِسُ	آذَارُ	رَبِيعُ الْأَوَّلُ
أَبْرِيلُ	نِيسَانُ	رَبِيعُ الثَّانِي
مَايُو	أَيَّارُ	جُمَادَى الْأُولَى
يُونِيُو	حَزِيرَانُ	جُمَادَى الثَّانِيَةُ
يُولِيُو	تَمُّوزُ	رَجَبُ
أَغُسْطُسُ	آبُ	شَعْبَانُ
سِبْتَمْبِرُ	أَيْلُولُ	رَمَضَانُ
أُكْتُوبِرُ	تِشْرِينُ الْأَوَّلُ	شَوَّالُ
نُوفِمْبِرُ	تِشْرِينُ الثَّانِي	ذُو الْقَعْدَةِ
دِيسَمْبِرُ	كَانُونُ الْأَوَّلُ	ذُو الْحِجَّةِ

250

اَلْوَقْتُ – السَّاعَةُ		اَلْأَعْدَادُ التَّرْتِيبِيَّةُ		اَلْأَعْدَادُ الْأَصْلِيَّةُ	
le temps - les heures		les nombres ordinaux		les nombres cardinaux	
Time - Hours		Ordinal numbers		Cardinal numbers	
1 o'clock 1h	اَلْوَاحِدَةُ	1st 1er	أَوَّلُ	1	وَاحِدٌ ١
2 o'clock 2h	اَلثَّانِيَةُ	2nd 2ème	ثَانِي	2	إِثْنَانِ ٢
3 o'clock 3h	اَلثَّالِثَةُ	3rd 3ème	ثَالِثُ	3	ثَلَاثَةٌ ٣
4 o'clock 4h	اَلرَّابِعَةُ	4th 4ème	رَابِعٌ	4	أَرْبَعَةٌ ٤
5 o'clock 5h	اَلْخَامِسَةُ	5th 5ème	خَامِسٌ	5	خَمْسَةٌ ٥
6 o'clock 6h	اَلسَّادِسَةُ	6th 6ème	سَادِسُ	6	سِتَّةٌ ٦
7 o'clock 7h	اَلسَّابِعَةُ	7th 7ème	سَابِعٌ	7	سَبْعَةٌ ٧
8 o'clock 8h	اَلثَّامِنَةُ	8th 8ème	ثَامِنٌ	8	ثَمَانِيَةٌ ٨
9 o'clock 9h	اَلتَّاسِعَةُ	9th 9ème	تَاسِعٌ	9	تِسْعَةٌ ٩
10 o'clock 10h	اَلْعَاشِرَةُ	10th 10ème	عَاشِرُ	10	عَشَرَةٌ ١٠
11 o'clock 11h	اَلْحَادِيَةَ عَشْرَةَ	11th 11ème	حَادِيَ عَشَرَ	20	عِشْرُونَ ٢٠
12 o'clock 12h	اَلثَّانِيَةَ عَشْرَةَ	12th 12ème	ثَانِيَ عَشَرَ	30	ثَلَاثُونَ ٣٠
				40	أَرْبَعُونَ ٤٠
				100	مِائَةٌ ١٠٠
				1000	أَلْفٌ ١٠٠٠

251

Contents – المحتويات - Table des Matières

Contents – المحتويات – Table des Matières

Contents – المحتويات - Table des Matières

160